Jörg Stephan

Finanzielle Kennzahlen für Industrie- und Handelsunternehmen

GABLER EDITION WISSENSCHAFT

Quantitatives Controlling

Herausgegeben von Professor Dr. Carsten Homburg,
Universität zu Köln

Die Schriftenreihe dient als Forum für hervorragende Forschungsergebnisse auf dem Gebiet des Controlling. Ihr liegt ein weites Controllingverständnis zugrunde, das über Problemstellungen der traditionellen internen Unternehmensrechnung hinaus geht und beispielsweise auch Aspekte der Verhaltenssteuerung einschließt.

Der Schwerpunkt der Reihe liegt auf quantitativen Analysen aktueller Controllingfragen. Hierbei werden formal-analytische ebenso wie empirisch ausgerichtete Arbeiten in Betracht gezogen.

Jörg Stephan

Finanzielle Kennzahlen für Industrie- und Handelsunternehmen

Eine wert- und risikoorientierte Perspektive

Mit einem Geleitwort von Prof. Dr. Carsten Homburg

Deutscher Universitäts-Verlag

Bibliografische Information Der Deutschen Bibliothek
Die Deutsche Bibliothek verzeichnet diese Publikation in der Deutschen Nationalbibliografie; detaillierte bibliografische Daten sind im Internet über <http://dnb.ddb.de> abrufbar.

Dissertation Universität zu Köln, 2006

1. Auflage April 2006

Lektorat: Brigitte Siegel / Stefanie Brich

Der Deutsche Universitäts-Verlag ist ein Unternehmen von Springer Science+Business Media.
www.duv.de

Umschlaggestaltung: Regine Zimmer, Dipl.-Designerin, Frankfurt/Main
Druck und Buchbinder: Rosch-Buch, Scheßlitz
Gedruckt auf säurefreiem und chlorfrei gebleichtem Papier
Printed in Germany

ISBN-10 3-8350-0345-3
ISBN-13 978-3-8350-0345-3

Geleitwort

Wertorientiertes Controlling und Risikocontrolling stellen zwei zentrale Entwicklungen der jüngeren Controllingforschung dar. Während sich das wertorientierte Controlling mit der Unterstützung der Unternehmensführung, etwa durch geeignete Kennzahlen, im Rahmen der Optimierung des Shareholder-Value beschäftigt, geht es im Risikocontrolling um die Unterstützung beim Management aller Unternehmensrisiken. Dass Beziehungen zwischen diesen beiden Aufgaben bestehen, erscheint offensichtlich. Dennoch wurde das Zusammenspiel beider Richtungen bisher nicht ausreichend analysiert. In diese Lücke stößt die vorliegende Dissertationsschrift von Jörg Stephan.

Dem Controllinginstrument der Kennzahlen kommt im Rahmen der Überlegungen eine zentrale Bedeutung zu. Dabei geht es um finanzielle Kennzahlen und hier vor allem um absolute Kennzahlen zur Bestimmung des Unternehmenswertes. Stephan richtet sein Augenmerk dabei auf die in Theorie und Praxis bedeutende Klasse der Discounted-Cashflow-Verfahren (DCF-Verfahren). Dabei erfolgt eine zentrale Erweiterung gängiger Lehrbuchausführungen dahingehend, dass auch der Fall der möglichen Insolvenz eines Unternehmens berücksichtigt wird. Im Unterschied zu anderen Studien sind die getroffenen Annahmen mit dem neuen Insolvenzrecht vereinbar, das Auswirkungen auf die steuerliche Behandlung des Tax Shields im Insolvenzfall hat.

Im Anschluss geht es um „reine Risikokennzahlen", bei denen nicht mehr nur die implizite Risikoerfassung im Rahmen von Bewertungsverfahren im Blickpunkt steht. Vielmehr werden explizite Risikomaße analysiert. Derartige Kennzahlen spielen im Rahmen des Risikomanagements eine wichtige Rolle. Dabei motiviert Stephan die Notwendigkeit eines Risikomanagements sowohl aus regulatorischer als auch aus ökonomischer Sicht. Es gilt die zentrale Aussage, dass sich die Sinnhaftigkeit eines Risikomanagements nur bei Vorliegen von Marktfriktionen begründen lässt.

Schließlich wird die Verbindung zwischen Wert- und Risikoorientierung geschaffen. Hierzu dienen relative, risikoadjustierte Performancemaße (RAPM). Sie kommen insbesondere im Bankenbereich zur Anwendung. Die verbreiteten RAROC- und RORAC-Kennzahlen eignen sich allerdings aufgrund ihres eher kurzfristigen Charakters nicht für Industrieunternehmen.

Stephan führt daher die (relative) risikoadjustierte Performancekennzahl „Corporate Value on Discounted Risk Value" (CVODRV) ein, die den Unternehmenswert zum Discounted Risk Value (DRV), einer mit hoher Wahrscheinlichkeit einzuhaltenden Wertuntergrenze, in Bezug setzt. Bei der Beurteilung eines Investitionsprojektes auf Basis des CVODRV richtet man sich damit nach dem Verhältnis der durch das Projekt erzielbaren Unternehmenswertsteigerung und des zusätzlich ausgelösten Unternehmenswertrisikos. Im Rahmen des Risikomanagements ist dabei davon auszugehen, dass die (mit hoher Wahrscheinlichkeit) einzuhaltende Wertuntergrenze, d.h. der DRV, determiniert wird. Hierdurch lässt sich beispielsweise das Einhalten eines bestimmten Zielratings abbilden. Im Allgemeinen ist damit der DRV als „knappe Ressource" anzusehen, die es möglichst effizient zu nutzen gilt.

Die Arbeit liefert zahlreiche neue Erkenntnisse zur Verbindung von wertorientiertem und risikoorientiertem Controlling und sollte die wissenschaftliche Diskussion zu diesen wichtigen Controllinggebieten fördern.

Prof. Dr. Carsten Homburg

Vorwort

Mit dieser Arbeit in Verbindung mit der am 10. Januar 2006 stattgefundenen Disputation konnte ich im Wintersemester 2005/2006 mein Promotionsprojekt erfolgreich abschließen. Die Dissertation entstand in ca. 4 Jahren zwischen 2001 bis 2005 während meiner Tätigkeit als wissenschaftlicher Mitarbeiter am Seminar für Allgemeine Betriebswirtschaftslehre und Controlling an der Universität zu Köln.

Während des Erstellungsprozesses der Dissertation habe ich von vielen Seiten Unterstützung erhalten. Bei diesen Personen, die somit zum Gelingen der Dissertation beigetragen haben, möchte ich mich im Folgenden herzlich bedanken.

Aus akademischer Sicht gebührt insbesondere meinem Doktorvater und akademischen Lehrer Herrn Prof. Dr. Carsten Homburg Dank. Durch ihn bin ich auf das in dieser Arbeit behandelte Thema aufmerksam geworden. Seine Unterstützung und die Gewährung zeitlicher und geistiger Freiräume im Rahmen der Lehrstuhltätigkeit waren wesentliche Erfolgsfaktoren. Das Zusammenspiel zwischen Fordern und Fördern war dabei in einem optimalen Verhältnis. Weiterhin möchte ich Herrn Prof. Dr. Christoph Kuhner für die Übernahme des Zweitgutachtens und Herrn Prof. Dr. Heinrich Schradin für den Vorsitz der Prüfungskommission im Rahmen der Disputation danken.

Dem Emeritus des Lehrstuhls Prof. Dr. Dr. h.c. Dr. h.c. Josef Kloock möchte ich für die akademische Ausbildung während meines BWL-Studiums an der Universität zu Köln sowie die aufschlussreichen Diskussionen in der Zeit danach danken. Für ihre Diskussionsbereitschaft und eine gute Zusammenarbeit danke ich dem Team des Controllingseminars Marcus Berghäuser, Ulf Brüggemann, Cordula Ebeling, Dominika Gödde, Stefan Henschke, Julia Nasev, Peter Scherpereel, Peter Stebel, Asli Toksal und Nikolaus Wrede. Den studentischen Hilfskräften des Seminars danke ich ebenfalls für wertvolle Hilfestellungen. Ein besonderer Dank gilt meinem Kollegen Matthias Weiß, mit dem ich umfangreiche wissenschaftliche Diskussionen geführt habe, und der mich mit konstruktiven Ratschlägen unterstützt hat. Weiterhin möchte ich Michael Lorenz für eine letzte kritische Durchsicht der Arbeit danken. Der zentralen Anlaufstelle und gleichzeitig Sekretärin des Seminars Frau Elisabeth Eich, die für jeden immer ein offenes Ohr hat, möchte ich für die vielen Aufmunterungen und Unterstützungen danken.

Unverzichtbar für mich war der private Rückhalt, den mir meine Ehefrau Alexandra und meine Eltern gegeben haben. Insbesondere Alexandra hat so manche Stimmungsschwankung meinerseits nachsichtig ertragen. Auch half sie mir bei Fragen bezüglich Orthografie und Interpunktion. Meinen Eltern danke ich für die schon über dreißig Jahre währende liebevolle Unterstützung. Ohne sie wäre dies alles gar nicht möglich gewesen. Aus Dankbarkeit gegenüber Alexandra und meinen Eltern, widme ich ihnen dieses Buch.

Jörg Stephan

Inhaltsverzeichnis

Abbildungsverzeichnis

Tabellenverzeichnis

Gleichungsverzeichnis

Abkürzungsverzeichnis

Abs.	Absatz
AG	Aktiengesellschaft
AktG	Aktiengesetz
APT	Arbitrage Pricing Theory
APV	Adjusted Present Value
Basel I	Vereinbarungen des Baseler Ausschusses für Bankenaufsicht aus dem Jahr 1988
Basel II	neue Baseler Eigenkapitalvereinbarungen
BFuP	Betriebswirtschaftliche Forschung und Praxis
BilReG	Bilanzreformgesetz
BMF	Bundesministerium der Finanzen
bspw.	beispielsweise
bzw.	beziehungsweise
ca.	circa
CAPM	Capital Asset Pricing Model
CFaR	Cash Flow at Risk
$CFaR^{abs}$	Cash Flow at Risk als Quantilswert
$CFaR^{rel}$	Cash Flow at Risk als Abweichung vom Erwartungswert
const.	Konstant
Corp.	Corporation
c.p.	ceteris paribus
DAX	Deutscher Aktien Index
DCF	Discounted Cash Flow
DCFaR	Discounted Cash Flow at Risk
d.h.	das heißt
DRS	Deutscher Standardisierungsrat
DRV	Discounted Risk Value
DSWR	Datenverarbeitung–Steuer–Wirtschaft–Recht
CVODRV	Corporate Value On Discountes Risk Value
EaR	Earnings at Risk
EBIT	Earnings before Interest and Taxes
EDV	elektronische Datenverarbeitung
EK	Eigenkapital
EpSaR	Earnings per Share at Risk
ES	Entwurf Standard
EStG	Einkommensteuergesetz
e.V.	eingetragener Verein

EVA	Economic Value Added (EVA® ist eine eingetragene Marke von Stern Stewart & Co.)
f.	folgende
FCF	Free Cash Flow
ff.	fortfolgende
FIFO	First In First Out
FK	Fremdkapital
FTE	Flow to Equity
GE	Geldeinheiten
ggf.	gegebenenfalls
GmbH	Gesellschaft mit beschränkter Haftung
GmbHG	Gesetz betreffend die Gesellschaften mit beschränkter Haftung
GS I	Grundsatz I
HFA	Hauptfachausschuss
HGB	Handelsgesetzbuch
Hrsg.	Herausgeber
IDW	Institut der Wirtschaftsprüfer in Deutschland
i.e.S.	im engeren Sinn
Inc.	Incorporated
InsO	Insolvenzordnung
i.V.m.	in Verbindung mit
IW	Insolvenzwahrscheinlichkeit
i.w.S.	im weiteren Sinn
KonTraG	Gesetz zur Kontrolle und Transparenz im Unternehmensbereich
KStG	Körperschaftsteuergesetz
kurzfr.	kurzfristig
KWG	Gesetz über das Kreditwesen
LIFO	Last In First Out
Mio.	Million(en)
MVA	Market Value Added
NB	Nebenbedingung
n.F.	Neufassung
NOA	Net Operating Assets
NOPAT	Net Operating Profit after Taxes
$NOPAT^{EVA}$	Net Operating Profit after Taxes (im Rahmen des EVA-Konzepts)
NOPLAT	Net Operating Profit less adjusted Taxes

o.V.	ohne Verfasserangabe
plc.	Public Limited Company
PS	Prüfungsstandard
RAPM	Risk Adjusted Performance Measures
RAROC	Risk Adjusted Return On Capital (RAROC™ ist ein durch Bankers Trust geschützer Begriff)
RARORAC	Risk Adjusted Return On Risk Adjusted Capital
RL-Kennzahlensystem	Rentabilitäts-Liquiditäts-Kennzahlensystem
ROE	Return on Equity
ROI	Return on Investment
RORAC	Return On Risk Adjusted Capital
RS	Rechnungslegungsstandard
RV	Risikovolumen
S	Standard
S.	Seite
SOX	Sarbanes-Oxley Act
Sp.	Spalte
TCF	Total Cash Flow
TransPuG	Transparenz- und Publizitätsgesetz
u.a.	unter anderem
u.d.N.	unter der Nebenbedingung
URL	Uniform Resource Locator
US	United States
USA	United States of America
usw.	und so weiter
u.U.	unter Umständen
VaR	Value at Risk
VaR^{abs}	Value at Risk als Quantilswert
VaR^{rel}	Value at Risk als Abweichung vom Erwartungswert
vgl.	vergleiche
WACC	Weighted Average Cost of Capital
WHU	Wissenschaftliche Hochschule für Unternehmensführung
WiSt	Wirtschaftswissenschaftliches Studium
XETRA	Exchange Electronic Trading
z.B.	zum Beispiel
ZF	Zielfunktion
ZfB	Zeitschrift für Betriebswirtschaft
ZfbF	Zeitschrift für betriebswirtschaftliche Forschung
ZfCM	Zeitschrift für Controlling & Management

ZVEI	Zentralverband Elektrotechnik- und Elektronikindustrie
z.Z.	zur Zeit

Symbolverzeichnis

Lateinische Symbole:

A	Investitionsprojekt
$\mathbf{A}$	untere Dreieckecksmatrix
a_{ij}	Elemente der Matrix $\mathbf{A}$
B	Investitionsprojekt
C	Investitionsprojekt
$\mathbf{C}$	Matrix
$\widetilde{CF}$	unsicherer Cash Flow
$\widetilde{CF}_t$	unsicherer Cash Flow der Periode t
CFaR	Vektor der Cash Flow at Risk je Risikofaktor
$CFaR^{abs}$	Cash Flow at Risk als Quantilswert
$CFaR_P$	aggregierter Cash Flow at Risk
$CFaR^{rel}$	Cash Flow at Risk als Abweichung vom Erwartungswert
$CFaR_t^{rel}$	periodenspezifischer Cash Flow at Risk als Abweichung vom Erwartungswert
COV(.)	Kovarianz des Ausdrucks (.)
$\tilde{d}$	unsicherer (zahlungswirksamer) Stückdeckungsbeitrag
D	Investitionsprojekt
DCFaR	Vektor der diskontierten periodenspezifischen CFaR
$DCFaR_t$	Discounted Cash Flow at Risk der Periode t
DRV	Discounted Risk Value
DRV	Vektor der periodenspezischen Discounted Risk Value
E(.)	Erwartungswert des Ausdrucks (.)
EVA_t	Economic Value Added der Periode t
F(.)	Verteilungsfunktion von (.)
$\overline{EVA}$	ad infinitum konstanter Economic Value Added
FCF_t	erwarteter Free Cash Flow der Periode t
$\overline{FCF}$	ad infinitum konstanter erwarteter Free Cash Flow
$\widetilde{FK}$	unsichere (zahlungswirksame) Fixkosten
FQ	Fremdkapitalquote
FTE_t	erwarteter Flow to Equity der Periode t
$\overline{FTE}$	ad infinitum konstanter erwarteter Flow to Equity
g	Nebenbedingung im Kuhn-Tucker-Verfahren
i	Diskontierungssatz
i_n	Nominalzinssatz
i_r	Realzinssatz

inf	Inflationsrate
IW	Insolvenzwahrscheinlichkeit
j	Platzhalter für angesetzten Fremdkapitalkostensatz im WACC
k	Eigenkapitalkostensatz des unverschuldeten Unternehmens in der Periode t (=erwartete Rendite der Eigenkapitalgeber des unverschuldeten Unternehmens in der Periode t)
K	Rangkorrelationsmatrix
$k_{E,t}$	Eigenkapitalkostensatz des verschuldeten Unternehmens in der Periode t (=erwartete Rendite der Eigenkapitalgeber des verschuldeten Unternehmens in der Periode t)
k_F	Fremdkapitalkostensatz (=erwartete Rendite der Fremdkapitalgeber)
$\tilde{k}_F$	unsichere Rendite der Fremdkapitalgeber
k_F^I	Rendite der Fremdkapitalgeber bei Insolvenz
k_F^V	vertraglich vereinbarter Fremdkapitalzinssatz
k_{TS}	Diskontierungsatz des erwarteten Tax Shields im Liquidationsfall für die Periode des Anfallens (Platzhalter)
L	Lagrangefunktion
MVA_t	Market Value Added zum Zeitpunkt
NOA_t	erwartete Net Operating Assets zum Zeitpunkt t
$\overline{NOA}$	ad infinitum konstante erwartete Net Operating Assets
$NOPAT_t^{EVA}$	erwartete Net Operating Profit after Taxes der Periode t (im Rahmen des EVA-Konzepts)
$\overline{NOPAT^{EVA}}$	ad infinitum konstanter erwarteter Net Operating Profit after Taxes (im Rahmen des EVA-Konzepts)
Q	untere Dreieckecksmatrix
r	risikoloser Zinssatz
R	Matrix unkorrelierter Zufallszahlen
$\mathbf{R_B}$	Matrix
$\tilde{r}_i$	unsichere Rendite der Anlagemöglichkeit i
$\tilde{r}_M$	unsichere Rendite des Marktportfolios
RV	Risikovolumen
$RV_{1,\,2\text{ bzw. }3}$	Risikovolumen des Risikofaktors 1, 2 bzw. 3
s	Steuersatz
S	Matrix
STD(.)	Standardabweichung des Ausdrucks (.)

t	Zeitpunkt bzw. Laufindex
T	Ende des (detaillierten) Planungszeitraums bzw. Restlaufzeit einer Anleihe
$\mathbf{T}$	Korrelationsmatrix von **R**
TCF_t	erwarteter Total Cash Flow der Periode t
$\overline{TCF}$	ad infinitum konstanter erwarteter Total Cash Flow
TS_t	erwartetes Tax Shield, das zum Zeitpunkt t wirksam wird
$\overline{TS}$	ad infinitum konstantes erwartetes Tax Shield
$TS_t(.)$	erwartetes bzw. realisiertes Tax Shield der Periode t verursacht durch den Effekt (.)
$\widetilde{TS}_t(.)$	unsicheres Tax Shield der Periode t verursacht durch den Effekt (.)
u	Zeitpunkt, Laufindex bzw. Lagrange-Multiplikator
v	Laufindex
V_t^E	Marktwert des Eigenkapitals zum Zeitpunkt t
V_t^F	Marktwert des Fremdkapitals zum Zeitpunkt t
V_t^L	Gesamtwert des verschuldeten Unternehmens zum Zeitpunkt t
$\mathbf{VaR}$	Vektor der Value at Risk je Risikofaktor
$VaR_{1,\,2\text{ bzw. }3}$	Value at Risk des Risikofaktors 1, 2 bzw. 3
VaR^{abs}	Value at Risk als Quantilswert
VaR_{Bayer}^{abs}	Value at Risk der Bayer AG Aktie (absolute Definition)
VaR_P	aggregierter Value at Risk
VaR^{rel}	Value at Risk als Abweichung vom Erwartungswert
VaR_{Bayer}^{rel}	Value at Risk der Bayer AG Aktie (relative Definition)
$VAR(.)$	Varianz des Ausdrucks (.)
VvA_t^F	erwarteter Marktwert (bzw. Realisation) des Fremdkapitals vor Anpassung an die festgelegte Fremdkapitalquote und nach Zinszahlung zum Zeitpunkt t aus Sicht des vorhergehenden Zeitpunktes t–1
$\widetilde{VvA}_t^F$	unsicherer Marktwert des Fremdkapitals vor Anpassung an die festgelegte Fremdkapitalquote und nach Zinszahlung zum Zeitpunkt t aus Sicht des vorhergehenden Zeitpunktes t–1
$WACC_t$	Weighted Average Cost of Capital der Periode t unter Ausschluss eines Insolvenzrisikos

$WACC_t^{I,L}$	Weighted Average Cost of Capital der Periode t bei Insolvenzrisiko für den Fall der Liquidation
$WACC_t^{I,S}$	Weighted Average Cost of Capital der Periode t bei Insolvenzrisiko für den Fall der Sanierung
$WACC_t^{TCF}$	modifizierte Weighted Average Cost of Capital der Periode t unter Auschluss eines Insolvenzrisikos (TCF-Ansatz)
$WACC_t^{TCF,I}$	modifizierte Weighted Average Cost of Capital der Periode t bei Insolvenzrisiko (TCF-Ansatz)
x	Zielgröße
$\mathbf{x}$	Vektor
$\tilde{x}$	unsichere Produktions- und Absatzmenge
x_A, x_B, x_C bzw. x_D	Anzahl der Projektdurchführungen der Projekte A, B, C bzw. D
x_A^*, x_B^*, x_C^* bzw. x_D^*	optimale Anzahl der Projektdurchführungen der Projekte A, B, C bzw. D
y	Integrationsgrenze
$\mathbf{Y}$	Vektor standardnormalverteilter korrelierter Zufallszahlen
$\mathbf{Z}$	Vektor standardnormalverteilter unkorrelierter Zufallszahlenvektor
z_α	α-Quantil der Standardnormalverteilung
ZF	Zielfunktion

Griechische Symbole:

α	Wahrscheinlichkeit mit der ein Wert erreicht oder unterschritten wird
β_i	Maß für das systematische Risiko der Anlagemöglichkeit i
Δ	erste Ableitung des Optionspreises nach dem Kurs des Underlyings
ΔV_t^L	Unternehmenswertsteigerung der Periode t
μ	Erwartungswert
$\mu_{1,\ 2\ bzw.\ 3}$	Erwartungswert des Risikofaktors 1, 2 bzw. 3
μ_{Bayer}	geschätzer Erwartungswert der Tagesrendite der Bayer AG Aktie
$\mu_{DaimlerChysler}$	geschätzer Erwartungswert der Tagesrendite der DaimlerChrysler AG Aktie

$\mu_{Deutsche\ Bank}$	geschätzer Erwartungswert der Tagesrendite der Deutsche Bank AG Aktie
μ_i	erwartete Rendite der Anlagemöglichkeit i
μ_M	erwartete Rendite des Marktportfolios
μ_P	erwartete Wertänderung des Portfolios
ρ	Korrelationskoeffizient
$\boldsymbol{\rho}$	Korrelationsmatrix
σ	Standardabweichung
$\sigma_{1,\ 2\ bzw.\ 3}$	Standardabweichung des Risikofaktors 1, 2 bzw. 3
σ_{Bayer}	geschätze Standardabweichung der Tagesrendite der Bayer AG Aktie
$\sigma_{DaimlerChrysler}$	geschätze Standardabweichung der Tagesrendite der DaimlerChrysler AG Aktie
$\sigma_{Deutsche\ Bank}$	geschätze Standardabweichung der Tagesrendite der Deutsche Bank AG Aktie
σ_i	Standardabweichung der Rendite der Anlagemöglichkeit i
σ_M	Standardabweichung der Rendite des Marktportfolios
σ_P	Standardabweichung der Wertänderung eines Portfolios
σ^2	Varianz
$\sigma^2_{\tilde{k}_F}$	Varianz der Fremdkapitalgeberrendite
σ^2_M	Varianz der Rendite des Marktportfolios
σ^2_P	Varianz der Wertänderung eines Portfolios

Sonstige Symbole:

€	Euro

1 Einführung

1.1 Problemstellung und Zielsetzung

Seit Beginn der neunziger Jahre befassen sich Theorie und Praxis intensiv mit Fragen des wertorientierten Controlling.[1] Hierbei stehen Instrumente im Rahmen einer auf die Eigner (Shareholder) fokussierten Führung eines Unternehmens (wertorientierte Unternehmensführung) im Vordergrund. Der Einsatz dieser Instrumente erfolgt vor dem Hintergrund des Ziels der Maximierung des Marktwerts des Eigenkapitals (Shareholder Value). Dabei wird auf Kenntnisse aus der Kapitalmarkt- und Finanzierungstheorie zurückgegriffen.[2] Neben dieser Konzentration auf den Erfolg eines Unternehmens ist in den letzten Jahren als weiterer Schwerpunkt das Risikocontrolling hinzugekommen, das sich mit der Identifikation, Bewertung, Steuerung und Überwachung von Risiken befasst.[3] Während sich das wertorientierte Controlling aus der ökonomischen Motivation der Steigerung des Shareholder Value bzw. Unternehmenswerts heraus entwickelt hat, basiert die ausgeprägte Auseinandersetzung mit der Thematik des Risikocontrolling auf regulatorischen Notwendigkeiten. Vor dem Hintergrund zahlreicher spektakulärer Unternehmenszusammenbrüche (z.B. Metallgesellschaft AG, Bremer Vulkan Verbund AG, Barings Bank plc. und Philipp Holzmann AG) hat der Gesetzgeber in Deutschland Vorschriften zum Umgang mit Risiken in Unternehmen verabschiedet. Hierzu zählen insbesondere das Gesetz zur Kontrolle und Transparenz im Unternehmensbereich (KonTraG) und das Transparenz- und Publizitätsgesetz (TransPuG). Gemäß dem am 1. Mai 1998 in Kraft getretenen KonTraG sind Unternehmen u.a. verpflichtet ein Überwachungssystem einzurichten, sodass bestandsgefährdende Risiken (Insolvenzrisiken) frühzeitig erkannt werden. Auf dem KonTraG aufbauend hat das TransPuG dann zu weiteren Reformen des Aktien- und Bilanzrechts geführt. Als Reaktion auf die Zusammenbrüche von Enron Corp. und Worldcom Inc. wurde auch in den Vereinigten Staaten mit dem Sarbanes-Oxley Act (SOX) ein entsprechendes Gesetz verabschiedet. Dieses Gesetz regelt die Verantwortlichkeiten von Managern sowie die Haftung von Wirtschaftsprüfern. Weiterhin sind in diesem Kontext die neuen Baseler Eigenkapitalvereinbarungen (Basel II) zu nennen. Sie verpflichten Banken, Kredite in Abhängigkeit der Bonität des Kreditnehmers, mit Eigenkapital zu hinterlegen.

Bisher werden wertorientiertes Controlling und Risikocontrolling weit gehend isoliert voneinander betrachtet und diskutiert. Allerdings bestehen zahlreiche Überschneidungen. So erfolgt eine implizite Risikoberücksichtigung auch im Rahmen des wert-

---

[1] Grundlegend ist Rappaport (1986).
[2] Vgl. z.B. Günther (1997), S. 1.
[3] Vgl. auch Burger/Buchhart (2002), S. V.

orientierten Controlling, was insbesondere an der hier vorgenommenen risikoadjustierten Diskontierung von Erwartungswerten deutlich wird. In Abhängigkeit von der Risikohöhe wird ein Aufschlag auf den risikolosen Zinssatz zur Ermittlung eines (risiko-)adäquaten Abzinsungsfaktors angesetzt. Dies geschieht vor dem Hintergrund der in der Kapitalmarkttheorie üblichen Annahme risikoaverser Anleger.[4] Nur risikoneutrale Anleger fordern unabhängig von der Risikohöhe eines Investments eine Rendite in Höhe des sicheren Zinssatzes. Dem gegenüber sind risikoaverse Anleger nur unter Zusicherung einer Risikoprämie zur Übernahme von systematischen Risiken bereit. Risiken werden als systematisch bezeichnet, wenn sie – abweichend zu unsystematischen Risiken – durch Diversifikation nicht eliminiert werden können.[5] Das Eingehen unsystematischer Risiken wird bei Anwendung wertorientierter Konzepte zur Ermittlung risikoadjustierter Diskontierungssätze nicht entlohnt. Folglich braucht diese Art von Risiken hier – im Gegensatz zum Risikocontrolling – nicht näher betrachtet werden. Bei der Bestimmung des Erwartungswerts einer Zufallsvariablen erfolgt ebenfalls implizit eine Berücksichtigung des Risikos, da die Unsicherheit über den Eintritt zukünftiger Umweltzustände durch szenarioabhängige Prognosen einfließt. Andererseits werden bei zentralen Instrumenten des wertorientierten Controlling (z.B. Discounted Cash Flow-Verfahren und Economic Value Added (EVA®)-Konzept[6]) Insolvenzrisiken bisher nicht berücksichtigt. Diese Risiken gefährden den Fortbestand eines Unternehmens. Insolvenz liegt vor, wenn einer der Insolvenzgründe laut Insolvenzordnung (InsO) gegeben ist. Ein Insolvenzverfahren wird eröffnet, wenn Zahlungsunfähigkeit (§ 17 InsO), drohende Zahlungsunfähigkeit (§ 18 InsO) oder Überschuldung (§ 19 InsO) besteht. Insbesondere in Deutschland hat in den letzten Jahren die Zahl der Unternehmensinsolvenzen stark zugenommen.[7] Hieran zeigt sich, dass in der Praxis die Insolvenzgefahr eine bedeutende Rolle spielt und im Rahmen theoretischer Modelle berücksichtigt werden sollte. Weiterhin wird durch Konzepte des wertorientierten Controlling die explizite Risikohöhe nicht gemessen, sodass zusätzlich auf Instrumente des Risikocontrolling (z.B. Value at Risk bzw. Cash Flow at Risk)[8] zurückgegriffen werden muss. Bei der Anwendung dieser Risikocontrollinginstrumente, sind auch unsystematische Risiken zu beachten, da sie die Risikohöhe, der beispielsweise das gesamte Unternehmen unterliegt, maßgeblich beeinflussen. Sieht man von der Annahme eines vollkommenen Kapitalmarkts, wie sie bei Konzepten des wertorientierten Controlling oftmals getroffen wird, ab, so gibt es neben der regulatorischen Notwendigkeit auch ökonomische Begründungen für die Implemen-

---

4 Vgl. z.B. Schmidt/Terberger (1997), S. 290.
5 Zur Unterscheidung zwischen systematischen und unsystematischen Risiken vgl. auch Abschnitt 3.3.2.1.2.
6 EVA® ist eine eingetragene Marke von Stern Stewart & Co.
7 Vgl. Statistisches Bundesamt (2004), S. 39 und Statistisches Bundesamt (2005) sowie die Ausführungen in Abschnitt 3.4.1.
8 Zu den at Risk-Kennzahlen vgl. insbesondere Abschnitt 4.2.

tierung eines Risikocontrolling.[9] Auf unvollkommenen Kapitalmärkten können sich Risikosteuerungsmaßnahmen positiv auf den Unternehmenserfolg auswirken. Geht man jedoch von einer Vollkommenheit der Kapitalmärkte aus, so können die Investoren gemäß ihren Risikoneigungen auf individueller Ebene das Risiko ihres Investments zu denselben Konditionen wie das Unternehmen beeinflussen.[10] In dieser theoretischen Modellwelt schafft Risikomanagement auf Unternehmensebene somit keinen Wert. Da in der Praxis jedoch unvollkommene Kapitalmärkte vorliegen, sollten die Aufgaben des Risikocontrolling eines Unternehmens über die gesetzlichen Bestimmungen zur Aufdeckung bestandsgefährdender Risiken hinausgehen und mit der wertorientierten Unternehmensführung verknüpft werden, sodass ein aktives Management von Risiken mit dem Ziel der Unternehmenswertsteigerung ermöglicht wird.

In dieser Arbeit wird ein Rahmen geschaffen, um konsistente Verbindungen zwischen wertorientiertem Controlling und Risikocontrolling herzustellen. Zur Darstellung dieser komplexen Beziehungen wird auf Kennzahlen[11] zurückgegriffen. Dieses Instrument wird sowohl in der Theorie als auch in der Praxis als Informationsmaß angesehen, durch welches eine Vereinfachung der Entscheidungsfindung erreicht werden kann. Kennzahlen ermöglichen eine Konzentration auf das Wesentliche und eine Vernachlässigung von Überflüssigem, sodass das betriebliche Handeln effizient gestaltet werden kann. Sie eignen sich hierbei prinzipiell zur Abbildung der Vergangenheit, zur Überwachung der Gegenwart sowie zur Planung der Zukunft.[12] Neben der Nutzung bereits bestehender Kennzahlen werden zur Abbildung der angesprochenen Verbindung zwischen wertorientiertem Controlling und Risikocontrolling auch eigene Kennzahlen entwickelt. Dabei erfolgt eine Fokussierung auf Industrie- und Handelsunternehmen, da Unternehmen aus dieser Branche grundsätzlich andere Anforderungen an Kennzahlen stellen als beispielsweise Banken und Versicherungen. Während Finanzinstitutionen hauptsächlich Marktpreis- und Kreditrisiken ausgesetzt sind, so dominieren in Industrie- und Handelsunternehmen betriebliche Risiken sowie Mengenrisiken.[13] Hieraus ergeben sich Unterschiede bezüglich der Handelbarkeit der Risiken von Finanzinstitutionen und Industrie- bzw. Handelsunternehmen. Während insbesondere Marktpreisrisiken handelbar sind, so können Industrie- und Handelsunternehmen ihre Risiken typischerweise nicht zeitnah glattstellen, sodass hier eine im Gegensatz zu Finanzinstitutionen längerfristige Risikobetrachtung notwendig ist. Die hier angesprochenen Risiken stellen die Ursachen einer möglichen Insolvenz dar. Die Insolvenzwahrscheinlichkeit hängt somit unmittelbar von der

9 Zu verschiedenen Erklärungsansätzen vgl. Abschnitt 4.1.3.
10 Vgl. MacMinn (1987).
11 Eine genaue Definition des Kennzahlenbegriffs erfolgt in Abschnitt 2.1.1.
12 Vgl. Antoine (1958), S. 11.
13 Vgl. Homburg/Stephan (2004), S. 314 f.

Höhe dieser Risiken ab. Zur Sicherung des Fortbestands eines Unternehmens sind daher diese Risiken und damit auch die Insolvenzwahrscheinlichkeit, durch Maßnahmen des Risikomanagements zu steuern. Dabei kann die Steuerung ebenfalls anhand von Kennzahlen erfolgen.

Den Kern der Arbeit bildet somit die Verknüpfung des wertorientierten Controlling und des Risikocontrolling unter Nutzung von Kennzahlen. Hierzu soll insbesondere eine Einbeziehung von Insolvenzrisiken bei der Bestimmung wertorientierter Kennzahlen vorgenommen werden. Hierauf aufbauend wird eine Kennzahl entwickelt, die sich aus der Verbindung einer wertorientierten Kennzahl mit einer Risikokennzahl ergibt und sich für den Einsatz in Industrie- und Handelsunternehmen eignet.

1.2 Vorgehensweise der Arbeit

Zur weiteren Analyse einer besseren Integration von wertorientiertem Controlling und Risikocontrolling soll wie folgt vorgegangen werden. In Kapitel 2 werden zunächst einige Grundlagen gelegt. Hierzu zählen die Definition der Begriffe Kennzahlen und Kennzahlensysteme sowie die Vorstellung verschiedener Möglichkeiten zur Klassifizierung von Kennzahlen. Hierauf aufbauend wird der Einsatz von Kennzahlen als Controllinginstrument diskutiert. Dabei wird auf das dieser Arbeit zu Grunde liegende Controllingverständnis eingegangen. Anschließend erfolgt eine notwendige Abgrenzung zwischen finanziellen und nicht-finanziellen Kennzahlen, wobei auf das Konzept der Balanced Scorecard zurückgegriffen wird. Vor dem Hintergrund der Spitzenkennzahlen dreier internationaler Kennzahlensysteme (Du Pont, Pyramid Structure of Ratios und Ratios au Tableau de Bord) und zweier Kennzahlensysteme aus Deutschland (ZVEI- und RL-Kennzahlensystem) werden die Defizite traditioneller Kennzahlen – die weder wertorientierte Kennzahlen noch Risikokennzahlen darstellen – untersucht. Der folgende Teil der Arbeit bezieht sich dann auf weiterentwickelte Kennzahlen, die diese Mängel nicht aufweisen.

Dazu werden in Kapitel 3 wertorientierte Kennzahlen vorgestellt. Sie messen den Erfolg einer auf die Renditeansprüche der Eigner abstellende Unternehmensführung (Shareholder Value-Ansatz). Zu Beginn dieses Kapitels wird die historische Entwicklung des Shareholder Value-Ansatzes dargestellt sowie eine Gegenüberstellung mit dem auf unterschiedlichen Interessengruppen konzentrierten Stakeholder Value-Ansatz vorgenommen. Anschließend werden – nachdem zuvor kurz auf weitere Verfahren zur Bewertung eines Unternehmens eingegangen wird – die Discounted Cash Flow-Verfahren und das Economic Value Added-Konzept unter der in der Literatur üblichen Annahme des Ausschlusses eines Insolvenzrisikos erläutert. Da jedoch so gut wie alle Unternehmen einer gewissen Insolvenzgefahr ausgesetzt sind, können diese Konzepte in der Praxis nicht ohne weiteres angewandt werden. Um wertorientierte Kennzahlen unter Berücksichtigung eines Insolvenzrisikos ermitteln zu können, müssen die Auswirkungen der Insolvenzmöglichkeit auf die Bestimmung der Kennzahlen analysiert werden. Dabei sind insbesondere die Forderungen der nun durch die Ausfallgefahr betroffenen Fremdkapitalgeber und die steuerlichen Aspekte der unsicheren Zins- und Tilgungszahlungen näher zu untersuchen. Diese Verallgemeinerung der Discounted Cash Flow-Verfahren und des Economic Value Added-Konzepts stellt einen Schwerpunkt der Arbeit dar. Dabei wird zwischen dem Fall der Sanierung und dem Fall der Liquidation bei Insolvenz differenziert, da diese beiden Fälle steuerlich unterschiedlich gehandhabt werden und daraus Unterschiede in der Höhe der wertorientierten Kennzahlen resultieren können. Weiterhin wird der Unterschied zwischen der korrekten Berücksichtigung des Insolvenzrisikos und der Vernachlässigung des Insolvenzrisikos analysiert und quantifiziert.

Risikokennzahlen bilden den Schwerpunkt des 4. Kapitels. Zu Beginn des Kapitels werden die im vorherigen Abschnitt bereits angesprochenen rechtlichen und ökonomischen Hintergründe dargestellt. Dabei zeigt sich, dass sowohl aus rechtlichen wie auch aus ökonomischen Gesichtspunkten die durch die Unternehmensaktivitäten verursachten Risiken beachtet werden müssen. Je höher das eingegangene Risiko, desto höher ist im Allgemeinen auch die Insolvenzgefahr eines Unternehmens. Prinzipiell sind Unternehmen deshalb bestrebt, Risiken zu begrenzen. Diese Limitierung ist folglich im Rahmen der auf die Eigner fokussierten Unternehmensführung als Nebenbedingung zu beachten, wobei sich Kennzahlen zur Messung des Risikos anbieten. Hierzu erfolgt ausgehend vom Konzept des Value at Risk, welches primär in Finanzinstitutionen eingesetzt wird, eine Darstellung des Cash Flow at Risk zur Nutzung in Industrie- und Handelsunternehmen. Dabei wird ausführlich auf die verschiedenen Methoden zur Berechnung der beiden Risikokennzahlen eingegangen. Der Cash Flow at Risk stellt einen Bezug zu den in Kapitel 3 diskutierten Discounted Cash Flow-Verfahren her, da beide Verfahren auf dem Zahlungsüberschuss als zentrale Größe basieren. Im weiteren Verlauf des Kapitels werden die Risikokennzahlen dann bezüglich ihrer entscheidungstheoretischen Fundierung untersucht. Den Abschluss des 4. Kapitels bildet eine zeitliche Aggregation periodenspezifischer Risikokennzahlen zu einem einzigen Wert.

Kapitel 5 stellt eine Synthese der beiden vorherigen Kapitel dar. Um die Konzentration auf eine zentrale Kennzahl zu ermöglichen, ist eine Verbindung zwischen Erfolgs- und Risikokennzahlen herzustellen. Kennzahlen, die sich aus dieser Verbindung ergeben, werden auch als risikoadjustierte Performancemaße bezeichnet. Wiederum wird ausgehend von Konzepten im Bankenbereich (einperiodige risikoadjustierte Performancemaße) ein risikoadjustiertes Performancemaß für Industrie- und Handelsunternehmen im Mehrperioden-Kontext entwickelt. Durch dieses risikoadjustierte Performancemaß kann bei Entscheidungen (z.B. über die Durchführung von Projekten)

eine – gegenüber der Lösung einer komplexen Optimierung – vereinfachte Bestimmung des Optimums ermöglicht werden.
Kapitel 6 beschließt die Arbeit mit einer Zusammenfassung der wesentlichen Ergebnisse und zeigt weitere Forschungsmöglichkeiten auf.

2 Grundlagen des Einsatzes von Kennzahlen in Industrie- und Handelsunternehmen

In diesem Kapitel werden Grundlagen für die weitere Analyse gelegt. Zu Beginn werden in Abschnitt 2.1 die Begriffe Kennzahlen und Kennzahlensysteme erläutert. Anschließend erfolgt in Abschnitt 2.2 eine Einordnung von Kennzahlen als Instrument des Controlling. Abschnitt 2.3 grenzt nicht-finanzielle von den in dieser Arbeit im Vordergrund stehenden finanziellen Kennzahlen ab. Daraufhin werden in Abschnitt 2.4 die bekanntesten traditionellen Kennzahlensysteme vorgestellt. Anhand dieser werden Defizite traditioneller (Spitzen-)Kennzahlen analysiert und somit die Notwendigkeit zu weiterentwickelten Kennzahlen aufgezeigt.

2.1 Kennzahlen und Kennzahlensysteme

2.1.1 Kennzahlenbegriff und Kennzahlenarten

Kennzahlen[14] werden in der Regel als ein zentrales Instrument des Controlling gesehen.[15] Es handelt sich dabei um Zahlen, die quantitativ erfassbare Zusammenhänge in verdichteter und somit vereinfachter Form darstellen. Im Rahmen dieser Arbeit erfolgt eine Fokussierung auf betriebswirtschaftliche Kennzahlen. Diese „beschreiben wirtschaftliche (und nicht etwa technologische) Zustände und Entwicklungen des Unternehmens"[16] und können im Rahmen vieler betrieblicher Funktionen[17] eines Unternehmens, wie z.B. Beschaffung, Produktion und Absatz, eingesetzt werden. Durch die konzentrierte Form von Kennzahlen ist ein schneller Überblick über Sachverhalte möglich.[18] Dieser Vorteil wird jedoch durch eine möglicherweise nicht umfassende und ausgewogene Darstellung der Informationslage relativiert. So sind eventuell zusätzlich zu Kennzahlen, qualitative Informationen zur vollständigen Erfassung eines Sachverhaltes zu berücksichtigen.[19]

Kennzahlen können u.a. nach statistisch-methodischen Gesichtspunkten[20] differenziert werden. Hierbei unterscheidet man zwischen absoluten und relativen Kennzah-

---

14 Für eine Aufzählung alternativer Bezeichnungen, wie z.B. Kennziffer oder Schlüsselzahl vgl. Meyer (1994), S. 1 und Staehle (1969), S. 50.

15 Vgl. Weber (2004), S. 241. Für weiterführende Ausführungen zu Kennzahlen als Controllinginstrument vgl. Abschnitt 2.2.

16 Betriebswirtschaftlicher Ausschuss des Zentralverbandes Elektrotechnik- und Elektronikindustrie (ZVEI) e.V. (Hrsg.) (1989), S. 13.

17 Vgl. Abbildung 1.

18 Vgl. Groll (2004), S. 13. Zu den möglichen Quellen von Kennzahlen im Rahmen des Rechnungswesens (z.B. Bilanz) vgl. Abbildung 1.

19 Vgl. Reichmann (2001), S. 22.

20 Zu dieser Differenzierung vgl. bspw. Meyer (1994), S. 4 sowie Abbildung 1.

len.[21] Während unter Kennzahlen im engeren Sinn (i.e.S.) nur relative Kennzahlen verstanden werden, umfassen Kennzahlen im weiteren Sinn (i.w.S.) sowohl relative als auch absolute Kennzahlen.[22] Absolute Kennzahlen quantifizieren einen Tatbestand unmittelbar. Relative Kennzahlen sind Quotienten aus zwei absoluten Zahlen, die zueinander in Beziehung gesetzt werden.[23] Die Größe im Zähler wird auch als Beobachtungszahl bezeichnet, während die Größe im Nenner Bezugszahl genannt wird.[24] Befürworter der engen Kennzahlendefinition sprechen sich wegen der fehlenden Relativierung absoluter Zahlen gegen deren Bezeichnung als Kennzahl aus.[25] Jedoch muss eingewandt werden, dass zur Interpretation von Veränderungen relativer Kennzahlen die Höhe des Zählers und des Nenners bekannt sein muss.[26] So kann eine Erhöhung einer relativen Kennzahl (z.B. Eigenkapitalrendite[27]) durch folgende Ursachen bewirkt worden sein:[28]

- Erhöhung des Zählers (Gewinn) bei konstantem Nenner (Eigenkapital)
- Verringerung des Nenners (Eigenkapital) bei konstantem Zähler (Gewinn)
- Erhöhung des Zählers (Gewinn) und Verringerung des Nenners (Eigenkapital)
- Erhöhung des Zählers (Gewinn) und Nenners (Eigenkapitel), wobei die Erhöhung des Zählers (Gewinn) die Erhöhung des Nenners (Eigenkapitel) überkompensiert
- Verringerung des Zählers (Gewinn) und Nenners (Eigenkapitel), wobei die Verringerung des Nenners (Eigenkapitel) die Verringerung des Zählers (Gewinn) überkompensiert

Im Rahmen dieser Arbeit wird auf Grund obiger Ausführungen die Kennzahlendefinition i.w.S. verwendet.[29]

Absolute Kennzahlen können in

- Einzelwerte (z.B. Anzahl eines Rohstoffs auf Lager, Mitarbeiterzahl)
- Summen (z.B. Bilanzsumme, Summe aller Auszahlungen für ein Projekt)

---

[21] Relative Kennzahlen werden auch als Verhältniskennzahlen bezeichnet. In der englischsprachigen Literatur wird hierfür der Begriff „ratio" verwendet. Vgl. bspw. Heckert/Willson (1963), S. 46 ff.; Tucker (1961), S. 15 ff. und Westwick (1987), S. 2 ff.

[22] Vgl. z.B. Kern (1971), S. 702 und Staehle (1969), S. 52.

[23] Bei der Bildung einer relativen Kennzahl durch Division zweier absoluter Zahlen muss darauf geachtet werden, dass durch den Quotienten ein betriebswirtschaftlich sinnvolles Verhältnis ausgedrückt wird.

[24] Vgl. Betriebswirtschaftlicher Ausschuss des Zentralverbandes Elektrotechnik- und Elektronikindustrie (ZVEI) e.V. (Hrsg.) (1989), S. 17.

[25] Vgl. bspw. Betriebswirtschaftlicher Ausschuss des Zentralverbandes Elektrotechnik- und Elektronikindustrie (ZVEI) e.V. (Hrsg.) (1989), S. 13; Coenenberg (2005), S. 971; Heckert/Willson (1963), S. 46; Staehle (1969), S. 49; Tucker (1961) S. 16 und Westwick (1987), S. 2.

[26] Vgl. z.B. Lachnit (1979), S. 17 f. und Coenenberg (2005), S. 972, der als Vertreter des engen Kennzahlenbegriffs auch auf diesen Nachteil der alleinigen Betrachtung relativer Kennzahlen hinweist.

[27] Diese Kennzahl wird definiert als Gewinn dividiert durch den Eigenkapitaleinsatz.

[28] Die folgenden Ausführungen gehen von positiven Zähler- und Nennergrößen aus.

[29] Diese Kennzahlendefinition findet man bspw. auch bei Baetge/Kirsch/Thiele (2004), S. 35; Küpper (2005), S. 359 und Weber (2004), S. 242.

- Differenzen (z.B. Jahresüberschuss als Differenz zwischen Erträgen und Aufwendungen, Abweichungen im Rahmen einer Abweichungsanalyse)
- Mittelwerte (z.B. durchschnittlicher Mitarbeiterbestand des letzten Jahres, mittlerer Einkaufspreis einer Periode)
- finanzmathematische Werte (z.B. Kapitalwert, interner Zinsfuß eines Projekts)

weiter untergliedert werden.[30] Diese Differenzierung absoluter Kennzahlen ist allerdings nicht immer trennscharf. So kann ein Kapitalwert, wie bereits oben angedeutet, als finanzmathematischer Wert aufgefasst werden. Es ist jedoch auch eine Zuordnung als Summe denkbar, da ein Kapitalwert die Summe diskontierter Zahlungsüberschüsse darstellt.

Relative Kennzahlen können in folgenden Formen auftreten:[31]

- Gliederungszahl (z.B. Eigen- und Fremdkapitalquote)
  Bei einer Gliederungszahl wird eine Teilgröße zu der zugehörigen Gesamtgröße in Relation gebracht.[32] Sie gibt somit Auskunft über den Anteil der Teilgröße an der Gesamtgröße.
- Beziehungszahl (z.B. Eigenkapitalrendite)
  Das Verhältnis zweier sachlich verschiedener aber im sinnvollen Zusammenhang stehender Größen wird als Beziehungszahl bezeichnet.[33] Die beiden Größen sind gleichrangig und somit abweichend zu den Gliederungszahlen nicht auf eine hierarchische Ordnung zurückzuführen.
- Indexzahl (z.B. Umsatz eines Jahres im Verhältnis zum Umsatz des Basisjahres)
  Indexzahlen stellen die zeitliche Veränderung einer Größe dar. Hierzu wird eine zeitpunktbezogene Größe (Bestandsgröße) bzw. zeitraumbezogene Größe (Stromgröße) in Relation zu dieser Größe in einem früheren Zeitpunkt bzw. Zeitraum gesetzt.[34] Diese Größe wird auch als Basisgröße bezeichnet.[35]

Die verschiedenen Systematisierungsmöglichkeiten von Kennzahlen sind in Abbildung 1 zusammenfassend dargestellt.

---

30 Vgl. z.B. Groll (2004), S. 9 und Meyer (1994), S. 6. Meyer verzichtet allerdings auf die Untergliederung in finanzmathematische Werte.

31 Vgl. z.B. Baetge/Kirsch/Thiele (2004), S. 36; Horváth (2003), S. 567 und Meyer (1994), S. 6.

32 Zur Unterscheidung von Kennzahlen nach ihrer quantitativen Struktur (Gesamt- oder Teilgröße) vgl. auch Abbildung 1.

33 Vgl. z.B. Bomsdorf (2002a), S. 84.

34 Zur Unterscheidung von Kennzahlen nach ihrer zeitichen Struktur vgl. auch Abbildung 1.

35 Die Wahl der Basisgröße wirkt sich stark auf die Aussagekraft einer Indexzahl aus. So sollten in der Regel keine extremen Ausprägungen als Basisgröße gewählt werden. Vgl. Coenenberg (2005), S. 973.

Systematisierungsmerkmal	**Arten betriebswirtschaftlicher Kennzahlen**
betriebliche Funktionen	Kennzahlen aus dem Bereich Beschaffung Lagerwirtschaft Produktion Absatz Personalwirtschaft Finanzwirtschaft, Jahresabschluss
statistisch-methodische Gesichtspunkte	Absolute Zahlen: Einzelzahlen Summen Differenzen Mittelwerte finanzmathematische Werte Verhältniszahlen: Beziehungszahlen Gliederungszahlen Indexzahlen
quantitative Struktur	Gesamtgrößen Teilgrößen
zeitliche Struktur	Zeitpunktgrößen Zeitraumgrößen
inhaltliche Struktur	Wertgrößen Mengengrößen
Erkenntniswert	Kennzahlen mit selbstständigem Erkenntniswert unselbstständigem Erkenntniswert
Quellen im Rechnungswesen	Kennzahlen aus der Bilanz Buchhaltung Aufwands- und Ertrags- und Kostenrechnung Statistik
Elemente des Ökonomischen Prinzips	Einsatzwerte Ergebniswerte Maßstäbe aus Beziehungen zwischen Einsatz- und Ergebniswerten
Gebiet der Aussage	gesamtwirtschaftliche Kennzahlen teilbetriebliche Kennzahlen
Planungsgesichtspunkte	Soll-Kennzahlen (zukunftsorientiert) Ist-Kennzahlen (vergangenheitsorientiert)
Zahl der beteiligten Unternehmen	einzelbetriebliche Kennzahlen Konzern-Kennzahlen Branchenkennzahlen (Richtzahlen) gesamtbetriebliche Kennzahlen
Umfang der Ermittlung	Standard-Kennzahlen betriebsindividuelle Kennzahlen
Leistung des Betriebs	Wirtschaftlichkeitskennzahlen Kennzahlen über die finanzielle Sicherheit

Abbildung 1: Betriebswirtschaftliche Kennzahlenarten[36]

[36] Abbildung übernommen aus Meyer (1994) S. 7 bzw. Meyer (2000), S. 20. Allerdings wurde bei absoluten Kennzahlen die Untergliederung in finanzmathematische Werte ergänzt.

Zusätzlicher Nutzen gegenüber der isolierten Betrachtung von einzelnen Kennzahlen kann mittels Bildung von Kennzahlensystemen, durch die eine Analyse des Zu-Stande-Kommens einer Kennzahl bzw. der Auswirkungen auf andere Kennzahlen möglich ist, geschaffen werden.[37] Dieser Aspekt soll im folgenden Abschnitt behandelt werden.

2.1.2 Zusammenfassung von Kennzahlen in Kennzahlensystemen

Unter einem Kennzahlensystem wird die Zusammenfassung von Kennzahlen verstanden, die voneinander abhängen bzw. sich ergänzen.[38] Die Abbildungen der Beziehungen zwischen den Kennzahlen innerhalb eines Kennzahlensystems können mathematischer oder ausschließlich sachlogischer Natur sein.[39]
Aus diesen Beziehungsmöglichkeiten zwischen den Kennzahlen eines Kennzahlensystems können Kennzahlensysteme wie folgt eingeteilt werden:[40]

- Rechensystem
- Ordnungssystem
- Kombination aus Rechen- und Ordnungssystem

In einem Rechensystem wird eine Spitzenkennzahl stufenweise durch mathematische Operationen in weitere Kennzahlen unterteilt.[41] Hierdurch entsteht eine so genannte Kennzahlenpyramide. Die Analyse einer Kennzahl durch Bildung weiterer Unterkennzahlen kann durch folgende Rechenvorgänge vorgenommen werden:[42]

- Aufgliederung (bzw. Zerlegung)
  Hierbei erfolgt die Zerlegung einer (Gesamt-)Größe in ihre Bestandteile (Teilgrößen). Z.B. kann die Kapitalbindung des gesamten Unternehmens in die Kapitalbindung je Geschäftsbereich aufgeteilt werden.
- Substitution
  Eine Kennzahl wird durch andere Größen ersetzt. Einen Sonderfall stellt die Ersetzung einer Gesamtgröße durch ihre Teilgrößen dar, da dies der im vorherigen Punkt dargestellten Aufgliederung zuzuordnen ist. Bei der Substitution erfolgt keine wertmäßige Veränderung. So kann beispielsweise der Jahresüberschuss als Differenz zwischen Erträgen und Aufwendungen dargestellt werden.

---

37 Vgl. Baetge/Kirsch/Thiele (2004), S. 500 f.; Kern (1971), S. 703; Lachnit (1976), S. 216 und Reichmann/Lachnit (1976), S. 706 f.
38 Vgl. Staehle (1969), S. 69.
39 Auch mathematische Beziehungen sollten eine sachlogische Verknüpfung aufweisen.
40 Vgl. bspw. Buchner (1985), S. 36 und Betriebswirtschaftlicher Ausschuss des Zentralverbandes Elektrotechnik- und Elektronikindustrie (ZVEI) e.V. (Hrsg.) (1989), S. 23.
41 Vgl. z.B. Groll (2004), S. 14 und Meyer (1994), S. 10 ff. Diese mathematischen Verknüpfungen vereinfachen die Umsetzung eines Kennzahlensystems mittels der EDV.
42 Vgl. Küting (1983a), S. 237.

- Erweiterung
Bei dieser Form der rechnerischen Bildung von Unterkennzahlen erfolgt eine Erweiterung der Ausgangskennzahl durch Multiplikation mit einem Bruch, bei dem Zähler und Nenner identisch sind.[43] Da der Bruch folglich den Wert Eins aufweist, wirkt sich die Multiplikation nicht auf den Wert der Ausgangskennzahl aus. So lässt sich der Return on Investment (ROI) als Spitzenkennzahl des Du Pont-Kennzahlensystems[44] durch Erweiterung als Produkt aus Kapitalumschlag und Umsatzrentabilität darstellen:

$$\text{ROI} = \frac{\text{Gewinn}}{\text{Gesamtkapital}} = \frac{\text{Gewinn}}{\text{Gesamtkapital}} \cdot \frac{\text{Umsatz}}{\text{Umsatz}} = \frac{\text{Umsatz}}{\text{Gesamtkapital}} \cdot \frac{\text{Gewinn}}{\text{Umsatz}}$$
$$= \text{Kapitalumschag} \cdot \text{Umsatzrentabilität}.$$

Gleichung 1: Erweiterung des Return on Investment (ROI)

Mit dem Vorteil der exakten Quantifizierbarkeit der Beziehungen zwischen den Kennzahlen eines Rechensystems gehen aber gleichzeitig auch Nachteile einher. So werden u.U. durch rechnerische Umformungen (Hilfs-)Kennzahlen erzeugt, die isoliert gesehen keine Aussagekraft besitzen und einen mangelnden sachlogischen Zusammenhang innerhalb des Systems aufweisen.[45] Weiterhin können sachlogische Beziehungen zwischen Kennzahlen, die aber nicht quantifizierbar sind, in einem Rechensystem nicht erfasst werden.[46] So ist beispielsweise davon auszugehen, dass zusätzliche Schulungen der Vertriebsmitarbeiter, die zu höheren Schulungskosten führen, sich positiv auf den Unternehmensumsatz auswirken. Eine rechnerische Verknüpfung zwischen der Höhe der Schulungskosten und dem Umsatz erscheint jedoch nicht möglich zu sein.

Bei einem Ordnungssystem wird die Voraussetzung der genauen Quantifizierbarkeit der Kennzahlenbeziehungen aufgegeben, d.h., es existieren keine Rechenoperationen zwischen den Kennzahlen, jedoch sind die Beziehungen nach Art und Wirkungsrichtung bekannt.[47] Folglich kann ein Ordnungssystem auch als sachlogisch struktu-

---

[43] Die Erweiterung kann somit als Spezialfall der Aufgliederung bzw. Substitution gesehen werden.

[44] Zum Du Pont-Kennzahlensystem vgl. Abschnitt 2.4.1. Die Zugehörigkeit der Fremdkapitalzinsen zur Zählergröße des ROI wird in der Literatur (und der Praxis) uneinheitlich gestaltet (Gewinn vor oder nach Fremdkapitalzinsen). Vgl. hierzu bspw. Rappaport (1998), S. 22 f. In diesem Sinn unterscheiden einige Autoren zwischen ROI und Gesamtkapitalrentabilität. Die Unterscheidung liegt dann darin, dass bei der Gesamtkapitalrentabilität im Gegensatz zum ROI als Zählergröße der Gewinn vor Fremdkapitalzinsen gewählt wird. Diese Differenzierung wird bspw. im ZVEI- und RL-Kennzahlensystem vorgenommen. Zu diesen beiden Kennzahlensystemen vgl. Abschnitt 2.4.4 und 2.4.5.

[45] Vgl. z.B. Groll (2004), S. 17 ff. Fehlende Zusammenhänge im Zusammenwirken mit mangelnder Ausgewogenheit der Kennzahlen können zu „Kennzahlenfriedhöfen“ führen. Vgl. Weber (2004), S. 255 f.

[46] Vgl. Buchner (1985), S. 38; Groll (2004), S. 17; Lachnit (1976), S. 221 f. und Lachnit (1979), S. 32.

[47] Vgl. Lachnit (1979), S. 31.

riertes Kennzahlensystem aufgefasst werden.[48] In einem Ordnungssystem existiert typischerweise keine Spitzenkennzahl, sondern der betriebliche Sachverhalt muss aus der gemeinsamen Betrachtung gleich geordneter und untergeordneter Kennzahlen geschlossen werden. Vor- und Nachteile von Ordnungssystemen sind fast spiegelbildlich zu denen der Rechensysteme.[49] So ist ein offensichtlicher Nachteil die Nicht-Quantifizierung der Kennzahlenbeziehungen. Der Vorteil liegt in der Möglichkeit des Verzichts auf Hilfskennzahlen, sodass eine alleinige Konzentration auf die benötigten Kennzahlen erfolgen kann. Zudem bieten Ordnungssysteme eine hohe Flexibilität bezüglich der Anpassungsmöglichkeiten bei einem veränderten Informationsbedarf.[50]

Somit erscheint es sinnvoll, durch Kombination die Vorteile beider Kennzahlensystemformen zu erlangen.[51] So sollten, falls möglich, rechnerische Beziehungen zwischen einzelnen Kennzahlen Berücksichtigung finden. Genügen diese mathematisch verknüpften Kennzahlen nicht zur Beschreibung eines Sachverhalts, so ist eine Ergänzung des Kennzahlensystems um sachlogisch verknüpfte Kennzahlen vorzunehmen, sodass ein kombiniertes Rechen- und Ordnungssystem resultiert.

2.2 Kennzahlen als Instrument des Controlling

In diesem Abschnitt soll eine Einordnung von Kennzahlen bzw. Kennzahlensystemen als Instrument des Controlling erfolgen. Hierzu wird vorab kurz auf das dieser Arbeit zu Grunde liegende Controllingverständnis eingegangen. Zurzeit findet sich in der betriebswirtschaftlichen Literatur kein einheitliches Controllingverständnis.[52] Trotz der zunehmenden theoretischen Auseinandersetzung mit der betriebswirtschaftlichen Teildisziplin Controlling steht diese weiterhin in einem Missverhältnis zur intensiven Betrachtung von Controllingaspekten im Rahmen der Praxis.[53] Bezüglich dieser theoretischen Auseinandersetzung scheint ein Konsens zu bestehen, dass Controlling nicht mit Kontrolle gleichzusetzen ist. Zu dieser Fehlinterpretation kann man gelangen, wenn „to control" mit kontrollieren[54] übersetzt wird. In der angelsächsischen Li-

---

[48] Vgl. Küting (1983a), S. 238.

[49] Vgl. Buchner (1985), S. 38; Lachnit (1979), S. 32 und Groll (2004), S. 19.

[50] Vgl. Groll (2004), S. 19.

[51] Vgl. Lachnit (1979), S. 32 f. und Groll (2004), S. 19.

[52] Bspw. befasste sich im März 2002 eine Tagung an der WHU in Vallendar mit einer Bestandsaufnahme verschiedener Controllingtheorien und einer intensiven Auseinandersetzung mit dem Begriff des Controlling. Vgl. hierzu insbesondere Weber/Hirsch (Hrsg.) (2002), Teil I. Für einen Überblick über verschiedene Definitionen von Controlling vgl. Peemöller (2005), S. 34 f. und die dort angegebene Literatur.

[53] Dies wird u.a. durch die in der jüngsten Zeit stark anwachsende Zahl von Controlling-Stellen deutlich. Die ersten Stellen für Controller wurden bereits in der 2. Hälfte des 19. Jahrhunderts in den USA geschaffen. Für einen Überblick über das Entstehen des Controlling vgl. Jackson (1949).

[54] In der deutschsprachigen Literatur wird Kontrolle im Allgemeinen als Durchführung eines Vergleichs verstanden. Vgl. z.B. Kloock (1997), S. 9.

teratur ist „Control" allerdings weitergefasst als Kontrolle und kann als Steuerung, Beherrschung, Lenkung und Beeinflussung interpretiert werden.[55] Im Rahmen dieser Arbeit wird Controlling als Bereitstellung von „Bewertungsinformationen zur Koordination einer Unternehmung im Hinblick auf die Optimierung eines im Allgemeinen monetären Gesamtziels"[56] aufgefasst. Aus dieser Definition werden folgende Funktionen des Controlling deutlich:[57]

- Koordinationsfunktion
  Diese Controllingfunktion wird bereits sehr früh in der internationalen Literatur herausgestellt.[58] Sie bezieht sich auf die Abstimmung verschiedener Subsysteme eines Unternehmens.[59] Die Notwendigkeit zur Koordination ergibt sich aus, teilweise sehr komplexen, Interdependenzen zwischen den einzelnen Subsystemen. Hier wird zwischen Sach- und Verhaltensinterdependenzen unterschieden.[60] Sachinterdependenzen können in Ressourcen-, Erfolgs-, Risiko- und Bewertungsverbund untergliedert werden. Verhaltensinterdependenzen resultieren aus einer Delegation von Kompetenzen (z.B. dezentrale Entscheidungsbefugnis), die wiederum zu Informationsasymmetrien und Zielkonflikten führt. Somit besteht neben sachlichen Aspekten auch auf Grund des „Faktors Mensch" in einem Unternehmen Koordinationsbedarf.
- Führungsunterstützung
  Die Implementierung und Durchführung des Controlling in einem Unternehmen ist nicht als Selbstzweck zu sehen. Vielmehr soll die Führung bei der Erreichung eines vorher festgelegten (meist monetären) Unternehmensziels (z.B. Steigerung des Shareholder Value[61]) durch das Controlling unterstützt werden.

---

55 Vgl. bspw. Anthony/Govindarajan (2003), S. 2 ff. In der englischsprachigen Literatur kommt der Begriff des Management Accounting (oder Managerial Accounting) der Übersetzung des im deutschen Sprachraum entstandenden Begriffs Controlling am nächsten. Vgl. Atkinson/Kaplan/Young (2004) und Kaplan/Atkinson (1998). Eine ausführliche Analyse Controlling-naher Begriffe in Deutschland und den USA findet sich bei Roso/Vormweg/Wall (2003).

56 Homburg (2001), S. 6.

57 Zu dieser Zuordnung der Funktionen zum Controlling vgl. z.B. auch Horváth (2003), S. 151; Peemöller (2005), S. 36 ff. und Witt (2000), S. 2.

58 Bradshaw bezeichnet bereits 1950 einen Controller als „Coordinating Agent". Vgl. Bradshaw (1950), S. 15. Ebenso weisen Heckert und Willson auf die Koordinationsfunktion hin. Vgl. Heckert/Willson (1963), S. 93.

59 Unterschiede zwischen verschiedenen Controllingkonzeptionen liegen vor allem in dem Umfang der zu koordinierenden Subsysteme. Zu einer umfassenden Auslegung vgl. bspw. Küpper (2005), S. 28 ff. und Küpper/Weber/Zünd (1990), S. 283 f. Hier wird dem Controlling die Aufgabe der Koordination aller Führungsteilsysteme im Rahmen des Führungsgesamtsystems zugewiesen.

60 Vgl. bspw. Ewert/Wagenhofer (2005), S. 402 ff. und Laux/Liermann (2005), S. 191 ff.

61 Zum Shareholder Value vgl. Abschnitt 3.

- Informationsfunktion
  Zur Zielerreichung ist die Führung im Rahmen von Planung, Steuerung und Kontrolle auf Informationen angewiesen.[62] Das Controlling soll den Informationsbedarf feststellen und anschließend diese Informationen beschaffen und der Verwendung entsprechend aufbereiten.[63] Diese sind dann der Führung zuzuleiten und zu erläutern, sodass diese nun auf der Basis der durch das Controlling verarbeiteten Informationen entsprechende Entscheidungen treffen kann.

Kennzahlen bzw. Kennzahlensysteme eignen sich insbesondere als Darstellungsform von Informationen zur Planung, Steuerung und Kontrolle, da Kennzahlen Informationen verdichtet abbilden und so die Führung einen schnellen Überblick auf wesentliche Sachverhalte erlangen kann.[64] Außerdem werden anhand von Kennzahlen bzw. Kennzahlensystemen Interdependenzen zwischen verschiedenen Entscheidungsproblemen verdeutlicht.[65] Dies erleichtert die Koordination über Kennzahlen (z.B. Zuweisung von Kapital anhand von Renditekennzahlen).
Bei der Planung als Vorbereitung von Entscheidungen zur Zielerfüllung[66] können Kennzahlen bzw. Kennzahlensysteme für Analysezwecke genutzt werden. Eine Analyse wird durchgeführt, um einen Sachverhalt weiter aufzuspalten und detailliert zu untersuchen. Insbesondere durch die Verwendung von Kennzahlensystemen lässt sich diese Disaggregation durchführen. Die Analyse kann als Vorstufe zur Planung gesehen werden.[67] Weiterhin können in der Planungsphase mittels Kennzahlen bzw. Kennzahlensystemen zu erreichende Ziele unter Beachtung von Koordinationsaspekten quantifiziert werden.
Steuerung kann als Vollzug von Entscheidungen interpretiert werden.[68] In diesem Kontext können die in der Planung durch Kennzahlen ausgedrückten (Ober-)Ziele (unter Nutzung von Kennzahlensystemen) in Subziele zerlegt werden, die dann als Vorgaben dienen.[69] Bei dieser Zerlegung ist eine Koordination auf Grund von Interdependenzen erforderlich, damit die Subziele miteinander korrespondieren. Durch die Festlegung der Subziele wird den einzelnen Unternehmensbereichen aufgezeigt, wie sie zur Realisierung von Oberzielen bzw. des Gesamtziels beitragen können.

---

62 Im Rahmen von Planung, Steuerung und Kontrolle sind auch Koordinationsaspekte zu beachten. Vgl. hierzu die Koordinationsfunktion des Controlling.
63 Vgl. Horváth (1983), S. 349 und Horváth (2003), S. 151.
64 Zu Kennzahlen als Verdichtung von Informationen vgl. Abschnitt 2.1.1.
65 Vgl. z.B. Horváth (1983), S. 349 und Küting (1983a), S. 238 f.
66 Vgl. Schneider (1997), S. 399 und Wöhe (2002), S. 103.
67 Vgl. Gladen (2003), S. 18.
68 Vgl. Schneider (1997), S. 452.
69 Vgl. bspw. Horváth (1983), S. 350. Die Bestimmung der Subziele kann auch dem Planungsprozess zugeordnet werden. Durch die Vorgabe von Werten an Untenehmensbereiche als Beurteilungsmaßstab steht jedoch der Steuerungscharakter im Vordergrund.

Folglich weisen Kennzahlen eine Kommunikationsfunktion auf und bilden als Entscheidungsinstrument die Grundlage zur Steuerung betrieblicher Prozesse.[70] Dabei können Entscheider sich durch eine Kennzahlenvorgabe auf wenige Werte fokussieren, wodurch die Komplexität reduziert wird.[71]

Durch Kontrolle sollen Informationen mittels eines Vergleichs von Soll- und Ist-Werten gewonnen werden.[72] Als Sollwerte können Kennzahlen aus der Planung (bzw. Planwerte als Vorgaben an Unternehmensbereiche) angesetzt werden.[73] Zur Analyse der Ursachen einer Abweichung von Soll- und Istwerten werden typischerweise Abweichungsanalysemethoden[74] eingesetzt. Durch hierdurch erlangte Informationen können Korrekturmaßnahmen, wie beispielsweise Anpassungen bei der Planung oder Verhaltenssteuerung, eingeleitet werden.

Nachdem nun allgemein Kennzahlen als Instrumente des Controlling eingeordnet wurden, sollen im nächsten Abschnitt die in dieser Arbeit betrachteten Kennzahlen eingegrenzt werden.

2.3 Abgrenzung zwischen finanziellen und nicht-finanziellen Kennzahlen

Die in diesem Abschnitt im Hinblick auf die weiteren Ausführungen der Arbeit vorgenommene Abgrenzung von Kennzahlen soll anhand des in jüngster Zeit in Theorie und Praxis intensiv diskutierten Konzepts der Balanced Scorecard vorgenommen werden.[75] Dieses Konzept ist im Rahmen einer von Kaplan und Norton (in Zusammenarbeit mit zwölf US-amerikanischen Unternehmen) durchgeführten Studie zum Performance Measurement entwickelt worden.[76] Seit Mitte der achtziger Jahre werden unter dem Begriff „Performance-Measurement“ Ansätze diskutiert, die die betriebliche Leistung im Gegensatz zu traditionellen Kennzahlensystemen nicht nur auf Basis finanzieller Größen, sondern auch unter Einbezug von nicht-finanziellen Kennzahlen beurteilen.[77] Dabei ist die Balanced Scorecard der wohl bekannteste Perfor-

---

[70] Vgl. Gladen (2003), S. 25.

[71] Vgl. Piontek (2005), S. 351.

[72] Vgl. z.B. Kloock (1997), S. 9.

[73] Auf eine Unterscheidung zwischen Plan- und Sollwerten wird hier vereinfachend verzichtet. Im Rahmen einer Kontrolle können jedoch neben Planwerten auch andere Werte als Sollwerte angesetzt werden (z.B. Istwerte aus der Vergangenheit). Für einen Überblick über mögliche Werte vgl. z.B. Ewert/Wagenhofer (2005), S. 324 ff.

[74] Zu verschiedenen Abweichungsanalysemethoden vgl. bspw. Ewert/Wagenhofer (2005), S. 335 ff.

[75] Abbildung 1 könnte um dieses Unterscheidungsmerkmal erweitert werden.

[76] Vgl. Kaplan/Norton (1992), S. 71 und Kaplan/Norton (1996b), S. VII.

[77] Vgl. Gleich (1997), S. 115. Eine breit anerkannte exakte Definition des Begriffs Performance Measurement existiert z.Z. nicht. Vgl. Neely/Gregory/Platts (1995), S. 80 und Klingebiel (2001), S. 18. Für eine Gegenüberstellung von Performance Measurement und traditionellen Kennzahlensystemen vgl. Lynch/Cross (1995), S. 38 und Neely/Gregory/Platts (1995), S. 106.

mance-Measurement-Ansatz.[78] Bezüglich der Ansicht, ob es sich bei der Balanced Scorecard um ein Kennzahlensystem handelt, existieren in der Literatur teilweise unterschiedliche Auffassungen.[79] In dieser Arbeit wird sich der Ansicht angeschlossen, dass die Balanced Scorecard kein wie in Abschnitt 2.1.2 beschriebenes Kennzahlensystem ist, da sie kein starres System mit fest vorgegebenen Kennzahlen darstellt. Sie kann jedoch als konzeptioneller Rahmen zur Generierung eines unternehmensspezifischen Kennzahlensystems gesehen werden und stellt somit ein strategisches Managementinstrument dar, das als zentrale und organisatorische Grundlage für die Prozesse in einem Unternehmen genutzt werden kann.[80] Den Rahmen, den die Balanced Scorecard für ein unternehmensindividuelles Kennzahlensystem bietet, bilden verschiedene Perspektiven, in denen Kennzahlen thematisch zusammengefasst werden. Kaplan und Norton schlagen die in Abbildung 2 dargestellten Perspektiven vor. Jedoch besteht grundsätzlich die Möglichkeit, die Wahl der Perspektiven unternehmensspezifisch zu variieren.[81]

---

78 Bei dem in Frankreich entwickelten Konzept des Tableau de Bord (vgl. Abschnitt 2.4.3) werden bereits kritische (auch nicht finanzielle) Erfolgsfaktoren eines Unternehmens untersucht. Somit stellt das Tableau de Bord einen frühen Ansatz des Performance Measurement dar. Vgl. Epstein/Manzoni (1997) und Lebas (1994). Auch Kaplan/Norton weisen auf das Tableau de Bord hin. Vgl. Kaplan/Norton (1996b), S. 29. Für Unterschiede, die auf verschiedene Ideologien in den USA und Frankreich zurückzuführen sind vgl. Bourguignon/Malleret/Nørreklit (2004).

79 Vgl. exemplarisch Gleißner (2000), S. 129 ff. und Weber/Schäffer (2000), S. 2 ff., die andeuten, dass die Balanced Scorecard ein Kennzahlensystem darstellt. Gegenteiliger Ansicht ist z.B. Müller (2002), S. 228 ff.

80 Vgl. Kaplan/Norton (1996b), S. 8 ff. Lingle/Schiemann (1996), S. 61 kommen in einer empirischen Untersuchung zu dem Ergebnis, dass „Measurement-managed companies outperform those organizations that are less disciplined“. Ein kritischer Faktor hierbei ist der Einsatz von Kennzahlen als Instrument zur Umsetzung der Unternehmensstrategie. Vgl. Lingle/Schiemann (1996), S. 56.

81 Z.B. könnte eine Lieferantenperspektive aufgenommen werden. Vgl. Kaplan/Norton (1996b), S. 34 f. Weitere Beispiele finden sich bei Müller (2002), S. 199.

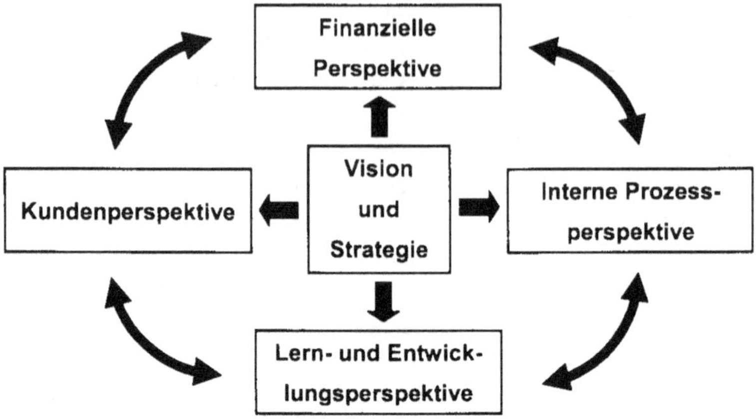

Abbildung 2: Perspektiven der Balanced Scorecard nach Kaplan/Norton[82]

- Finanzielle Perspektive
  Diese Perspektive beinhaltet finanzielle Kennzahlen, die zur Messung finanzieller Ziele dienen und somit den Erfolg der Unternehmensstrategie abbilden sollen.[83] Die in den anderen Perspektiven enthaltenen nicht-finanziellen Kennzahlen (zur Messung nicht-finanzieller Ziele) sind mittel- oder unmittelbar mit einer oder mehreren Kennzahlen der finanziellen Perspektive verbunden. Oberstes Ziel ist also die Erfüllung der finanziellen Ziele.
- Kundenperspektive
  In dieser Perspektive werden Aspekte verschiedener Kunden- und Marktsegmente betrachtet. Die Kundenperspektive beinhaltet sowohl allgemeine, segmentübergreifende als auch segmentspezifische Kennzahlen.
- Interne Prozessperspektive
  Hier werden insbesondere diejenigen Kernprozesse durch Kennzahlen abgebildet, die wesentlichen Einfluss auf die Ziele der Finanz- und Kundenperspektive haben.
- Lern- und Entwicklungsperspektive
  Diese Perspektive dient zur Identifizierung der Infrastruktur, die notwendig ist, um langfristig die Ziele der anderen Perspektiven durch Wachstum und Verbesserung zu realisieren. Die infrastrukturellen Ursprünge einer zukunftsge-

---

[82] In Anlehnung an Kaplan/Norton (1996a), S. 76.

[83] Zu den Ausführungen über die einzelnen Perspektiven der Balanced Scorecard vgl. Kaplan/Norton (1996b), S. 25 ff. Zur Zuordnung beispielhafter Kennzahlen zu den einzelnen Perspektiven vgl. z.B. Kaplan/Norton (1996b), S. 44 und Horváth & Partner (Hrsg.) (2004), S. 5.

richteten Organisation sind insbesondere Menschen, Systeme und Prozesse, die durch entsprechende Kennzahlen abzubilden sind.

Die Verbindung zwischen den Zielen der oben dargestellten Perspektiven zur Strategieumsetzung, die durch Kennzahlen repräsentiert werden, erfolgt bei dem Konzept der Balanced Scorecard durch Ursache-Wirkungsketten. Kaplan und Norton sehen eine Strategie als „Bündel von Hypothesen über Ursache und Wirkung“[84]. Bei diesen Ursache-Wirkungsketten wird auf eine exakte Quantifizierbarkeit der Beziehungen verzichtet.[85] Somit stellt die Balanced Scorecard nach Kaplan/Norton einen Rahmen für ein Kennzahlensystem in Form eines Ordnungssystems[86] dar.
Die weiteren Ausführungen dieser Arbeit konzentrieren sich auf Kennzahlen, die im Kontext der Balanced Scorecard der finanziellen Perspektive zuzuordnen sind. Finanzielle Kennzahlen sind nicht unbedingt mit monetären Kennzahlen gleichzusetzen, obwohl oftmals finanzielle Kennzahlen auch monetäre Kennzahlen sind und umgekehrt. Eine Ausnahme ist beispielsweise der ROI, der der finanziellen Perspektive zuzuordnen ist, jedoch keine monetäre Kennzahl darstellt. Der ROI hat nicht die für monetäre Kennzahlen übliche Dimension Geldeinheiten (z.B. Euro). Ein weiteres Beispiel sind die Kosten je Fertigungsstufe, die in die interne Prozessperspektive einzuordnen und somit zwar eine monetäre, aber keine finanzielle Kennzahl sind. Wie im folgenden Abschnitt aufgezeigt wird, weisen finanzielle Kennzahlen traditioneller Kennzahlensysteme erhebliche Mängel auf. Der Fokus der Arbeit in den dann folgenden Abschnitten 3 bis 5 liegt insbesondere auf Weiterentwicklungen finanzieller Kennzahlen, die diese Defizite nicht aufweisen. Die Verbindung dieser finanziellen Kennzahlen über Werttreiberhierarchien[87] mit nicht-finanziellen Kennzahlen steht hierbei nicht im Vordergrund.

2.4 Traditionelle Kennzahlen und deren Defizite

In den Abschnitten 2.4.1 bis 2.4.5 werden fünf traditionelle Kennzahlensysteme vorgestellt, die in Theorie und Praxis große Beachtung gefunden haben.[88] Abschnitt

---

[84] Kaplan/Norton (1996b), S. 30.

[85] Die Erfolgsfaktoren-basierte Balanced Scorecard als Modifikation der Balanced Scorcard nach Kaplan/Norton verwendet mathematische Verknüpfungen. Vgl. Wurl/Mayer (2001), S. 182 ff. Aufbauend auf dieser kann folglich ein Rechensystem (vgl. Abschnitt 2.1.2) entwickelt werden.

[86] Vgl. Abschnitt 2.1.2.

[87] Die Ursache-Wirkungsketten der Balanced Scorecard stellen nichts anderes als eine spezielle Form von Werttreibern dar. Vgl. Weber/Schäffer (2000), S. 7.

[88] Vgl. z.B. Huch/Behme/Ohlendorf (2004), S. 302; Peemöller (2005), S. 344 und Piontek (2005), S. 353. Zwei aktuelle empirische Studien belegen außerdem, dass der ROI als Spitzenkennzahl des Du Pont-Systems (vgl. Abschnitt 2.4.1), der Pyramid Structure of Ratios (vgl. Abschnitt 2.4.2) und dem Tableau de Bord (vgl. Abschnitt 2.4.3) in der Praxis sehr weit verbreitet ist. Vgl. Happel (2002) und Weber/Sandt (2001). Laut Weber/Sandt (2001), S. 22 ist das Du Pont-System das in der Praxis am häufigsten genutzte Kennzahlensystem.

2.4.6 fasst die Ergebnisse zusammen. Aufbauend auf den vorherigen Abschnitten wird in Abschnitt 2.4.7 auf verschiedene Defizite der (Spitzen-)Kennzahlen der fünf Kennzahlensysteme eingegangen.

2.4.1 Das Du Pont-Kennzahlensystem

Das in Abbildung 3 skizzierte Du Pont-Kennzahlensystem ist das wohl bekannteste und älteste Kennzahlensystem und wurde 1919 von dem amerikanischen Chemieunternehmen E.I. Du Pont de Nemours and Company entwickelt. Es soll zeitnah nach einer Periode die Beurteilung über Unternehmensentwicklung und bilanzielle Lage ermöglichen.[89] Das Du Pont-System hat die Gestalt einer Kennzahlenpyramide, und da alle Kennzahlen rechnerisch miteinander verknüpft sind, stellt es zudem ein Rechensystem dar (vgl. Abschnitt 2.1.2). Die Spitzenkennzahl ist der ROI. Somit ist das oberste Ziel nicht die absolute Gewinnmaximierung, sondern die Maximierung einer relativen Größe.[90] Der ROI wird mittels der bereits in Gleichung 1 aufgezeigten Erweiterung mit dem Umsatz in die beiden Größen Umsatzrentabilität und Kapitalumschlag aufgespalten.[91] Hierdurch wird deutlich, dass der ROI durch Veränderungen der Umsatzrentabilität bzw. des Kapitalumschlags beeinflusst wird.[92] Unterhalb dieser Ebene verwendet das Du Pont-Kennzahlensystem nur noch absolute Kennzahlen.

---

89 Vgl. Treasurer´s Department E.I. Du Pont de Nemours and Company (Hrsg.) (1959), S. 3 ff.
90 Vgl. Staehle (1969), S. 69.
91 Dies bedeutet nicht, dass zwischen diesen beiden Größen keine Interdependenzen bestehen. Vgl. Groll (2004), S. 43.
92 Vgl. z.B. Besley/Brigham (2000), S. 107 ff.

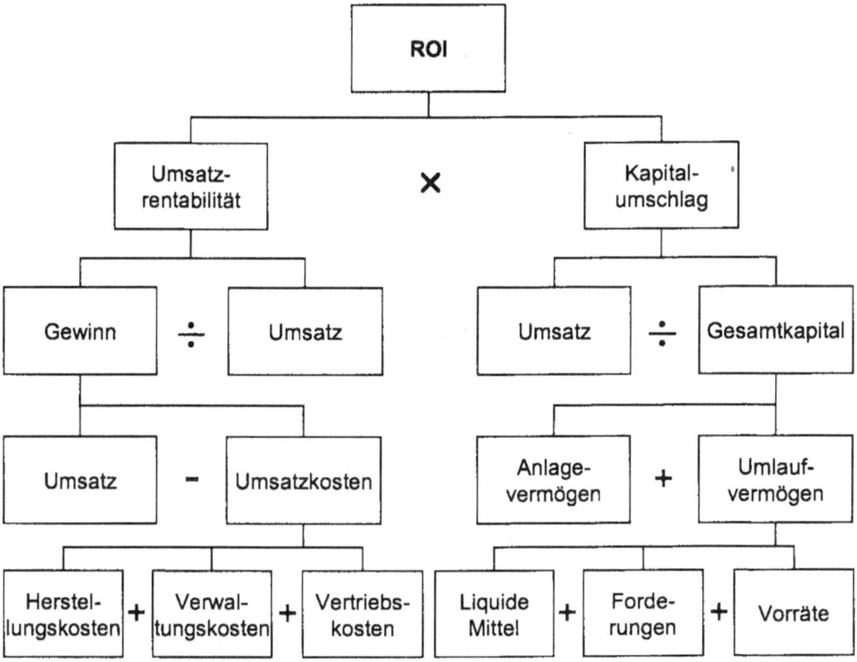

Abbildung 3: Ausschnitt des Du Pont-Kennzahlensystems[93]

Im Bereich der Umsatzrentabilität werden insbesondere die Umsatzkosten zur Gewinnerzielung weiter zerlegt. Im Bereich des Kapitalumschlags erfolgt eine genauere Untersuchung des Umlaufvermögens. Aus Umlaufvermögen und Anlagevermögen ergibt sich das Gesamtkapital.

Das Du Pont-Kennzahlensystem ist vornehmlich als Kontrollinstrument konzipiert worden, da hierdurch die Haupteinflussfaktoren zum Zu-Stande-Kommen des ROI identifiziert werden können.[94] Jedoch kann es auch als Planungsinstrument im Rahmen der Budgetrechnung eingesetzt werden. Insgesamt sieht das Du Pont-Kennzahlensystem eine Ermittlung und Gegenüberstellung von Ist-Kennzahlen der Gegenwart, Ist-Kennzahlen der letzten fünf Jahre und Soll-Kennzahlen aus dem Budget des laufenden Jahres[95] vor.[96] Hierbei werden unterstützend Tabellen und Grafiken (charts) eingesetzt.[97]

---

93 In Anlehnung an Treasurer's Department E.I. Du Pont de Nemours and Company (Hrsg.) (1959), S. 4.
94 Vgl. z.B. Piontek (2005), S. 354 und Staehle (1969), S. 71.
95 Prinzipiell ist auch eine längerfristige Planung möglich. Vgl. Schroeter (2002), S. 267.
96 Vgl. z.B. Staehle (1969), S. 71.
97 Vgl. Treasurer's Department E.I. Du Pont de Nemours and Company (Hrsg.) (1959), S. 5 ff.

2.4.2 Die Pyramid Structure of Ratios

Die in Abbildung 4 dargestellte Pyramid Structure of Ratios wurde 1956 am British Institute of Management von Ingham und Harrington entwickelt. Ziel dieser Kennzahlenpyramide ist der zwischenbetriebliche Effizienzvergleich.[98]

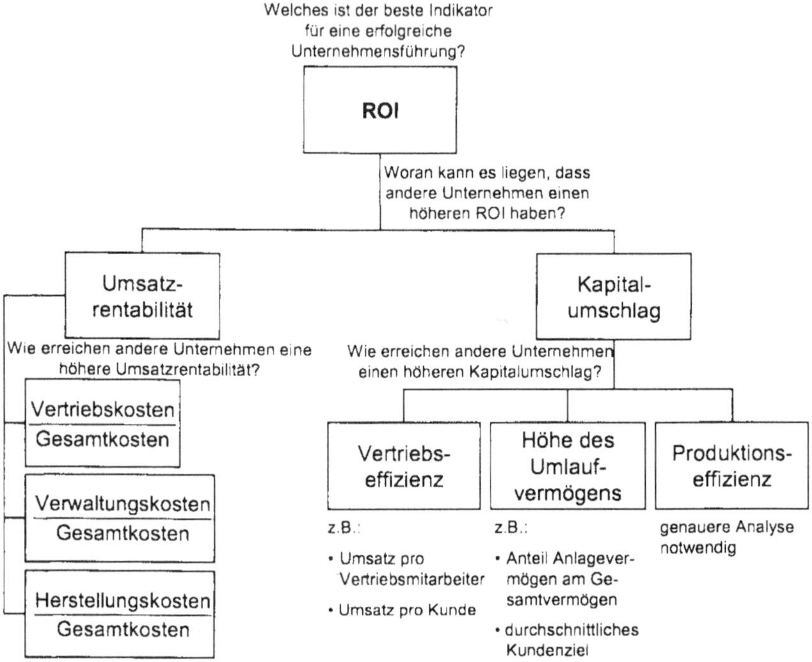

Abbildung 4: Die Pyramid Structure of Ratios[99]

Sie eignet sich jedoch auch zur innerbetrieblichen Leistungs- und Erfolgskontrolle.[100] Bei der Pyramid Structure of Ratios werden auf unterschiedlichen Ebenen Fragen gestellt, deren Antworten durch die im System vorgesehenen Kennzahlen fundiert werden sollen (vgl. Abbildung 4). Der Aufbau ist dem im vorherigen Abschnitt vorgestellten Du Pont-Kennzahlensystem sehr ähnlich. Die Pyramid Structure of Ratios ist ebenfalls ein Rechensystem und weist als Spitzenkennzahl den ROI aus. Dieser wird analog zum Du Pont-System in Umsatzrentabilität und Kapitalumschlag aufgespalten. Ab der folgenden dritten Ebene des Kennzahlensystems verwendet die

---

[98] Vgl. Ingham/Harrington (1956), S. 657.

[99] Vgl. Ingham/Harrington (1956), S. 659 f. Für Modifikationen dieses Kennzahlensystems (ab der dritten Ebene) vgl. Ingham/Harrington (1980), S. 16 ff. und Westwick (1967), S. 815 f.

[100] Vgl. Staehle (1969), S. 76.

Pyramid Structure of Ratios auf Grund der Zielsetzung des Betriebsvergleichs, abweichend zum Du Pont-System, ausschließlich relative Kennzahlen.[101]
Zur Analyse der Umsatzrentabilität wird der Anteil der Vertriebs-, Verwaltungs- und Herstellungskosten an den gesamten Kosten herangezogen. Im Rahmen eines Betriebsvergleichs können kritische Kostenbereiche identifiziert und anschließend weitergehend untersucht werden.[102] Die Höhe der Umschlagshäufigkeit des Kapitals wird durch die Vertriebseffizienz, die Höhe des Umlaufvermögens und die Produktionseffizienz beeinflusst. Laut Ingham und Harrington können zur Messung der Vertriebseffizienz beispielsweise der Umsatz pro Mitarbeiter oder der Umsatz pro Kunde herangezogen werden. Im Bereich der Höhe des Umlaufvermögens können z.B. der Anteil des Anlagevermögens am Gesamtvermögen oder das durchschnittliche Kundenziel betrachtet werden. Zur Untersuchung der Produktionseffizienz schlagen Ingham und Harrington keine konkreten Kennzahlen vor. Sie empfehlen hier vielmehr eine tiefer gehende unternehmensspezifische Analyse.[103] Alle Kennzahlen der dritten Ebene können bei Bedarf in einer vierten Ebene weiter aufgeschlüsselt werden.

2.4.3 Die Ratios au Tableau de Bord

Das Tableau de Bord[104] (die Übersetzung ist Armaturenbrett) kann mit den Armaturen eines Flugzeugs verglichen werden, anhand derer der Pilot alle internen und externen Informationen ablesen kann.[105] Bei diesem Vergleich repräsentiert das Flugzeug ein Unternehmen und der Pilot die Unternehmensleitung. Das Tableau de Bord dient der Analyse über den derzeitigen Unternehmenszustand und der Vorbereitung von Entscheidungen. Hierzu muss nach Aubert-Krier das Tableau de Bord Informationen über technische Rahmenbedingungen und die absatzwirtschaftliche, finanzielle, wirtschaftliche und personelle Situation liefern.[106]
Lauzel und Cibert messen dem Informationssystem eines Unternehmens auf Grund von Entscheidungsdelegation in einem Unternehmen eine große Bedeutung zu.[107] Dieses wird dem Entscheider neben dem im Folgenden diskutierten Kennzahlensys-

---

[101] Vgl. Dönges/Koeder (1978), S. 105.
[102] Vgl. Ingham/Harrington (1956), S. 660.
[103] Vgl. Ingham/Harrington (1956), S. 660.
[104] Das Tableau de Bord stellt einen Vorgänger der in Abschnitt 2.3 vorgestellten Balanced Scorecard dar. Vgl. hierzu auch Fußnote 78.
Insbesondere in französischen Unternehmen wurde das Tableau de Bord implementiert und weiterentwickelt. „It is, however, interesting to note that only in France did this tool [Tableau de Bord (Anmerkung des Autors)] know such an early and large development in almost all types of businesses, for-profit as well as not-for-profit." Lebas (1994), S. 482. Vgl. hierzu auch Hoffmann (2002), S. 39 f. und die dort angegebenen Quellen.
[105] Vgl. Sintot (1960), S. 25 ff.
[106] Vgl. Aubert-Krier (1981), S. 455 ff. i.V.m. Staehle (1969), S. 77 f. Anhand dieser im Tableau de Bord zu erfassenden Erfolgsfaktoren wird die in Fußnote 78 aufgezeigte Verbindung zum Performance Measurement deutlich.
[107] Vgl. Lauzel/Cibert (1959), S. 131 ff.

tem zur Informationsgewinnung im Rahmen seines Verantwortlichkeitsbereichs zur Seite gestellt.

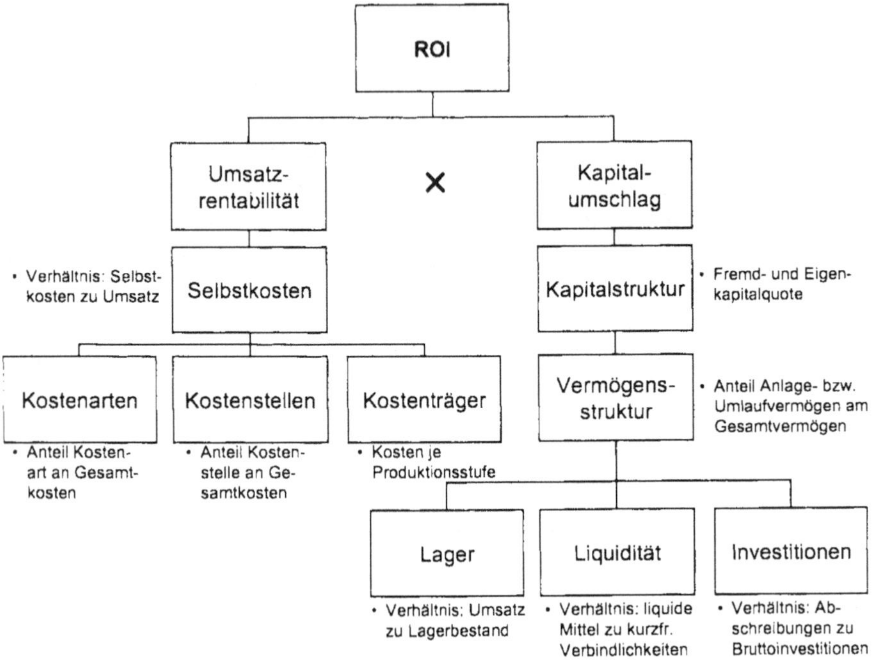

Abbildung 5: Die Ratios au Tableau de Bord[108]

Die in Abbildung 5 dargestellten, auf finanzielle Aspekte konzentrierten Ratios au Tableau de Bord, weisen ebenso wie die Pyramid Structure of Ratios Ähnlichkeiten mit dem Du Pont-Kennzahlensystem auf. Im Gegensatz zur Pyramid Structure of Ratios steht allerdings nicht der Betriebsvergleich, sondern die bereits angedeutete Verwendung im innerbetrieblichen Informationswesen im Vordergrund.[109] Die Ratios au Tableau de Bord sind ebenfalls ein Rechensystem in Form einer Kennzahlenpyramide, deren Spitzenkennzahl der ROI ist. Dieser wird in der bekannten Weise in Umsatzrentabilität und Kapitalumschlag aufgespalten. Unterhalb dieser Ebene ergeben sich jedoch Unterschiede zum Du Pont-Kennzahlensystem und zur Pyramid Structure of Ratios.

Zur Analyse der Umsatzrentabilität werden insbesondere die Selbstkosten detaillierter betrachtet. Diese Detaillierung bezieht sich auf eine Differenzierung der Kosten

---

[108] In Anlehnung an Lauzel/Cibert (1959), S. 26 ff.
[109] Vgl. Staehle (1969), S. 79.

nach Kostenart, Kostenstelle und Kostenträger. Zur Untersuchung des Kapitalumschlags wird die Kapital- und Vermögensstruktur herangezogen. Im Bereich der Vermögensstruktur kann eine genauere Analyse der Lagerhaltung, der Liquidität und/oder der Investitions- und Abschreibungspolitik erfolgen. In Abbildung 5 sind (durch Spiegelpunkte) beispielhaft einige konkrete Kennzahlen den verschiedenen unteren Ebenen des Kennzahlensystems zugeordnet.[110]

Die Ratios au Tableau de Bord können zur Erstellung von Budgets genutzt werden.[111] Die im Rahmen der Budgeterstellung bestimmten Plankennzahlen werden zur Kontrolle den Istkennzahlen gegenübergestellt. Anschließend können auf dieser Basis Abweichungsanalysen durchgeführt werden. Folglich beinhalten die Ratios au Tableau de Bord analog zum Du Pont-Kennzahlensystem neben der Abbildung der vergangenen Entwicklung auch eine zukunftsgerichtete Komponente.

2.4.4 Das ZVEI-Kennzahlensystem

Eine erstmalige Veröffentlichung des ZVEI-Kennzahlensystems erfolgte 1969.[112] Bis 1989 wurde es weiter modifiziert und beinhaltet nun über 200 Kennzahlen, die der Wachstums- und Strukturanalyse dienen.[113] Auf Grund des erheblichen Umfangs ist in Abbildung 6 das Kennzahlensystem nur schematisch dargestellt.

---

[110] Für eine vollständige Auflistung vgl. Lauzel/Cibert (1959), S. 37 ff.

[111] Vgl. Staehle (1969), S. 82.

[112] Vgl. Betriebswirtschaftlicher Ausschuss des Zentralverbandes Elektrotechnik- und Elektronikindustrie (ZVEI) e.V. (Hrsg.) (1989), S. 5. Das Kennzahlensystem weist keine branchenspezifischen Gegebenheiten auf, obwohl es von einem Branchenverband entwickelt wurde. Vgl. Küting (1983b), S. 292.

[113] Die Wachstumsanalyse beinhaltet 9 Kennzahlen und der Strukturanalyse dienen 88 Haupt- und 122 Hilfskennzahlen. Zur Auflistung aller Kennzahlen in einem Kennnzahlenverzeichnis vgl. Betriebswirtschaftlicher Ausschuss des Zentralverbandes Elektrotechnik- und Elektronikindustrie (ZVEI) e.V. (Hrsg.) (1989), S. 87 ff.

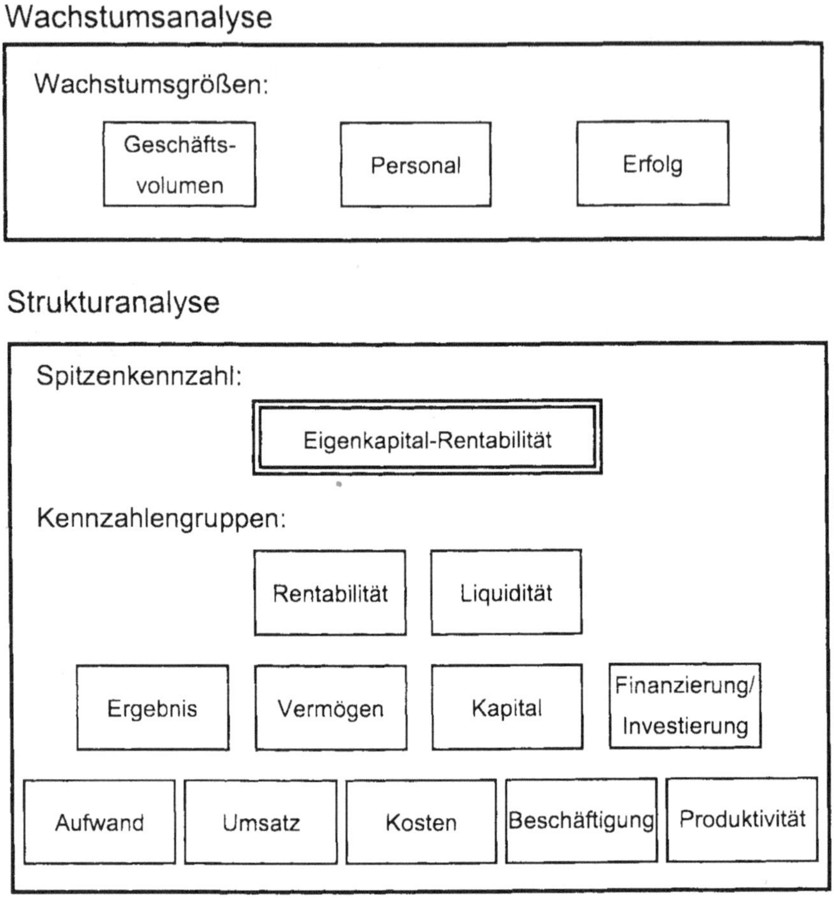

Abbildung 6: Grundstruktur des ZVEI-Kennzahlensystems[114]

Um Eindeutigkeit bei den Kennzahlendefinitionen zu gewährleisten, wurde für jede Hauptkennzahl ein so genanntes Definitionsblatt erstellt.[115] Das ZVEI-Kennzahlensystem stellt ein kombiniertes Rechen- und Ordnungssystem dar, wobei allerdings der Charakter des Rechensystems überwiegt.[116] Als Ordnungssystem werden im Bereich der Wachstumsanalyse Kennzahlen den Untergruppen Geschäftsvolumen, Personal und Erfolg zugeordnet. Hierbei werden absolute Kennzah-

[114] Betriebswirtschaftlicher Ausschuss des Zentralverbandes Elektrotechnik- und Elektronikindustrie (ZVEI) e.V. (Hrsg.) (1989), S. 43.
[115] Vgl. Betriebswirtschaftlicher Ausschuss des Zentralverbandes Elektrotechnik- und Elektronikindustrie (ZVEI) e.V. (Hrsg.) (1989), S. 8 und S. 101 ff.
[116] Vgl. Küting (1983b), S. 292 und Müller (1990), S. 73.

len (z.B. Auftragsbestand und Mitarbeiter) und zur Information über das relative Unternehmenswachstum ihre prozentuale Änderung gegenüber der Vorperiode betrachtet.[117] Den Kern des ZVEI-Kennzahlensystems bildet die Strukturanalyse in Form einer Kennzahlenpyramide. Dieser Teil stellt ein Rechensystem dar, da hier alle (Haupt-)Kennzahlen mittels Hilfskennzahlen rechnerisch verknüpft sind. An der Spitze der Kennzahlenpyramide steht die Eigenkapitalrentabilität (ROE [Return on Equity]). Diese wird durch Erweiterung in den ROI und die Eigenkapitalquote aufgespalten:

$$ROE = \frac{\text{Gewinn}}{\text{Eigenkapital}} = \frac{\text{Gewinn}}{\text{Eigenkapital}} \cdot \frac{\text{Gesamtkapital}}{\text{Gesamtkapital}} = \frac{\text{Gewinn}}{\text{Gesamtkapital}} \cdot \frac{\text{Gesamtkapital}}{\text{Eigenkapital}}$$
$$= \frac{\text{Gewinn}}{\text{Gesamtkapital}} : \frac{\text{Eigenkapital}}{\text{Gesamtkapital}} = \frac{\text{ROI}}{\text{Eigenkapitalquote}}.$$

Gleichung 2: Erweiterung der Eigenkapitalrentabilität (ROE)

Der ROI ist dem Bereich Rentabilität, die Eigenkapitalquote dem Bereich Kapital zugeordnet. Eine weitergehende Aufspaltung erfolgt in den in Abbildung 6 dargestellten Kennzahlengruppen.[118] Weiterhin ist anzumerken, dass es sich bei allen Kennzahlen der Strukturanalyse um relative Kennzahlen handelt.

Das ZVEI-Kennzahlensystem wurde sowohl als analytisches als auch als Planungs- und Kontrollinstrument entwickelt.[119] Zum Einsatz des Kennzahlensystems als analytisches Instrument gehören Zeit- und Betriebsvergleiche, um eine Einschätzung über die Lage des Unternehmens zu erhalten. Bei der Planung wird zwischen absoluten und relativen Zielen unterschieden. Hierauf aufbauend kann dann eine Planungskontrolle erfolgen.

2.4.5 Das RL-Kennzahlensystem

Lachnit und Reichmann haben 1976 das Rentabilitäts-Liquiditäts-Kennzahlensystem (RL-Kennzahlensystem) entworfen.[120] Es wurde bis heute allerdings gegenüber der Ursprungsversion modifiziert und ist in der aktuellen Fassung in Abbildung 7 dargestellt. Die Entwickler gehen davon aus, dass Informationen aus dem betrieblichen Rechnungswesen zur Unternehmensführung nicht hinreichend sind.[121] Ergänzend zu diesen Informationen soll das RL-Kennzahlensystem der Führung als unternehmens-

---

[117] Vgl. Betriebswirtschaftlicher Ausschuss des Zentralverbandes Elektrotechnik- und Elektronikindustrie (ZVEI) e.V. (Hrsg.) (1989), S. 44. Diese Kennzahlen stehen weitgehend isoliert nebeneinander. Vgl. Reichmann (2001), S. 31.

[118] Für eine vollständige Darstellung vgl. Beilage zu Betriebswirtschaftlicher Ausschuss des Zentralverbandes Elektrotechnik- und Elektronikindustrie (ZVEI) e.V. (Hrsg.) (1989).

[119] Vgl. Betriebswirtschaftlicher Ausschuss des Zentralverbandes Elektrotechnik- und Elektronikindustrie (ZVEI) e.V. (Hrsg.) (1989), S. 35 ff.

[120] Vgl. Reichmann/Lachnit (1976).

[121] Vgl. Küting (1983b), S. 294 und Reichmann (2001), S. 33.

internes Hilfsmittel bei Planung, Steuerung und Kontrolle dienen.[122] Das Kennzahlensystem beinhaltet sowohl absolute als auch relative Kennzahlen. Um sich auf wenige Kennzahlen beschränken zu können, sind die Kennzahlen des RL-Kennzahlensystems sachlogisch, aber nicht rechnerisch miteinander verknüpft.[123] Somit handelt es sich um ein Ordnungssystem. Im Gegensatz zu den bisher vorgestellten Kennzahlensystemen ist das RL-Kennzahlensystem nicht ausschließlich auf das Ziel der Rentabilität fixiert (Monozielausrichtung).[124] Neben dem Erfolg (Rentabilität) stellt die Liquidität den zentralen Aspekt des RL-Kennzahlensystems dar. Eine ausreichende Liquidität stellt die jederzeitige Zahlungsfähigkeit eines Unternehmens sicher. Die Liquidität ist somit zwar kein originäres Unternehmensziel[125], jedoch für den Fortbestand des Unternehmens notwendig.[126] Ein weiterer Unterschied liegt in der Verwendung absoluter Spitzenkennzahlen (die in den Abschnitten 2.4.1 bis 2.4.4 diskutierten Kennzahlensysteme verwenden die relativen Spitzenkennzahlen ROI bzw. ROE).

---

[122] Vgl. Reichmann/Lachnit (1976), S. 723; Reichmann (2001), S. 32 f. und Küting (1983b), S. 294 f.

[123] Vgl. Reichmann/Lachnit (1976), S. 707 ff. und Reichmann (2001), S. 33.

[124] Zur Kritik an einer Monozielausrichtung vgl. Lachnit (1976), S. 222 f.

[125] Vgl. Reichmann/Lachnit (1976), S. 711 und die dort angegebene Literatur.

[126] Nach § 17 InsO bzw. § 18 InsO führt die Zahlungsunfähigkeit bzw. drohende Zahlungsunfähigkeit neben der Überschuldung (§ 19 InsO) zur Insolvenz.

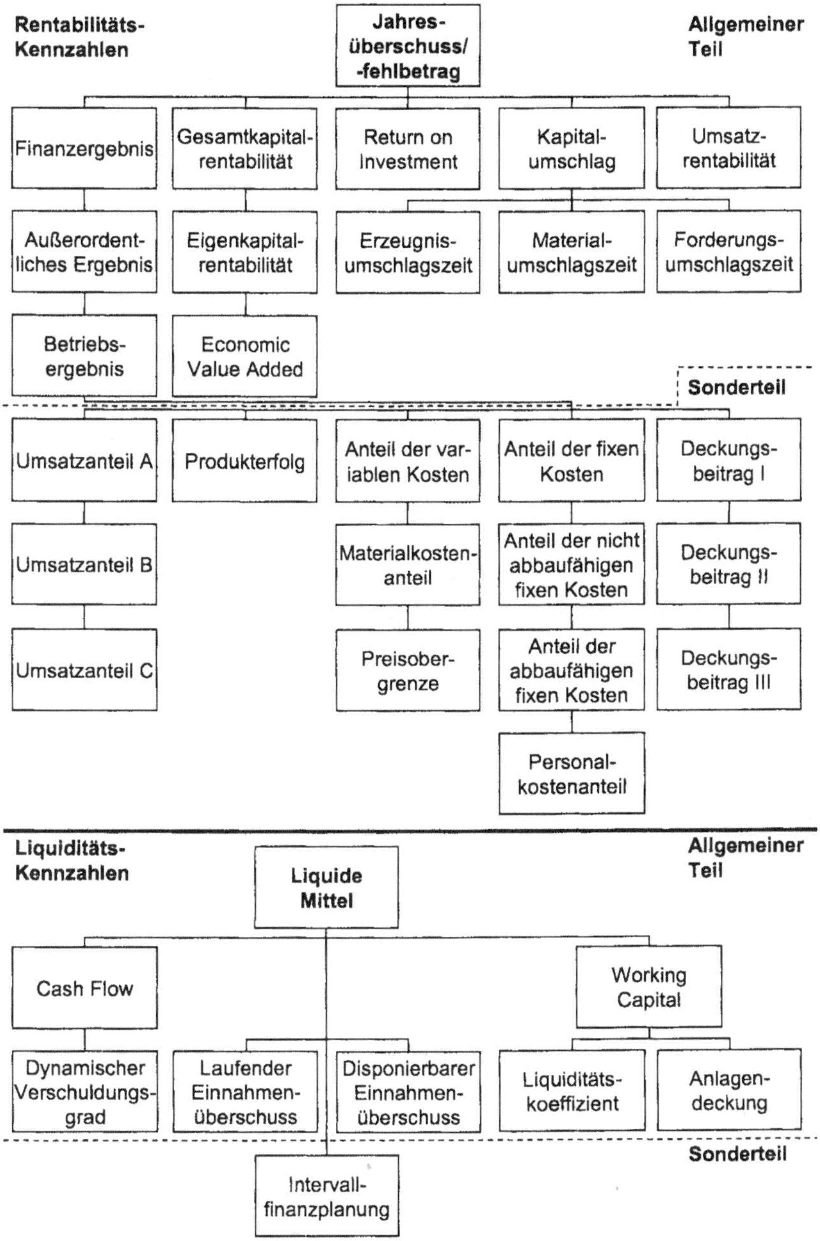

Abbildung 7: Das RL-Kennzahlensystem[127]

[127] In Anlehnung an Reichmann (2001), S. 34 f. Allgemeiner und Sonderteil sind zur Verdeutlichung durch eine gestrichelte Linie voneinander getrennt.

Das RL-Kennzahlensystem setzt sich aus einem allgemeinen und einem Sonderteil zusammen. Der allgemeine Teil eignet sich auf Grund seines nicht firmen- oder branchenspezifischen Aufbaus auch für einem Betriebsvergleich.[128]
Im Gegensatz dazu können im Sonderteil unternehmensspezifische Besonderheiten Berücksichtigung finden.
Die Spitzenkennzahl der Rentabilitätskennzahlen ist der Jahresüberschuss bzw. Jahresfehlbetrag. Dieser setzt sich aus Betriebs-, Finanz- und außerordentlichem Ergebnis zusammen. Zusätzlich werden im allgemeinen Teil der Rentabilitätskennzahlen verschiedene Renditekennzahlen (Gesamtkapitalrentabilität, ROE, ROI und Umsatzrentabilität) und Umschlagskennzahlen (Kapitalumschlagshäufigkeit, Erzeugnis-, Material- und Forderungsumschlagszeit) betrachtet. Auch der insbesondere in Abschnitt 3.3.5 angesprochene Economic Value Added (EVA)[129] wurde in der neuesten Fassung des RL-Kennzahlensystems aufgenommen. Während im allgemeinen Teil die Informationen zur Ermittlung der Kennzahlen hauptsächlich aus dem externen Rechnungswesen stammen, müssen im Sonderteil zusätzlich Daten aus dem internen (innerbetrieblichen) Rechnungswesen herangezogen werden.[130] In diesem Sonderteil wird insbesondere das Betriebsergebnis durch Betrachtung von Umsätzen einzelner Produkte, Kostenaufteilungen und verschiedenen Deckungsbeiträgen näher analysiert.[131] Hierbei können, wie bereits oben angedeutet, unternehmensspezifische Besonderheiten in der Gestaltung des Sonderteils beachtet werden.
Die Liquiden Mittel stellen die (absolute) Spitzenkennzahl der Liquiditätskennzahlen dar. Sie dienen als Ausgleich zwischen Einzahlungen und Auszahlungen und sollen die jederzeitige Zahlungsfähigkeit des Unternehmens sicherstellen.[132] Als wesentliche Indikatoren hierfür dienen der Cash Flow (des Umsatzbereichs)[133] und das Working Capital[134] (Umlaufvermögen – kurzfristige Verbindlichkeiten). Der Cash Flow des Umsatzbereichs gibt an, inwieweit ein Unternehmen in der Lage ist, Investitionen aus eigenen Mitteln zu tätigen (interne Finanzierung).[135] Das Working Capital signalisiert, ob die kurzfristigen Verbindlichkeiten durch genügende, in ähnlicher Zeit veräußerbare, Aktiva gedeckt sind.[136] Im Sonderteil der Liquiditätskennzahlen des RL-

---

[128] Vgl. Reichmann (2001), S. 33.
[129] EVA® ist eine eingetragene Marke von Stern Stewart & Co. Im Folgenden wird jedoch nur die Abkürzung EVA verwendet.
[130] Vgl. Reichmann (2001), S. 38.
[131] Vgl. Küting (1983b), S. 296.
[132] Vgl. Reichmann/Lachnit (1976), S. 717. Reichmann und Lachnit sprechen allerdings nicht von Ein- und Auszahlungen, sondern von Einnahmen und Ausgaben.
[133] Insgesamt wirken sich die Cash Flows aus drei Bereichen auf den Finanzmittelfonds „Liquide Mittel" aus. Hierzu zählen die Cash Flows aus dem Umsatzbereich (laufende Geschäftstätigkeit), die Cash Flows aus dem Investitionsbereich und die Cash Flows des Finanzierungsbereichs. Vgl. hierzu bspw. Coenenberg (2005), S. 804 ff.
[134] Das Working Capital wird auch als Netto-Umlaufvermögen bezeichnet.
[135] Vgl. Reichmann/Lachnit (1976), S. 718.
[136] Vgl. Reichmann/Lachnit (1976), S. 719.

Kennzahlensystems wird bei einer angespannten Liquiditätslage durch eine monatliche bzw. wöchentliche Planung der Ein- und Auszahlungsströme (Intervallfinanzplanung) das finanzielle Gleichgewicht des Unternehmens sichergestellt.[137]
In Abschnitt 2.4.7 wird, nachdem im nächsten Abschnitt eine Zusammenfassung erfolgt ist, vor dem Hintergrund der vorgestellten Kennzahlensysteme die Unzulänglichkeit traditioneller Kennzahlensysteme insbesondere anhand deren Spitzenkennzahlen aufgezeigt. Obwohl im Wesentlichen auch die Kennzahlen des RL-Kennzahlensystems mit den in Abschnitt 2.4.7 diskutierten Defiziten behaftet sind, lehnt sich diese Arbeit an die in diesem Kennzahlensystem vorgenommene Ausrichtung auf die beiden Ziele Rentabilität und Liquidität an. In Abschnitt 3 werden wertorientierte Kennzahlen zur Rentabilitätserzielung vorgestellt und analysiert. Neben der Fokussierung auf Erfolgsgrößen werden in Abschnitt 4 Risikokennzahlen, die nicht nur auf die alleinige Beurteilung der Liquiditätslage ausgelegt sind, betrachtet. Der laut Reichmann und Lachnit bei der Unternehmensführung zu betrachtende Liquiditätsaspekt wird hier somit erweitert. Der Einsatz von Risikokennzahlen und daraus abgeleitete Maßnahmen sollen sich positiv auf die Rentabilität des Unternehmens auswirken[138] und zusätzlich den Bestand des Unternehmens sicherstellen, indem sie dazu beitragen, Illiquidität und Überschuldung zu vermeiden.

2.4.6 Zusammenfassende Übersicht zu den Kennzahlensystemen

In Tabelle 1 sind noch einmal die wesentlichen Aspekte der in den Abschnitten 2.4.1 bis 2.4.5 diskutierten Kennzahlensysteme zusammengefasst.

[137] Vgl. Reichmann/Lachnit (1976), S. 722 f. und Reichmann (2001), S. 39.
[138] Vgl. hierzu insbesondere Abschnitt 4.1.3.

	Du Pont	Pyramid Structure of Ratios	Ratios au Tableau de Bord	ZVEI	RL
Spitzenkennzahl	ROI	ROI	ROI	ROE	Rentabilität: Jahresüberschuss/ -fehlbetrag Liquidität: Liquide Mittel
Art des Kennzahlensystems	Rechensystem	Rechensystem	Rechensystem	Kombiniertes Rechen- und Ordnungssystem	Ordnungssystem
Verwendete Kennzahlen	Absolute und relative Kennzahlen	Relative Kennzahlen	Relative Kennzahlen	Strukturanalyse: relative Kennzahlen Wachstumsanalyse: absolute und relative Kennzahlen	Absolute und relative Kennzahlen
Ziel/Einsatzgebiet	Kontroll- (und Planungs-) instrument	Kontrolle; Betriebsvergleich	Innerbetriebliche Informationsversorgung	Analyseinstrument (Zeit- und Betriebsvergleiche); Planungs- und Kontrollinstrument	Hilfsmittel bei Planung, Steuerung und Kontrolle

Tabelle 1: Übersicht zu Kennzahlensystemen

2.4.7 Defizite traditioneller Kennzahlen

Wie bereits angedeutet, werden in den folgenden vier Unterabschnitten Defizite traditioneller Kennzahlen aufgezeigt. Die Diskussion wird dabei vornehmlich anhand der Spitzenkennzahlen der vorgestellten Kennzahlensysteme erfolgen (ROI, ROE und Jahresüberschuss bzw. –fehlbetrag). Oft wird als Defizit traditioneller Kennzahlen auch die Vernächlässigung von Investitionen genannt. Investitionen in das Anlage- und Netto-Umlaufvermögen (Working Capital) sind zunächst gewinnneutral und wirken sich erst in späteren Perioden, beispielsweise über Abschreibungen, auf den Gewinn aus. Diese Periodisierung von Investitionen wird jedoch auch teilweise bei Kennzahlen des wertorientierten Controlling vorgenommen.[139] Dieser Punkt ist also nicht als Defizit traditioneller Kennzahlen zu sehen, sondern ist charakteristisch für periodisierte Größen.[140]

Ein Nachteil der relativen Kennzahlen ROI und ROE ist, dass Projekte, deren Rendite oberhalb der Kapitalkosten liegt, sich trotzdem negativ auf einen aggregierten ROI

139 Vgl. hierzu den EVA in Abschnitt 3.3.5.
140 Vgl. auch die Ausführungen bei Beck (2003), S. 15 f. und Günther (1997), S. 57 f.

bzw. ROE auswirken können.[141] Diese Problematik ergibt sich aus der Notwendigkeit des Vergleiches dieser relativen Kennzahlen mit einer Mindestrendite (Hurdle Rate) und tritt nicht nur bei traditionellen Kennzahlen (vgl. auch Abschnitt 5.1.1) auf. Beträgt der Gewinn eines Unternehmens beispielweise 15.000 € bei einem Gesamtkapitaleinsatz in Höhe von 100.000 €, so beträgt der ROI 15 %. Geht man von einem Gesamtkapitalkostensatz des Unternehmens in Höhe von 10 % aus, so bietet sich die Durchführung eines zusätzlichen Projekts, das einen Gewinn von 2.400 € bei einem Gesamtkapitaleinsatz in Höhe von 20.000 € aufweist, an, da der ROI dieses Projekts 12 % beträgt und somit oberhalb des Kapitalkostensatzes liegt. Durch die Durchführung dieses lohnenden Projekts sinkt allerdings der ROI des Gesamtunternehmens auf 14,5 %. Bei der Zielsetzung eines möglichst hohen ROI auf Gesamtunternehmensebene würde folglich das Projekt nicht durchgeführt werden.

2.4.7.1 Bilanzielle Wertansätze

Durch gesetzliche Regelungen existieren im Rahmen der Erstellung der Bilanz und der Gewinn- und Verlustrechnung teilweise erhebliche Ansatz- und Bewertungswahlrechte.[142] Dies betrifft beispielsweise die Wahl der Abschreibungsmethode, Bewertung von Lagerbeständen und Wareneinsatz (z.B. LIFO, FIFO, Durchschnittsbewertung), Aktivierung und Abschreibung bestimmter Aufwendungen und die Bildung von Rückstellungen. Durch die Nutzung solcher Wahlrechte wird die Aussagekraft traditioneller Kennzahlen eingeschränkt.[143] Dies soll im Folgenden anhand eines Beispiels verdeutlicht werden.

Durch sofortigen Kauf einer Maschine für 100.000 € können in den folgenden drei Zeitpunkten die in Tabelle 2 dargestellten Umsätze erzielt werden.

Zeitpunkt t	1	2	3
Umsatz in €	35.000	50.000	60.000

Tabelle 2: Umsätze des Zahlenbeispiels zum ROI

Wird die Maschine über die drei Perioden linear abgeschrieben, so ergeben sich die in Tabelle 3 gezeigten Abschreibungen (von weiteren Aufwendungen wird abgesehen), Restwerte, Gewinne und ROI.[144]

---

[141] Vgl. Kaplan/Atkinson (1998), S. 505 f.
[142] Vgl. Günther (1997), S. 54.
[143] Empirische Untersuchungen belegen eine mangelnde Korrelation zwischen Kennzahlen, die auf Jahresabschlussgrößen basieren, und der Entwicklung des beobachtbaren Aktienkurses. Vgl. exemplarisch Finegan (1991) und Lewis/Stelter (1993).
[144] Der ROI wird im Folgenden über den Gesamtkapitaleinsatz am Anfang einer Periode bestimmt. Alternativ kann auch der durchschnittliche Gesamtkapitaleinsatz herangezogen werden.

Zeitpunkt t	0	1	2	3
Abschreibung in €	–	33.333,33	33.333,33	33.333,33
Restwert in €	100.000	66.666,67	33.333,33	0
Gewinn in €	–	1.666,67	16.666,67	26.666,67
ROI	–	1,67 %	25 %	80 %

Tabelle 3: ROI bei linearer Abschreibung

Alternativ zu der linearen Abschreibung wird nun die Maschine in der ersten Periode geometrisch-degressiv mit einem Abschreibungssatz in Höhe von 40 % auf den Restbuchwert (Buchwertabschreibungsverfahren) abgeschrieben.[145] Anschließend wird in der zweiten Periode auf lineare Abschreibung übergegangen. Dies erfolgt vor dem Hintergrund der größtmöglichen Steuerstundung. Tabelle 4 zeigt die Auswirkungen dieser Änderung der Abschreibung auf den ROI.

Zeitpunkt t	0	1	2	3
Abschreibung in €	–	40.000	30.000	30.000
Restwert in €	100.000	60.000	30.000	0
Gewinn in €	–	-5.000	20.000	30.000
ROI	–	-5 %	33,33 %	100 %

Tabelle 4: ROI bei Kombination aus geometrisch-degressiver und linearer Abschreibung

Dieses Beispiel zeigt, dass alleine die Änderung der Abschreibungsmethode in allen drei Perioden zu wesentlichen Änderungen des ROI führt.[146] Ähnliche Beispiele können für weitere Wahlrechte in Bezug auf ROI, ROE und Jahresüberschuss konstruiert werden. In diesem Kontext spielt die Altersstruktur der abschreibbaren Vermögensgegenstände eine Rolle. Sie wirkt sich unmittelbar auf traditionelle Kennzahlen aus, selbst wenn es keinen Unterschied bei der Abschreibungsmethode gibt. Ein Unternehmen, dessen Kapitalbasis aus relativ alten (und damit in der Regel aus bereits stark abgeschriebenen) Vermögensgegenständen besteht, weist c.p. einen höheren ROI bzw. ROE auf als ein Unternehmen mit kürzlich angeschafften Vermögensgegenständen.[147]

Weiterhin signalisiert ein positiver ROI, ROE bzw. Jahresüberschuss nicht zwingend ein lohnendes Projekt bzw. Unternehmen, da die Kapitalkosten im Rahmen dieser aus dem Jahresabschluss gewonnenen Größen nicht vollständig berücksichtigt wer-

[145] In der Steuerbilanz ist nach § 7 Abs. 2 EStG die geometrisch-degressive Abschreibung auf maximal 20 % begrenzt. Im Rahmen des Beispiels soll dies vernachlässigt werden.
[146] Vgl. auch Weston/Copeland (1992), S. 231.
[147] Vgl. Lewis/Lehmann (1992), S. 8.

den.[148] Erst ein positiver Wert nach Abzug dieser Kosten zeigt eine Vorteilhaftigkeit an. Alle drei obigen Kennzahlen vernachlässigen die Kosten der Eigenkapitalgeber. Sofern der Zähler des ROI eine Gewinngröße vor Fremdkapitalkosten darstellt, werden zudem noch die Fremdkapitalgeberforderungen außer Acht gelassen.

2.4.7.2 Zeitwert des Geldes

Die als einperiodige (statische) Maße konzipierten traditionellen Kennzahlen können den Zeitwert des Geldes nicht abbilden.[149] Dieser spielt jedoch im Rahmen der Unternehmensplanung, -steuerung und -kontrolle eine wesentliche Rolle. Durch Vernachlässigung des Zeitwerts des Geldes kann es zu erheblichen Fehlinformationen und damit zu falschen Entscheidungen kommen. Zur Veranschaulichung wird auf das Beispiel in Abschnitt 2.4.7.1 zurückgegriffen. Geht man von einer linearen Abschreibung der Anfangsauszahlung zum Erwerb der Maschine und einem Kapitalkostensatz in Höhe von 10 % aus, so ist in Tabelle 3 ersichtlich, dass der ROI nur im Zeitpunkt t=1 unterhalb dieser Mindestverzinsung liegt. In den beiden folgenden Zeitpunkten wird diese jedoch erheblich überschritten. Somit zeigt der ROI tendenziell ein lohnendes Projekt an. Sind die in Tabelle 2 dargestellten Umsätze unmittelbar zahlungswirksam, so ergibt sich ein Kapitalwert des Projekts in Höhe von 18.219,38 €. Folglich sollte das Projekt durchgeführt werden. Geht man nun abweichend davon aus, dass die aus dem Projekt erzielten Umsätze erst im Zeitpunkt t=4 zahlungswirksam werden, so hat dies keine Auswirkungen auf den ROI. Der Kapitalwert des Projekts beträgt nun aber –963,05 €. Durch die Verschiebung der Einzahlungen in einen späteren Zeitpunkt ist das Projekt nicht mehr attraktiv. Traditionelle Kennzahlen berücksichtigen diese zeitlichen Verschiebungen zwischen Aufwendungen/Erträgen und Ein-/Auszahlungen nicht, sodass hierdurch fehlerhafte Signale entstehen können.

2.4.7.3 Berücksichtigung des Risikos

Risiken werden durch die bisher diskutierten traditionellen Kennzahlen nicht hinreichend berücksichtigt.[150] Dies soll wiederum anhand des Beispiels zum ROI aus Ab-

---

[148] Vgl. z.B. Beck (2003), S. 6 ff.

[149] Vgl. Beck (2003), S. 18 f.; Horngren/Datar/Foster (2005), S. 798 f. und Huch/Behme/Ohlendorf (2004), S. 304.

[150] In der Literatur wird traditionellen Kennzahlen eine mangelnde Berücksichtigung der Kapitalstruktur (Finanzierungsaspekt) vorgeworfen. Vgl. z.B. Beck (2003), S. 19. Diese Kritik ist jedoch nur zum Teil gerechtfertigt. Vgl. hierzu auch Günther (1997), S. 57. Die Kapitalstruktur determiniert das Risiko aus der Finanzierungstätigkeit (Risiko aus der Fremdfinanzierung). Dies hat Auswirkungen auf den Zinsaufwand und auf die Höhe des Fremd- und Eigenkapitals. Die Änderung der Kapitalstruktur hat keine Auswirkungen auf einen ROI, der in der Zählergröße eine Gewinngröße vor Fremdkapitalkosten verwendet. ROI (bei dem der Gewinn nach Fremdkapitalkosten genutzt wird) und Jah-

schnitt 2.4.7.1 verdeutlicht werden. Fallen die in Tabelle 2 aufgeführten Umsätze mit Sicherheit an, so ergeben sich je nach Abschreibungsmethode die in Tabelle 3 bzw. Tabelle 4 bestimmten ROI. Abweichend geht man nun davon aus, dass die in Tabelle 2 aufgeführten Umsätze mit Unsicherheit behaftet sind. In allen drei Zeitpunkten sind zwei gleich wahrscheinliche Zustände (z.B. Erfolg bzw. Misserfolg des Projekts) möglich, bei denen die in Tabelle 5 abgebildeten Umsätze erzielt werden.

Zeitpunkt t	1	2	3
Zustand 1 (50 %): Umsatz in €	50.000	70.000	85.000
Zustand 2 (50 %): Umsatz in €	20.000	30.000	35.000

Tabelle 5: Zustandsabhängige Umsätze des Zahlenbeispiels zum ROI

In Tabelle 6 sind die sich aus den Daten von Tabelle 5 ergebenden erwarteten Umsätze angegeben.

Zeitpunkt t	1	2	3
Erwarteter Umsatz in €	35.000	50.000	60.000

Tabelle 6: Erwarteter Umsatz des Zahlenbeispiels zum ROI

Die sich aus den erwarteten Umsätzen[151] ergebenden (erwarteten) ROI sind offensichtlich identisch mit den ROI aus Tabelle 3 bzw. Tabelle 4. Trotz einer Erhöhung des Risikos ändern sich die ROI nicht.[152] Das Umsatzrisiko wird somit nicht berücksichtigt. Werden Entscheidungen anhand des ROI getroffen, so liegt Indifferenz zwischen dem Projekt mit sicheren Umsätzen und dem Projekt mit unsicheren Umsätzen vor. Im Gegensatz zu der sich aus dem ROI-Kriterium ergebenden Indifferenz würden risikoaverse Entscheider das sichere Projekt präferieren.

---

resüberschuss sinken mit einer höheren Fremdkapitalquote. Dies suggeriert eine theoretisch nicht fundierte Vorteilhaftigkeit einer vollständigen Eigenfinanzierung. Eine Kapitalstrukturänderung wirkt sich bei dem ROE sowohl auf den Zähler als auch auf den Nenner aus. Somit kann keine generelle Wirkungsrichtung festgestellt werden, sondern es muss eine Betrachtung des Einzelfalls erfolgen (z.B. sind Fälle denkbar, in denen ein höheres Fremdkapital zu einem höheren oder auch niedrigeren ROE führt).

151 Für eine Berücksichtigung des Risikos könnte man von risikoadjustierten Umsätzen (Sicherheitsäquivalente) ausgehen. Diese Vorgehensweise ist jedoch im Kontext traditioneller Kennzahlen nicht üblich und wird deshalb nicht weiter verfolgt.

152 Für ROE und Jahresüberschuss gelten analoge Aussagen.

2.4.7.4 Restwert nach Planungszeitraum

Der Fokus traditioneller Kennzahlen liegt typischerweise nur auf dem im Rechnungswesen üblichen detaillierten Planungszeitraum.[153] Dadurch wird der Zeitraum nach dieser detaillierten Planung vollständig vernachlässigt. Jedoch hat der Zeitraum nach der detaillierten Planung in der Regel einen hohen Einfluss auf den heutigen Wert eines Unternehmens.[154] Dieser Anteil am Unternehmenswert wird als Restwert, Fortführungswert, Continuing Value, Residual Value oder auch Terminal Value bezeichnet. Die Anwendung traditioneller Kennzahlen führt somit zu einer nur den Planungszeitraum umfassenden kurzfristigen Betrachtungsweise. Hierdurch können wiederum Fehlentscheidungen (z.B. suboptimale Ressourcenallokation) getroffen werden.[155]

In Abschnitt 3 werden nun Kennzahlen vorgestellt, die die dargestellten Defizite beheben. Speziell zur Abbildung von Risikoaspekten konzipierte Kennzahlen werden dann in Abschnitt 4 diskutiert.

---

[153] Vgl. Günther (1997), S. 58 und Siegert (1995), S. 581.
[154] Vgl. Koller/Goedhart/Wessels (2005), S. 275 f.
[155] Vgl. Weston/Copeland (1992), S. 231.

3 Wertorientierte Kennzahlen

In diesem Abschnitt werden wertorientierte Kennzahlen umfassend dargestellt, die den Erfolg eines Unternehmens, Bereichs oder Projekts abbilden und nicht mit den in Abschnitt 2.4.7 dargelegten Defiziten behaftet sind. Hierzu wird in Abschnitt 3.1 kurz auf die historische Entwicklung des Shareholder Value-Ansatzes im Rahmen der wertorientierten Unternehmensführung eingegangen. Anschließend wird in Abschnitt 3.2 die auf Eigner (Shareholder) fokussierte wertorientierte Führung eines Unternehmens dem auf unterschiedlichen Interessengruppen konzentrierten Stakeholder Value-Ansatz gegenübergestellt. In Abschnitt 3.3 werden verschiedene Discounted Cash Flow (DCF)-Verfahren sowie das EVA-Konzept zur Ermittlung des Werts eines Unternehmens, Bereichs bzw. Projekts eingehend erläutert. Dies geschieht vor dem Hintergrund des sicheren Fremdkapitals, das ein nicht ausfallgefährdetes Unternehmen impliziert. Außerdem wird zwischen atmender und autonomer Finanzierung unterschieden.[156] Unter atmender (unternehmenswertabhängiger) Finanzierung versteht man die zukünftige Anpassung der Marktwerte des Fremdkapitals an ein vorgegebenes Verhältnis zum gesamten Unternehmenswert, während bei autonomer Finanzierung die Marktwerte des Fremdkapitals exogen vorgegeben sind. In den Abschnitten 3.4 und 3.5 wird die Annahme des sicheren Fremdkapitals aufgehoben, womit das Insolvenzrisiko berücksichtigt wird. Es wird ausschließlich der Fall der atmenden Finanzierung betrachtet.[157] Hierbei wird in Abschnitt 3.4 der Fall der Sanierung bei Insolvenz behandelt. Unter Sanierung wird die Fortführung eines insolventen Unternehmens mit dem Ziel der Wiederherstellung der Ertragskraft verstanden. Die Annahme der Liquidation bei Insolvenz (Unternehmensauflösung) wird in Abschnitt 3.5 getroffen.

3.1 Entwicklung des Shareholder Value-Ansatzes

Die Entwicklung des Shareholder Value-Ansatzes begann Anfang der achtziger Jahre in den USA. Hierzu haben insbesondere Alfred Rappaport und einige andere Professoren amerikanischer Business Schools sowie Unternehmensberatungen beigetragen.[158] Der Shareholder Value-Ansatz stellt ein Konzept dar, das das Ziel der Maximierung des Marktwerts des Eigenkapitals verfolgt.[159] Dabei werden Kenntnisse aus der Kapitalmarkt- und Finanzierungstheorie mit der Absicht, eine wertorientierte

---

156 In der Literatur wird die atmende Finanzierung auch als L-Modell (fixierter Verschuldungsgrad [leverage]) und die autonome Finanzierung als F-Modell (fixierte Fremdkapitalmarktwerte) bezeichnet. Vgl. stellvertretend Schultze (2003), S. 104 f.

157 Für die Begründung dieser Fokussierung vgl. Abschnitt 3.4.3.

158 Vgl. Copeland/Koller/Murrin (1990); Fruhan (1979); Rappaport (1981) und Rappaport (1986).

159 Vgl. z.B. Bühner (1992), S. 418.

Steuerung zu ermöglichen, auf die Unternehmensführung übertragen.[160] Das Konzept verbreitete sich zunächst in den USA und Großbritannien.[161] Erst Ende der achtziger, Anfang der neunziger Jahre fand das Konzept auch in Deutschland Beachtung.[162] Die Entwicklung ist jedoch bis heute noch nicht abgeschlossen.[163] Die Grundlagen des Konzepts sind zwar gelegt, es erfolgen jedoch weiterhin Modifikationen (z.B. die mathematische Lösung des Zirkularitätsproblems bei autonomer Finanzierung[164] und der explizite Einbezug des deutschen Steuersystems[165]), Erweiterungen (z.B. die Verknüpfung von Anreizsystemen mit wertorientierten Kennzahlen[166]) und Verallgemeinerungen (z.B. die Bestimmung des Unternehmenswerts bei periodenspezifischen Fremdkapitalquoten und atmender Finanzierung im Rahmen der Anwendung der Adjusted Present Value-Methode sowie risikolosem Fremdkapital[167]) im Rahmen des Shareholder Value-Konzepts.

3.2 Shareholder Value-Ansatz versus Stakeholder Value-Ansatz

Eine im Gegensatz zu den USA in Deutschland verstärkt geführte Diskussion befasst sich mit der Frage, auf wessen Bedürfnisse die Zielsetzung eines Unternehmens ausgerichtet sein sollte.[168] Der Shareholder Value-Ansatz ist auf die Wertsteigerung zu Gunsten der Anteilseigner[169] fokussiert. Dem gegenüber werden beim Stakeholder Value-Konzept[170] weitere Interessengruppen einbezogen. Dies ist vor dem Hintergrund der unter dem Begriff Corporate Governance geführten Diskussion über die

---

[160] Vgl. Bühner (1992), S. 418 und Günther (1997), S. 1.
[161] Vgl. Beck (2003), S. 3 und Bühner (1992), S. 418.
[162] Vgl. Hillebrand (1991), S. 128 und Maier (1992), S. 76 ff.
[163] Vgl. Beck (2003), S. 3. Dies zeigt sich u.a. an der weiterhin hohen Anzahl von Veröffentlichungen und Tagungen zu diesem Themengebiet. So standen bspw. Fragen der Unternehmensbewertung (und damit auch des Shareholder Value-Ansatzes, aus dem sich die Notwendigkeit zu Unternehmensbewertungskonzepten ergibt) auf der Agenda des 56. Deutschen Betriebswirtschaftstags der Schmalenbach-Gesellschaft in Frankfurt. Vertreter von Theorie und Praxis waren sich hier über die nach wie vor hohe Bedeutung dieses Themas einig. Vgl. o.V. (2002), S. 23.
[164] Vgl. Casey (2004).
[165] Vgl. z.B. Husmann/Kruschwitz/Löffler (2002) und Laitenberger (2003).
[166] Vgl. bspw. Riegler (2000) und Wagenhofer (1999).
[167] Vgl. Löffler (1998) und (2004). Zur Adjusted Present Value-Methode bei atmender Finanzierung und risikolosem Fremdkapital vgl. Abschnitt 3.3.4.1.3. Auch diese Arbeit befasst sich in den Abschnitten 3.4 und 3.5 mit einer Erweiterung der Verfahren zur Shareholder Value-Bestimmung in Bezug auf ein vorliegendes Insolvenzrisiko.
[168] Vgl. Beck (2003), S. 28.
[169] Entgegen der direkten Übersetzung von Shareholder als Aktionär soll dieser Begriff allgemein, d.h. unabhängig von der rechtlichen Unternehmensform, als Anteilseigner verstanden werden.
[170] Zum Stakeholder Value-Konzept vgl. Achleitner (1985), S. 73 ff.; Bischoff (1994), S. 168 ff.; Cyert/March (1992), S. 30 ff. und Freeman (1984). Für eine Einteilung in monistic concept (Shareholder Value-Konzept), dualistic concept (Stakeholder Value-Konzept, wobei nur Eigner und Mitarbeiter betrachtet werden) und pluralistic concept (Stakeholder Value-Konzept) sowie zu empirischen Ergebnissen die Zielsetzung europäischer, US-amerikanischer und japanischer Unternehmen betreffend vgl. Yoshimori (1995).

Verfügungsgewalt in einem Unternehmen zu sehen.[171] Hierbei sind insbesondere die Interessen von Arbeitnehmern, Kunden, Lieferanten, Fremdkapitalgebern und dem Staat zu betrachten.

Mit den im Rahmen dieser Arbeit vorgestellten und analysierten wertorientierten Kennzahlen soll eine Unternehmensführung im Sinne der Eigenkapitalgeber unterstützt werden. Der Fokus liegt somit auf dem Shareholder Value-Ansatz. Jedoch bedeutet das Ziel der Shareholder Value-Generierung nicht, dass die Interessen der neben den Eignern am Unternehmen beteiligten Stakeholder ignoriert werden können. Diese haben die Möglichkeit, ihre Forderungen durch Vertragsverhandlungen mit dem Unternehmen geltend zu machen.[172] Die Aufgabe der Unternehmensleitung ist es dabei, einen Konsens zu finden. Folglich gehen die Ansprüche der Stakeholder als Nebenbedingung in das Shareholder Value-Konzept ein und beeinflussen somit den Wert zu Gunsten der Eigner.[173] Bei langfristiger Betrachtungsweise können die beiden Konzepte jedoch durchaus harmonieren, sodass dann kein Zielkonflikt vorliegt.[174]

3.3 Wertorientierte Kennzahlen ohne Insolvenzrisiko

Auf generelle Möglichkeiten zur Unternehmenswert- bzw. Shareholder Value-Bestimmung wird in Abschnitt 3.3.1 hingewiesen. Dabei wird dargestellt, warum im Folgenden die Konzentration auf den DCF-Verfahren und dem EVA-Konzept liegt. In Abschnitt 3.3.2 bzw. 3.3.3 werden die hierfür benötigten Grundlagen sowie notwendigen Annahmen diskutiert. Darauf aufbauend werden in den Abschnitten 3.3.4 und 3.3.5 die DCF-Verfahren und das EVA-Konzept unter der Annahme des nicht ausfallgefährdeten Fremdkapitals näher vorgestellt und analysiert.

3.3.1 Verfahren zur Unternehmensbewertung

Zur Operationalisierbarkeit des Shareholder Value-Konzepts müssen Verfahren genutzt werden, mittels derer der Wert des Eigenkapitals quantifiziert werden kann.[175] Darauf aufbauend kann dann derjenige Projektmix bestimmt werden, der zu einer

---

[171] Vgl. Rappaport (1998), S. 5. Der im Februar 2002 verabschiedete Deutsche Corporate Governance Kodex stellt auch auf die Berücksichtigung weiterer Anspruchsgruppen – neben den Aktionären – ab. Vgl. Kuhner (2004), S. 251 f.

[172] Vgl. Busse von Colbe (1995), S. 713 und Jensen (1991), S. 21.

[173] Vgl. Beck (2003), S. 32.

[174] Zu einer formalen Darstellung anhand eines Modells vgl. Albach (2001). Für Ausführungen anhand von Beispielen zu der Interessenharmonisierung zwischen Eignern und weiteren Stakeholdern vgl. Beck (2003), S. 30 ff.; Bischoff (1994), S. 178 ff. und Rappaport (1998), S. 8 ff. Zu abweichenden Ergebnissen kommt allerdings eine empirische Studie von Fritz/Förster/Raffée/Silberer (1985). Kritsch sieht die Interessenharmonisierung Kuhner (2004), S. 270 ff.

[175] Das Ergebnis der verschiedenen Verfahren ist somit eine absolute Kennzahl (vgl. Abschnitt 2.1.1).

Maximierung des Shareholder Value führt. Eine Vielzahl von Verfahren ist grundsätzlich dazu geeignet, den Shareholder Value direkt oder indirekt durch Abzug des Fremdkapitalwerts vom (errechneten) Unternehmenswert zu ermitteln.[176] Zu den Verfahren zählen:[177]

- Liquidationswertverfahren
- Rekonstruktionswertverfahren
- Multiplikatorverfahren
- Dividend Discount Model
- Realoptionsmethode
- Ertragswertmethode
- DCF-Verfahren
- Residualgewinnmethode (z.B. in Form des EVA-Konzeptes)

Es wird sich jedoch zeigen, dass sich nicht alle diese Konzepte auch tatsächlich zur wertorientierten Unternehmensführung eignen.

Liquidations- und Rekonstruktionswertverfahren zählen zu den Einzelbewertungsverfahren. Hier wird das Unternehmen nicht als Ganzes, sondern als Summe seiner Teile bewertet. Dies geschieht bei der Bestimmung des Liquidationswerts anhand erzielbarer Werte im Falle der Unternehmenszerschlagung bzw. bei Ermittlung des Rekonstruktionswerts anhand von Wiederbeschaffungswerten. Durch den alleinigen Fokus auf die derzeitige Substanz eines Unternehmens bieten sich diese Methoden jedoch in der Regel nicht als Instrument einer zukunftsgerichteten wertorientierten Unternehmensführung an.[178] Sie eignen sich nur zur Wertermittlung, falls das Unternehmen nicht fortgeführt wird.

Das Multiplikatorverfahren[179] stellt ebenso wie die im Folgenden beschriebenen Methoden ein Gesamtbewertungsverfahren dar, d.h., es erfolgt eine Bewertung des Unternehmens als eine Einheit. Dabei ergibt sich der Unternehmenswert aus dem Produkt einer Beziehungszahl[180] (z.B. Kurs-Gewinn-Verhältnis oder Wert je Kunde), die den Multiplikator darstellt, mit der entsprechenden Bezugsgröße (hier Gewinn bzw.

---

[176] Grundsätzlich ist der Einsatz dieser Verfahren bei Unternehmen mit und ohne Insolvenzrisiko denkbar. Unterschiede durch die Insolvenzrisikoberücksichtigung ergeben sich erst bei der konkreten Umsetzung der Konzepte.

[177] Zu den einzelnen Verfahren vgl. z.B. Achleitner/Nathusius (2004); Coenenberg/Schultze (2002); Mandl/Rabel (1997), S. 28 ff. und die Beiträge zum 3. Kapitel aus Peemöller (Hrsg.) (2005).

[178] Auf vollkommenen und vollständigen Märkten im Gleichgewicht entspricht der Unternehmenswert jedoch dem Saldo der fair values aller Vermögensgegenstände und Schulden. Ein Good- bzw. Badwill existiert dann nicht. Vgl. Ballwieser/Küting/Schildbach (2004), S. 530 f. und S. 541. Nur in dieser sehr restriktiven Modellwelt eignen sich somit die hier vorgestellten Einzelbewertungsverfahren unter Ansatz von fair values zur Unternehmensbewertung. Die Annahme vollkommener und vollständiger Märkte wird zwar auch in Abschnitt 3.3.3 getroffen. Dies geschieht allerdings – unter dem Wissen, dass in der Realität solche Märkte nicht vorherrschen – ausschließlich aus Operationalisierungsgesichtspunkten. Vgl. hierzu die Diskussion in Abschnitt 3.3.3.

[179] Zum Multiplikatorverfahren vgl. bspw. Löhnert/Böckmann (2005).

[180] Vgl. Abschnitt 2.1.1.

Kundenanzahl). Die Multiplikatormethode bestimmt somit den Unternehmenswert durch relative Bewertung zu einem oder mehreren Vergleichsunternehmen. Dieses Verfahren ermöglicht eine schnelle und einfache Berechnung des Unternehmenswerts, jedoch kann das Ergebnis nur als Approximation dienen. Folglich bietet sich diese Methode eher für Unternehmensexterne, denen keine internen Informationen des zu bewertenden Unternehmens zur Verfügung stehen, an. Für die in dieser Arbeit betrachteten unternehmensinternen Zwecke sollten allerdings Verfahren genutzt werden, die eine genauere Bewertung unter Nutzung interner Informationen ermöglichen.

Das Dividend Discount Model[181] bestimmt den Eigenkapitalwert durch Berechnung des Barwerts zukünftiger Dividenden. Die im Weiteren diskutierten Ertragswert-, DCF- und Residualgewinnmethoden bestimmen den Unternehmenswert bzw. Eigenkapitalwert ebenfalls mittels Berechnung von Barwerten der den jeweiligen Verfahren zu Grunde liegenden Größen. Das Dividend Discount Model, das zeitlich vor diesen anderen Verfahren konzipiert wurde, kann somit als Basismodell gesehen werden.[182] Sein Einsatz ist allerdings auf die Aktienbewertung begrenzt, da in der Regel die Zahl der detailliert geplanten Dividenden gering ist. Typischerweise erfolgt diese Planung mittels vergangenheitsorientierter Trendanalysen. Für weiter in der Zukunft liegende Dividenden wird oftmals konstantes ewiges Wachstum angenommen, sodass der Wert mittels der Gordon-Formel[183] bestimmt werden kann. Das Dividend Discount Model ist somit ebenso wie die Multiplikatormethode ein vereinfachtes Bewertungsmodell im Rahmen einer externen Analyse.

Im Gegensatz zum Dividend Discount Model werden beim Realoptionsansatz die Handlungsflexibilitäten eines Unternehmens betrachtet.[184] Diese werden auch als Realoptionen bezeichnet. Durch Bewertung dieser Realoptionen wird der Wert des Unternehmens bestimmt. Dabei orientiert man sich an den Modellen zur Bestimmung des Werts von Finanzoptionen.[185] Jedoch weisen die Anpassungen dieser Modelle zur Realoptionsbewertung eine hohe Komplexität auf, sodass die Praktikabilität und Akzeptanz der Realoptionsmethode infrage gestellt wird.[186]

---

[181] Grundlegend hierzu sind Williams (1938), insbesondere S. 55 ff. und Gordon (1959).

[182] Vgl. Coenenberg/Schultze (2002), S. 603 f. und Hess/Lehmann/Lüders (2002), S. 143.

[183] Zur Berechnung des Eigenkapitalwerts mittels der Gordon-Formel vgl. Gordon (1962), S. 47 f. und Grinblatt/Titman (2002), S. 388.

[184] Vgl. Copeland/Antikarov (2003), S. 5 ff. und Trigeorgis (1996), S. 1 ff. Für eine Klassifizierung von Realoptionen vgl. z.B. Kilka (1995), S. 37 ff.

[185] Das Black/Scholes-Modell und der Binomialansatz von Cox/Ross/Rubinstein stellen die grundlegenden Verfahren zur Finanzoptionsbewertung dar. Vgl. Black/Scholes (1973) und Cox/Ross/Rubinstein (1979).

[186] Vgl. Achleitner/Nathusius (2004), S. 137 und Pritsch (2000), S. 173 ff.

Ähnlich wie beim Dividend Discount Model erfolgt die Berechnung des Eigenkapitalwerts mittels der Ertragswertmethode[187] durch Diskontierung von erwarteten Erträgen aus dem Unternehmen zu Gunsten der Eigner. Hierbei kann zwischen verschiedenen Ertragsbegriffen differenziert werden.[188] Der Diskontierungssatz wird aus der (besten) Alternativanlage abgeleitet. Dabei ist auf eine Vergleichbarkeit dieser Alternativanlage in Bezug auf die Unternehmenserträge zu achten (z.B. hinsichtlich Risiko).[189] Die Ertragswertmethode weist große Ähnlichkeit mit der Flow to Equity-Methode im Rahmen der DCF-Verfahren auf.[190] Unterschiede ergeben sich insbesondere aus der Verwendung des subjektiven (bewerterabhängigen) Diskontierungssatzes bei der Ertragswertmethode. Diese fehlende Objektivität bei der Wahl des Diskontierungssatzes schränkt die Anwendbarkeit der Ertragswertmethode für eine wertorientierte Unternehmensführung jedoch ein.

Speziell die im Weiteren ausführlich betrachteten DCF-Verfahren und Residualgewinnkonzepte[191] sind auf Grund einer detaillierten Zahlungs- bzw. Ertragsplanung sowie der Verwendung objektiver (kapitalmarktorientierter) Kapitalkostensätze[192] zur Unterstützung einer wertorientierten Unternehmensführung geeignet.[193] Da bei diesen Verfahren alle Bewerter mit gleichem Informationsstand auf Grund objektiver Kapitalkostensätze zu identischen Ergebnissen gelangen, wird hier von Marktwerten gesprochen. Die Nutzung von DCF-Verfahren und Residualgewinnkonzepten in der Unternehmenspraxis mit der Zielsetzung der Wertsteigerung wird auch durch empirische Studien belegt. Bei einer von Pellens, Rockholtz und Stienemann durchgeführten Befragung zum marktwertorientierten Konzerncontrolling in Deutschland gaben 52,4 % der Konzerne an, DCF-Verfahren zur quantitativen Unternehmensbewertung zu verwenden.[194] Eine von Horváth und Minning vorgenommene Befragung deutscher, britischer, italienischer und französischer Unternehmen über das wertorientierte Management ergab, dass die Mehrzahl der befragten Unternehmen DCF-Verfahren oder die Residualgewinnmethode in Form des EVA-Konzepts als Instru-

---

187 Insbesondere Vertreter der „Kölner Schule" haben sich intensiv mit dem Ertragswertverfahren auseinander gesetzt. Vgl. Ballwieser (2004), S. 109 f. und die dort angegebenen Quellen.

188 Zu dieser Unterscheidung vgl. Mandl/Rabel (1997), S. 32 ff.

189 Vgl. Mandl/Rabel (1997), S. 132.

190 Bei der Flow to Equity-Methode werden ebenso wie beim Ertragswertverfahren die Zuflüsse an die Eigner bewertet. Zum Flow to Equity-Verfahren vgl. Abschnitt 3.3.4.1.4.

191 Große Beachtung haben in jüngerer Vergangenheit das auf dem Residualgewinnkonzept basierende Modell von Ohlson (1995) sowie die Weiterentwicklungen von Feltham/Ohlson (1995, 1996) zur Bestimmung des Eigenkapitalmarktwerts erlangt. Die dortige Nutzung von linearen Informationsmodellen zur Prognose von Residualgewinnen wird jedoch durch empirische Studien nur eingeschränkt gestützt. Vgl. exemplarisch Bar-Yosef/Callen/Livnat (1996) und Myers (1999).

192 Es wird davon ausgegangen, dass eine Risikoadjustierung der Kapitalkostensätze erfolgt (Risikozuschlagsmethode). Anderenfalls müsste eine objektive Risikoadjustierung von Cash Flows bzw. Residualgewinnen erfolgen (Sicherheitsäquivalenzmethode). Zu diesen beiden alternativen Methoden vgl. auch Abschnitt 3.3.2.1.

193 Coenenberg und Schultze empfehlen insbesondere Residualgewinnkonzepte als Instrument des wertorientierten Controlling. Vgl. Abbildung 3 in Coenenberg/Schultze (2002).

194 Vgl. Pellens/Rockholtz/Stienemann (1997), S. 1934 f.

mente zur Messung der Wertsteigerung nutzen.[195] Weiterhin gaben die Unternehmen an, DCF-Verfahren insbesondere zur Bewertung von Strategien und bei Übernahmen zu verwenden.[196] Diese Verfahren finden also gerade in der Planungsphase verstärkt Anwendung. Im Gegensatz dazu wird das EVA-Konzept auf Grund einer guten Operationalisierbarkeit eher zu Steuerungszwecken genutzt.[197] Dies spiegelt sich auch in den Ergebnissen einer Studie von Homburg, Toksal und Gödde wider.[198] Bei den in dieser Studie befragten Unternehmen ist der EVA die am häufigsten eingesetzte wertorientierte Kennzahl. Allgemein dient das EVA-Konzept als Performancemaß zur Planung und anschließender Kontrolle in Bezug auf individuelle Mitarbeiterziele. Diese Ziele können mit einer variablen Entlohnung gekoppelt werden.[199] Es zeigt sich somit, dass DCF-Verfahren und das EVA-Konzept empirisch unterschiedliche Anwendungsschwerpunkte besitzen. Im Folgenden werden nun die Grundlagen für diese beiden wertorientierten Konzepte dargestellt.

3.3.2 Grundlagen

Zu den Grundlagen zählen die in Abschnitt 3.3.2.1 angesprochenen Kapitalkostensätze, die für beide Konzepte relevant sind. Der in 3.3.2.2 diskutierte Free Cash Flow ist als Ausgangsgröße für weitere Cash Flow-Definitionen insbesondere bei den DCF-Verfahren von Bedeutung. Weiterhin wird er zur exakten Bestimmung der Kapitalbindung im Rahmen des EVA-Konzepts benötigt.

3.3.2.1 Bestimmung der Kapitalkostensätze

Unternehmen sind typischerweise durch Eigen- und Fremdkapital finanziert. Rein eigenfinanzierte Unternehmen kommen in der Praxis so gut wie nicht vor[200], sodass neben den Renditeforderungen der Eigenkapitalgeber auch die Forderungen der Fremdkapitalgeber betrachtet werden müssen. Um Shareholder Value zu schaffen, muss ein Unternehmen daher Projekte durchführen, die sowohl die Forderungen der

[195] Vgl. Horváth/Minning (2001).
[196] Vgl. Horváth/Minning (2001), S. 279.
[197] Vgl. Horváth/Minning (2001), S. 281.
[198] Vgl. Homburg/Toksal/Gödde (2004), S. 8 f.
[199] Fragen der optimalen Anreizsetzung durch eine erfolgsabhängige Entlohnung werden im Rahmen dieser Arbeit allerdings nicht behandelt.
[200] Diese Aussage trifft sicherlich auf große Kapitalgesellschaften zu. Im Kontext von Personengesellschaften und Einzelunternehmen ist sie allerdings zu relativieren.

Fremdkapitalgeber erfüllen und die der Eigner sogar übertreffen.[201] Prinzipiell stellt sich dabei die Frage, ob die Renditeforderungen der Kapitalgeber als reale oder nominale Zinssätze anzusetzen sind. Grundsätzlich ist beides möglich, allerdings muss Konsistenz zwischen angesetzten (zu bewertenden) Größen und Kapitalkosten vorliegen (nominale Größen und nominale Zinssätze bzw. reale Größen und reale Zinssätze). Reale Größen sind in Bezug auf die Kaufkraft einer bestimmten Periode normiert, d.h. um Inflationswirkungen bereinigt. Im Gegensatz dazu wirkt sich Inflation auf nominale Größen aus. Der in Gleichung 3 dargestellte so genannte Fisher-Effekt verdeutlicht die Beziehung zwischen Nominalzins i_n, Realzins i_r und Inflationsrate inf.[202]

$$1+i_n=(1+i_r)\cdot(1+inf)\Leftrightarrow i_n=i_r+inf+i_r\cdot inf$$

Gleichung 3: Beziehung zwischen Nominal-, Realzins und Inflationsrate

Im weiteren Verlauf der Arbeit werden ausschließlich Nominalrechnungen vorgenommen, da diese in Theorie und Praxis vorherrschend sind. Dies ist auf folgende Gründe zurückzuführen:[203]

- Handels- und steuerrechtliche Jahresabschlüsse werden auf der Basis von nominellen Größen erstellt.
- Die steuerliche Bemessungsgrundlage wird ebenfalls auf nominaler Basis bestimmt.
- Die aus der Empirie abgeleiteten Kapitalkostensätze beinhalten Inflationswirkungen und sind folglich nominale Zinssätze. Da hier die Inflationsrate implizit enthalten ist, erübrigt sich die Kenntnis über deren exakte Höhe. Diese wäre allerdings bei der Bestimmung realer Kostensätze zwingend notwendig.
- Die Umrechnung der aus der Planungsrechnung stammenden Nominalgrößen in reale Größen würde zu einer erheblichen Komplexitätserhöhung führen.

Weiterhin muss entschieden werden, ob die Berücksichtigung des Risikos der unsicheren Zahlungen bzw. Residualgewinngrößen im Rahmen der Kapitalkostensätze (Risikozuschlags- bzw. Risikoprämienmethode) oder durch Bestimmung des Sicherheitsäquivalents dieser Größen (Risikoabschlags- bzw. Sicherheitsäquivalenzmethode) erfolgen soll. Bei der Risikozuschlagsmethode erfolgt eine Bewertung durch Diskontierung von erwarteten Größen mit risikoadjustierten Kapitalkostensätzen. Im Gegensatz dazu wird bei der Risikoabschlagsmethode das Sicherheitsäquivalent einer

---

[201] Die Forderungen der Fremdkapitalgeber sind vertraglich fixiert. Im Gegensatz dazu erhalten die Eigner eine Residualgröße nach Erfüllung aller Forderungen der am Unternehmen beteiligten Interessengruppen. Somit ist ex post ein Über- oder Unterschreiten der Eigenkapitalgeberforderungen möglich.

[202] Vgl. Fisher (1896) und Schneider (1992), S. 389 ff. Anhand Gleichung 3 wird auch ersichtlich, dass die oftmals verwendete Beziehung $i_n=i_r+inf$ nur eine Approximation darstellt.

[203] Zu den Gründen vgl. Aders/Schröder (2004), S. 100.

unsicheren Größe mit dem sicheren Zinssatz diskontiert. Beide Methoden führen bei konsistenter Anwendung zu identischen Ergebnissen. Für die im Weiteren verwendete Risikozuschlagsmethode sprechen zwei Gründe.[204] Erstens liegen erwartete Größen typischerweise durch vorgenommene Planungen bereits vor. Außerdem können risikoadjustierte Kapitalkosten gegenüber dem Sicherheitsäquivalent einer unsicheren Größe besser kommuniziert werden. Dem Management ist der Begriff der Preisuntergrenze vertraut. Risikoadjustierte Kapitalkosten können als Renditeuntergrenze, die ein Projekt bzw. das gesamte Unternehmen mindestens erwirtschaften sollte, aufgefasst werden.

In den folgenden beiden Unterabschnitten wird auf die Bestimmung dieser (nominalen, risikoadjustierten) Renditeforderungen von Fremd- und Eigenkapitalgebern eingegangen.

3.3.2.1.1 Der risikolose Zinssatz als Fremdkapitalkostensatz

Der risikolose (sichere) Zinssatz stellt eine aus der Theorie stammende Größe dar.[205] Da es in der Realität keine Anlage gibt die vollständige Sicherheit aufweist, muss der risikolose Zinssatz approximativ ermittelt werden. Hierbei wird sich an landesüblichen Zinssätzen orientiert.[206] Zur approximativen Berechnung werden festverzinsliche Wertpapiere mit langer Laufzeit von Schuldnern höchstmöglicher Bonität, bei denen ein Ausfall oder Verzug der Zins- und Tilgungsleistungen nur eine äußerst geringe Wahrscheinlichkeit aufweisen, herangezogen.[207] In Deutschland bietet es sich an die Rendite langfristiger Bundesanleihen anzusetzen.[208] In den USA kann die Rendite lang laufender Treasury Bonds genutzt werden.[209]

Die Schätzung des risikolosen Zinssatzes r als Rendite einer Anleihe bester Bonität erfolgt unter Zugrundelegung folgender Gleichung:

$$\text{Kurs}_0 = \sum_{t=1}^{T} \frac{\text{Zins- und Tilgungszahlungen}_t}{(1+r)^t}.$$

Gleichung 4: Bestimmung des risikolosen Zinssatzes

Die vertraglich fixierten Zins- und Tilgungszahlungen im jeweiligen Zeitpunkt t, der heutige Kurs Kurs_0 sowie die Restlaufzeit T der Anleihe sind bekannt. Der sich aus

---

[204] Vgl. Spremann (2002), S. 165 f.

[205] Vgl. Koller/Goedhart/Wessels (2005), S. 302; Kruschwitz (2005), S. 397 und Mandl/Rabel (1997), S. 293.

[206] Vgl. Moxter (1983), S. 146.

[207] In der Regel wird ein einzelnes Wertpapier mit einer spezifischen Laufzeit herangezogen. Es wird somit eine Konstanz der sicheren Verzinsung unterstellt. Sofern keine flache Zinsstrukturkurve vorliegt, stellt dies eine Vereinfachung dar. Korrekt wäre es unter Nutzung der Renditen von Wertpapieren unterschiedlicher Laufzeit periodenspezifische risikolose Zinssätze zu ermitteln.

[208] Vgl. Arbeitskreis „Finanzierung" (1996), S. 549.

[209] Vgl. Koller/Goedhart/Wessels (2005), S. 302. Die Autoren empfehlen die Rendite von 10-jährigen Treasury Bonds anzusetzen.

Gleichung 4 ergebende interne Zinsfuß r stellt die Rendite der Anleihe als Approximation für den sicheren Zinssatz dar.[210] Im Allgemeinen kann diese Gleichung nicht analytisch gelöst werden, sodass Näherungsverfahren (z.B. das Newton-Verfahren) zu verwenden sind. In den weiteren Ausführungen dieses Abschnitts 3.3 wird von nicht ausfallgefährdeten Unternehmen ausgegangen[211]; in diesem Fall entspricht der Fremdkapitalkostensatz dem risikolosen Zinssatz.

3.3.2.1.2 Die Eigenkapitalkosten

Die Renditeforderungen der Eigenkapitalgeber können anhand theoretischer Gleichgewichtsmodelle bestimmt werden. Hierzu zählen insbesondere das Capital Asset Pricing Model (CAPM)[212] und die Arbitrage Pricing Theory (APT)[213]. Die APT basiert auf dem Prinzip des „Law of one Price“, sodass Arbitragemöglichkeiten ausgeschlossen sind. Abweichend hiervon legt das CAPM die von Markowitz entwickelte Portfoliotheorie[214] zu Grunde. Während beim CAPM die Rendite riskanter Anlagemöglichkeiten ausschließlich durch den Faktor Marktrisiko erklärt wird, nutzt das APT ein Mehrfaktorenmodell, bei dem Anzahl und Festlegung der Faktoren grundsätzlich offen sind. In diesem Sinne stellt das APT somit im Gegensatz zum CAPM keine geschlossene Theorie dar.[215] Die Problematik der Wahl geeigneter renditebestimmender Faktoren schränkt die praktische Anwendbarkeit der APT erheblich ein, weshalb im Weiteren zur Bestimmung der Eigenkapitalgeberforderungen das CAPM verwendet wird. Das Grundmodell des CAPM basiert auf folgenden Prämissen:[216]

1. Die Anleger sind risikoavers. Ihr Ziel ist es den erwarteten Nutzen ihres Endvermögens zu maximieren (Bernoulli-Prinzip). Dabei verhalten sich alle Anleger gemäß der Portfoliotheorie nach Markowitz, d.h., Anlagealternativen werden anhand Erwartungswert und Standardabweichung der Portfolioerträge beurteilt. Hierdurch werden implizit quadratische Nutzenfunktionen bzw. normalverteilte Erträge unterstellt.

---

[210] Alternativ könnte das Unternehmen statt eines Kredits mit festem Zinssatz über die Laufzeit T auch eine rollierende Finanzierung über bereits heute abgeschlossene Terminzinssätze verfolgen. Aus Arbitrageüberlegungen darf jedoch keine der beiden Finanzierungsmöglichkeiten einen Vorteil mit sich bringen.

[211] Vgl. hierzu auch die Annahmen in Abschnitt 3.3.3.

[212] Das CAPM wurde von Sharpe, Lintner und Mossin entwickelt. Vgl. Sharpe (1964); Lintner (1965) und Mossin (1966). Für Weiterentwicklungen in Bezug auf heterogene Erwartungen und Steuern vgl. Lintner (1969), fehlende risikofreie Anlagemöglichkeiten vgl. Black (1972) und mehrperiodigen Anlagehorizont vgl. Merton (1973). Für einen kritischen empirischen Test des CAPM vgl. Fama/French (1992).

[213] Vgl. Ross (1976) und Ross (1977).

[214] Vgl. Markowitz (1952).

[215] Vgl. Richter (1996), S. 51 (in der 2. Auflage wurde auf Ausführungen zum APT verzichtet).

[216] Vgl. z.B. Copeland/Weston/Shastri (2005), S. 147 f.

2. Alle Anleger haben homogene Erwartungen bezüglich Erwartungswerte, Standardabweichungen und Kovarianzen der Erträge der Anlagemöglichkeiten.
3. Der Anlagehorizont beträgt eine Periode.
4. Der Kapitalmarkt ist vollkommen und vollständig. Dies bedeutet insbesondere:
   - Transaktionskosten und finanzierungsabhängige Steuern existieren nicht.
   - Keine Handelsbeschränkungen, d.h. gleicher Marktzugang für alle Kapitalmarktteilnehmer und Möglichkeit von Leerverkäufen.
   - Alle Anlagemöglichkeiten sind beliebig teilbar.
   - Es liegt vollkommene Konkurrenz vor, d.h., Anleger haben keinen Einfluss auf die Preise.
   - Informationen stehen allen Anlegern zur gleichen Zeit und kostenlos zur Verfügung.
   - Jeder beliebige Zahlungsstrom wird gehandelt.
5. Anleger können in beliebiger Höhe Kapital zum risikolosen Zinssatz anlegen oder aufnehmen.
6. Es existiert ein fixer Bestand an Anlagemöglichkeiten (riskante Investitionsprojekte).

Aus diesen Annahmen resultiert im Gleichgewicht eine Räumung aller Märkte, d.h., die Nachfrage nach riskanten Projekten entspricht dem Angebot und die Höhe der Kapitalanlage und -aufnahme über alle Investoren gleicht sich exakt aus. Entsprechend der Tobin-Separation[217] investieren alle Investoren in eine Kombination aus Marktportfolio[218] und sicherer Anlage. Risikoscheue Investoren legen große Teile ihres Vermögens sicher an und nur ein kleiner Teil wird in das risikobehaftete Marktportfolio investiert. Dem gegenüber nehmen weniger risikoaverse Anleger sogar Kredite zum sicheren Zinssatz auf, um verstärkt in das Marktportfolio investieren zu können.

Das Marktportfolio beinhaltet nur noch das so genannte systematische Risiko. Hierunter wird das Risiko verstanden, das durch Diversifikation nicht eliminiert werden kann.[219] Dies sind also Risiken, denen alle Anlagemöglichkeiten ausgesetzt sind (z.B. Konjunkturentwicklung). Im Gegensatz hierzu kann das unsystematische Risiko (von jedem Anleger) durch Diversifizierung beseitigt werden. Hierzu zählen anlagespezifische Risiken (z.B. Managementfehler). Die Möglichkeit der Elimination unsystematischer Risiken führt dazu, dass die Übernahme dieses Risikos nicht entlohnt wird.

---

[217] Vgl. Tobin (1957).
[218] Das Marktportfolio beinhaltet alle am Markt gehandelten (unsicheren) Anlagemöglichkeiten.
[219] Vgl. z.B. Perridon/Steiner (2004), S. 281 und Schmidt/Terberger (1997), S. 350 f.

Im Rahmen des CAPM ergibt sich der folgende Zusammenhang für die erwartete Rendite μ_i einer effizienten, d.h. kein unsystematisches Risiko beinhaltenden Anlagemöglichkeit i:

$$\mu_i = r + \frac{(\mu_M - r)}{\sigma_M} \cdot \sigma_i .$$

Gleichung 5: Kapitalmarktlinie

Gleichung 5 wird als Kapitalmarktlinie (Capital Market Line) bezeichnet. Unter Nutzung dieser Gleichung ergibt sich die erwartete Rendite der Anlagemöglichkeit i aus der sicheren Verzinsung r zuzüglich einer Risikoprämie. Hierbei stellt die Differenz aus erwarteter Rendite μ_M des Marktportfolios und sicherer Verzinsung die Marktrisikoprämie dar. Durch Division der Marktrisikoprämie mit der Standardabweichung σ_M der Rendite $\tilde{r}_M$ des Marktportfolios ergibt sich der Marktpreis des Risikos je Risikoeinheit, die durch die Standardabweichung quantifiziert wird.[220] Die Risikoprämie der effizienten Anlagemöglichkeit i ergibt sich nun aus der Multiplikation der Standardabweichung σ_i der Rendite dieser Anlagemöglichkeit mit dem Marktpreis des Risikos je Risikoeinheit.

Die erwartete Rendite auch nicht effizienter Anlagemöglichkeiten ergibt sich im CAPM unter Nutzung der Wertpapiermarktlinie (Security Market Line):

$$\mu_i = r + (\mu_M - r) \cdot \beta_i , \text{ mit } \beta_i = \frac{\text{Kovarianz}(\tilde{r}_i, \tilde{r}_M)}{{\sigma_M}^2} ,$$

Gleichung 6: Wertpapiermarktlinie

wobei $\tilde{r}_i$ die unsichere Rendite der Anlagemöglichkeit i darstellt.

Im Gegensatz zu effizienten Anlagemöglichkeiten enthalten nicht effiziente Anlagemöglichkeiten neben systematischem Risiko auch unsystematisches Risiko. Unter Nutzung von Gleichung 6 ermittelt man die erwartete Rendite analog zur Kapitalmarktlinie als Summe aus sicherem Zinssatz und Risikoprämie. Abweichend zur Kapitalmarktlinie bestimmt sich die Risikoprämie als Produkt der Marktrisikoprämie $(\mu_M - r)$ und dem Betafaktor β_i der Anlagemöglichkeit i. Der Betafaktor ist ein Maß für das systematische Risiko, das sich als Division der Kovarianz zwischen der Rendite der Anlagemöglichkeit i und der Marktportfoliorendite und der Varianz des Marktportfolios ergibt.[221] Weiterhin stellt der Betafaktor den Steigungskoeffizienten einer linea-

---

[220] Vgl. z.B. Perridon/Steiner (2004), S. 278.

[221] Anlagemöglichkeiten mit $\beta > 1$ ($\beta < 1$) werden im Vergleich zum Marktportfolio als aggressive (defensive) Investitionen bezeichnet. Zu der Schwankung der Rendite einer Anlagemöglichkeit im Vergleich zur Rendite des Marktportfolios vgl. auch Bühner (1990), S. 43 f.
Das Marktportfolio weist ein β von 1 auf, da gilt:

ren Regressionsgeraden dar. Dabei stellt die Rendite $\tilde{r}_i$ der Anlagemöglichkeit i die abhängige und die Marktportfoliorendite $\tilde{r}_M$ die unabhängige Variable dar. Unsystematische Risiken wirken sich nicht auf die Kovarianz zwischen der Rendite der Anlagemöglichkeit i und der Marktportfoliorendite aus, da sie in Bezug auf das systematische Risiko und damit auf die Rendite des Marktportfolios stochastische Unabhängigkeit aufweisen. Folglich werden sie auch durch den Betafaktor nicht erfasst. Hier zeigt sich, wie bereits oben angesprochen, dass diversifizierbare Risiken nicht entlohnt werden.

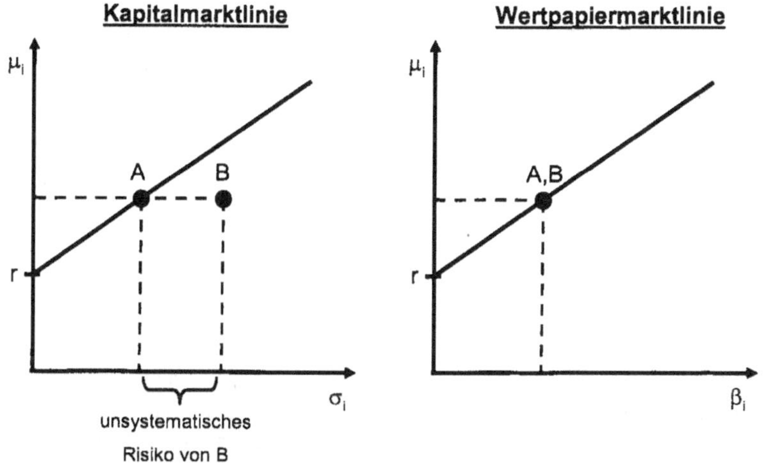

Abbildung 8: Kapital- und Wertpapiermarktlinie des CAPM

Obige Ausführungen sollen zudem anhand Abbildung 8 verdeutlicht werden. Die beiden Investitionsmöglichkeiten A und B weisen ein identisches systematisches Risiko auf. Somit ist die für diese Projekte geforderte Rendite identisch. Zusätzlich weist das Projekt B noch unsystematisches Risiko auf, sodass dessen Standardabweichung höher ist als die des Projekts A. Auf Grund des Vorliegens von unsystematischem Risiko kann die erwartete Rendite des damit ineffizienten Projekts B nicht über die Kapitalmarktlinie bestimmt werden (siehe linker Teil der Abbildung 8). Über die Wertpapiermarktlinie kann jedoch auch die erwartete Rendite ineffizienter Anlagemöglichkeiten bestimmt werden (rechter Teil von Abbildung 8). Aus diesem Grund wird im Weiteren Gleichung 6 zur Bestimmung der Eigenkapitalkosten genutzt.

$$\frac{\text{Kovarianz}\,(\tilde{r}_M, \tilde{r}_M)}{\sigma_M^2} = \frac{\sigma_M^2}{\sigma_M^2} = 1.$$

Zum Abschluss dieses Abschnitts soll noch auf die praktische Bestimmung der im Rahmen des CAPM benötigten Parameter eingegangen werden. Die Bestimmung des risikolosen Zinssatzes r wurde bereits in Abschnitt 3.3.2.1.1 erläutert. Da in der Theorie das Marktportfolio alle erdenklichen Anlageformen umfasst (z.B. auch Humankapital) und somit unbeobachtbar ist[222], muss in der Praxis zur Bestimmung der Marktrisikoprämie $\mu_M - r$, der Kovarianz zwischen Marktportfoliorendite und Anlagerendite und der Varianz des Marktportfolios ein Referenzportfolio gewählt werden. Dies ist häufig ein Aktienindex wie beispielsweise der DAX oder der Dow Jones Index. Aus den beobachtbaren vergangenen Differenzen zwischen der Rendite des Marktportfolios und dem risikolosen Zinssatz kann die Marktrisikoprämie geschätzt werden.[223] Zur Ermittlung des Betafaktors werden die Kovarianz zwischen Marktportfoliorendite und Anlagerendite und die Varianz des Marktportfolios ebenfalls aus historischen Daten geschätzt.

Neben den diskutierten Kapitalkostensätzen stellen die im nächsten Abschnitt angesprochenen Cash Flows die zweite zentrale Größe der DCF-Verfahren dar.

3.3.2.2 Bestimmung des Free Cash Flows

Die DCF-Verfahren basieren auf der in der Investitionsrechnung gebräuchlichen Kapitalwertmethode. In allen DCF-Verfahren werden zukünftige erwartete Zahlungsgrößen (Cash Flows) mit entsprechenden Kapitalkostensätzen diskontiert, um den Wert des Unternehmens bzw. den Wert des Eigenkapitals zu bestimmen. Die Verfahren unterscheiden sich durch die Verwendung unterschiedlicher Cash Flow-Größen und durch die zugehörigen Kapitalkostensätze. Ziel ist es, Konsistenz zwischen Cash Flow-Größe und dem anzusetzenden Kapitalkostensatz herzustellen. Aufbauend auf dem Free Cash Flow können andere Cash Flow-Größen (Total Cash Flow, Flow to Equity) ermittelt werden. Wie im Folgenden noch auszuführen ist, stellt der Free Cash Flow den Zahlungsüberschuss zu Gunsten der Eigen- und Fremdkapitalgeber ohne Berücksichtigung des Steuervorteils der Fremdfinanzierung (Tax Shield) dar. Die Bestimmung der weiteren Cash Flow-Größen erfolgt im Rahmen der einzelnen DCF-Verfahren. In diesem Abschnitt stehen die Definition und Berechnung des Free Cash Flows im Vordergrund.

Abbildung 9 zeigt hierzu die Zahlungsströme eines Unternehmens. Es werden zwei Sphären unterschieden, nämlich die der Beziehung Unternehmen–Umwelt (Entste-

---

[222] Vgl. Copeland/Weston/Shastri (2005), S. 175 f. Zur fundamentalen Kritik der Nicht-Testbarkeit des CAPM vgl. Roll (1977).

[223] Für empirische Untersuchungen über die Höhe der Marktrisikoprämie vgl. bspw. Arbeitskreis „Finanzierung" (1996), S. 549; Baetge/Krause (1994), S. 451 ff.; Dimson/Marsh/Staunton (2003); Koller/Goedhart/Wessels (2005), S. 303 ff. und die dort angegebene Literatur.
Bei der Schätzung spielen u.a. Zeitraum, Periodenlänge und Gewichtung eine Rolle.

hungsseite des Cash Flows) und die der Beziehung Unternehmen–Kapitalgeber (Verwendungsseite des Cash Flows).

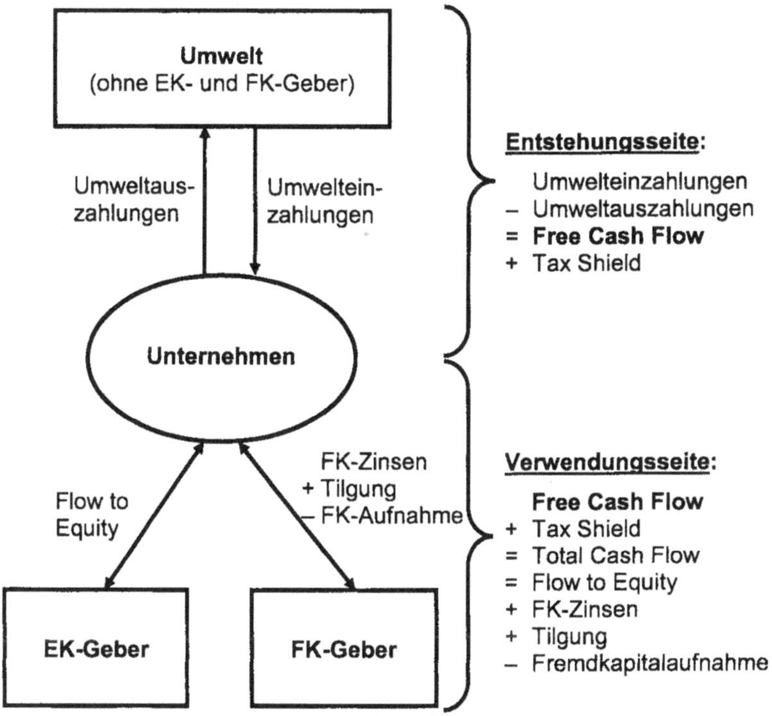

Abbildung 9: Zahlungsströme eines Unternehmens bei konstantem Kassenbestand

Unter der Umwelt werden dabei sämtliche Zahlungspartner des Unternehmens außer den Eigenkapital (EK)- und Fremdkapital (FK)-Gebern subsumiert. Hierzu zählen beispielsweise Lieferanten, Kunden, Arbeitnehmer und der Staat. Die Differenz zwischen den Ein- und Auszahlungen aus der Sphäre Unternehmen–Umwelt unter der Fiktion der vollständigen Eigenfinanzierung stellt den Free Cash Flow dar. Ein Steuervorteil, der aus der Fremdfinanzierungsentscheidung resultiert (Tax Shield)[224], ist somit im Free Cash Flow nicht inbegriffen. Investitionsauszahlungen wirken sich allerdings mindernd auf den Free Cash Flow aus. Er stellt folglich eine Cash Flow-Größe nach Berücksichtigung der durch Investitionen bedingten Zahlungen dar. Der auf der Entstehungsseite erwirtschaftete Zahlungsüberschuss kann für eine Erhöhung des Kassenbestandes und/oder zu Ausschüttungen an die Kapitalgeber verwendet werden.

[224] Zum Tax Shield vgl. auch Abschnitt 3.3.4.1.1.

Geht man wie in Abbildung 9 von einer Vollausschüttung des auf der Entstehungsseite erwirtschafteten Zahlungsüberschusses aus (vgl. auch Annahme 6 in Abschnitt 3.3.3), d.h., der Kassenbestand des Unternehmens bleibt konstant, so werden auf der Verwendungsseite ausschließlich die Zahlungsströme zwischen Unternehmen und Eigen- und Fremdkapitalgebern betrachtet.[225] Unter diesem Gesichtspunkt entspricht der Free Cash Flow – wie bereits oben angedeutet – dem Zahlungsüberschuss, der Eigen- und Fremdkapitalgebern ohne Berücksichtigung des Steuervorteils der Fremdfinanzierung (Tax Shield) zur Verfügung steht.

Die Höhe des Free Cash Flows kann entweder direkt über die Ein- und Auszahlungen des Unternehmens oder indirekt unter Verwendung von Daten des Jahresabschlusses bestimmt werden. Durch die im folgendem Abschnitt dargestellte Vorgehensweise nach Rappaport kann der Free Cash Flow (unter Nutzung bestimmter Annahmen) direkt berechnet werden. Dem gegenüber wird der Free Cash Flow durch das in Abschnitt 3.3.2.2.2 diskutierte Vorgehen nach Copeland/Koller/Murrin indirekt ermittelt.

3.3.2.2.1 Free Cash Flow-Ermittlung nach Rappaport

Bei der Bestimmung des Free Cash Flows betrachtet Rappaport nur betrieblich bedingte (operative) Zahlungen.[226] Nicht operative Zahlungen (z.B. Erträge aus Wertpapieren, deren Besitz nicht dem Betriebszweck dient) werden nicht berücksichtigt, da Rappaport davon ausgeht, dass für die Projekte, denen nicht operative Zahlungen zu Grunde liegen, Marktwerte bereits existieren. Somit erübrigt sich im Rahmen der Unternehmenswertbestimmung die detaillierte Planung dieser Zahlungen.

Ausgehend vom Umsatz der Vorperiode wird anhand verschiedener Werttreiber der Free Cash Flow der betrachteten Periode bestimmt. Die folgenden Ausführungen sind in Tabelle 7 veranschaulicht.

---

[225] Reicht der auf der Entstehungsseite erwirtschaftete Überschuss (also Free Cash Flow zuzüglich Tax Shield) nicht aus, um die Forderungen der Fremdkapitalgeber zu befriedigen, so sind Zahlungen der Eigner zu Gunsten des Unternehmens erforderlich.

[226] Da Rappaport ausschließlich auf betriebliche Zahlungen fokussiert, bezeichnet er den Free Cash Flow als Cash Flow from Operations. Zu den Ausführungen dieses Abschnitts vgl. Rappaport (1998), S. 33 ff.

	Umsatz der Vorperiode
•	(1+*Wachstumsrate des Umsatzes*)
=	**Umsatz der betrachteten Periode**
•	*Betriebliche Gewinnmarge*
=	**Betriebsgewinn**
•	(1–*Cash-Gewinnsteuersatz*)
=	**NOPAT (Betriebsgewinn nach Steuern)**
	Zusatzumsatz
•	*Zusatzinvestitionsrate ins Anlagevermögen*
=	**Zusatzinvestitionen ins Anlagevermögen**
	Zusatzumsatz
•	*Zusatzinvestitionsrate ins Umlaufvermögen*
=	**Zusatzinvestitionen ins Umlaufvermögen**
	NOPAT (Betriebsgewinn nach Steuern)
–	Zusatzinvestitionen ins Anlagevermögen
–	Zusatzinvestitionen ins Umlaufvermögen
=	**Free Cash Flow**

Tabelle 7: Free Cash Flow-Ermittlung nach Rappaport

Bei den angesprochenen Werttreibern handelt es sich um die Wachstumsrate des Umsatzes, die betriebliche Gewinnmarge, den Cash-Gewinnsteuersatz, die Zusatzinvestitionsrate ins Anlagevermögen und die Zusatzinvestitionsrate ins Umlaufvermögen.[227] In dem Konzept von Rappaport wird angenommen, dass sämtliche im Folgenden berechneten Größen zahlungswirksam sind. Der Umsatz der betrachteten Periode ergibt sich aus der Multiplikation des Umsatzes der Vorperiode und der Wachstumsrate des Umsatzes zuzüglich eins. Das Produkt aus Umsatz der betrachteten Periode und betrieblicher Gewinnmarge stellt den Betriebsgewinn dar. Somit ist die betriebliche Gewinnmarge die Umsatzrendite eines unverschuldeten Unternehmens vor Steuern.[228] Sie berücksichtigt beispielsweise Personal- und Materialaufwendungen sowie Abschreibungen. Die Zahlungswirksamkeit der Abschreibungen wird dadurch begründet, dass angenommen wird, dass exakt in Höhe der Abschreibungen Ersatzinvestitionen getätigt werden. Den Betriebsgewinn nach Steuern bzw. Net Operating Profit after Taxes (NOPAT) erhält man durch Multiplikation des im vorherigen Schritt bestimmten Betriebsgewinns und eins abzüglich Cash-Gewinnsteuersatz. Der NOPAT stellt dabei einen Zahlungsüberschuss vor Zusatzin-

[227] Diese Werttreiber sind in Tabelle 7 kursiv gekennzeichnet.
[228] Da Fremdkapitalzinsen nicht abgezogen werden, handelt es sich um die Umsatzrendite eines unverschuldeten Unternehmens.

vestitionen dar. Die Cash-Gewinnsteuer als effektiv zu zahlende Steuer stimmt in der Regel nicht mit der im Jahresabschluss ausgewiesenen Steuer überein, da diese typischerweise latente Steuern enthält.[229] Auch hier gilt die bereits oben angesprochene Annahme der vollständigen Eigenfinanzierung, d.h., ein steuerlicher Vorteil aus der Fremdfinanzierung (Tax Shield) wird im Rahmen des Cash-Gewinnsteuersatzes vernachlässigt. Die Zusatzinvestionen ins Anlagevermögen (Umlaufvermögen) können unter Nutzung der Zusatzinvestitionsrate ins Anlagevermögen (Umlaufvermögen) als prozentuale Größe der Umsatzsteigerung der betrachteten gegenüber der letzten Periode bestimmt werden (Zusatzumsatz). Der mittels der bisher dargestellten Vorgehensweise zu bestimmende Free Cash Flow ergibt sich nun durch Subtraktion der Zusatzinvestitionen ins Anlage- und Umlaufvermögen vom NOPAT.

3.3.2.2.2 Free Cash Flow-Ermittlung nach Copeland/Koller/Murrin

Copeland/Koller/Murrin[230] bestimmen analog zu Rappaport nur den betrieblich bedingten (operativen) Free Cash Flow detailliert.[231] Bei dieser indirekten Bestimmung des Free Cash Flows werden ausgehend vom (operativen) Ergebnis vor Zinsen und Steuern (EBIT als Earnings before Interest and Taxes) Korrekturen vorgenommen (vgl. auch Tabelle 8).[232] Subtrahiert man die zahlungswirksamen Steuern unter der Fiktion der vollständigen Eigenfinanzierung vom EBIT, so gelangt man zum (operativen) Ergebnis vor Zinsen und nach adjustierten Steuern (NOPLAT als Net Operating Profit less adjusted Taxes). Es wird von adjustierten Steuern gesprochen, um zu verdeutlichen, dass eine Adjustierung um kapitalstrukturbedingte Steuerzahlungen vorgenommen wurde.[233] Inhaltlich sind der von Copeland/Koller/Murrin verwendete „NOPLAT" und der im vorherigen Abschnitt benutzte „NOPAT" identisch. Addiert man die nicht zahlungs-, aber erfolgswirksamen Positionen Abschreibungen und Zunahme der Rückstellungen[234] zum NOPLAT, so ergibt sich der (operative) Brutto Cash Flow. Diese Größe gibt Aufschluss über die absolute Höhe der Innenfinanzierungsmöglichkeit des betrachteten Unternehmens. Werden nun die Positionen Investitio-

---

[229] Zu latenten Steuern vgl. z.B. Coenenberg (2005), S. 430 ff.

[230] Obwohl in der aktuellen vierten Auflage des Buchs „Valuation" die beiden Co-Autoren Thomas Copeland und Jack Murrin durch Marc Goedhart und David Wessels ersetzt wurden, wird von der Vorgehensweise nach den Ursprungsautoren Copeland, Koller und Murrin gesprochen. Zur aktuellen Auflage vgl. Koller/Goedhart/Wessels (2005) und zur ersten Auflage vgl. Copeland/Koller/Murrin (1990).

[231] Zu den Ausführungen in diesem Abschnitt vgl. Koller/Goedhart/Wessels (2005), S. 161 ff. sowie das Schaubild in Copeland/Koller/Murrin (2002), S. 16.

[232] Die in Abschnitt 2.4.7.1 angesprochenen Auswirkungen von bilanziellen Wahlrechten auf jahresabschlussbasierte Kennzahlen werden durch diese Überführung in eine Cash Flow-Größe eliminiert.

[233] Der steuerliche Vorteil der Fremdfinanzierung wird somit „herausgerechnet".

[234] Eine Abnahme der Rückstellungen ist als negative Zunahme zu interpretieren.

nen ins Anlagevermögen und Zunahme des Working Capital abgezogen, so erhält man den Free Cash Flow.

	Ergebnis vor Zinsen und Steuern (EBIT)
–	Cash-Steuern (adjustiert)
=	**Ergebnis vor Zinsen und nach adjustierten Steuern (NOPLAT)**
+	Abschreibungen
+	Zunahme der Rückstellungen
=	**Brutto Cash Flow**
–	Investitionen in das Anlagevermögen[235]
–	Zunahme des Working Capital (Netto-Umlaufvermögen)[236]
=	**Free Cash Flow**

Tabelle 8: Free Cash Flow-Ermittlung nach Copeland/Koller/Murrin

3.3.3 Annahmen

In diesem Abschnitt wird auf die notwendigen Annahmen für die im Weiteren diskutierten DCF-Verfahren unter Ausschluss eines Insolvenzrisikos eingegangen.[237]

1. Das Fremdkapital des betrachteten Unternehmens ist nicht ausfallgefährdet.
2. Der Kapitalmarkt ist vollkommen und vollständig.
3. Es wird von im Zeitablauf konstanten Marktzinssätzen ausgegangen. Das Investitionsrisiko des Unternehmens ist ebenfalls konstant.
4. Der Steuersatz s ist konstant und linear und wird auf Unternehmensebene erhoben, wobei die Fremdkapitalzinsen abzugsfähig sind. Von einer Besteuerung auf Anteilseigner- und Gläubigerebene wird abgesehen.
5. Ein anfallender Steuervorteil der Fremdfinanzierung (Tax Shield) kann unmittelbar zum Ende der jeweiligen Periode realisiert werden.
6. Die periodenspezifischen Free Cash Flows und Tax Shields werden vollständig an die Kapitalgeber (Eigner und Fremdkapitalgeber) ausgeschüttet. Alle Zahlungen fallen am Ende einer Periode an.
7. Bei der Planung der Free Cash Flows wird von einem Zwei-Phasenmodell ausgegangen.

---

[235] Im Gegensatz zu Rappaport gehen Copeland/Koller/Murrin nicht davon aus, dass in Höhe der Abschreibungen (zahlungswirksame) Ersatzinvestitionen getätigt werden. Die Position Investitionen in das Anlagevermögen umfasst somit sowohl Ersatz- als auch Zusatzinvestitionen.

[236] Zur Berechnung der Veränderung des Working Capital vgl. Mandl/Rabel (1997), S. 318. Alternativ kann statt von Zunahme auch von Investitionen ins Working Capital gesprochen werden. In diesem Zusammenhang ist jedoch darauf hinzuweisen, dass Investitionen ins Working Capital typischerweise keinen langfristigen Charakter haben.

[237] Zu den Annahmen der DCF-Verfahren vgl. auch Lorson (2004), S. 189 f. und Wallmeier (1999), S. 1474 f.

8. a) Es wird eine atmende Finanzierung mit einer konstanten Fremdkapitalquote durchgeführt. (Diese Annahme bezieht sich auf Abschnitt 3.3.4.1.)

   oder

   b) Es wird eine autonome Finanzierung durchgeführt. (Diese Annahme über die Finanzierungsstrategie ist in Abschnitt 3.3.4.2 gültig.)

Ad 1) Eine Insolvenz des Unternehmens wird hiermit ausgeschlossen. Das betrachtete Unternehmen kann jederzeit seinen Verpflichtungen nachkommen. Folglich weisen auch Zins- und Tilgungsforderungen keinerlei Unsicherheit auf, und es liegt die Identität zwischen erwarteter Rendite der Fremdkapitalgeber, vertraglich vereinbartem Fremdkapitalzinssatz und risikolosem Zinssatz vor. Eine Diskussion, inwieweit diese Annahme realistisch ist, und die Berücksichtigung eines Insolvenzrisikos im Rahmen der wertorientierten Kennzahlen sind Kernpunkte der Abschnitte 3.4 und 3.5.

Ad 2) Nur die Prämisse eines vollständigen und vollkommenen Kapitalmarkts sichert die Existenz einheitlicher Preise (Marktpreise).[238] Bereits im Rahmen der Eigenkapitalkostenermittlung über das CAPM wurde diese Annahme getroffen (vgl. Annahme 4 in Abschnitt 3.3.2.1.2).[239] In der Realität ist der Kapitalmarkt zwar weder vollkommen noch vollständig, dennoch wird – wie im Folgenden noch auszuführen ist – diese Annahme aus pragmatischen Gesichtspunkten getroffen.[240] Weiterhin gilt bei einem vollkommenen Kapitalmarkt im Gleichgewicht außerdem das Wertadditivitätstheorem.[241] Es besagt, dass der Wert des Unternehmens sich additiv aus den einzelnen Geschäftsbereichswerten und dem Wert der Zentrale zusammensetzt. Einen Geschäftsbereichswert erhält man durch Summation der einzelnen Abteilungs- bzw. Projektwerte.

Eine wertorientierte Unternehmensführung hat, wie bereits dargelegt, das Ziel, den Marktwert des Eigenkapitals zu maximieren. Dieses operationale Ziel kann das eigentliche eignerorientierte Ziel der Konsumnutzenmaximierung, das nicht operational ist, bei Gültigkeit von Annahme 2 ersetzen.[242] Der Konsumnutzen bezieht sich auf den Nutzen der Anteilseigner, der sich aus dem Konsum ergibt, der durch die Zahlungen aus dem Unternehmen ermöglicht wird. Das Konsumnutzenziel ist aus Sicht der Unternehmensführung nicht operational, da sie weder die Nutzenfunktionen der

---

238 Vgl. Hachmeister (2000), S. 94 und die dort angegebene Literatur.

239 Hier wurde auch auf die Eigenschaften eines vollkommenen und vollständigen Kapitalmarkts eingegangen.

240 Vgl. auch Fußnote 178.

241 Vgl. Breuer (2001), S. 220.

242 Vgl. Franke/Hax (2004), S. 157.

Anteilseigner kennt, noch alle Nutzenfunktionen simultan maximieren kann.[243] Durch die Existenz von Marktpreisen ergibt sich allerdings die Möglichkeit, dass die Eigentümer durch Kauf und Verkauf ihrer Anteile den gewünschten Konsumstrom selbst realisieren können und somit aus einer Maximierung des Marktwerts des Eigenkapitals eine Maximierung des Konsumnutzens der Eigner folgt.
Die Annahme eines vollkommenen Kapitalmarkts steht allerdings in einem Spannungsverhältnis zum Shareholder Value-Ansatz.[244] Auf vollkommenen Kapitalmärkten können keine Anlagemöglichkeiten existieren, die Shareholder Value schaffen, da in dieser Welt die Märkte (stark) informationseffizient sind.[245] Informationseffizienz kann in den Formen schwach, mittel und stark vorliegen. Eine schwache Informationseffizienz bedeutet, dass alle vergangenen Handelsinformationen im aktuellen Preis einer Anlagemöglichkeit berücksichtigt sind. Dies besagt, dass insbesondere aus einer technischen Analyse (Chartanalyse) keine Rückschlüsse auf die zukünftige Entwicklung gewonnen werden können. Bei einer mittleren Informationseffizienz spiegeln die Preise neben den historischen Handelsinformationen auch alle sonstigen öffentlich verfügbaren Informationen (z.B. Bilanzdaten und Gewinnprognosen) wider, d.h. neben der technischen Analyse besitzt auch die Fundamentalanalyse keinen Wert. Führen zusätzlich zu den vergangenen Handelsinformationen und den öffentlich verfügbaren Informationen auch private Informationen (Insiderwissen) zu keinem Vorteil, dann liegt eine starke Informationseffizienz – wie sie auf vollkommenen Kapitalmärkten gegeben ist – vor. Auf Grund der Tatsache, dass auf vollkommenen Kapitalmärkten alle Marktteilnehmer denselben Informationsstand haben, sind hier folglich alle Anlagemöglichkeiten fair bewertet. Die erwartete Rendite dieser Projekte entspricht exakt dem Kalkulationszinssatz, sodass weder Wert geschaffen noch vernichtet wird. Der Shareholder Value-Ansatz basiert jedoch auf der Annahme, dass es Projekte gibt, mit denen der Wert des Eigenkapitals gesteigert werden kann. Somit wird implizit von unvollkommenen Märkten ausgegangen. Die Annahme eines vollkommenen und vollständigen Kapitalmarkts ist somit als vereinfachte Prämisse zu Gunsten der Operationalisierbarkeit des Shareholder Value-Konzepts zu sehen.[246]

---

[243] Vgl. Franke/Hax (2004), S. 150 und Mengele (1999), S. 9.
[244] Zu diesem Dilemma vgl. auch Mengele (1999), S. 6 ff.
[245] Zur Informationseffizienz vgl. z.B. Bodie/Kane/Marcus (2005), S. 370 ff.
[246] Aus pragmatischer Sicht stellt der Kapitalwert – auf dem sowohl die DCF-Verfahren als auch das EVA-Konzept basieren – eine Verallgemeinerung des Marktwertkonzepts dar, „indem auch bei unvollkommenem Kapitalmarkt die Existenz eines Kalkulationszinssatzes ... postuliert wird, so daß der Kapitalwert ein finanzwirtschaftlich sinnvolles Beurteilungskriterium liefert." Franke/Hax (2004), S. 166.

Ad 3) Das Investitionsrisiko, der sichere Zinssatz und die Risikoprämien sind damit fix und man muss insofern nicht mit periodenspezifischen Zinssätzen rechnen.[247]

Ad 4) Real existierende Steuersysteme werden hierdurch vereinfacht abgebildet.[248] Diese Annahme ist allerdings in Bezug auf Annahme 2 vor dem Hintergrund eines vollkommenen Kapitalmarkts kritisch zu sehen. Auf vollkommenen Kapitalmärkten existieren keine von der Kapitalstruktur abhängigen (finanzierungsabhängigen) Steuern.[249] Modigliani/Miller haben gezeigt, dass auf vollkommenen Kapitalmärkten die Finanzierung keinen Einfluss auf den Wert eines Unternehmens hat (Irrelevanz der Finanzierung).[250] Die Einführung des linearen Steuersatzes auf Unternehmensebene führt dazu, dass die Finanzierung bei der Unternehmensbewertung eine Rolle spielt (Relevanz der Finanzierung).[251] Durch die Tax Shield-Wirkung steigt mit zunehmender Verschuldung (bei Gültigkeit von Annahme 1) der Wert eines Unternehmens. Die Annahme eines vollkommenen Kapitalmarkts erfolgt somit ausschließlich aus pragmatischer Sicht, um einen einheitlichen Marktpreis sicherzustellen. Aus theoretischer Sicht ist ein vollkommener Kapitalmarkt mit den hier getroffenen steuerlichen Annahmen nicht vereinbar.

Ad 5) Zinseffekte müssen daher bei der Realisierung des Steuervorteils nicht berücksichtigt werden. Die sofortige Realisierung des Tax Shields setzt allerdings voraus, dass die steuerliche Bemessungsgrundlage unter der Fiktion der vollständigen Eigenfinanzierung mindestens so groß ist wie der abzugsfähige Fremdkapitalzinsaufwand oder dass ein Verlustrücktrag möglich ist. Ist dies in der Praxis nicht gegeben, so resultiert die Bildung von Verlustvorträgen, die mit in späteren Perioden anfallenden Gewinnen verrechnet werden. Folglich wären dann Zinseffekte zu berücksichtigen, wodurch eine aufwändige exakte Planung der zukünftigen steuerlichen Bemessungsgrundlagen notwendig würde.

Ad 6) Dies führt zu einem konstanten Kassenbestand. Äquivalent zu der Vollausschüttungsannahme ist die Anlage zum Kapitalkostensatz bei Nichtausschüttung, d.h. eine kapitalwertneutrale Reinvestition.[252] Würde auf diese Annahme verzichtet, so müssten die Zinseffekte der Nichtausschüttung berücksichtigt werden. Hierfür wäre ein exakter Ausschüttungsplan notwendig.

---

247 Eine Konstanz des Investitionsrisikos setzt eine spezielle stochastische Struktur der Free Cash Flows voraus. Vgl. Laitenberger/Löffler (2002) und Löffler (2002).
248 Zu einer detaillierten Einbeziehung des deutschen Steuersystems im Rahmen der Unternehmensbewertung vgl. bspw. Husmann/Kruschwitz/Löffler (2002) und Laitenberger (2003).
249 Vgl. Swoboda (1994), S. 93.
250 Vgl. Modigliani/Miller (1958).
251 Vgl. Modigliani/Miller (1963).
252 Vgl. Coenenberg/Schultze (2002), S. 604 f.

Die Prämisse, dass alle Zahlungen am jeweiligen Periodenende anfallen, dient der rechnerischen Vereinfachung.

Ad 7) Das heißt, dass bis zu einem Zeitpunkt T eine detaillierte Planung der Free Cash Flows (beispielsweise unter Nutzung der in Abschnitt 3.3.2.2.1 und 3.3.2.2.2 vorgestellten Vorgehensweisen) erfolgt. Ab dem Zeitpunkt T+1 (Residualzeitraum) wird dann vereinfachend von einem konstanten Free Cash Flow ad infinitum (ewige Rente) ausgegangen.[253] Beispielsweise schlägt das Institut der Wirtschaftsprüfer in Deutschland (IDW) im IDW Standard: „Grundsätze zur Durchführung von Unternehmensbewertungen" (IDW S 1)[254] ebenfalls die hier angenommene Zweiteilung der Planung vor.[255] Der Detailplanungszeitraum soll drei bis fünf Jahre umfassen.[256] Im Rahmen der Beispiele in dieser Arbeit wird ein Detailplanungszeitraum T von fünf Jahren gewählt. Da die sich aus der zweiten Phase der Planung ergebenden Free Cash Flows in der Regel einen großen Teil des gesamten Unternehmenswerts determinieren, ist eine kritische Analyse der dieser Planung zu Grunde liegenden Annahmen notwendig.[257] Das IDW empfiehlt, für die Zeit nach dem Detailplanungszeitraum von konstant wachsenden bzw. mit konstanter Rate wachsenden Free Cash Flows oder – wie in dieser Arbeit – vom Rentenfall auszugehen.[258]

Ad 8a) Unter atmender (unternehmenswertabhängiger) Finanzierung versteht man die zukünftige Anpassung der Marktwerte des Fremdkapitals an ein vorgegebenes Verhältnis zum gesamten Unternehmenswert (Vorgabe einer Zielkapitalstruktur).[259] In der Praxis sind viele Unternehmen bestrebt, eine Zielkapitalstruktur zu realisieren, sodass aus Sicht der Unternehmen eine optimale Kapitalstruktur verfolgt wird.[260]

---

[253] Da eine Nominalrechnung vorgenommen wird (vgl. Abschnitt 3.3.2.1) bleiben die Free Cash Flows zwar nominal konstant, auf Grund der Inflation nehmen sie real allerdings ab.

[254] Die im Rahmen dieser Arbeit zitierten Passagen des IDW S 1 finden sich auch im aktuellen Entwurf der Neufassung des IDW Standards: Grundsätze zur Durchführung von Unternehmensbewertungen (IDW ES 1 n.F.) wieder.

[255] Vgl. IDW S 1, Abs. 82. Im Gegensatz hierzu gehen Koller/Goedhart/Wessels (2005), S. 233 ff. von einer dreigeteilten Planung aus.

[256] Vgl. IDW S 1, Abs. 82. Koller/Goedhart/Wessels (2005), S. 234 empfehlen hingegen einen Zeitraum von zehn bis fünfzehn Jahren.

[257] Vgl. IDW S 1, Abs. 84.

[258] Vgl. IDW S 1, Abs. 83. Hier wird allerdings nicht von Free Cash Flows, sondern allgemein von finanziellen Überschüssen gesprochen.

[259] Prinzipiell ist bei atmender Finanzierung auch die Vorgabe periodenspezifischer Zielkapitalstrukturen möglich. Für diese Übertragung der Vorgehensweise im Rahmen der Adjusted Present Value-Methode vgl. Löffler (1998, 2004).

[260] Vgl. Coenenberg/Salfeld (2003), S. 179. Eine Zielkapitalstruktur (optimale Kapitalstruktur) dient der Minimierung der Kapitalkosten. Vgl. auch Spremann (2002), S. 269, der darauf hinweist, dass in der Praxis viele Unternehmen, um den Verschuldungsgrad konstant zu halten, das Fremdkapital an die Unternehmenswertentwicklung anpassen. Kritisch hierzu Drukarczyk (2003), S. 209 und 279.

Ad 8b) Bei einer autonomen Finanzierung sind die zukünftigen Marktwerte des Fremdkapitals exogen (beispielsweise durch die Unternehmensführung) vorgegeben. Es erfolgt also eine starre Planung des Fremdkapitalmarktwerts. Von einer autonomen Finanzierung mit konstantem Marktwert des Fremdkapitals kann beispielsweise dann ausgegangen werden, wenn das betrachtete Unternehmen kein weiteres Fremdkapital mehr aufnehmen kann oder möchte (da dies z.B. mit einer Verschlechterung der Bonitätseinstufung verbunden wäre).

3.3.4 Discounted Cash Flow-Verfahren bei sicherem Fremdkapital

Die DCF-Verfahren können in den Entity- und den Equity-Approach unterteilt werden. Dem Equity-Approach liegt die Flow to Equity (FTE)-Methode zu Grunde. Hierbei wird der Shareholder Value unmittelbar bestimmt. Dem Entity-Approach sind die Weighted Average Cost of Capital (WACC)-, die Total Cash Flow (TCF)- und die Adjusted Present Value (APV)-Methode zuzuordnen. Bei diesen drei Methoden wird der Unternehmenswert bestimmt. Den Shareholder Value bestimmt man hier indirekt über die Differenz aus Unternehmenswert (Marktwert des Eigen- und Fremdkapitals) und Marktwert des Fremdkapitals. In den beiden folgenden Abschnitten werden nun die verschiedenen DCF-Verfahren bei atmender Finanzierung (Gültigkeit von Annahme 8a) und autonomer Finanzierung (Gültigkeit von Annahme 8b) dargestellt.

3.3.4.1 Discounted Cash Flow-Verfahren bei atmender Finanzierung und sicherem Fremdkapital

3.3.4.1.1 Weighted Average Cost of Capital-Methode bei atmender Finanzierung und sicherem Fremdkapital

Bei der in der Praxis weit verbreiteten WACC-Methode[261] erfolgt eine Diskontierung der erwarteten Free Cash Flows mit dem gewichteten Gesamtkapitalkostensatz (WACC). Der Free Cash Flow ist, wie in Abschnitt 3.3.2.2 erläutert, der Zahlungsüberschuss, der ohne Berücksichtigung des Tax Shields den Eigen- und Fremdkapitalgebern zur Verfügung steht. Das Tax Shield ist der aus Annahme 4 resultierende Steuervorteil der Fremdfinanzierungsentscheidung. Durch Annahme 5 ist die Wirksamkeit des Tax Shields zum Ende der Periode sichergestellt. Das Tax Shield einer Periode ist somit der Steuerbetrag, der gegenüber dem Fall des eigenfinanzierten Unternehmens weniger an den Staat abgeführt werden muss. Es gilt daher (bei nicht ausfallgefährdetem Fremdkapital) für das Tax Shield TS_t im Zeitpunkt t:

---

[261] So stellen beispielsweise Ross/Westerfield/Jaffe fest, dass „frequent discussions with business executives have convinced .. [them] that the WACC is the most widely used method in the real world, by far." Ross/Westerfield/Jaffe (2005), S. 483 f.

$$TS_t = s \cdot r \cdot V_{t-1}^F.$$

Gleichung 7: Tax Shield bei nicht ausfallgefährdetem Fremdkapital

V_{t-1}^F stellt dabei den Marktwert des Fremdkapitals zum Zeitpunkt t–1, s den Steuersatz und r den sicheren Zinssatz dar.

Das Tax Shield und der Free Cash Flow dienen zur Befriedigung der Forderungen von Eigen- und Fremdkapitalgebern (vgl. Abbildung 9). Der Free Cash Flow wird mit einem Mischzinsfuß, dem WACC, der auch das Tax Shield berücksichtigt, diskontiert.[262] Die Forderungen der Kapitalgeber der Periode t müssen dabei der Summe aus dem erwarteten Free Cash Flow FCF_t in t, dem Tax Shield TS_t in t (vgl. Gleichung 7) und der Unternehmenswertsteigerung ΔV_t^L der Periode t entsprechen. Dabei stellt ΔV_t^L genau die Differenz des Marktwerts V_t^L des verschuldeten Unternehmenswerts in t abzüglich dem Unternehmenswert V_{t-1}^L in t–1 dar.[263] Die Forderungen der Eigenkapitalgeber bezüglich der Periode t ergeben sich aus dem Produkt der erwarteten Rendite $k_{E,t}$ der Eigenkapitalgeber in dieser Periode und dem Marktwert V_{t-1}^E des Eigenkapitals zum Zeitpunkt t–1. Dabei kann die erwartete Rendite der Eigenkapitalgeber beispielsweise über das CAPM ermittelt werden (vgl. Abschnitt 3.3.2.1.2). Die Fremdkapitalgeber verlangen eine (sichere) Verzinsung in Höhe des risikolosen Zinssatzes multipliziert mit dem Marktwert V_{t-1}^F des Fremdkapitals zum Zeitpunkt t–1. Um die Forderungen der Kapitalgeber in der Periode t exakt zu erfüllen, ergibt sich aus obigen Ausführungen folgender Zusammenhang:

$$FCF_t + \underbrace{s \cdot r \cdot V_{t-1}^F}_{\text{Tax Shield}} + \Delta V_t^L = \underbrace{k_{E,t} \cdot V_{t-1}^E}_{\text{Forderungen der EK-Geber}} + \underbrace{r \cdot V_{t-1}^F}_{\text{Forderungen der FK-Geber}}$$

$$\Leftrightarrow FCF_t + \Delta V_t^L = k_{E,t} \cdot V_{t-1}^E + (1-s) \cdot r \cdot V_{t-1}^F.$$

Um Renditegrößen zu erhalten, wird obige Gleichung durch den Wert des verschuldeten Unternehmens zum Zeitpunkt t–1 dividiert. Es folgt somit:

$$\frac{FCF_t + \Delta V_t^L}{V_{t-1}^L} = k_{E,t} \cdot \frac{V_{t-1}^E}{V_{t-1}^L} + (1-s) \cdot r \cdot \frac{V_{t-1}^F}{V_{t-1}^L}.$$

Der rechte Teil obiger Gleichung stellt den WACC der Periode t ($WACC_t$) unter Ausschluss eines Insolvenzrisikos dar:

---

[262] Vgl. im Folgenden auch Schultze (2003), S. 321.

[263] Der Unternehmenswert V_t^L im Zeiptunkt t ist dabei die Summe aus dem Marktwert V_t^F des Fremdkapitals und dem Marktwert V_t^E des Eigenkapitals in diesem Zeitpunkt ($V_t^L = V_t^F + V_t^E$).

$$WACC_t = k_{E,t} \cdot \frac{V_{t-1}^E}{V_{t-1}^L} + (1-s) \cdot r \cdot \frac{V_{t-1}^F}{V_{t-1}^L}.$$

Gleichung 8: WACC bei sicherem Fremdkapital

Gleichung 8 wird in der internationalen Literatur auch als so genannte „textbook formula" bezeichnet. Projekte, deren gewichtete Gesamtkapitalrendite unter Einbezug des Tax Shields oberhalb (unterhalb) des WACC liegt, schaffen (vernichten) Wert zu Gunsten (Lasten) der Eigner. Die Fremdkapitalgeber sind hierdurch nicht betroffen, da sie im Gegensatz zu den Eignern keine Residualgröße, sondern (sichere) fixe Zahlungen erhalten.

Auf Grund von Annahme 3 und 8a stellt der Eigenkapitalkostensatz $k_{E,t}$ des verschuldeten Unternehmens keine periodenspezifische Größe dar. Der Eigenkapitalkostensatz des verschuldeten Unternehmens wird durch das Risiko aus den eingegangenen Geschäften (Investitionsrisiko) und der durch die Fremdfinanzierung gegenüber der vollständigen Eigenfinanzierung erhöhten Schwankungsbreite der Eignerrendite (Finanzierungsrisiko) determiniert. Annahme 3 stellt die Konstanz des Investitionsrisikos sicher. Ein konstantes Finanzierungsrisiko ergibt sich aus einer gleich bleibenden Höhe des Verschuldungsgrads (Annahme 8a). Da zudem alle Marktzinssätze konstant bleiben (Annahme 3), folgt die Periodenunabhängigkeit von k_E.[264] Auf Grund der Konstanz der Marktzinssätze bleibt auch der risikolose Zinssatz r konstant. Der Steuersatz s unterliegt ebenfalls keinen Schwankungen. Ebenso sind die Fremdkapitalquote $\left(\frac{V_{t-1}^F}{V_{t-1}^L}\right)$ und die Eigenkapitalquote $\left(\frac{V_{t-1}^E}{V_{t-1}^L}\right)$ zu Marktwerten auf Grund von Annahme 8a in allen Perioden unverändert. Somit folgt bei atmender Finanzierung und konstanter Zielkapitalstruktur eine Konstanz aller den WACC bestimmenden Größen und somit eine Periodenunabhängigkeit des WACC.[265]

Gleichung 9 zeigt die Bestimmung des Unternehmenswerts V_t^L unter Nutzung der WACC-Methode:

$$V_t^L = \sum_{u=t+1}^{\infty} \frac{FCF_u}{(1+WACC)^{u-t}}.$$

Gleichung 9: WACC-Methode bei sicherem Fremdkapital und atmender Finanzierung[266]

Im Folgenden soll die Vorgehensweise durch ein Beispiel verdeutlicht werden. Dabei wird von einem fiktiven Unternehmen A ausgegangen, dessen Unternehmenswert

---

[264] Somit wird im Folgenden auf den Periodenindex bei $k_{E,t}$ verzichtet.

[265] Folglich kann auch beim $WACC_t$ auf den Periodenindex verzichtet werden.

[266] Im Fall einer unendlichen Rente (konstanter FCF, der ad infinitum anfällt [$\overline{FCF}$]) vereinfacht sich Gleichung 9 zu: $V_t^L = \frac{\overline{FCF}}{WACC}$.

bzw. Shareholder Value ermittelt werden soll. Tabelle 9 beinhaltet die erwarteten Free Cash Flows des Unternehmens.

t	1	2	3	4	5	6 bis ∞
FCF_t	715	786,5	665,5	878,46	966,306	1.127,357

Tabelle 9: Erwartete Free Cash Flows des Unternehmens A

Wie aus Tabelle 9 ersichtlich, beträgt der Detailplanungszeitraum T der Free Cash Flows fünf Perioden. Ab t=6 wird von ad infinitum konstanten erwarteten Free Cash Flows ausgegangen. Weiterhin werden die Parameter in Tabelle 10 zu Grunde gelegt.

r	μ_M	β	FQ	s
5 %	12,34375 %	1,6	50 %	35 %

r = risikoloser Zinssatz

μ_M = erwartete Rendite des Marktportfolios

β = systematisches Risiko des (verschuldeten) Unternehmens A

FQ = Fremdkapitalquote (zu Marktwerten)

s = Steuersatz

Tabelle 10: Weitere Parameter des Beispielunternehmens A

Unter Nutzung der Wertpapiermarktlinie des CAPM (vgl. Gleichung 6) ergibt sich für den Eigenkapitalkostensatz des Unternehmens A:

$k_E = 0{,}05 + (0{,}1234375 - 0{,}05) \cdot 1{,}6 = 16{,}75\ \%$.

Der (periodenunabhängige) WACC des Unternehmens A resultiert aus Gleichung 8 (wobei $WACC_t$=WACC=const. gilt):

$WACC = 0{,}1675 \cdot 0{,}5 + (1 - 0{,}35) \cdot 0{,}05 \cdot 0{,}5 = 10\ \%$.

Die in Tabelle 11 aufgeführten Unternehmenswerte V_t^L können durch Anwendung von Gleichung 9 bestimmt werden.

t	0	1	2	3	4	5 bis ∞
V_t^L	10.000	10.285	10.527	10.914,2	11.127,16	11.273,57
V_t^E	5.000	5.142,5	5.263,5	5.457,1	5.563,58	5.636,785
V_t^F	5.000	5.142,5	5.263,5	5.457,1	5.563,58	5.636,785

Tabelle 11: Unternehmenswerte, Shareholder Value und Marktwerte des Fremdkapitals des Unternehmens A bei atmender Finanzierung

Der Shareholder Value V_t^E im Zeitpunkt t ergibt sich aus der Multiplikation des Unternehmenswerts in diesem Zeitpunkt mit der Eigenkapitalquote, d.h. $V_t^E = (1 - FQ) \cdot V_t^L$. Analog können die Marktwerte V_t^F des Fremdkapitals im Zeitpunkt t unter Nutzung der Fremdkapitalquote ermittelt werden, d.h. $V_t^F = FQ \cdot V_t^L$.

Aus der Sicht von t=0 stellen alle Marktwerte für $t \geq 1$ Erwartungswerte dar, da sich durch neue Informationen (Informationseffekt) und/oder die Durchführung nicht antizipierter Projekte (Aktionseffekt) Änderungen der erwarteten Free Cash Flows ergeben können.[267] Nur bei den auf den heutigen Zeitpunkt t=0 bezogenen Marktwerten handelt es sich somit um sichere Werte.

Im Folgenden werden drei weitere Verfahren zur Bestimmung des Unternehmenswerts bzw. des Shareholder Value vorgestellt. Bei konsistentem Vorgehen führen alle vier DCF-Verfahren zu identischen Ergebnissen.[268] Wie in den folgenden Abschnitten noch deutlich wird, stellt die WACC-Methode bei atmender Finanzierung die einzige DCF-Methode dar, bei der kein Zirkularitätsproblem vorliegt (vgl. Tabelle 12 für einen Überblick über das Auftreten der Zirkularitätsproblematik in Abhängigkeit des DCF-Verfahrens und der Finanzierungsweise).

Ein Zirkularitätsproblem liegt dann vor, wenn zur Berechnung des Unternehmenswerts bzw. des Shareholder Value Werte benötigt werden, die man nur ermitteln kann, wenn man den Unternehmenswert bzw. den Shareholder Value bereits kennt.[269] Es ist zu vermuten, dass dies der Hauptgrund für die bereits zu Beginn dieses Abschnitts angesprochene Beliebtheit des WACC-Verfahrens in der Praxis ist.

---

[267] Zu Informations- und Aktionseffekt vgl. auch Laux (1995), S. 176 ff. und Mengele (1999), S. 146.

[268] Die formale Äquivalenz dieser Verfahren wird in den Abschnitten 3.4.5.5 und 3.5.3.5 unter Einbeziehung eines Insolvenzrisikos gezeigt.

[269] Vgl. Kruschwitz/Löffler (1999), S. 3.

	Atmende Finanzierung	Autonome Finanzierung
WACC-Methode	Nein	Ja
TCF-Methode	Ja	Ja
APV-Methode	Ja	Nein (falls k[270] bekannt) Ja (falls k nicht bekannt)
FTE-Methode	Ja	Ja

Tabelle 12: Zirkularitätsproblematik in Abhängigkeit der DCF-Methode und Finanzierungsweise[271]

3.3.4.1.2 Total Cash Flow-Methode bei atmender Finanzierung und sicherem Fremdkapital

Bei der Total Cash Flow-Methode[272] stellen die Total Cash Flows die Zählergröße dar. Sie ergeben sich aus der Summe von Free Cash Flow und Tax Shield (vgl. auch Abbildung 9):

$$TCF_t = FCF_t + TS_t .$$

Der Total Cash Flow stellt somit den Überschuss sämtlicher die Entstehungsseite betreffenden Zahlungen unter Berücksichtigung der Finanzierungswirkung dar. Bei vollständig eigenfinanzierten Unternehmen entsprechen sich Free Cash Flow und Total Cash Flow. Da der Vorteil der Fremdfinanzierung (Tax Shield) bei der TCF-Methode bereits im zu Grunde liegenden Cash Flow berücksichtigt wird, ist gegenüber der WACC-Methode der Gesamtkapitalkostensatz als Diskontierungsgröße zu modifizieren. Der erwartete Total Cash Flow (TCF_t) als Zahlungsüberschuss der Periode t auf der Entstehungsseite muss zuzüglich der Unternehmenswertsteigerung in dieser Periode genau den Forderungen der Kapitalgeber als Zahlungsüberschuss auf der Verwendungsseite entsprechen:

$$TCF_t + \Delta V_t^L = \underbrace{k_{E,t} \cdot V_{t-1}^E}_{\text{Forderungen der EK-Geber}} + \underbrace{r \cdot V_{t-1}^F}_{\text{Forderungen der FK-Geber}} .$$

Um Renditegrößen zu erhalten, wird wiederum durch den Wert V_{t-1}^L des verschuldeten Unternehmens zum Zeitpunkt t–1 dividiert:

$$\frac{TCF_t + \Delta V_t^L}{V_{t-1}^L} = k_{E,t} \cdot \frac{V_{t-1}^E}{V_{t-1}^L} + r \cdot \frac{V_{t-1}^F}{V_{t-1}^L} .$$

---

[270] Wie später noch zu erläutern ist, stellt k den Eigenkapitalkostensatz des unverschuldeten Unternehmens dar. Dieser wird im Rahmen der APV-Methode benötigt.

[271] Bei atmender Finanzierung empfiehlt es sich auf Grund der Zirkularitätsproblematik die WACC-Methode anzuwenden, während bei autonomer Finanzierung die APV-Methode (bei Kenntnis über die Höhe von k) zu bevorzugen ist.

[272] Synonym zur Total Cash Flow-Methode wird in der Literatur teilweise von der Capital Cash Flow-Methode gesprochen. Vgl. bspw. Drukarczyk (2003), S. 200.

Der rechte Teil obiger Gleichung stellt den modifizierten WACC der Periode t ($WACC_t^{TCF}$) unter Ausschluss eines Insolvenzrisikos dar:

$$WACC_t^{TCF} = k_{E,t} \cdot \frac{V_{t-1}^E}{V_{t-1}^L} + r \cdot \frac{V_{t-1}^F}{V_{t-1}^L}.$$

Gleichung 10: $WACC^{TCF}$ bei sicherem Fremdkapital

Es folgt analog zu den Ausführungen in Abschnitt 3.3.4.1.1 bei atmender Finanzierung mit konstanter Zielkapitalstruktur die Konstanz des $WACC_t^{TCF}$, d.h. $WACC_t^{TCF} = WACC^{TCF} = const.$ Die Bestimmung des Unternehmenswerts V_t^L unter Nutzung der TCF-Methode ist in Gleichung 11 dargestellt:

$$V_t^L = \sum_{u=t+1}^{\infty} \frac{TCF_u}{(1 + WACC^{TCF})^{u-t}}.$$

Gleichung 11: TCF-Methode bei sicherem Fremdkapital und atmender Finanzierung[273]

Mit der Bestimmung der Total Cash Flows als Summe aus Free Cash Flow und Tax Shield in den einzelnen Perioden geht allerdings ein Zirkularitätsproblem einher. Die Free Cash Flows sind zwar bekannt, allerdings werden zur Bestimmung der Tax Shields die Unternehmenswerte benötigt. Dies wird deutlich, wenn man Gleichung 7 umformt:

$$TS_t = s \cdot r \cdot V_{t-1}^F$$

$$\Leftrightarrow TS_t = s \cdot r \cdot FQ \cdot V_{t-1}^L.$$

Der Marktwert des Fremdkapitals im Zeitpunkt t–1 entspricht dem Marktwert des Unternehmens zu diesem Zeitpunkt multipliziert mit der Fremdkapitalquote. Die Unternehmenswerte sollen jedoch gerade das Ergebnis dieses DCF-Verfahrens sein. Zur Lösung dieses Zirkularitätsproblems kann auf Iterationslösungen zurückgegriffen werden.[274] In Spezialfällen (z.B. Ein-Perioden- oder Rentenfall) ist auch eine analytische Lösung möglich. Diese führt jedoch bei atmender Finanzierung zur WACC-Methode, die kein Zirkularitätsproblem beinhaltet.[275] Im Rahmen des Beispiels wird das Zirkularitätsproblem umgangen, indem auf die Ergebnisse der WACC-Methode zurückgegriffen wird. Die zur Bestimmung der erwarteten Total Cash Flows benötigten erwarteten Tax Shields in Tabelle 13 können unter Nutzung der Beziehung $TS_t = s \cdot r \cdot V_{t-1}^F$ und der in Tabelle 11 angegebenen Marktwerte des Fremdkapitals ermittelt werden.

---

[273] Im Fall einer unendlichen Rente (konstanter TCF, der ad infinitum anfällt [$\overline{TCF}$]) vereinfacht sich Gleichung 11 zu: $V_t^L = \frac{\overline{TCF}}{WACC^{TCF}}$.

[274] Vgl. Drukarczyk (2003), S. 203.

[275] Vgl. hierzu die Überführung der TCF-Methode im Rentenfall mittels analytischer Lösung in die WACC-Methode in Anhang A.

t	1	2	3	4	5	6 bis ∞
TS_t	87,5	89,99375	92,11125	95,49925	97,36265	98,6437375

Tabelle 13: Erwartete Tax Shields des Unternehmens A bei atmender Finanzierung

Die in Tabelle 14 aufgeführten erwarteten Total Cash Flows ergeben sich nun als Summe von erwartetem Free Cash Flow (vgl. Tabelle 9) und erwartetem Tax Shield (vgl. Tabelle 13) je Periode.

t	1	2	3	4	5	6 bis ∞
TCF_t	802,5	876,49375	757,61125	973,95925	1.063,66865	1226,0007375

Tabelle 14: Erwartete Total Cash Flows des Unternehmens A bei atmender Finanzierung

Der (periodenunabhängige) $WACC^{TCF}$ des Unternehmens A ergibt sich aus Gleichung 10:

$WACC^{TCF} = 0{,}1675 \cdot 0{,}5 + 0{,}05 \cdot 0{,}5 = 10{,}875\ \%$.

Unter Anwendung des TCF-Verfahrens unter Nutzung von Gleichung 11 ergeben sich die bereits in Tabelle 11 mittels der WACC-Methode bestimmten Unternehmenswerte.

3.3.4.1.3 Adjusted Present Value-Methode bei atmender Finanzierung und sicherem Fremdkapital

Im Gegensatz zum WACC- und TCF-Verfahren bestimmt der APV-Ansatz den Unternehmenswert als Summe des Werts des unverschuldeten Unternehmens und des Barwerts der Tax Shields.[276] Der Vorteil dieses Verfahrens liegt in der isolierten Bewertung der Investitionsentscheidungen, die zum Wert des unverschuldeten Unternehmens führt, und der Bewertung der Finanzierungsentscheidungen, die den Barwert der erwarteten Tax Shields darstellt. Bei den anderen drei DCF-Verfahren wird dieser getrennte Ausweis nicht vorgenommen. Bei atmender Finanzierung unter der Annahme des nicht ausfallgefährdeten Fremdkapitals kann der Unternehmenswert über die APV-Methode wie folgt ermittelt werden:

[276] Vgl. Myers (1974), S. 19 ff. Myers gilt als Begründer der APV-Methode.

$$V_t^L = \sum_{u=t+1}^{\infty} \frac{FCF_u}{(1+k)^{u-t}} + \sum_{u=t+1}^{\infty} \frac{TS_u}{(1+r)\cdot(1+k)^{u-t-1}}.$$

Gleichung 12: APV-Methode bei atmender Finanzierung und sicherem Fremdkapital[277]

Die erste Summe bildet den Wert V_t^U des unverschuldeten Unternehmens im Zeitpunkt t. Diesen erhält man durch Diskontierung der erwarteten Free Cash Flows mit dem Eigenkapitalkostensatz k des unverschuldeten Unternehmens. Die zweite Summe ergibt den Wert der Finanzierungsentscheidung (Barwert der Tax Shields). Auf die innerhalb dieser Summe vorgenommene Diskontierung der erwarteten Tax Shields wird im Folgenden kurz eingegangen.[278] In der Periode u existiert bezüglich der Höhe von TS_u keinerlei Unsicherheit, da der Marktwert V_{u-1}^F des Fremdkapitals zu Beginn der Periode u, von dem die Höhe des Tax Shields abhängt (vgl. Gleichung 7), feststeht. Für diese Periode ist folglich der sichere Zinssatz r der geeignete Diskontierungsfaktor. Bezüglich aller vorhergehenden Perioden ist der Marktwert des Fremdkapitals in u–1 und damit auch das Tax Shield in u unsicher. Durch die atmende Finanzierung ist der Marktwert des Fremdkapitals in u–1 in einem vorgegebenen Verhältnis mit dem Unternehmenswert in u–1 verknüpft. Dieser wiederum hängt von den erwarteten Free Cash Flows (mit dem Kenntnisstand in u–1) aller folgenden Zeitpunkte ab. Diese unterliegen aus Sicht eines Zeitpunkts vor u–1 dem Investitionsrisiko. Daher ist der Eigenkapitalkostensatz k des unverschuldeten Unternehmens der anzusetzende Diskontierungssatz in Bezug auf das erwartete Tax Shield in u für die Perioden, die zeitlich vor u–1 liegen.

Der Eigenkapitalkostensatz k des unverschuldeten Unternehmens wird ausschließlich durch das Investitionsrisiko determiniert. In der Praxis ist dieser im Allgemeinen nicht beobachtbar[279], da Unternehmen in der Regel auch Fremdkapital aufgenommen haben und somit für den beobachtbaren Eigenkapitalkostensatz k_E (des verschuldeten Unternehmens) auch das Finanzierungsrisiko eine Rolle spielt. Miles/Ezzell haben bei atmender Finanzierung und risikolosem Fremdkapital unter Anwendung eines rekursiven Vorgehens (Roll-Back-Verfahren) und Nutzung des WACC eine Beziehung zwischen dem Eigenkapitalkostensatz des verschuldeten und des unverschuldeten Unternehmens hergeleitet:[280]

---

[277] Im Rentenfall vereinfacht sich Gleichung 12 zu: $V_t^L = \frac{\overline{FCF}}{k} + \frac{\overline{TS}}{k} \cdot \frac{1+k}{1+r}$.

[278] Ausführlichere Erläuterungen (z.B. Veranschaulichung anhand eines Zeitstrahls) finden sich in Abschnitt 3.4.5.3. Dort wird allerdings nicht von sicherem Fremdkapital ausgegangen.

[279] Vgl. Ballwieser/Coenenberg/Schultze (2002), Sp. 2425.

[280] Vgl. Miles/Ezzell (1980). Gleichung 13 folgt aus Miles/Ezzell (1980), S. 726, wenn dort der WACC durch Gleichung 8 ersetzt wird.
Auf eine genauere Darstellung dieses Vorgehens wird an dieser Stelle verzichtet und auf die Abschnitte 3.4.5.3 und 3.5.3.3 verwiesen, in denen eine Verallgemeinerung des Vorgehens auf den Fall eines ausfallgefährdeten Unternehmens erfolgt.

$$k = \frac{r \cdot (1-s) \cdot FQ + k_E \cdot (1-FQ) + \frac{s \cdot r \cdot FQ}{1+r}}{1 - \frac{s \cdot r \cdot FQ}{1+r}} \Leftrightarrow k_E = k + (k-r) \cdot \frac{1+r \cdot (1-s)}{1+r} \cdot \frac{V^F}{V^E}$$

Gleichung 13: Miles/Ezzell-Gleichung

Unter Anwendung dieser Gleichung ergibt sich für das Beispielunternehmen A ein Eigenkapitalkostensatz k des unverschuldeten Unternehmens in Höhe von 10,92437 %.[281] Da beim APV-Ansatz die Höhe der erwarteten Tax Shields benötigt wird, ergibt sich analog zum TCF-Verfahren ein Zirkularitätsproblem. Dieses wird im Rahmen des Beispiels wiederum durch Rückgriff auf die WACC-Methode umgangen. Unter Nutzung von Gleichung 12 ergeben sich die in Tabelle 15 aufgeführten Ergebnisse.

t	0	1	2	3	4	5 bis ∞
V_t^U	9.072,1788	9.348,2572	9.582,9954	9.964,3772	10.174,463	10.319,653
Barwert der Tax Shields in t	927,82117	936,74283	944,00463	949,82279	952,69738	953,91752
V_t^L	10.000	10.285	10.527	10.914,2	11.127,16	11.273,57

Tabelle 15: Berechnung des Unternehmenswerts durch die APV-Methode bei atmender Finanzierung und sicherem Fremdkapital

V_t^L entspricht, wie nicht anders zu erwarten, den Ergebnissen aus der WACC- bzw. TCF-Methode.

3.3.4.1.4 Flow to Equity-Methode bei atmender Finanzierung und sicherem Fremdkapital

Im Rahmen der Flow to Equity-Methode werden die erwarteten Flow to Equity FTE_t der jeweiligen Periode t abgezinst. Der Flow to Equity stellt den Eignerzahlungsüberschuss dar (vgl. auch Abbildung 9), folglich wird bei dieser DCF-Methode der Shareholder Value direkt bestimmt. Der Eignerzahlungsüberschuss einer Periode ergibt sich aus der Summe von Free Cash Flow und Tax Shield abzüglich der Summe aus

[281] Der exakte Wert ist 10,9243697478992 %. Für sämtliche im Rahmen dieser Arbeit errechneten Werte wurde ein Tabellenkalkulationsprogramm genutzt, sodass, wenn man die hier aufgeführten Werte nutzt, Rundungsdifferenzen auftreten können.

Fremdkapitalzinsen und Tilgung (eine Kreditaufnahme ist als negative Tilgung zu verstehen) der jeweiligen Periode:

$$FTE_t = FCF_t + \underbrace{s \cdot r \cdot V_{t-1}^F}_{TS_t} - \underbrace{r \cdot V_{t-1}^F}_{FK-Zinsen_t} - \underbrace{(V_{t-1}^F - V_t^F)}_{Tilgung_t}.$$

Es ist leicht ersichtlich, dass bei einem vollständig eigenfinanzierten Unternehmen die Identität zwischen Free Cash Flow und Flow to Equity gilt. Bei fremdfinanzierten Unternehmen ergibt sich auch bei Anwendung der FTE-Methode das schon bekannte Zirkularitätsproblem, da sowohl die Tax Shields als auch die Fremdkapitalzinsen und die Tilgung von den zu berechnenden Unternehmenswerten bzw. Marktwerten des Eigenkapitals abhängen.[282]

Die Diskontierung der erwarteten Flow to Equity erfolgt mit dem Eigenkapitalkostensatz k_E des verschuldeten Unternehmens. Auf die Konstanz von k_E auf Grund der hier unterstellten Prämissen wurde bereits in Abschnitt 3.3.4.1.1 hingewiesen.

Formal ergibt sich der Marktwert des Eigenkapitals V_t^E zum Zeitpunkt t wie folgt:

$$V_t^E = \sum_{u=t+1}^{\infty} \frac{FTE_u}{(1+k_E)^{u-t}}.$$

Gleichung 14: FTE-Methode bei atmender Finanzierung[283]

Die Zirkularitätsproblematik wird im Rahmen des Beispiels wiederum durch Rückgriff auf die Ergebnisse der WACC-Methode umgangen. Durch die mittels der WACC-Methode bestimmten Unternehmenswerte lassen sich erwartetes Tax Shield, erwartete Fremdkapitalzinsen und erwartete Tilgung bestimmen, aus denen dann die in Tabelle 16 aufgeführten erwarteten Flow to Equity berechnet werden können.

t	1	2	3	4	5	6 bis ∞
FCF_t	715	786,5	665,5	878,46	966,306	1.127,357
$+TS_t$	87,5	89,99375	92,11125	95,49925	97,36265	98,6437375
$-FK\text{-}Zinsen_t$	250	257,125	263,175	272,855	278,179	281,83925
$-Tilgung_t$	-142,5	-121	-193,6	-106,48	-73,205	0
$=FTE_t$	695	740,36875	688,03625	807,58425	858,69465	944,1614875

Tabelle 16: Erwartete Flow to Equity des Unternehmens A bei atmender Finanzierung

Unter Nutzung von Gleichung 14 ergeben sich die in Tabelle 11 aufgelisteten Marktwerte des Eigenkapitals.

---

[282] In Spezialfällen ist eine analytische Lösung des Zirkularitätsproblems möglich. Diese Lösung stellt eine Überführung in die WACC-Methode dar. Vgl. für den Rentenfall Anhang B.

[283] Im Rentenfall (konstanter FTE, der ad infinitum anfällt [$\overline{FTE}$]) vereinfacht sich Gleichung 14 zu: $V_t^E = \frac{\overline{FTE}}{k_E}$.

3.3.4.2 Discounted Cash Flow-Verfahren bei autonomer Finanzierung und sicherem Fremdkapital

Im Gegensatz zu Abschnitt 3.3.4.1 werden in diesem Abschnitt die vier DCF-Verfahren unter der Annahme einer autonomen Finanzierung betrachtet. Dabei wird von den Prämissen 1 bis 7 sowie 8b ausgegangen (vgl. Abschnitt 3.3.3). Die folgenden Ausführungen konzentrieren sich darauf, die Unterschiede der DCF-Verfahren bei autonomer Finanzierung im Gegensatz zur atmenden Finanzierung herauszuarbeiten.

3.3.4.2.1 Adjusted Present Value-Methode bei autonomer Finanzierung und sicherem Fremdkapital

Im Gegensatz zu Abschnitt 3.3.4.1, in dem mit der Darstellung der WACC-Methode begonnen wurde, wird hier mit dem APV-Verfahren angefangen. Die Begründung hierfür liegt in der Tatsache, dass sich bei autonomer Finanzierung die Anwendung der APV-Methode anbietet, da diese im Gegensatz zu den anderen drei DCF-Verfahren unter der Annahme, dass der Eigenkapitalkostensatz k des unverschuldeten Unternehmens[284] bekannt ist, kein Zirkularitätsproblem aufweist. Gleichung 15 zeigt die für die APV-Methode typische Vorgehensweise zur Bestimmung des Unternehmenswerts im Zeitpunkt t. Dieser setzt sich aus der Summe des Werts des unverschuldeten Unternehmens (1. Term) und dem Barwert der Tax Shields (2. Term) zusammen:

$$V_t^L = \sum_{u=t+1}^{\infty} \frac{FCF_u}{(1+k)^{u-t}} + \sum_{u=t+1}^{\infty} \frac{TS_u}{(1+r)^{u-t}}.$$

Gleichung 15: APV-Methode bei autonomer Finanzierung und sicherem Fremdkapital[285]

Anders als bei atmender Finanzierung weisen die Tax Shields bei autonomer Finanzierung unter der Annahme des nicht ausfallgefährdeten Fremdkapitals keinerlei Unsicherheit auf. Dies ergibt sich aus den exogen festgelegten (und damit mit Sicherheit auftretenden) zukünftigen Marktwerten des Fremdkapitals. Somit ergibt sich der Barwert der Tax Shields anders als bei atmender Finanzierung durch ausschließliche Diskontierung der Tax Shields mit dem sicheren Zinssatz r.

Auf die sich in der Praxis ergebende Problematik im Zusammenhang mit der Beobachtbarkeit des Eigenkapitalkostensatzes k des unverschuldeten Unternehmens wurde bereits in Abschnitt 3.3.4.1.3 hingewiesen. Zur Ermittlung von k muss daher auf eine Bestimmungsgleichung zwischen diesem und dem Eigenkapitalkostensatz

---

[284] Auf Grund Annahme 3 ist der Eigenkapitalkostensatz k des unverschuldeten Unternehmens im Zeitablauf konstant.

[285] Im Rentenfall vereinfacht sich Gleichung 15 zu: $V_t^L = \frac{\overline{FCF}}{k} + \frac{\overline{TS}}{r}$.

k_E des verschuldeten Unternehmens zurückgegriffen werden. Für den Rentenfall haben Modigliani/Miller unter Nutzung von Arbitrageüberlegungen folgende Gleichung hergeleitet:[286]

$$k = \frac{k_E + r \cdot (1-s) \cdot \frac{V^F}{V^E}}{1 + (1-s) \cdot \frac{V^F}{V^E}} \Leftrightarrow k_E = k + (k-r) \cdot (1-s) \cdot \frac{V^F}{V^E}$$

Gleichung 16: Modigliani/Miller-Gleichung

Eine von Inselbag/Kaufold vorgenommene Verallgemeinerung in Bezug auf den Nicht-Rentenfall führt zu:[287]

$$k = \frac{k_{E,t} + r \cdot \frac{V_{t-1}^F - \sum_{u=t}^{\infty} \frac{s \cdot r \cdot V_{u-1}^F}{(1+r)^{u-t+1}}}{V_{t-1}^E}}{1 + \frac{V_{t-1}^F - \sum_{u=t}^{\infty} \frac{s \cdot r \cdot V_{u-1}^F}{(1+r)^{u-t+1}}}{V_{t-1}^E}} \Leftrightarrow k_{E,t} = k + (k-r) \cdot \frac{V_{t-1}^F - \sum_{u=t}^{\infty} \frac{s \cdot r \cdot V_{u-1}^F}{(1+r)^{u-t+1}}}{V_{t-1}^E},$$

Gleichung 17: Inselbag/Kaufold-Gleichung

wobei $\sum_{u=t}^{\infty} \frac{s \cdot r \cdot V_{u-1}^F}{(1+r)^{u-t+1}}$ den Barwert der Tax Shields zum Zeitpunkt t–1 darstellt.

Sowohl Gleichung 16 als auch Gleichung 17 verdeutlichen, dass sich der Eigenkapitalkostensatz $k_{E,t}$ des verschuldeten Unternehmens aus der Höhe des Investitionsrisikos (ausgedrückt durch den Eigenkapitalkostensatz k des unverschuldeten Unternehmens) zuzüglich einer Entlohnung für die Höhe des Finanzierungsrisikos (jeweils der 2. Term von Gleichung 16 bzw. Gleichung 17) ergibt. Im Nicht-Rentenfall ist es generell möglich, dass auf Grund des Finanzierungsrisikos in einzelnen Perioden $k_{E,t} < k$ gilt. Hierzu muss $V_{t-1}^F - \sum_{u=t}^{\infty} \frac{s \cdot r \cdot V_{u-1}^F}{(1+r)^{u-t+1}} < 0$ sein, d.h., der Marktwert des Fremdkapitals zum Zeitpunkt t–1 muss kleiner sein als der Barwert der Tax Shields zu diesem Zeitpunkt. Es ergibt sich dann in dieser Periode durch die mit Sicherheit anfallenden Tax Shields insgesamt eine negative Wirkung in Bezug auf die Entlohnung des Finanzierungsrisikos. Diese tritt tendenziell bei geringem Fremdkapitalbestand zu Beginn der Periode und hohen Fremdkapitalbeständen in den weiteren Perioden, woraus hohe Tax Shields resultieren, auf. In den Perioden mit vergleichsweise hohen Fremdkapitalbeständen gilt dann wieder $k_{E,t} \geq k$.

---

[286] Vgl. Modigliani/Miller (1963), S. 439.

[287] Vgl. Inselbag/Kaufold (1997), S. 118. Für eine Überführung von Gleichung 17 in Gleichung 16 vgl. Anhang C.

Aus Gleichung 16 bzw. Gleichung 17 ist weiterhin ersichtlich, dass bei Unkenntnis über die Höhe von k auch bei der APV-Methode ein Zirkularitätsproblem existiert. Bei Anwendung der beiden Gleichungen unter Kenntnis der Höhe von $k_{E,t+1}$ (z.B. durch Schätzung aus historischen Daten unter Nutzung des CAPM) wird zur Ermittlung von k der Marktwert des Eigenkapitals benötigt. Dieser soll jedoch gerade durch das DCF-Verfahren ermittelt werden. Zur Bestimmung des Marktwerts des Eigenkapitals und damit auch von k sind folglich iterative Verfahren notwendig.

Alternativ ist auch eine direkte Schätzung von k aus historischen Werten denkbar. Hierzu ist ist unter Anwendung des CAPM der Eigenkapitalkostensatz $k_{E,t}$ vergangener Perioden zu ermitteln. Weiterhin dienen historische Börsenwerte aller Eigneranteile als Schätzer für den Marktwert des Eigenkapitals in vergangenen Zeitpunkten. Unter Nutzung von Gleichung 17 können nun vergangene Werte für k approximiert werden. Aus diesen vergangenheitsbezogenen Werten für k kann wiederum (z.B. durch Gleichgewichtung) das gesuchte – in der APV-Methode anzusetzende – k errechnet werden. Während obiges Vorgehen – bei dem allerdings iterative Verfahren notwendig sind – nur auf vergangene Renditen der Eigneranteile, d.h. auf relative am Kapitalmarkt beobachtbare Größen, zurückgreift, wird bei diesem alternativen Vorgehen auch die absolute Höhe des Börsenwerts der Eigneranteile benötigt. Im Allgemeinen ist jedoch davon auszugehen, dass dieser nicht mit dem über die DCF-Verfahren bestimmten Marktwert des Eigenkapitals übereinstimmt.

Als Beispiel wird wieder auf das Unternehmen A aus Abschnitt 3.3.4.1 zurückgegriffen. Abweichend hierzu soll das Unternehmen nun eine autonome Finanzierung mit einem konstanten Fremdkapitalbestand in Höhe von 5.000 Geldeinheiten (GE) durchführen.[288] Der Eigenkapitalkostensatz k des unverschuldeten Unternehmens soll wie bisher bei 10,92437 % liegen, d.h., das Unternehmen A unterliegt weiterhin demselben Investitionsrisiko (Annahme 3). Ebenso gelten die erwarteten Free Cash Flows aus Tabelle 9. Die Tax Shields der einzelnen Perioden sind Tabelle 17 zu entnehmen. Diese sind auf Grund des fixen Fremdkapitalbestands ebenfalls konstant.

t	1 bis ∞
TS_t	87,5

Tabelle 17: Tax Shields des Unternehmens A bei autonomer Finanzierung

Unter Nutzung von Gleichung 15 ergeben sich die in Tabelle 18 aufgeführten Unternehmenswerte.

[288] Diese Änderung der Finanzierungsweise wirkt sich insbesondere auf das β des Unternehmens und damit auf den Eigenkapitalkostensatz k_E des verschuldeten Unternehmens aus.

t	0	1	2	3	4	5 bis ∞
V_t^U	9.072,1788	9.348,2572	9.582,9954	9.964,3772	10.174,463	10.319,653
Barwert der Tax Shields in t	1.750	1.750	1.750	1.750	1.750	1.750
V_t^L	10822,1788	11098,2572	11332,9954	11714,3772	11924,463	12.069,653
V_t^F	5.000	5.000	5.000	5.000	5.000	5.000
V_t^E	5822,1788	6098,2572	6332,9954	6714,3772	6924,463	7069,653

Tabelle 18: Berechnung des Unternehmenswerts und des Marktwerts des Eigenkapitals mittels der APV-Methode bei autonomer Finanzierung

Der Marktwert des Eigenkapitals ergibt sich dann durch die Subtraktion des durch die autonome Finanzierung festgelegten Marktwerts des Fremdkapitals vom Unternehmenswert.

3.3.4.2.2 Weighted Average Cost of Capital-Methode bei autonomer Finanzierung und sicherem Fremdkapital

Auch bei autonomer Finanzierung unter Ausschluss eines Insolvenzrisikos wird der WACC mittels Gleichung 8 (vgl. S. 64) bestimmt. Aber anders als bei atmender Finanzierung mit konstanter Zielkapitalstruktur kann bei autonomer Finanzierung nicht von einer Konstanz des WACC ausgegangen werden, da periodenspezifische Eigenkapitalkostensätze $k_{E,t}$ des verschuldeten Unternehmens vorliegen. Zwar ist durch Annahme 3 weiterhin ein konstantes Investitionsrisiko gegeben, aber durch die autonome Finanzierung ist kein konstanter Verschuldungsgrad sichergestellt, sodass ein periodenspezifisches Finanzierungsrisiko und damit auch periodenspezifische $k_{E,t}$ vorliegen. Unter Berücksichtigung periodenspezifischer WACC kann der Unternehmenswert wie folgt bestimmt werden:

$$V_t^L = \sum_{u=t+1}^{\infty} \frac{FCF_u}{\prod_{v=t+1}^{u}(1+WACC_v)}.$$

Gleichung 18: WACC-Methode bei sicherem Fremdkapital und autonomer Finanzierung[289]

Die WACC-Methode bei autonomer Finanzierung weist ein Zirkularitätsproblem auf.[290] Dies ergibt sich zum einen aus den oben angesprochenen periodenspezifischen $k_{E,t}$, die eine Anwendung der Inselbag/Kaufold-Gleichung (Gleichung 17) notwendig machen. Diese Gleichung wird genutzt, um die $k_{E,t}$ der einzelnen Perioden zu bestimmen. Jedoch muss hierzu der Marktwert des Eigenkapitals bekannt sein, woraus eine Zirkularität resultiert. Zum anderen resultiert ein Zirkularitätsproblem aus der Unkenntnis über die Eigen- und Fremdkapitalquote in der WACC-Formel (Gleichung 8). Diese Quoten sind erst nach Berechnung des Unternehmenswerts bekannt.

Im Rahmen des Beispiels wird die Zirkularität umgangen, indem auf die Ergebnisse aus der APV-Methode zurückgegriffen wird. Unter Nutzung von Gleichung 17 können die unterschiedlichen $k_{E,t}$ berechnet werden. Hiermit können dann mittels Gleichung 8 die periodenspezifischen WACC bestimmt werden. Die Ergebnisse sind in Tabelle 19 aufgeführt.

t	1	2	3	4	5	6 bis ∞
$k_{E,t}$	14,23141%	14,08170%	13,96467%	13,79198%	13,70498%	13,64787%
$WACC_t$	9,15784%	9,20179%	9,23747%	9,29239%	9,32114%	9,34043%

Tabelle 19: Periodenspezifische Kapitalkostensätze

Da im Rahmen des Beispiels im Zeitablauf das Finanzierungsrisiko sinkt[291], wird $k_{E,t}$ bis zum Rentenfall kontinuierlich kleiner. Bezüglich des $WACC_t$ wird diese Wirkung allerdings durch die steigende Eigenkapitalquote überkompensiert, da „billiges" Fremdkapital durch „teures" Eigenkapital ersetzt wird, sodass der $WACC_t$ ansteigt. Unter Nutzung der soeben ermittelten periodenspezifischen WACC ergeben sich in Verbindung mit Gleichung 18 die bereits in Tabelle 18 über die APV-Methode ermittelten Unternehmenswerte.

---

[289] Im Rentenfall kann auf Grund des konstanten erwarteten Verschuldungsgrads ein ebenfalls konstanter WACC unterstellt werden. Gleichung 18 vereinfacht sich somit zu: $V_t^L = \frac{\overline{FCF}}{WACC}$.

[290] Casey (2004) umgeht im Rahmen der WACC-Methode bei autonomer Finanzierung dieses Zirkularitätsproblem durch Nutzung eines linearen Gleichungssystems. Dies stellt de facto jedoch die Anwendung der APV-Methode dar, die, wie in Abschnitt 3.3.4.2.1 ausgeführt, bei Kenntnis über die Höhe von k kein Zirkularitätsproblem aufweist.

[291] Dies ist aus dem sinkenden Verschuldungsgrad ersichtlich. Zur Definition des Begriffs Finanzierungsrisiko vgl. Abschnitt 3.3.4.1.1.

3.3.4.2.3 *Total Cash Flow-Methode bei autonomer Finanzierung und sicherem Fremdkapital*

Abweichend zur atmenden Finanzierung können die erwarteten Total Cash Flows ohne Zirkularitätsproblem ermittelt werden, da bei autonomer Finanzierung die Tax Shields unter Zugrundelegung der bekannten Marktwerte des Fremdkapitals bestimmt werden können und nicht wie bei atmender Finanzierung auf den Unternehmenswert zurückgegriffen werden muss.

Der $WACC_t^{TCF}$ kann entsprechend der atmenden Finanzierung mittels Gleichung 10 (vgl. S. 68) bestimmt werden. Analog zu den Ausführungen bezüglich des WACC im vorherigen Abschnitt müssen bei autonomer Finanzierung periodenspezifische $WACC^{TCF}$ ermittelt werden, woraus sich wiederum ein Zirkularitätsproblem ergibt.

Der Unternehmenswert ergibt sich nach Ermittlung der erwarteten Total Cash Flows und der Gesamtkapitalkostensätze wie folgt:

$$V_t^L = \sum_{u=t+1}^{\infty} \frac{TCF_u}{\prod_{v=t+1}^{u} (1 + WACC_v^{TCF})}.$$

Gleichung 19: TCF-Methode bei sicherem Fremdkapital und autonomer Finanzierung[292]

Die erwarteten Total Cash Flows für das Beispiel sind unter Nutzung von Tabelle 9 (erwartete Free Cash Flows) und Tabelle 17 (Tax Shields) in Tabelle 20 aufgeführt.

t	1	2	3	4	5	6 bis ∞
TCF_t	802,5	874	753	965,96	1.053,806	1.214,857

Tabelle 20: Erwartete Total Cash Flows des Unternehmens A bei autonomer Finanzierung

Die Zirkularität bei der Bestimmung der $WACC_t^{TCF}$ wird im Rahmen des Beispiels durch Nutzung der Ergebnisse des APV-Verfahrens umgangen. Hieraus ergeben sich in Verbindung mit den in Tabelle 19 aufgeführten $k_{E,t}$ durch Anwendung von Gleichung 10 die folgenden Werte.

292 Im Rentenfall kann ein konstanter $WACC^{TCF}$ unterstellt werden. Gleichung 19 vereinfacht sich somit zu: $V_t^L = \frac{\overline{TCF}}{WACC^{TCF}}$.

t	1	2	3	4	5	6 bis ∞
$WACC_t^{TCF}$	9,96637%	9,99020%	10,00955%	10,03933%	10,05493%	10,06539%

Tabelle 21: $WACC_t^{TCF}$ des Unternehmens A bei autonomer Finanzierung

Durch Anwendung von Gleichung 19 resultieren erwartungsgemäß die bereits durch die APV-Methode in Tabelle 18 errechneten Unternehmenswerte.

3.3.4.2.4 Flow to Equity-Methode bei autonomer Finanzierung und sicherem Fremdkapital

Die erwarteten Flow to Equity können bei autonomer Finanzierung im Gegensatz zur atmenden Finanzierung problemlos bestimmt werden. Durch diese Finanzierungsart können unter Ausschluss eines Insolvenzrisikos alle zukünftigen Tax Shields, Fremdkapitalzinsen und Tilgungen mit Sicherheit prognostiziert werden.
Der Eigenkapitalkostensatz k_E des verschuldeten Unternehmens stellt, wie in Abschnitt 3.3.4.2.2 ausgeführt, eine periodenspezifische Größe dar. Somit ist die Anwendung von Gleichung 17 unumgänglich, woraus die bereits erläuterte Zirkularitätsproblematik resultiert.[293]
Der Shareholder Value ergibt sich formal wie folgt:

$$V_t^E = \sum_{u=t+1}^{\infty} \frac{FTE_u}{\prod_{v=t+1}^{u}(1+k_{E,v})}.$$

Gleichung 20: FTE-Methode bei autonomer Finanzierung[294]

Auf Grund des im Beispiel konstanten Marktwerts des Fremdkapitals sind Tax Shield und Fremdkapitalzinsen ebenfalls konstant und die Tilgung beträgt null. Somit ergeben sich folgende Eignerzahlungsüberschüsse.

---

[293] Vgl. Abschnitt 3.3.4.2.2.

[294] Im Rentenfall kann ein konstantes k_E unterstellt werden, sodass Gleichung 20 sich zu: $V_t^E = \frac{\overline{FTE}}{k_E}$ vereinfacht.

t	1	2	3	4	5	6 bis ∞
FCF_t	715	786,5	665,5	878,46	966,306	1.127,357
$+TS_t$	87,5	87,5	87,5	87,5	87,5	87,5
$-FK\text{-}Zinsen_t$	250	250	250	250	250	250
$-Tilgung_t$	0	0	0	0	0	0
$=FTE_t$	552,5	624	503	715,96	803,806	964,857

Tabelle 22: Erwartete Flow to Equity des Unternehmens A bei autonomer Finanzierung

Die Eigenkapitalkostensätze des verschuldeten Unternehmens wurden unter Rückgriff auf die APV-Methode zur Umgehung der Zirkularität bereits in Tabelle 19 bestimmt.

Durch Anwendung von Gleichung 20 erhält man die in Abschnitt 3.3.4.2.1 bereits berechneten Marktwerte des Eigenkapitals.

Im nächsten Abschnitt wird auf den EVA und den im Rahmen des EVA-Konzepts bestimmten Market Value Added (MVA) als weitere wertorientierte Kennzahlen – neben dem Marktwert des Eigenkapitals und dem Unternehmenswert, die in dieser Arbeit auch als wertorientierte Kennzahlen angesehen werden – eingegangen. Vorab ist darauf hinzuweisen, dass der EVA abweichend zu den anderen Kennzahlen eine nur auf eine Periode bezogene Größe darstellt.

3.3.5 Economic Value Added bei sicherem Fremdkapital

Das Konzept des Economic Value Added (EVA)[295] wurde von der Unternehmensberatung Stern Stewart & Co. entwickelt und 1991 von G. Bennett Stewart veröffentlicht.[296] In Abschnitt 3.3.5.1 werden die Grundlagen des EVA diskutiert. Abschnitt 3.3.5.2 zeigt, unter welchen Bedingungen DCF-Verfahren und EVA-Konzept[297] zu gleichen Ergebnissen (Kapitalwertäquivalenz) führen.

3.3.5.1 Das Konzept des Economic Value Added

Der EVA stellt, wie in Abschnitt 3.3.1 bereits angemerkt, einen spezifischen Residualgewinn dar. Ein Residualgewinn ist ein Überschuss nach Abzug von Kapitalkosten und wird daher auch als Übergewinn bezeichnet. Prinzipiell können Residualgewinnkonzepte und damit auch das EVA-Konzept analog zu den DCF-Methoden in die be-

---

[295] EVA® ist eine eingetragene Marke von Stern Stewart & Co.
[296] Vgl. Stewart (1991).
[297] Wie bereits angedeutet, wird die Berechnung des MVA und damit auch des Unternehmenswerts, auf die im Weiteren noch eingegangen wird, als Bestandteil des EVA-Konzepts angesehen.

kannten Entity- und Equity-Methoden unterteilt werden.[298] In dieser Arbeit wird jedoch nur auf das in Theorie und Praxis bezüglich des EVA-Konzepts dominierende WACC-Verfahren eingegangen.
Der EVA basiert auf Größen des Jahresabschlusses und nutzt somit anders als die DCF-Verfahren keine Ein- und Auszahlungen, sondern Erträge und Aufwendungen. Zur Behebung der in Abschnitt 2.4.7.1 diskutierten Defizite bei der Verwendung bilanzieller Größen nutzt das EVA-Konzept so genannte Conversions. Diese sollen eine Überleitung von einem Accounting Model zu einem Economic Model sicherstellen.[299] Es sollen also betriebswirtschaftlich aussagekräftige Größen erzeugt werden. Nach Stern Stewart & Co. gibt es 164 verschiedene Adjustierungen (Conversions).[300] Bei der Frage über die Anzahl der durchzuführenden Conversions existiert ein Trade Off zwischen periodengerechteren Ergebnissen[301] und steigender Komplexität.[302] Je nach Anzahl der Anpassungen kann unterschieden werden in:[303]

- Basic EVA: Es erfolgen keine Anpassungen der Daten des Jahresabschlusses.
- Disclosed EVA: Hier werden einige Standardanpassungen (ca. 12 Stück) vorgenommen.
- Tailored EVA: Nutzung unternehmensspezifischer Adjustierungen.[304]
- True EVA: Alle 164 Conversions werden durchgeführt.

Die Conversions selbst können in vier unterschiedliche Klassen eingeteilt werden:[305]

- Operating Conversion: Fokussierung auf betriebsbezogene Größen (Bereinigung betriebsfremder Einflüsse).
- Funding Conversion: Vollständige Erfassung aller Finanzierungsarten und Bereinigung von Einflüssen der Finanzierungsstruktur.
- Tax Conversion: Durchführung von steuerlichen Korrekturen.
- Shareholder Conversion: Abkehr vom Vorsichtsprinzip zur vollständigen Erfassung des Eigenkapitals aus marktorientierter Sicht.

Die Conversions wirken sich auf die zur Berechnung des EVA benötigten Größen erwartete Net Operating Profit after Taxes ($NOPAT^{EVA}$)[306] und erwartete Net Opera-

---

298 Vgl. Richter (1999), S. 36 ff.
299 Vgl. z.B. Hostettler (2002), S. 98.
300 Vgl. Stern (1994), S. 65.
301 Erträge und Aufwendungen sind periodengerecht gegenübergestellt, wenn die durch die Leistungserstellung bedingten Aufwendungen der Periode zugerechnet werden, in welcher die resultierenden Erträge anfallen.
302 Vgl. Ehrbar (1998), S. 165 f. und Stewart (1999), S. 92.
303 Vgl. Ehrbar (1998), S. 164 ff.
304 Ehrbar (1998), S. 165 f. befürwortet diese Form des EVA. Hierbei soll die Nutzung von bis zu 15 Conversions optimal sein.
305 Vgl. z.B. Hostettler (2002), S. 97 ff.
306 Es ist darauf hinzuweisen, dass der $NOPAT^{EVA}$ nicht mit dem im Rahmen von Abschnitt 3.3.2.2.1 bei der Bestimmung des FCF nach Rappaport verwendeten NOPAT zu verwechseln ist. Die dort

ting Assets (NOA) aus. Der $NOPAT^{EVA}$ wird ausgehend vom Betriebsgewinn[307] laut Gewinn- und Verlustrechnung durch Adjustierungen bestimmt.[308] Den NOA erhält man unter Berücksichtigung von Conversions ausgehend von der Bilanzsumme. Bei der Durchführung der Anpassungen ist darauf zu achten, dass Konsistenz zwischen den Korrekturen in Hinblick auf $NOPAT^{EVA}$ und NOA vorliegt (Entsprechungsprinzip). Nach Bestimmung dieser beiden zentralen Größen ergibt sich der EVA der Periode t (EVA_t) gemäß der WACC-Methode:[309]

$$EVA_t = NOPAT_t^{EVA} - WACC_t \cdot NOA_{t-1}.$$

Gleichung 21: Economic Value Added (EVA)

Gleichung 21 ermittelt den EVA als Residualgewinn durch Subtraktion der Kapitalkosten (bezogen auf die erwartete Kapitalbindung zu Beginn der Periode [NOA_{t-1}]) von dem $NOPAT^{EVA}$ der betreffenden Periode. Alternativ kann der EVA auch als Differenz der Rendite (Value Spread) auf das investierte Kapital $\left(\frac{NOPAT_t^{EVA}}{NOA_{t-1}}\right)$ und des $WACC_t$ bestimmt werden:[310]

$$EVA_t = \left(\frac{NOPAT_t^{EVA}}{NOA_{t-1}} - WACC_t\right) \cdot NOA_{t-1}.$$

Gleichung 22: Value Spread-Formel des EVA

Gleichung 22 verdeutlicht, dass in einer Periode im Sinne des EVA-Konzepts Wert geschaffen wird, d.h. $EVA_t > 0$, falls die Rendite auf das investierte Kapital oberhalb des WACC liegt. Im Rahmen einer wertorientierten Unternehmensführung genügt es jedoch nicht, den Fokus nur auf eine Periode zu legen. So kann ein Projekt bspw. in der Folgeperiode einen positiven EVA erwirtschaften, dies kann jedoch durch negative EVA im weiteren Lebenszyklus des Projekts überkompensiert werden. Folglich muss die gesamte Laufzeit eines Projekts (bzw. des gesamten Unternehmens) betrachtet werden. Demzufolge werden die EVA der Totalperiode herangezogen. Hierzu nutzt man Daten aus Planbilanzen und Plangewinn- und Verlustrechnungen, die nach Adjustierungen $NOPAT^{EVA}$ und NOA der entsprechenden Zeitpunkte bzw. Peri-

---

unterstellten Annahmen insbesondere bezüglich der Zahlungswirksamkeit werden im EVA-Konzept nicht getroffen.

307 Synonym kann auch der Begriff Betriebsergebnis verwendet werden.

308 Für eine vereinfachte Darstellung der $NOPAT^{EVA}$- und NOA-Ermittlung vgl. Abbildung 1 und 2 in Götze/Glaser (2001).

309 Vgl. Stewart (1999), S. 137. In diesem Abschnitt wird nicht zwischen atmender und autonomer Finanzierung unterschieden, sodass ohne Beschränkung der Allgemeinheit ein periodenspezifischer WACC angesetzt wird. Bezüglich des Zirkularitätsproblems ergeben sich im EVA-Konzept analoge Ergebnisse zu den DCF-Verfahren.

310 Vgl. Stewart (1999), S. 136 f.

oden ergeben, woraus wiederum der EVA einer Periode bestimmt werden kann. Diskontiert man die EVA mit den periodenspezifischen WACC, so ergibt sich:[311]

$$MVA_t = \sum_{u=t+1}^{\infty} \frac{EVA_u}{\prod_{v=t+1}^{u}(1+WACC_v)}.$$

Gleichung 23: Market Value Added (MVA)

Der Market Value Added MVA_t zum Zeitpunkt t stellt die Differenz aus Unternehmenswert bzw. Unternehmenswertbeitrag und investiertem Kapital dar.[312] Somit ergibt sich der Unternehmenswert bzw. Unternehmenswertbeitrag nach dem EVA-Konzept folgendermaßen:

$$V_t^L = MVA_t + NOA_t.$$

Gleichung 24: Unternehmenswert gemäß dem EVA-Konzept

Im folgenden Abschnitt wird nun untersucht, unter welchen Bedingungen der Unternehmenswert nach dem EVA-Konzept mit dem Unternehmenswert nach den DCF-Verfahren übereinstimmt (Kapitalwertäquivalenz).

3.3.5.2 Konvergenz des EVA-Konzepts mit den DCF-Verfahren

Unter bestimmten Bedingungen liegt – wie im Folgenden gezeigt wird – Konvergenz zwischen Residualgewinnkonzepten (und damit auch dem EVA-Konzept) und DCF-Verfahren vor. Hierbei lassen sich zwei Fälle unterscheiden. Beim ersten Fall wird ein Ein-Phasenmodell, d.h. ein endlicher Planungszeitraum unterstellt. Im Gegensatz hierzu wird beim zweiten Fall von einem Zwei-Phasenmodell ausgegangen, d.h., nach einer Detailplanung wird vom (unendlichen) Rentenfall ausgegangen.[313] Der erste Fall wird auch als das so genannte Lücke-Theorem bezeichnet.[314] Es stellt eine Beziehung zwischen zahlungsorientierten und überschussorientierten Kapitalwertansätzen her.[315] Im Folgenden fokussieren sich die formalen Darstellungen am Überschuss ($NOPAT^{EVA}$) gemäß dem EVA-Konzept. Nach dem Lücke-Theorem liegt Kapitalwertäquivalenz vor, wenn folgende Bedingungen erfüllt sind:

---

[311] Vgl. Stewart (1999), S. 154. Stewart verwendet allerdings einen konstanten WACC. Dies deutet somit auf eine atmende Finanzierung mit konstanter Zielkapitalstruktur hin.

[312] Vgl. Stewart (1999), S. 153.

[313] Hierbei kann auf den Detailplanungszeitraum auch ganz verzichtet werden.

[314] Vgl. Lücke (1955, 1965). Die Bezeichnung Lücke-Theorem ist im deutschsprachigen Raum geläufig. In der internationalen Literatur finden sich allerdings identische Aussagen bei Preinreich (1937, 1938). Deshalb wird auch teilweise vom Preinreich/Lücke-Theorem gesprochen. Vgl. Küpper (2005), S. 144.

[315] Vgl. Kloock (1981), S. 876. Der Überschuss kann hierbei nach verschiedenen monetären Basis-Rechnungssystemen berechnet werden. Zu den Basis-Rechnungssystemen vgl. Kloock (1981), S. 874 f.

1. Zur Berücksichtigung der zeitlichen Verwerfungen zwischen Zahlungen (hier: FCF) und Überschüssen (hier: $NOPAT^{EVA}$) müssen die Überschüsse um kalkulatorische Zinsen verringert werden. Diese sind auf die Kapitalbindung (hier: NOA) am Beginn der Periode zu berechnen. Gemäß dem Lücke-Theorem ergibt sich somit die Kapitalbindung aus:

   $$NOA_u = \sum_{v=t}^{u} NOPAT_v^{EVA} - \sum_{v=t}^{u} FCF_v, \text{ für } u = t,\ldots,T \text{ mit } NOA_{t-1} := 0$$

   $$\Leftrightarrow NOA_u = NOA_{u-1} + NOPAT_u^{EVA} - FCF_u.$$ [316]

2. Weiterhin muss die Summe der Zahlungen über die Totalperiode der Summe der Überschüsse entsprechen (Kongruenzprinzip[317]):

   $$\sum_{u=t}^{T} NOPAT_u^{EVA} = \sum_{u=t}^{T} FCF_u.$$

Aus den beiden Bedingungen folgt: $NOA_T = 0$.

Kapitalwertäquivalenz liegt vor, wenn gilt:

$$\sum_{u=t+1}^{T} \frac{FCF_u}{\prod_{v=t+1}^{u}(1+WACC_v)} = NOA_t + \sum_{u=t+1}^{T} \frac{EVA_u}{\prod_{v=t+1}^{u}(1+WACC_v)}.$$

Gleichung 25: Kapitalwertäquivalenz zwischen DCF-Verfahren und EVA-Konzept

Diese Gleichung kann so umgeformt werden, dass der Free Cash Flow und der $NOPAT^{EVA}$ des Betrachtungszeitpunkts t explizit einbezogen werden und eine Addition der Kapitalbindung in t (NOA_t) entfällt. Ersetzt man NOA_t unter Nutzung von Bedingung 1, so erhält man:

$$\sum_{u=t+1}^{T} \frac{FCF_u}{\prod_{v=t+1}^{u}(1+WACC_v)} = NOA_{t-1} + NOPAT_t^{EVA} - FCF_t + \sum_{u=t+1}^{T} \frac{EVA_u}{\prod_{v=t+1}^{u}(1+WACC_v)}.$$

Durch Umformungen und Nutzung von $NOA_{t-1}:=0$ ergibt sich:

$$FCF_t + \sum_{u=t+1}^{T} \frac{FCF_u}{\prod_{v=t+1}^{u}(1+WACC_v)} = NOPAT_t^{EVA} - WACC_t \cdot \underbrace{NOA_{t-1}}_{:=0} + \sum_{u=t+1}^{T} \frac{EVA_u}{\prod_{v=t+1}^{u}(1+WACC_v)}.$$ Dabei stellt $NOPAT_t^{EVA} - WACC_t \cdot NOA_{t-1}$ gerade den EVA der Periode t dar. Somit resultiert:

316 In der internationalen Literatur wird diese Beziehung bezogen auf den Buchwert des Eigenkapitals als Kapitalbindung auch Clean Surplus Relation genannt.

317 Für Verstöße gegen das Kongruenzprinzip im Rahmen verschiedener Rechnungslegungsstandards vgl. z.B. Schildbach (1999). Es erscheint jedoch prinzipiell möglich bei Anwendung des EVA-Konzepts durch entsprechende Conversions die Kongruenz wiederherzustellen.

$$FCF_t + \sum_{u=t+1}^{T} \frac{FCF_u}{\prod_{v=t+1}^{u}(1+WACC_v)} = EVA_t + \sum_{u=t+1}^{T} \frac{EVA_u}{\prod_{v=t+1}^{u}(1+WACC_v)}$$

$$\Leftrightarrow \sum_{u=t}^{T} \frac{FCF_u}{\prod_{v=t+1}^{u}(1+WACC_v)} = \sum_{u=t}^{T} \frac{EVA_u}{\prod_{v=t+1}^{u}(1+WACC_v)}, \text{ mit } \prod_{v=t+1}^{t} := 1.$$

Bei Gültigkeit obiger Gleichung liegt analog zu Gleichung 25 Kapitalwertäquivalenz vor. Im Weiteren wird jedoch Gleichung 25 genutzt.

Setzt man Gleichung 21 in den rechten Teil von Gleichung 25 ein, so ergibt sich für diesen:

$$NOA_t + \sum_{u=t+1}^{T} \frac{NOPAT_u^{EVA} - WACC_u \cdot NOA_{u-1}}{\prod_{v=t+1}^{u}(1+WACC_v)}.$$

Unter Nutzung obiger Bedingungen 1 und 2 erhält man:

$$NOA_t + \sum_{u=t+1}^{T} \frac{FCF_u + NOA_u - (1+WACC_u)\cdot NOA_{u-1}}{\prod_{v=t+1}^{u}(1+WACC_v)}.$$

$$= \underbrace{NOA_t}_{1.} + \frac{FCF_{t+1}}{1+WACC_{t+1}} + \underbrace{\frac{NOA_{t+1}}{1+WACC_{t+1}}}_{2.} - \underbrace{\frac{(1+WACC_{t+1})\cdot NOA_t}{1+WACC_{t+1}}}_{1.}$$

$$+ \frac{FCF_{t+2}}{(1+WACC_{t+1})\cdot(1+WACC_{t+2})} + \underbrace{\frac{NOA_{t+2}}{(1+WACC_{t+1})\cdot(1+WACC_{t+2})}}_{3.}$$

$$- \underbrace{\frac{(1+WACC_{t+2})\cdot NOA_{t+1}}{(1+WACC_{t+1})\cdot(1+WACC_{t+2})}}_{2.}$$

$$+\ldots$$

$$+ \frac{FCF_{T-1}}{\prod_{v=t+1}^{T-1}(1+WACC_v)} + \underbrace{\frac{NOA_{T-1}}{\prod_{v=t+1}^{T-1}(1+WACC_v)}}_{4.} - \underbrace{\frac{(1+WACC_{T-1})\cdot NOA_{T-2}}{\prod_{v=t+1}^{T-1}(1+WACC_v)}}_{3.}$$

$$+ \frac{FCF_T}{\prod_{v=t+1}^{T}(1+WACC_v)} + \frac{\overbrace{NOA_T}^{=0}}{\prod_{v=t+1}^{T}(1+WACC_v)} - \underbrace{\frac{(1+WACC_T)\cdot NOA_{T-1}}{\prod_{v=t+1}^{T}(1+WACC_v)}}_{4.}$$

$$= \sum_{u=t+1}^{T} \frac{FCF_u}{\prod_{v=t+1}^{u}(1+WACC_v)}.$$

Ein Großteil obiger Terme hebt sich gegenseitig auf (gekennzeichnet mittels identischer Ziffern). Wie bereits angesprochen, nimmt NOA_T den Wert null an, sodass auch der entsprechende Term wegfällt. Folglich ist die Äquivalenz mit den DCF-Verfahren bewiesen, d.h., unter den Anwendungsvoraussetzungen des Lücke-Theorems führen DCF-Verfahren und EVA-Konzept zu identischen Ergebnissen. Die Krux hierbei ist, dass zur Bestimmung der Kapitalbindung Zahlungsgrößen benötigt werden. Der Unternehmenswert kann jedoch auch direkt über Zahlungsgrößen bestimmt werden und ein Rückgriff auf ein Residualgewinnkonzept erübrigt sich somit.

Nun wird auf den zweiten Fall eingegangen, bei dem Kapitalwertäquivalenz vorliegt.[318] Hierzu müssen folgende Bedingungen gegeben sein:

1. Analog zum Lücke-Theorem muss die Kapitalbindung wie folgt ermittelt werden:

   $$NOA_u = \sum_{v=t}^{u} NOPAT_v^{EVA} - \sum_{v=t}^{u} FCF_v \text{, für } u=t,\ldots,T \text{ mit } NOA_{t-1} := 0$$

   $$\Leftrightarrow NOA_u = NOA_{u-1} + NOPAT_u^{EVA} - FCF_u .$$[319]

2. Die Planung der Residualgewinne erfolgt in einem Zwei-Phasenmodell. Im Rentenfall, dem zweiten Teil des Zwei-Phasenmodells, muss gelten:

   $$\overline{FCF_{T+1}} = \overline{NOPAT_{T+1}^{EVA}} .$$

   Somit wird gefordert, dass im Rentenfall der $NOPAT^{EVA}$ vollständig zahlungswirksam ist und keine Zusatzinvestitionen getätigt werden.

Der Unternehmenswert gemäß dem EVA Konzept ergibt sich aus:

$$NOA_t + \sum_{u=t+1}^{T} \frac{NOPAT_u^{EVA} - WACC_u \cdot NOA_{u-1}}{\prod_{v=t+1}^{u}(1+WACC_v)} + \frac{\overline{NOPAT_{T+1}^{EVA}} - WACC_{T+1} \cdot \overline{NOA_T}}{\prod_{v=t+1}^{T}(1+WACC_v) \cdot WACC_{T+1}} .$$

Nutzt man nun Bedingung 1, so ergibt sich:

$$NOA_t + \sum_{u=t+1}^{T} \frac{FCF_u + NOA_u - (1+WACC_u) \cdot NOA_{u-1}}{\prod_{v=t+1}^{u}(1+WACC_v)}$$

$$+ \frac{\overline{FCF_{T+1}} + \overline{NOA_{T+1}} - (1+WACC_{T+1}) \cdot \overline{NOA_T}}{\prod_{v=t+1}^{T}(1+WACC_v) \cdot WACC_{T+1}}$$

$$= \underbrace{NOA_t}_{1.} + \frac{FCF_{t+1}}{1+WACC_{t+1}} + \underbrace{\frac{NOA_{t+1}}{1+WACC_{t+1}}}_{2} - \underbrace{\frac{(1+WACC_{t+1}) \cdot NOA_t}{1+WACC_{t+1}}}_{1.}$$

---

318 Vgl. zur Darstellung eines Spezialfalls Hostettler (2002), S. 191 ff.

319 Somit müssen auch hier die Zahlungen bekannt sein, was wiederum die Frage aufwirft, wieso der Unternehmenswert nicht direkt über diese Zahlungsgrößen bestimmt wird.

$$+\frac{FCF_{t+2}}{(1+WACC_{t+1})\cdot(1+WACC_{t+2})}+\underbrace{\frac{NOA_{t+2}}{(1+WACC_{t+1})\cdot(1+WACC_{t+2})}}_{3.}$$

$$-\underbrace{\frac{(1+WACC_{t+2})\cdot NOA_{t+1}}{(1+WACC_{t+1})\cdot(1+WACC_{t+2})}}_{2.}$$

$$+\ldots$$

$$+\frac{FCF_{T-1}}{\prod_{v=t+1}^{T-1}(1+WACC_v)}+\underbrace{\frac{NOA_{T-1}}{\prod_{v=t+1}^{T-1}(1+WACC_v)}}_{4.}-\underbrace{\frac{(1+WACC_{T-1})\cdot NOA_{T-2}}{\prod_{v=t+1}^{T-1}(1+WACC_v)}}_{3.}$$

$$+\frac{FCF_T}{\prod_{v=t+1}^{T}(1+WACC_v)}+\underbrace{\frac{NOA_T}{\prod_{v=t+1}^{T}(1+WACC_v)}}_{5.}-\underbrace{\frac{(1+WACC_T)\cdot NOA_{T-1}}{\prod_{v=t+1}^{T}(1+WACC_v)}}_{4.}$$

$$+\frac{\overline{FCF_{T+1}}}{\prod_{v=t+1}^{T}(1+WACC_v)\cdot WACC_{T+1}}+\frac{\overline{NOA_{T+1}}}{\prod_{v=t+1}^{T}(1+WACC_v)\cdot WACC_{T+1}}$$

$$-\frac{\overline{NOA_T}}{\prod_{v=t+1}^{T}(1+WACC_v)\cdot WACC_{T+1}}-\underbrace{\frac{WACC_{T+1}\cdot\overline{NOA_T}}{\prod_{v=t+1}^{T}(1+WACC_v)\cdot WACC_{T+1}}}_{5.}.$$

Wiederum heben sich einige Terme gegenseitig auf. Abweichend zum Lücke-Theorem gilt hier allerdings nicht $NOA_T = 0$. Somit ist die Äquivalenz zu den DCF-Verfahren offensichtlich nur dann gegeben, wenn gilt:

$$\overline{NOA_{T+1}} = \overline{NOA_T}$$

$$\Leftrightarrow \overline{NOA_T} + \overline{NOPAT_{T+1}^{EVA}} - \overline{FCF_{T+1}} = \overline{NOA_T}$$

$$\Leftrightarrow \overline{NOPAT_{T+1}^{EVA}} = \overline{FCF_{T+1}}.$$

Dies wurde jedoch gerade mittels Bedingung 2 vorausgesetzt.

Der zweite Fall kann auch genutzt werden, um bei Projekten (bzw. Unternehmen), die eine begrenzte Laufzeit haben und bei denen das Kongruenzprinzip verletzt ist, sodass das Lücke-Theorem keine Anwendung finden kann, Kapitalwertäquivalenz herzustellen. Dies geschieht durch (künstliche) Erweiterung der Detailplanung um den Rentenfall.[320] Endet das Projekt in T, so gilt: $\overline{FCF_{T+1}} = 0 \wedge \overline{NOPAT_{T+1}^{EVA}} = 0$. Ist das Kongruenzprinzip verletzt (z.B. durch erfolgsneutrale Verrechnung des Goodwills mit den Rücklagen), so ergibt sich: $NOA_T \neq 0$. Die Kapitalbindung in T wird nun durch

[320] Man kann sagen, dass durch die Erweiterung um den Rentenfall die Verletzung des Kongruenzprinzips geheilt wird.

(künstliche) Erweiterung des Rentenfalls ausgeglichen, da der MVA der Rente im Zeitpunkt T exakt der negativen Kapitalbindung in diesem Zeitpunkt entspricht:

$$\overline{EVA_{T+1}} = \overline{NOPAT_{T+1}^{EVA}} - WACC_{T+1} \cdot \overline{NOA_T}$$

$$\Leftrightarrow \overline{EVA_{T+1}} = 0 - WACC_{T+1} \cdot \overline{NOA_T}$$

$$\Rightarrow MVA_T = \frac{\overline{EVA_{T+1}}}{WACC_{T+1}} = \frac{-WACC_{T+1} \cdot \overline{NOA_T}}{WACC_{T+1}} = -\overline{NOA_T}.$$

Kapitalbindung und MVA in T gleichen sich folglich exakt aus, sodass Kapitalwertäquivalenz hergestellt ist.

Die Ausführungen in diesem Abschnitt haben gezeigt, dass DCF-Verfahren und EVA-Konzept unter bestimmten Bedingungen zu identischen Ergebnissen führen. Da zur Bestimmung der Kapitalbindung (bei der Nutzung von Residualgewinnkonzepten) allerdings Zahlungsgrößen notwendig sind und der Unternehmenswert auch direkt über diese Größen bestimmt werden kann, stehen im Rahmen dieser Arbeit die DCF-Verfahren im Vordergrund.

3.4 Wertorientierte Kennzahlen bei Insolvenzrisiko und atmender Finanzierung für den Fall der Sanierung

In diesem Abschnitt erfolgt eine Verallgemeinerung der in Abschnitt 3.3 dargestellten Vorgehensweisen zur Bestimmung wertorientierter Kennzahlen bezüglich des Insolvenzrisikos für den Fall der Sanierung.[321] Hierzu wird in Abschnitt 3.4.1 auf die Bedeutung des Insolvenzrisikos in der Praxis eingegangen. Anschließend wird in Abschnitt 3.4.2 der Ablauf einer Unternehmensinsolvenz dargestellt. Abschnitt 3.4.3 legt die notwendigen Annahmen dar. Hierauf aufbauend werden in 3.4.4 grundlegende Anpassungen gegenüber dem Fall des nicht ausfallgefährdeten Fremdkapitals diskutiert. Die DCF-Verfahren unter Einbezug des Insolvenzrisikos für den Fall der Sanierung werden in 3.4.5 vorgestellt. Die hier erarbeiteten Ergebnisse werden daraufhin in Abschnitt 3.4.6 weiter untersucht. Schließlich erfolgt in 3.4.7 der Einbezug des Insolvenzrisikos beim EVA-Konzept.

3.4.1 Notwendigkeit zur Einbeziehung des Insolvenzrisikos

Im Jahr 1999 wurden die in den alten Bundesländern geltenden Konkurs- und Vergleichsordnungen sowie die in den neuen Bundesländern angewandte Gesamtvollstreckungsordnung durch eine einheitliche Insolvenzordnung (InsO) abgelöst. Je-

---

[321] Die Basis für diesen Abschnitt bildet der Beitrag von Homburg/Stephan/Weiß (2004). Auch Kruschwitz/Lodowicks/Löffler (2005) befassen sich mit der Anwendung der DCF-Verfahren unter Einbeziehung eines Insolvenzrisikos. Sie gelangen jedoch auf Grund anderer Annahmen auch zu anderen Ergebnissen. Zu dem zentralen Unterschied der Prämissen vgl. Fußnote 339.

doch nicht erst seit dieser Gesetzesänderung steigt die Zahl der Unternehmensinsolvenzen in Deutschland. Gegenüber ca. 15.000 insolventen Unternehmen im Jahr 1993 beträgt die Steigerung bis zum Jahr 2004 mehr als das 2,5-fache. Diese Entwicklung der Anzahl an Unternehmensinsolvenzen je Kalenderjahr in Deutschland ist in Abbildung 10 dargestellt.[322]

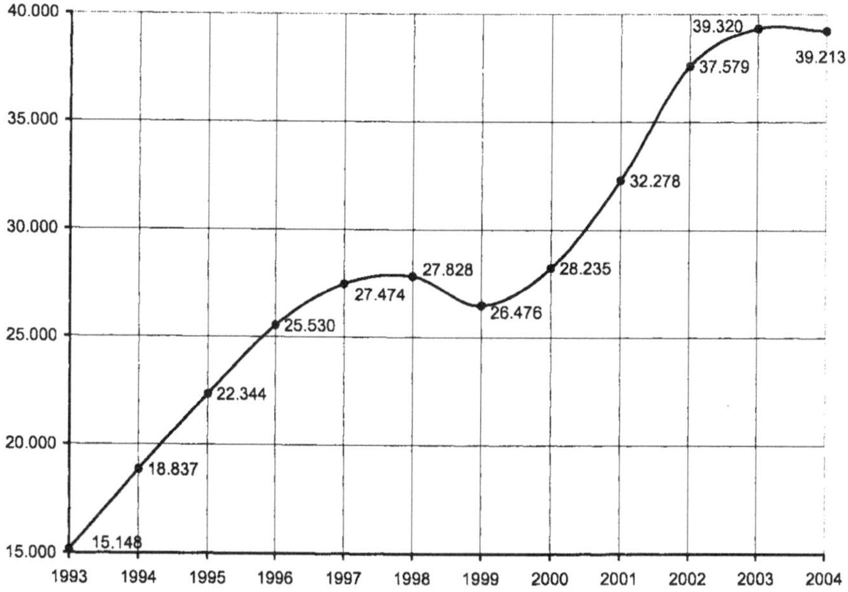

Abbildung 10: Unternehmensinsolvenzen in Deutschland 1993-2004

Auch auf europäischer Ebene ist in jüngster Zeit eine steigende Zahl von Unternehmensinsolvenzen zu beobachten.[323] Dieser Trend findet sich allerdings nicht in den Vereinigten Staaten wieder. Hier bleibt die Zahl der Unternehmensinsolvenzen in den letzten Jahren relativ konstant.[324]

Das Insolvenzrisiko zeigt sich nicht nur wenn es schlagend geworden ist in der Insolvenz eines Unternehmens, sondern die Höhe des Insolvenzrisikos äußert sich vorher durch eine entsprechende Ratingeinstufung. Das Rating eines Unternehmens stellt einen Indikator für die Kreditwürdigkeit (Bonität) des Unternehmens dar.[325] Die An-

[322] Zu den Daten vgl. Statistisches Bundesamt (2004), S. 39 und Statistisches Bundesamt (2005).
[323] Vgl. Creditreform (2005). Allerdings sind länderspezifische Besonderheiten zu beachten.
[324] Vgl. Administrative Office of the U.S. Courts (2005).
[325] Durch Basel II nimmt die Bedeutung des Ratings eines Unternehmens weiter zu. Basel II sieht vor, dass Banken Kredite in Abhängigkeit des Ratings eines Kreditnehmers mit Eigenkapital hinterlegen. Je schlechter das Rating, desto mehr Eigenkapital ist notwendig. Vgl. auch Abschnitt 4.1.2.2.

wendung wertorientierter Kennzahlen gemäß Abschnitt 3.3 lässt sich allenfalls dann rechtfertigen, wenn Unternehmen eine exzellente Kreditwürdigkeit besitzen. Bei diesen Unternehmen ist die Insolvenzwahrscheinlichkeit so gering, dass es akzeptabel scheint, das Insolvenzrisiko zu vernachlässigen. Weltweit weisen aber zur Zeit lediglich neun Unternehmen ein Standard & Poor's AAA-Rating, also die bestmögliche Kreditwürdigkeit, auf.[326] In Tabelle 23 ist beispielhaft die Ratingeinstufung aller Industrie- und Handelsunternehmen des DAX 30, die ein Standard & Poor's bzw. Moody's Rating aufweisen, aufgelistet.

Unternehmen	**Standard & Poor's Rating**	**Moody's Rating**
BASF	AA-	Aa3
Bayer	A	A3
BMW	-	A1
Continental	BBB+	Baa1
DaimlerChrysler	BBB	A3
Dt. Lufthansa	BBB	Baa3
Dt. Post	A	A1
Dt. Telekom	A-	A3
E.ON	AA-	Aa3
Fresenius Medical Care	BB+	Ba2
Henkel	A-	A2
Linde	BBB+	A3
Metro	BBB	Baa1
RWE	A+	A1
Siemens	AA-	Aa3
ThyssenKrupp	BBB-	Baa2
VW	A-	A3

Tabelle 23: Ratingeinstufung der Industrie- und Handelsunternehmen des DAX 30, Stand Juli 2005[327]

Es zeigt sich, dass kein Industrie- und Handelsunternehmen des DAX 30 die bestmögliche Einstufung nach Standard & Poor´s bzw. Moody´s aufweist. Beispielsweise ist ein BBB-Rating bzw. Baa-Rating, wie es u.a. die Deutsche Lufthansa aufweist, ein

[326] Vgl. Standard & Poor´s (2004), Stand 19. November 2004.
[327] Vgl. Moody´s (2005) und Standard & Poor´s (2005). Zur Erläuterung der Ratingeinstufungen vgl. Moody´s (2004) und Standard & Poor´s (2001).

Indikator einer mittleren Bonität.[328] Somit unterliegen diese Unternehmen alle einem mehr oder weniger großen Insolvenzrisiko. Folglich ist eine Verallgemeinerung der in Abschnitt 3.3 vorgestellten Vorgehensweisen in Hinblick auf die Möglichkeit der Insolvenz notwendig. In der Literatur wird regelmäßig analog zu 3.3 von einem Insolvenzrisiko abstrahiert oder die Wirkung des Insolvenzrisikos nur approximativ berücksichtigt.[329] Somit ist ein wesentlicher Kernpunkt dieser Arbeit die im Weiteren vorgenommene Verallgemeinerung, um eine korrekte Vorgehensweise unter Einbeziehung des Insolvenzrisikos sicherzustellen. Hierzu werden in Abschnitt 3.4.3 die notwendigen Annahmen vorgestellt. Zuvor wird in Abschnitt 3.4.2 jedoch auf den Ablauf einer Unternehmensinsolvenz eingegangen.

3.4.2 Ablauf einer Unternehmensinsolvenz

Im Rahmen dieses Abschnitts wird der „typische" Ablauf einer Unternehmensinsolvenz – ohne alle im Insolvenzverfahren relevanten Rechtsaspekte und die sich daraus ergebenden Szenarien vollständig zu erfassen – dargestellt (vgl. Abbildung 11). Zur Eröffnung eines Insolvenzverfahrens muss einer der folgenden Gründe vorliegen:

- Zahlungsunfähigkeit (vgl. § 17 InsO)
- Drohende Zahlungsunfähigkeit (vgl. § 18 InsO)
- Überschuldung (vgl. § 19 InsO)

---

328 „Festverzinsliche Wertpapiere mit dem Rating „BBB" weisen angemessene Schutzparameter auf. Jedoch ist es eher wahrscheinlich, dass nachteilige wirtschaftliche Bedingungen oder Veränderungen der äußeren Umstände zu einer verminderten Fähigkeit des Schuldners führen, seine finanziellen Verpflichtungen bezüglich dieser Obligation zu erfüllen." Standard & Poor's (2001), S. 1.

329 Vgl. z.B. Drukarczyk (2003), S. 199 ff.; Myers (1974), S. 22 und Wallmeier (1999), S. 1475. Für Auswirkungen der Vernachlässigung bzw. approximativen Berücksichtigung des Insolvenzrisikos auf den Unternehmenswert im Vergleich zur vollständigen Berücksichtigung vgl. Abschnitt 3.4.6 und 3.5.4.

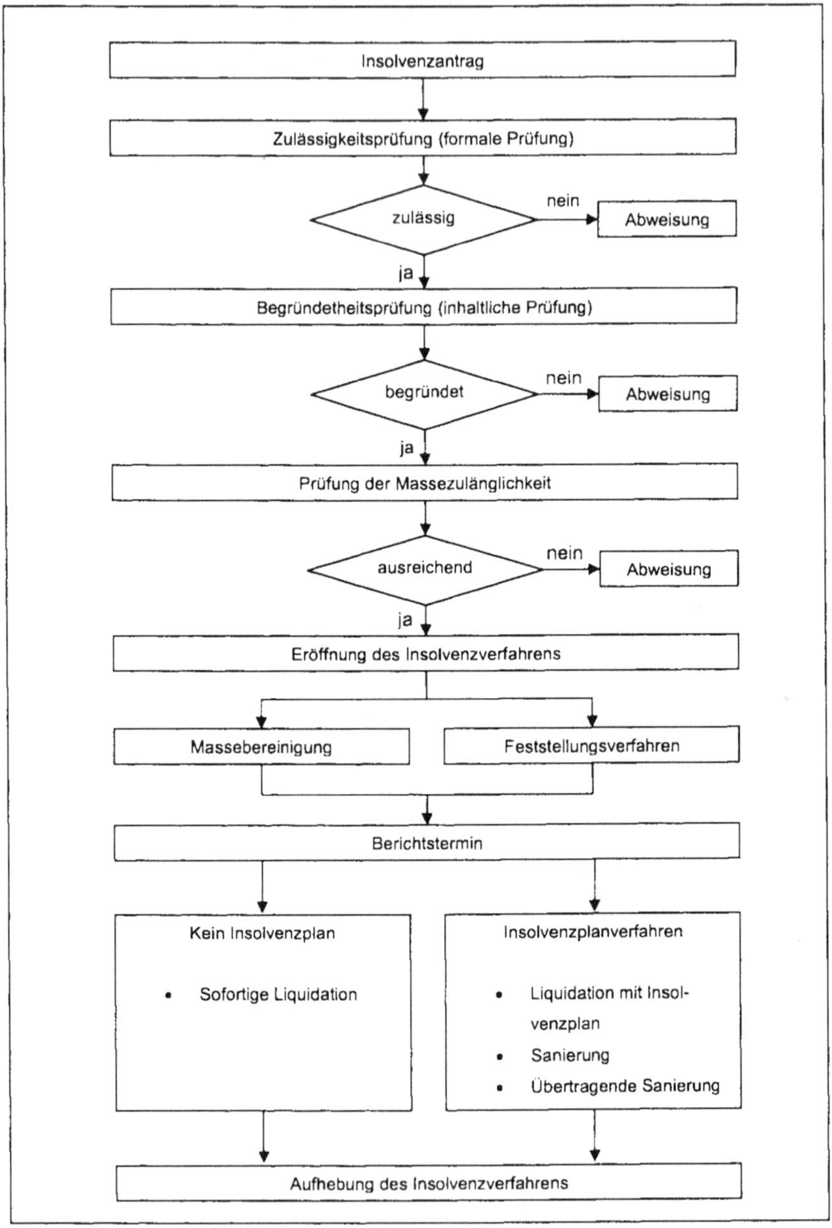

Abbildung 11: Insolvenzablauf

Gleichzeitig muss ein Insolvenzantrag beim zuständigen Gericht gestellt werden. Dies kann vom Unternehmen oder seinen Gläubigern vorgenommen werden. Kapitalgesellschaften haben dabei auf Grund ihrer beschränkten Haftung eine gesetzliche Verpflichtung – bei Vorliegen der entsprechenden Insolvenzgründe – einen Insolvenzantrag zu stellen (vgl. § 92 Abs. 2 AktG und § 64 Abs. 1 GmbHG). Gläubiger können einen Antrag stellen, wenn sie ein rechtliches Interesse an der Insolvenzverfahrenseröffnung haben und ihre Forderungen und den Insolvenzgrund glaubhaft machen können (vgl. § 14 Abs. 1 InsO). Bei Vorliegen eines Insolvenzantrags prüft das Gericht zunächst dessen Zulässigkeit. Hierzu gehören die Zuständigkeit des Gerichts sowie weitere formelle Erfordernisse. Bei Unzulässigkeit wird der Insolvenzantrag vom Gericht abgewiesen, ansonsten wird er zugelassen und es folgt die Prüfung der Begründetheit. Dabei wird der Insolvenzantrag unter inhaltlichen Gesichtspunkten in Bezug auf das Vorliegen einer Insolvenz geprüft. Da dies einige Zeit in Anspruch nehmen kann, hat das Insolvenzgericht bereits nach Zulassung des Insolvenzantrags Maßnahmen zu treffen, um einer Verschlechterung der Vermögenslage des Schuldners entgegenzuwirken (vgl. § 21 InsO). Kommt das Gericht zu dem Schluss, dass ein Insolvenzgrund vorliegt, so wird weiterhin geprüft, ob die Masse beim Schuldner ausreicht, um zumindest die Kosten des Insolvenzverfahrens zu decken. Ist dies der Fall, so wird das Insolvenzverfahren eröffnet.[330] Dies bewirkt unmittelbar eine Beschlagnahmung des Schuldnervermögens sowie eine Verwaltungs- und Verfügungsbefugnis über dieses durch einen Insolvenzverwalter. Anschließend hat der Insolvenzverwalter die verteilungsfähige Masse zu ermitteln. Diese entspricht im Allgemeinen nicht der übernommenen Masse, sodass diese zu bereinigen ist (z.B. sind fällige Forderungen des Unternehmens einzubeziehen). Zeitgleich zur Massebereinigung sind die Forderungen der jeweiligen Gläubiger festzustellen. Diese haben ihre Forderungen und Sicherungsrechte dem Insolvenzverwalter mitzuteilen. Anschließend erfolgt eine Prüfung durch den Insolvenzverwalter. Nach der Massebereinigung und dem Feststellungsverfahren findet eine Gläubigerversammlung statt (Berichtstermin). Hier hat der Insolvenzverwalter über die wirtschaftliche Lage des Unternehmens und ihre Ursachen zu berichten. Außerdem ist darauf einzugehen, ob das Unternehmen im Ganzen oder in einzelnen Teilen erhalten werden kann und welche Auswirkungen jeweils für die Gläubigerbefriedigung eintreten würden. Mittels dieser Informationen entscheidet die Gläubigerversammlung über den weiteren Fortgang des Verfahrens.

Hier können die Gläubiger u.a. die sofortige Liquidation des Unternehmens beschließen. Die Befriedigung der Gläubiger erfolgt aus dem Verkaufserlös der einzelnen Vermögensgegenstände. Bevor eine prozentuale Befriedigung der Insolvenzgläubi-

---

[330] Bei Abweisung können die Gläubiger ihre Forderungen durch Einzelvollstreckungen geltend machen.

ger erfolgt, sind die nach Insolvenzverfahrenseröffnung entstandenen Verbindlichkeiten (Masseverbindlichkeiten) vollständig zu tilgen.[331] Hierzu gehören insbesondere die Gerichtskosten und die Vergütung des Insolvenzverwalters. Gegebenenfalls sind dann noch absonderungsberechtigte Gläubiger vorrangig zu bedienen. Dies sind Gläubiger, deren Forderungen am unbeweglichen Vermögen des Schuldners gesichert sind (vgl. § 49 InsO). Diese Gläubigergruppe wird vorzugsweise aus dem Verkaufserlös des Sicherungsgutes befriedigt. Erst dann steht der übrig gebliebene Erlös für die (restlichen) „normalen" Gläubiger[332] zur Verfügung. Da dieser in der Regel nicht zur vollständigen Befriedigung ausreicht, bekommen die Gläubiger lediglich eine einheitliche Quote ihrer Forderungen (Insolvenzquote).[333] Neben den absonderungsberechtigten und den „normalen" Gläubigern kann es noch nachrangige Gläubiger geben. Diese werden erst bedient, wenn alle Forderungen der anderen (vorrangigen) Gläubiger vollständig erfüllt wurden.[334]

Alternativ zur sofortigen Liquidation können die Gläubiger am Berichtstermin den Insolvenzverwalter beauftragen einen Insolvenzplan[335] auszuarbeiten. Dieser soll eine flexible und wirtschaftlich effektivere Abwicklung der Unternehmensinsolvenz ermöglichen. Dabei kann zwischen drei Verfahrenszielen unterschieden werden:

- Liquidation mit Insolvenzplan

  Bei der Liquidation mit Insolvenzplan besteht im Gegensatz zur sofortigen Liquidation der Vorteil, dass dem Insolvenzverwalter ein längerer Zeitraum zur Veräußerung der Vermögensgegenstände zur Verfügung steht.[336] Dies kann wiederum zu einem höheren Erlös führen.
- Sanierung

  Die Sanierung stellt eine Wiederherstellung der Ertragskraft des Unternehmens dar. Das insolvente Unternehmen wird also anders als bei Liquidation fortgeführt. Dies ist aus Gläubigersicht sinnvoll, wenn sie hierdurch eine höhere Insolvenzquote (als bei Liquidation) erhalten.
- Übertragende Sanierung

  Bei der übertragenden Sanierung werden einzelne Vermögenswerte bzw. ein selbstständiger Teil davon als eine Funktionseinheit auf einen anderen Rechtsträger übertragen. Der erzielte Verkaufspreis hierfür dient zur Befriedigung der Gläubiger.

---

331 In den folgenden Modellen wird von Masseverbindlichkeiten abgesehen.

332 Hierzu gehören alle Gläubiger, die weder absonderungsberechtigt noch nachrangig sind.

333 Das Prinzip der einheitlichen Insolvenzquote ist explizit nur in § 39 Abs. 1 InsO erwähnt. Ansonsten stellt das Gebot der Gleichbehandlung der Insolvenzgläubiger (par conditio creditorum) implizit einen der Grundpfeiler der Insolvenzordnung dar.

334 In der Regel geht diese Gläubigergruppe leer aus.

335 Zum Insolvenzplan vgl. §§ 217 ff. InsO.

336 Vgl. Ehlers/Drieling (2000), S. 170.

Das Insolvenzverfahren endet bei sofortiger Liquidation mit Vollzug der letzten Verteilung (Schlussverteilung) an die Gläubiger (vgl. § 200 Abs. 1 InsO). Im Fall des Insolvenzplans wird das Verfahren aufgehoben, wenn der Insolvenzplan durch das Insolvenzgericht rechtskräftig bestätigt wurde (vgl. § 258 Abs. 1 InsO). Wie sich noch zeigen wird, spielt es aus steuerlichen Gesichtspunkten eine wichtige Rolle, ob das Unternehmen liquidiert wird (sofortige Liquidation oder Liquidation mit Insolvenzplan) oder ob es saniert werden kann (Sanierung oder übertragende Sanierung). Im weiteren Verlauf von Abschnitt 3.4 wird der Sanierungsfall angenommen (vgl. auch Annahme 10 in Abschnitt 3.4.3). Hierauf aufbauend wird in Abschnitt 3.5 von der Liquidation im Insolvenzfall ausgegangen (vgl. Annahme 10 in Abschnitt 3.5.1).

3.4.3 Annahmen

In Abschnitt 3.4 wird von folgenden Annahmen ausgegangen (Annahmen, die bereits in Abschnitt 3.3.3 getroffen wurden, sind *kursiv* gekennzeichnet):[337]

1. Das Unternehmen ist einem Insolvenzrisiko ausgesetzt, d.h., dass Tilgungen und Zinszahlungen in Bezug auf das Fremdkapital ausfallgefährdet sind.
2. *Der Kapitalmarkt ist vollkommen und vollständig.*
3. *Es wird von im Zeitablauf konstanten Marktzinssätzen ausgegangen. Das Investitionsrisiko des Unternehmens ist ebenfalls konstant.*
4. *Der Steuersatz s ist konstant und linear und wird auf Unternehmensebene erhoben, wobei die Fremdkapitalzinsen abzugsfähig sind. Von einer Besteuerung auf Anteilseigner- und Gläubigerebene wird abgesehen.*
5. *Ein anfallender Steuervorteil der Fremdfinanzierung (Tax Shield) kann unmittelbar zum Ende der jeweiligen Periode realisiert werden.* Bei Insolvenz steht das Tax Shield den Gläubigern (bis zur vollständigen Befriedigung ihrer Ansprüche) zu.[338]
6. *Die periodenspezifischen Free Cash Flows und Tax Shields werden vollständig an die Kapitalgeber (Eigner und Fremdkapitalgeber) ausgeschüttet. Alle Zahlungen fallen am Ende einer Periode an.*
7. *Bei der Planung der Free Cash Flows wird von einem Zwei-Phasenmodell ausgegangen.*
8. *Es wird eine atmende Finanzierung mit einer konstanten Fremdkapitalquote durchgeführt.*

---

[337] Vgl. Homburg/Stephan/Weiß (2004), S. 280 f.

[338] Eine vollständige Befriedigung der Ansprüche der Gläubiger ergibt sich nur bei einer Insolvenzquote von 1. Unter Gläubigern sind an dieser Stelle ausschließlich die Fremdkapitalgeber zu verstehen.

9. Im Insolvenzfall sind alle Insolvenzgläubiger gleichberechtigt.[339]
10. Bei Insolvenz führt ein eventuell auftretender steuerlicher Gewinn auf Grund des Verzichts von Verbindlichkeiten nicht zu Steuerzahlungen.

Ad 1) Ein Unternehmen wird insolvent, falls einer der Gründe laut Insolvenzordnung (InsO) zur Eröffnung eines Insolvenzverfahrens vorliegt. Diese Gründe sind – wie in Abschnitt 3.4.2 bereits aufgeführt – Zahlungsunfähigkeit (§ 17 InsO), drohende Zahlungsunfähigkeit (§ 18 InsO) und Überschuldung (§ 19 InsO). Die Eintrittswahrscheinlichkeit der Insolvenz kann beispielsweise, wie in Abschnitt 3.4.1 bereits angedeutet, aus dem unternehmensindividuellen Rating geschätzt werden. Je schlechter die Bonitätseinstufung, desto höher ist das Insolvenzrisiko.

Ad 3) und 8) Aus Annahme 3 und 8 folgt die Konstanz des Fremdkapitalkostensatzes, die ein konstantes Insolvenzrisiko impliziert, da ein gleich bleibendes Investitions- und Finanzierungsrisiko sowie konstante Marktzinssätze angenommen werden. Bei autonomer Finanzierung sowie atmender Finanzierung mit wechselnden Fremdkapitalquoten ließe sich wegen des wechselnden Finanzierungsrisikos ein konstantes Insolvenzrisiko und somit ein konstanter Fremdkapitalkostensatz kaum mehr sinnvoll begründen. Hierzu ist ein theoretisch fundiertes Modell notwendig, das eine Beziehung zwischen Verschuldungsgrad, Insolvenzrisiko und Fremdkapitalkostensatz herstellt.[340]

Ad 9) Die Insolvenzordnung trennt zwischen absonderungsberechtigten, nicht nachrangigen und nachrangigen Insolvenzgläubigern, die innerhalb ihrer Gruppe gleichrangig sind (vgl. auch Abschnitt 3.4.2).[341] Durch Annahme 9 wird davon ausgegangen, dass sich alle Insolvenzgläubiger in einer einheitlichen Gruppe befinden. Die Zugehörigkeit zu einer Gruppe impliziert eine identische Insolvenzquote. Unter einer Insolvenzquote versteht man die prozentuale Erfüllung der ausstehenden Verbindlichkeiten (vgl. auch Abschnitt 3.4.2). In Bezug auf die Fremdkapitalgeber sind dies

---

339 Kruschwitz/Lodowicks/Löffler unterstellen in ihrem Beitrag zur Bewertung insolvenzbedrohter Unternehmen – abweichend zu der hier getroffenen Annahme –, dass die Ansprüche der Finanzbehörde vorrangig und vollständig bedient werden. Vgl. Kruschwitz/Lodowicks/Löffler (2005), S. 227. Hieraus resultiert bei Kenntnis über die Höhe des Fremdkapitalbestands die Sicherheit der Tax Shields. Aus diesem Grund gelangen Kruschwitz/Lodowicks/Löffler auch zu anderen Ergebnissen. Eine bevorzugte Befriedigung des Fiskus lag zwar nach § 61 Nr. 2 KO (alte Konkursordnung) vor. Vgl. Viertelhausen (2002), S. 46. Wie bereits ausgeführt, wurde die Konkursordnung jedoch im Jahre 1999 durch die Insolvenzordnung abgelöst. Diese sieht nach § 38 InsO als Regelfall die gleichmäßige Befriedigung aller Insolvenzgläubiger (inklusive Fiskus) vor. Vgl. Viertelhausen (2002), S. 46. Damit ist die von Kruschwitz/Lodowicks/Löffler getroffene Annahme im Gegensatz zu der hier unterstellten Prämisse (Gleichberechtigung aller Insolvenzgläubiger) nur mit altem Recht vereinbar.

340 Eine derartige Modellierung wird in dieser Arbeit nicht vorgenommen.

341 Vgl. § 226 InsO für den Fall der Aufstellung eines Insolvenzplans.

Zins- und Tilgungsforderungen. Auch der Staat gehört mit den Steuerforderungen gegenüber dem Unternehmen zu den Insolvenzgläubigern.

Ad 10) Die Annahme erscheint auf Grund eines im Jahr 2003 veröffentlichten Schreibens des Bundesministeriums der Finanzen gerechtfertigt.[342] Dieses Schreiben regelt u.a. den Steuererlass bei einem auftretenden steuerlichen Gewinn auf Grund eines Wegfalls von Verbindlichkeiten in Folge der Insolvenz für den Fall einer Sanierung.[343] Ohne Anwendung dieses Schreibens führt das Ausbuchen der Verbindlichkeiten zu steuerlich relevanten Betriebseinnahmen, die im Rahmen der Unternehmensbewertung berücksichtigt werden müssten, da hieraus Auszahlungen an den Staat resultieren (vgl. hierzu den Fall der Liquidation in Abschnitt 3.5). Dies soll anhand eines einfachen Zahlungsbeispiels verdeutlicht werden. Die gesamten Forderungen der (gleichberechtigten) Insolvenzgläubiger (Fremdkapitalgeber, Staat, usw.) betragen 100 GE. Die zu verteilende Insolvenzmasse liegt bei 40 GE. Als Insolvenzquote ergibt sich folglich 40 %, d.h., die Gläubiger müssen auf 60 GE verzichten. Dieser Verzicht führt zu der erfolgswirksamen Buchung: Verbindlichkeiten an Erfolgskonto. Ohne Anwendbarkeit des Schreibens des Bundesministeriums der Finanzen sind diese 60 GE mit dem Steuersatz s zu versteuern.

3.4.4 Grundlegende Verallgemeinerungen gegenüber dem Fall des risikolosen Fremdkapitals

3.4.4.1 Der Fremdkapitalkostensatz bei Insolvenzrisiko

Wird wie in Abschnitt 3.3 vom Risiko des Ausfalls der Zins- und Tilgungszahlungen an die Fremdkapitalgeber abgesehen, so entspricht die Fremdkapitalrendite dem risikolosen Zinssatz und der vertraglich vereinbarten Verzinsung.[344] Geht man von der praxisnahen und in der Kapitalmarkttheorie üblichen Annahme aus, dass Anleger risikoavers sind, so unterscheiden sich bei Vorliegen eines Insolvenzrisikos der vertraglich vereinbarte Kreditzinssatz k_F^V von der erwarteten Rendite k_F der Fremdkapitalgeber. Die vertragliche Verzinsung entspricht derjenigen Rendite, die im Fall der Nicht-Insolvenz realisiert wird. Da die Fremdkapitalgeber bei Insolvenz im Allgemeinen eine niedrigere Rendite als vertraglich vereinbart erhalten, liegt bei einem Insolvenzrisiko die erwartete Fremdkapitalrendite unter der vertraglich vereinbarten Ver-

[342] Vgl. Bundesministerium der Finanzen (2003).
[343] Im Liquidationsfall ist nicht von einem derartigen Steuererlass auszugehen. Die Motivation der Finanzbehörden zu Gunsten des Sanierungsfalls scheint in der Erhaltung eines bestandsgefährdeten Unternehmens und der damit verbundenen Sicherung von Arbeitsplätzen zu liegen.
[344] Im weiteren Verlauf werden die Begriffe vertragliche und versprochene Verzinsung sowie Effektivverzinsung synonym verwendet.

zinsung, d.h. $k_F < k_F^V$. Auf der anderen Seite ist die erwartete Rendite der Fremdkapitalgeber jedoch größer als der risikolose Zinssatz, da die Fremdkapitalgeber eine Risikoprämie fordern. Aus Sicht eines teilweise fremdfinanzierten Unternehmens stellt nun die erwartete Fremdkapitalrendite den Fremdkapitalkostensatz dar, der im Rahmen der Unternehmensbewertung dem Diskontierungsfaktor der erwarteten Zahlungen an die Fremdkapitalgeber entspricht.[345] Es gilt also bei risikobehaftetem Fremdkapital: $r < k_F < k_F^V$.[346]

Abbildung 12 verdeutlicht diesen Sachverhalt anhand eines Beispiels. Dabei wird von einem sicheren Zinssatz in Höhe von 5 % ausgegangen. Unterstellt man nun ein insolvenzgefährdetes Unternehmen, so muss die erwartete Rendite (bei risikoaversen Fremdkapitalgebern) oberhalb der sicheren Verzinsung liegen. Hier wird eine erwartete Fremdkapitalrendite von 6 % angenommen.

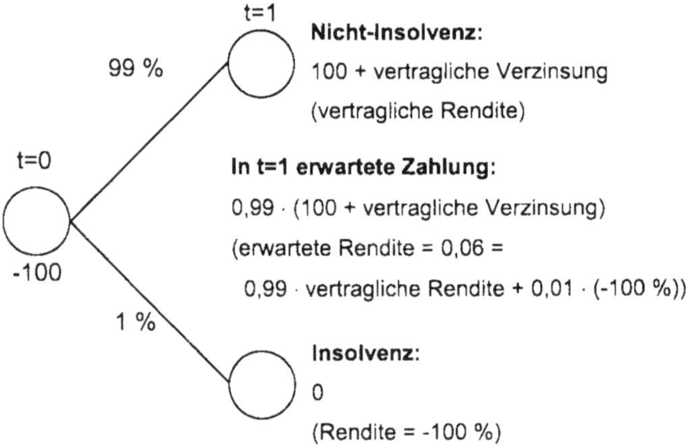

Abbildung 12: Unsichere Zahlungen an die Fremdkapitalgeber

Zudem wird davon ausgegangen, dass die Insolvenzwahrscheinlichkeit bei 1 % liegt und im Zustand der Insolvenz die Fremdkapitalgeber weder Zins- noch Tilgungszahlungen erhalten (Totalausfall). Aus der Gleichung $0{,}06 = 0{,}99 \cdot k_F^V + 0{,}01 \cdot (-1)$ ergibt sich eine vertragliche Verzinsung von $k_F^V = 7{,}\overline{07}\ \%$, die eine erwartete Rendite der Fremdkapitalgeber in Höhe von 6 % sicherstellt. Offensichtlich wird bei der Festle-

[345] Der Marktwert des Fremdkapitals kann auch durch die Diskontierung der versprochenen Zahlungen an die Fremdkapitalgeber mit dem vertraglich vereinbarten Zins bestimmt werden.

[346] Für den Fall des sicheren Fremdkapitals, d.h. $r = k_F = k_F^V$, können die im Weiteren hergeleiteten und bezüglich des Insolvenzrisikos verallgemeinerten Gleichungen in die nur bei nicht ausfallgefährdeten Unternehmen anzuwendenden Gleichungen (vgl. Abschnitt 3.3) überführt werden.

gung des vertraglich vereinbarten Fremdkapitalzinssatzes das Insolvenzrisiko durchaus berücksichtigt, jedoch eignet sich diese Größe nicht als Diskontierungsfaktor im Rahmen der Unternehmensbewertung. Dies liegt daran, dass bei den DCF-Methoden erwartete Zahlungsüberschüsse heranzuziehen sind, nämlich die Eigen- und Fremdkapitalgebern zustehenden Free Cash Flows.[347] Um diese zu diskontieren, benötigt man demzufolge einen geeigneten erwarteten Diskontierungssatz. In obigem Beispiel, das von einer Investition der Fremdkapitalgeber von 100 in t=0 ausgeht, muss die erwartete Zahlung von 106 in t=1 mit der erwarteten Fremdkapitalrendite von 6 % diskontiert werden, um zu dem fairen Fremdkapitalwert in t=0 zu gelangen. Zur Unternehmensbewertung kann folglich nicht einfach auf den vertraglich vereinbarten Zinssatz zurückgegriffen werden, vielmehr ist die erwartete Fremdkapitalrendite zu ermitteln. Hierzu kann beispielsweise die Ratingeinstufung des zu bewertenden Unternehmens herangezogen werden, um daraus die Insolvenzwahrscheinlichkeit zu erhalten.[348] Die erwartete Fremdkapitalrendite ergibt sich dann näherungsweise, indem man die (negative) Fremdkapitalrendite bei Insolvenz[349] mit der Ausfallwahrscheinlichkeit gewichtet und die mit der Komplementärwahrscheinlichkeit gewichtete vertraglich vereinbarte Rendite (Effektivverzinsung) addiert.[350]

Der Einbezug des Insolvenzrisikos in die Unternehmensbewertung erfordert neben den in diesem Abschnitt vorgestellten Verallgemeinerungen bezüglich des Fremdkapitalkostensatzes auch Modifikationen bei der Bestimmung der Tax Shields, die im nächsten Abschnitt verdeutlicht werden.

3.4.4.2 Das Tax Shield bei Insolvenzrisiko im Fall der Sanierung

Aus den auf Grund des Insolvenzrisikos unsicheren Zahlungen an die Fremdkapitalgeber folgen unsichere Steuervorteile der Fremdfinanzierung (Tax Shields). Dies soll im Weiteren zuerst allgemein und dann mittels eines Beispiels anhand eines Zwei-Zeitpunkt-Zwei-Zustands-Modells demonstriert werden.

Zum Betrachtungszeitpunkt t=0 steht der Marktwert des Fremdkapitals V_0^F fest. Somit sind die im Zeitpunkt t=1 vertraglich zu leistenden Zinsverpflichtungen in t=0 sicher und können anhand des vertraglich vereinbarten Fremdkapitalzinssatzes k_F^V berechnet werden. Auf Grund des Insolvenzrisikos ist eine Erfüllung dieser Zinsverpflichtungen in t=1 jedoch nicht gewährleistet. Somit ist auch das Tax Shield in t=1

[347] Da diese Free Cash Flows den Eigen- und Fremdkapitalgebern zustehen und keine versprochenen Eignerzahlungen existieren, muss mit erwarteten Größen gearbeitet werden.

[348] Zur Abschätzung der Insolvenzwahrscheinlichkeit anhand der Ratingeinstufung vgl. bspw. Tabelle 2 bei Brady/Vazza (2004), S. 4.

[349] Diese kann durch Rückgriff auf historische Insolvenzquoten vergleichbarer (insolvent gewordener) Unternehmen geschätzt werden.

[350] Vgl. Homburg/Stephan/Weiß (2004), S. 278.

unsicher. Da die Höhe der Steuervorteile in t=1 von den tatsächlich geleisteten Fremdkapitalzinsen abhängt, ergibt sich im Nicht-Insolvenzfall das höchstmögliche Tax Shield, während im Insolvenzfall ein niedrigeres Tax Shield, das von der Insolvenzquote abhängt, anfällt. Prinzipiell entsteht zwar eine Forderung gegenüber dem Fiskus in Höhe der vertraglich vereinbarten Zinsen. Da aber der Fiskus im Insolvenzfall – nach Verrechnung von Steuerforderungen und Steuerverbindlichkeiten[351] – auch nur in Abhängigkeit von der Insolvenzquote bedient wird (vgl. Annahme 9), fällt das (zahlungswirksame) Tax Shield de facto nur auf die gezahlten Zinsen an. Die Untergrenze des Tax Shields für den Insolvenzfall liegt bei einem Totalverlust vor, d.h., die Insolvenzquote beträgt null. Hier beträgt die Höhe des Tax Shields ebenfalls null.

Da ein Unternehmen, das einem Insolvenzrisiko unterliegt, Fremdkapital nicht zum risikolosen Zinssatz aufnehmen kann, darf hier das erwartete Tax Shield in t=1 nicht über Gleichung 7 (vgl. S. 63) berechnet werden. Die weiteren Ausführungen hierzu sollen wiederum an einem Beispiel veranschaulicht werden (vgl. Abbildung 13). Es gelten unverändert alle Angaben des Beispiels in Abschnitt 3.4.4.1 (vgl. Abbildung 12). Der zur Ermittlung des Tax Shields in t=1 notwendige Steuersatz s soll 35 % betragen. Es wird auch weiterhin von einem Totalausfall im Insolvenzfall ausgegangen.

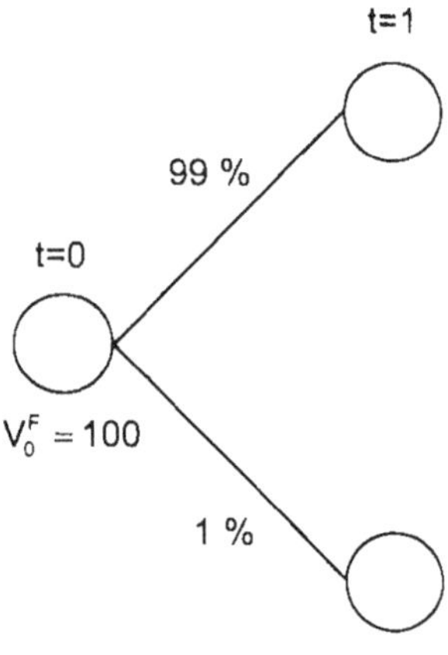

Tax Shield in t=1 bei Nicht-Insolvenz:

$TS_1 | \text{Nicht-Insolvenz} = s \cdot k_F^V \cdot V_0^F$

$= 0{,}35 \cdot 0{,}\overline{07} \cdot 100 = 2{,}\overline{47}$

Erwartetes Tax Shield in t=1:

$TS_1 = 0{,}99 \cdot 2{,}\overline{47} + 0{,}01 \cdot 0 = 2{,}45$

Tax Shield in t=1 bei Insolvenz:

$TS_1 | \text{Insolvenz} = 0$

Abbildung 13: Tax-Shield-Bestimmung bei Insolvenzrisiko anhand eines Zahlenbeispiels

[351] Die Verbindlichkeiten des Unternehmens gegenüber dem Fiskus sind annahmegemäß immer größer/gleich den als Forderungen verstandenen Tax Shields (vgl. Annahme 5). Vgl. auch die Ausführungen hierzu in Abschnitt 3.3.3.

Der Ansatz des vertraglichen Fremdkapitalzinssatzes anstatt des risikolosen Zinssatzes führt zur Höhe des Tax Shields für den Fall der Nicht-Insolvenz:

$TS_1|\text{Nicht-Insolvenz} = 2,\overline{47}$.

Im Fall der Insolvenz beträgt das Tax Shield null, da keine Zinszahlungen geleistet werden können. Ein negatives Tax Shield ist nicht möglich. Ersetzt man in Gleichung 7 den sicheren Zinssatz durch den erwarteten Fremdkapitalkostensatz k_F, so wird diese untere Grenze des Tax Shields missachtet, woraus ein Wert in Höhe von 2,1 resultiert. Bei dieser Berechnung geht man fälschlicherweise von einem Tax Shield im Insolvenzfall in Höhe von $0,35 \cdot (-100\%) \cdot 100 = -35$ aus. Wie anhand dieses Beispiels verdeutlicht wurde, ist es nicht möglich, das erwartete Tax Shield unter Berücksichtigung des Insolvenzrisikos mittels Ersetzens des risikolosen Zinssatzes in Gleichung 7 durch den vertraglich vereinbarten Fremdkapitalzinssatz k_F^V bzw. die erwartete Fremdkapitalrendite k_F zu bestimmen.

Im Folgenden wird die Ermittlung des erwarteten Tax Shields in t=1 formal dargestellt.[352] Hierzu wird die Größe $\widetilde{VvA}_1^F$ eingeführt, die den unsicheren Marktwert des Fremdkapitals zum Zeitpunkt t=1 vor Anpassung an die festgelegte Fremdkapitalquote und nach geleisteter Zinszahlung (der Zinsverpflichtungen der 1. Periode) darstellen soll.[353] $\widetilde{VvA}_1^F$ ist aus Sicht des Zeitpunkts t=0 eine Zufallsvariable, da auf Grund des Insolvenzrisikos die Realisation VvA_1^F von $\widetilde{VvA}_1^F$, wie im Weiteren näher erläutert, einen anderen Wert als V_0^F annehmen kann (vgl. Abbildung 14).

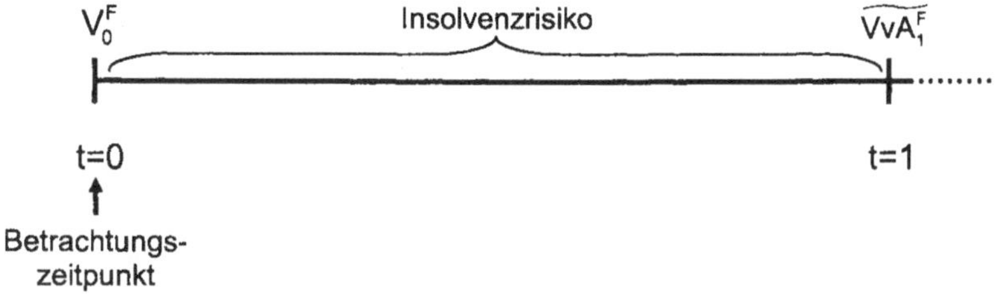

Abbildung 14: Unsicherer Marktwert des Fremdkapitals vor Anpassung an die festgelegte Fremdkapitalquote und nach Zinszahlung

[352] Vgl. Homburg/Stephan/Weiß (2004), S. 282 ff.

[353] Die Tilde über einem Symbol kennzeichnet dabei im Weiteren Zufallsvariablen. Symbole ohne Tilde stellen wie bisher Erwartungswerte bzw. je nach Kontext Realisationen von Zufallsvariablen dar.

Im Nicht-Insolvenzfall werden die Zins- und Tilgungsverpflichtungen vollständig bedient und es gilt $VvA_1^F = V_0^F$. Eine Abweichung hiervon kann es nur bei Änderungen des Zinsniveaus bzw. der Bonitätseinschätzung geben. Dies ist allerdings durch die getroffenen Annahmen ausgeschlossen. Gemäß Annahme 3 ist von einem konstanten Zinsniveau auszugehen. Annahme 3 und 8 stellen eine unveränderte Bonitätseinschätzung des Unternehmens sicher (vgl. die Ausführungen hierzu in Abschnitt 3.4.3). Für obiges Beispiel heißt dies, dass unter der Bedingung eines solventen Unternehmens $VvA_1^F = V_0^F = 100$ ist.

Im Insolvenzfall können in der Regel die Verbindlichkeiten eines Unternehmens nicht vollständig beglichen werden, sodass $VvA_1^F \leq V_0^F$ ist.[354] Im Beispiel der Abbildung 13 ist dann $VvA_1^F = 0$. Im Insolvenzfall sind Zins- und Tilgungszahlungen Bestandteil der ausstehenden Insolvenzforderungen der Insolvenzgläubiger. Diese Forderungen werden zu einem einheitlichen prozentualen Satz erfüllt. Dies resultiert aus einer proportionalen Aufteilung der Insolvenzmasse auf die noch ausstehenden Insolvenzforderungen in Form einer Insolvenzquote (Annahme 9). Da Tilgungs- und Zinsverpflichtungen immer mit einer einheitlichen Insolvenzquote erfüllt werden, ergibt sich diese im Insolvenzfall aus dem Verhältnis $\frac{VvA_1^F | \text{Insolvenz}}{V_0^F}$ von tatsächlicher Tilgung[355] zu vertraglicher Tilgung. Die Verteilung im Insolvenzfall soll anhand des folgenden Beispiels verdeutlicht werden.

Die Zinsforderungen der Fremdkapitalgeber in t=1 betragen 10 GE (der vertragliche Zinssatz liegt bei 10 %). Der Buchwert der Fremdkapitalverbindlichkeiten (ohne Zinsen) in t=1, der dem Marktwert in t=0 entspricht, beläuft sich auf 100 GE. In der ersten Periode liegt (unter der Fiktion der vollständigen Eigenfinanzierung) eine positive steuerliche Bemessungsgrundlage vor. Hieraus ergeben sich Steuerverbindlichkeiten in Höhe von 20 GE. Von weiteren Verbindlichkeiten wird abgesehen. Zur Befriedigung der Gläubiger steht eine Insolvenzmasse in Höhe von 65 GE zur Verfügung. Somit ergibt sich eine Insolvenzquote als Verhältnis von Insolvenzmasse zu Verbindlichkeiten in Höhe von: $\frac{65}{10+100+20} = 0{,}5$. Zinsforderungen können folglich in Höhe von 5 GE und Tilgungen in Höhe von 50 GE geleistet werden. In diesem Fall gilt $VvA_1^F = 50$ GE $(= 0{,}5 \cdot 100)$. Das Tax Shield beträgt bei einem Steuersatz von 35 % im Insolvenzfall dann $0{,}35 \cdot 0{,}1 \cdot 50 = 1{,}75$ GE. Da die Insolvenzquote kleiner als 1 ist, erfolgt keine Zahlung an die Eigner.

---

[354] $VvA_1^F = V_0^F$ gilt hier nur bei einer Insolvenzquote von 1.

[355] Bei Insolvenz haben die Fremdkapitalgeber Tilgungsforderungen in Höhe von V_0^F, jedoch erhalten sie effektiv nur VvA_1^F.

Abbildung 15 zeigt die allgemeine Ermittlung des Tax Shields in t wiederum im Zwei-Zeitpunkt-Zwei-Zustands-Fall, wobei IW die Insolvenzwahrscheinlichkeit darstellt.

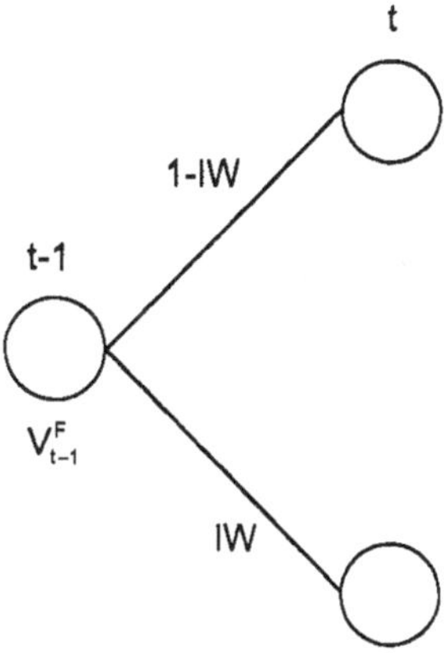

Tax Shield in t bei Nicht-Insolvenz:

$$TS_t | \text{Nicht-Insolvenz}$$
$$= s \cdot k_F^V \cdot \underbrace{\left[VvA_t^F | \text{Nicht-Insolvenz} \right]}_{=V_{t-1}^F}$$

Erwartetes Tax Shield in t:

$$TS_t = (1-IW) \cdot s \cdot k_F^V \cdot \left[VvA_t^F | \text{Nicht-Insolvenz} \right]$$
$$+ IW \cdot s \cdot k_F^V \cdot \left[VvA_t^F | \text{Insolvenz} \right]$$

Tax Shield in t bei Insolvenz:

$$TS_t | \text{Insolvenz}$$
$$= \frac{\left[VvA_t^F | \text{Insolvenz} \right]}{V_{t-1}^F} \cdot s \cdot k_F^V \cdot V_{t-1}^F$$
$$= s \cdot k_F^V \cdot \left[VvA_t^F | \text{Insolvenz} \right]$$

Abbildung 15: Formale Ermittlung des Tax Shields in t

Verallgemeinert man den dargestellten Zwei-Zeitpunkt-Zwei-Zustands-Fall, so wird das Tax Shield in Abhängigkeit von $\widetilde{VvA}_t^F$ wie folgt berechnet:

$$\widetilde{TS}_t = s \cdot k_F^V \cdot \widetilde{VvA}_t^F \,.$$

Gleichung 26: Tax Shield bei Insolvenzrisiko im Sanierungsfall

Im Weiteren soll über Gleichung 26 das erwartete Tax Shield TS_t ermittelt werden. Hierzu wird eine Beziehung zwischen dem erwarteten Marktwert des Fremdkapitals VvA_t^F (vor Anpassung an die festgelegte Fremdkapitalquote und nach Zinszahlung) zum Zeitpunkt t und V_{t-1}^F hergeleitet. Der Ausdruck $k_F^V \cdot VvA_t^F$ stellt die erwartete Zinszahlung in t dar. Neben dieser Zinszahlung besitzen die Fremdkapitalgeber in diesem Zeitpunkt noch die erwartete Vermögensposition in Höhe von VvA_t^F. Die Summe dieser beiden erwarteten Positionen diskontiert mit der erwarteten Fremdkapitalrendite entspricht dem Marktwert des Fremdkapitals V_{t-1}^F in T.[356] Es gilt daher:

$$\frac{VvA_t^F + k_F^V \cdot VvA_t^F}{1+k_F} = V_{t-1}^F,$$

[356] Zur Diskontierung vgl. auch Abschnitt 3.4.5.3.

woraus man folgende Gleichung erhält:

$$VvA_t^F = V_{t-1}^F \cdot \frac{1+k_F}{1+k_F^V}.$$

Gleichung 27: Verbindung zwischen VvA^F und V^F

Hierbei stellt $\frac{1+k_F}{1+k_F^V}$ die erwartete prozentuale Erfüllung der Verbindlichkeiten einer Periode dar. In Verbindung mit Gleichung 26 ergibt sich als erwartetes Tax Shield der Periode t:

$$TS_t = s \cdot k_F^V \cdot \frac{1+k_F}{1+k_F^V} \cdot V_{t-1}^F.$$

Gleichung 28: Erwartetes Tax Shield bei Insolvenzrisiko im Sanierungsfall

Setzt man in obiger Gleichung das Tax Shield als Zufallsvariable an, so gilt folglich:

$$\widetilde{TS}_t = s \cdot k_F^V \cdot \frac{1+\widetilde{k}_F}{1+k_F^V} \cdot V_{t-1}^F.$$

Gleichung 29: Unsicheres Tax Shield bei Insolvenzrisiko im Sanierungsfall

3.4.5 Discounted Cash Flow-Verfahren bei Insolvenzrisiko für den Fall der Sanierung

3.4.5.1 Weighted Average Cost of Capital-Methode bei Insolvenzrisiko für den Fall der Sanierung

Zur Bestimmung des WACC bei Insolvenzrisiko für den Fall der Sanierung müssen analog zu Abschnitt 3.3.4.1.1 die Forderungen der Kapitalgeber sowie das Tax Shield berücksichtigt werden. Die Renditeforderungen der Kapitalgeber können unter den getroffenen Annahmen als periodenunabhängig unterstellt werden.[357] Hieraus folgt, dass auch der Gesamtkapitalkostensatz konstant bleibt. Betrachtet man nun die Forderungen der Kapitalgeber in der Periode t, so entsprechen diese der Summe aus erwartetem Free Cash Flow, erwartetem Tax Shield (gemäß Gleichung 28) und der Unternehmenswertsteigerung dieser Periode. Die Forderungen der Eigenkapitalgeber ergeben sich analog zu 3.3.4.1.1. Die Fremdkapitalgeber verlangen bei Berücksichtigung des Insolvenzrisikos nun nicht mehr eine (sichere) Verzinsung in Höhe des risikolosen Zinssatzes, sondern sie fordern eine – gegenüber dem risikolosen Zinssatz – erhöhte erwartete Rendite k_F. Es ergibt sich:

[357] Dies ergibt sich aus den Ausführungen in Abschnitt 3.3.4.1.1 in Verbindung mit Abschnitt 3.4.3.

$$\underbrace{FCF_t + s \cdot k_F^V \cdot \frac{1+k_F}{1+k_F^V} \cdot V_{t-1}^F}_{\text{Tax Shield}} + \Delta V_t^L = \underbrace{k_E \cdot V_{t-1}^E}_{\text{Forderungen der EK-Geber}} + \underbrace{k_F \cdot V_{t-1}^F}_{\text{Forderungen der FK-Geber}}$$

$$\Leftrightarrow FCF_t + \Delta V_t^L = k_E \cdot V_{t-1}^E + \left(k_F - s \cdot k_F^V \cdot \frac{1+k_F}{1+k_F^V}\right) \cdot V_{t-1}^F.$$

Werden beide Seiten dieser Gleichung durch den Wert V_{t-1}^L des verschuldeten Unternehmens zum Zeitpunkt t–1 dividiert, so ergibt sich:

$$\frac{FCF_t + \Delta V_t^L}{V_{t-1}^L} = k_E \cdot \frac{V_{t-1}^E}{V_{t-1}^L} + \left(k_F - s \cdot k_F^V \cdot \frac{1+k_F}{1+k_F^V}\right) \cdot \frac{V_{t-1}^F}{V_{t-1}^L}.$$

Der rechte Teil obiger Gleichung stellt den WACC ($WACC^{I,S}$) bei Einbezug des Insolvenzrisikos für den Fall der Sanierung dar:[358]

$$WACC^{I,S} = k_E \cdot \frac{V_{t-1}^E}{V_{t-1}^L} + \left(k_F - s \cdot k_F^V \cdot \frac{1+k_F}{1+k_F^V}\right) \cdot \frac{V_{t-1}^F}{V_{t-1}^L}.$$

Gleichung 30: WACC bei Insolvenzrisiko für den Fall der Sanierung

Der Unternehmenswert V_t^L ergibt sich somit als:

$$V_t^L = \sum_{u=t+1}^{\infty} \frac{FCF_u}{(1+WACC^{I,S})^{u-t}}.$$

Gleichung 31: WACC-Methode bei ausfallgefährdetem Fremdkapital für den Fall der Sanierung[359]

Im Folgenden soll die Vorgehensweise durch ein Beispiel veranschaulicht werden. Dabei wird nun von einem fiktiven insolvenzgefährdeten Unternehmen B ausgegangen. Im Fall der Insolvenz wird unterstellt, dass das Unternehmen saniert werden kann. Die erwarteten Free Cash Flows dieses Unternehmens sind in Tabelle 24 aufgeführt.[360]

t	1	2	3	4	5	6 bis ∞
FCF_t	288,6	344,988	451,31823	546,5053476	623,4715174	630,21175

Tabelle 24: Erwartete Free Cash Flows des Unternehmens B

Weiterhin gelten folgende Parameter:

---

358 Vgl. Homburg/Stephan/Weiß (2004), S. 285. Die Herleitung dieser Gleichung wurde jedoch gegenüber dem Beitrag modifiziert.

359 Im Fall einer unendlichen Rente gilt: $V_t^L = \frac{\overline{FCF}}{WACC^{I,S}}$.

360 Zur Veranschaulichung eines konstanten erwarteten Free Cash Flows (Rentenfall) bei einem insolvenzgefährdeten Unternehmen vgl. Abbildung 6 in Homburg/Stephan/Weiß (2004).

r	μ_M	β	FQ	s	IW (je Periode)	k_F	k_F^V
5 %	12,34375 %	1,831489362	50 %	35 %	1 % mit Totalverlust im Insolvenzfall	6 %	$7,\overline{07}$ %

Tabelle 25: Weitere Parameter des Beispielunternehmens B

Durch Anwendung von Gleichung 6 erhält man als Eigenkapitalkostensatz des Unternehmens B:

$k_E = 0{,}05 + (0{,}1234375 - 0{,}05) \cdot 1{,}831489362 = 18{,}45\ \%$.

Der (periodenunabhängige) $WACC^{I,S}$ des Unternehmens B ergibt sich gemäß Gleichung 30:

$$WACC^{I,S} = 0{,}1845 \cdot 0{,}5 + \left(0{,}06 - 0{,}35 \cdot 0{,}07\overline{07} \cdot \frac{1{,}06}{1{,}07\overline{07}}\right) \cdot 0{,}5 = 11\ \%.$$

Die in Tabelle 26 aufgeführten Unternehmenswerte können durch Anwendung von Gleichung 31 bestimmt werden.

t	0	1	2	3	4	5 bis ∞
V_t^L	5.000	5.261,4	5.495,166	5.648,31603	5.723,125446	5.729,19773
V_t^E	2.500	2.630,7	2.747,583	2.824,158015	2.861,562723	2.864,59886
V_t^F	2.500	2.630,7	2.747,583	2.824,158015	2.861,562723	2.864,59886

Tabelle 26: Unternehmenswerte, Shareholder Value und Marktwerte des Fremdkapitals des Unternehmens B bei Insolvenzrisiko für den Fall der Sanierung

Im Weiteren werden diese Werte auch über TCF-, APV- und FTE-Methode errechnet. Dass alle vier Verfahren zwingend zu identischen Ergebnissen gelangen, wird in Abschnitt 3.4.5.5 allgemein gezeigt. Im Vergleich zum Fall des sicheren Fremdkapitals bei atmender Finanzierung ergeben sich unter Einbezug des Insolvenzrisikos keine neuen Erkenntnisse bezüglich der Zirkularitätsproblematik, sodass die WACC-Methode hinsichtlich dieses Kriteriums zu empfehlen ist, da sie als einziges Verfahren diese Problematik generell nicht aufweist.

3.4.5.2 Total Cash Flow-Methode bei Insolvenzrisiko für den Fall der Sanierung

Unter Berücksichtigung des Insolvenzrisikos muss bei Betrachtung der Periode t der erwartete Total Cash Flow dieser Periode, der auch das erwartete Tax Shield beinhaltet, und der Unternehmenswertzuwachs der Periode t den Forderungen der Kapitalgeber entsprechen.

$$TCF_t + \Delta V_t^L = \underbrace{k_E \cdot V_{t-1}^E}_{\text{Forderungen der EK-Geber}} + \underbrace{k_F \cdot V_{t-1}^F}_{\text{Forderungen der FK-Geber}}$$

$$\Leftrightarrow \frac{TCF_t + \Delta V_t^L}{V_{t-1}^L} = k_E \cdot \frac{V_{t-1}^E}{V_{t-1}^L} + k_F \cdot \frac{V_{t-1}^F}{V_{t-1}^L}.$$

Es folgt als gewichteter Gesamtkapitalkostensatz $WACC^{TCF,I}$ gemäß dem TCF-Verfahren bei Insolvenzrisiko:

$$WACC^{TCF,I} = k_E \cdot \frac{V_{t-1}^E}{V_{t-1}^L} + k_F \cdot \frac{V_{t-1}^F}{V_{t-1}^L}.$$

Gleichung 32: Modifizierter WACC bei Insolvenzrisiko

Der Unternehmenswert V_t^L bei Anwendung der TCF-Methode ergibt sich wie folgt:

$$V_t^L = \sum_{u=t+1}^{\infty} \frac{TCF_u}{(1+WACC^{TCF,I})^{u-t}}.$$

Gleichung 33: TCF-Methode bei Insolvenzrisiko[361]

Unter Rückgriff auf die Ergebnisse der WACC-Methode (zur Umgehung der Zirkularitätsproblematik) können unter Anwendung von Gleichung 28 die erwarteten Tax Shields des Unternehmens B berechnet werden.

t	1	2	3	4	5	6 bis ∞
TS_t	61,25	64,45215	67,3157835	69,19187137	70,10828671	70,1826722

Tabelle 27: Erwartete Tax Shields des Unternehmens B bei Insolvenzrisiko (Sanierungsfall)

Die Summe aus erwartetem Free Cash Flow (vgl. Tabelle 24) und erwartetem Tax Shield (vgl. Tabelle 27) ergibt den Total Cash Flow.

t	1	2	3	4	5	6 bis ∞
TCF_t	349,85	409,44015	518,63401	615,69722	693,5798	700,39442

Tabelle 28: Erwartete Total Cash Flows des Unternehmens B bei Insolvenzrisiko (Sanierungsfall)

Die Verwendung von Gleichung 33 mit den TCF in Tabelle 28 und einem $WACC^{TCF,I} = 0{,}1845 \cdot 0{,}5 + 0{,}06 \cdot 0{,}5 = 12{,}225\ \%$ führt nun zu mit der WACC-Methode identischen Ergebnissen.

---

361 Im Fall einer unendlichen Rente gilt: $V_t^L = \frac{\overline{TCF}}{WACC^{TCF,I}}$.

3.4.5.3 Adjusted Present Value-Methode bei Insolvenzrisiko für den Fall der Sanierung

Bei der Bestimmung des Unternehmenswerts als Summe aus dem Wert des unverschuldeten Unternehmens (Diskontierung der erwarteten Free Cash Flows mit dem Eigenkapitalkostensatz k des unverschuldeten Unternehmens) und dem Barwert der Tax Shields stellt sich die Frage nach dem Diskontierungssatz der einzelnen erwarteten Tax Shields. Dieser ist im Folgenden herzuleiten.

Gemäß Gleichung 26 weist das Tax Shield in der Periode t+1 ausgehend vom Betrachtungszeitpunkt t das gleiche Renditerisiko wie das Fremdkapital auf, da es von den unsicheren Zinszahlungen $\left(k_F^V \cdot \widetilde{VvA_{t+1}^F}\right)$ dieser Periode abhängt.[362] Die unsicheren Zinszahlungen sind wiederum mit dem Marktwert des Fremdkapitals $\widetilde{VvA_{t+1}^F}$ vor Anpassung an die Fremdkapitalquote und nach Zinszahlung proportional verknüpft. Bei s und dem vertraglich vereinbarten Fremdkapitalzinssatz k_F^V handelt es sich um risikolose Faktoren, während $\widetilde{TS}_{t+1}$ und $\widetilde{VvA_{t+1}^F}$ im Betrachtungszeitpunkt t risikobehaftet sind. $\widetilde{TS}_{t+1}$ und $\widetilde{VvA_{t+1}^F}$ unterscheiden sich dabei (in jedem möglichen Umweltzustand) nur durch den konstanten Faktor $s \cdot k_F^V$. Fasst man zur Veranschaulichung $\widetilde{TS}_{t+1}$ und $\widetilde{VvA_{t+1}^F}$ als unsichere Ergebnisse zweier Investitionsprojekte in t auf, so müssen sich aus Arbitrageüberlegungen die Anfangsauszahlungen der beiden Projekte ebenfalls durch diesen konstanten Faktor unterscheiden.[363] Es folgt somit eine identische Rendite der beiden Projekte sowie ein einheitlicher Diskontierungsfaktor zur Bewertung der unsicheren Ergebnisse. Folglich ist die erwartete Rendite der Fremdkapitalgeber k_F der Diskontierungsfaktor des erwarteten Tax Shields für die Periode, in der das Tax Shield anfällt.

Um die Tax Shields der Perioden $u \geq t+2$ zu bewerten, muss abweichend zu der Bewertung von TS_{t+1} neben dem Insolvenzrisiko auch das aus der atmenden Finanzierung resultierende Investitionsrisiko berücksichtigt werden. Der Marktwert des Fremdkapitals zu den Zeitpunkten $u \geq t+1$ steht aus Sicht von t im Gegensatz zum Marktwert des Fremdkapitals zum Zeitpunkt t nicht fest, da er über die atmende Finanzierungsweise an den unsicheren Unternehmenswert zum jeweiligen Zeitpunkt gekoppelt ist. Mit dem Informationsstand in t können zwar über die erwarteten Free Cash Flows erwartete Unternehmenswerte und damit erwartete Marktwerte des Fremdkapitals bestimmt werden. Durch verbesserte Informationen in den nachfol-

---

362 Vgl. Homburg/Stephan/Weiß (2004), S. 282 ff.

363 Dieser Arbitrageüberlegung liegt die Annahme eines vollkommenen und vollständigen Kapitalmarkts zu Grunde (Annahme 2). Zu kritischen Aspekten bezüglich dieser Annahme vgl. Abschnitt 3.3.3.

genden Zeitpunkten kann es aber zu Änderungen der Erwartungswerte der Free Cash Flows kommen, die sich auf den Marktwert des Unternehmens und damit auf den Fremdkapitalmarktwert auswirken. Dies wiederum beeinflusst die Höhe des Tax Shields.[364]

Zu klären ist nun der Diskontierungssatz der erwarteten Tax Shields ab $u \geq t+2$.

Zur Veranschaulichung dient die Diskontierung des Tax Shields t+3, die in Abbildung 16 dargestellt ist.[365]

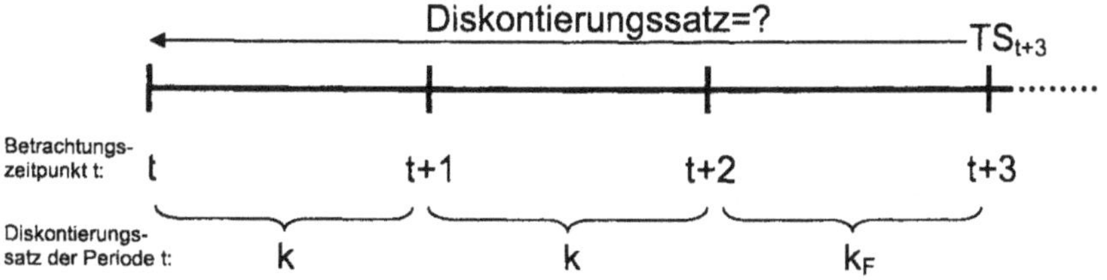

Abbildung 16: Diskontierung des erwarteten Tax Shields t+3

Befindet man sich im Zeitpunkt t, dann ist k der periodenspezifische Abzinsungsfaktor für die Perioden t+1 und t+2 des Tax Shields des Zeitpunktes t+3. Die Begründung hierfür ist, dass die Höhe dieses Tax Shields vom Erfolg der Investitionen (Investitionsrisiko), der sich in den erwarteten Free Cash Flows der Zeitpunkte $t \geq t+3$ mit dem Kenntnisstand des Zeitpunkts t+2 zeigt, abhängt. Veränderungen der erwarteten Free Cash Flows der Zeitpunkte $t \geq t+3$ wirken sich auf den erwarteten Wert des verschuldeten Unternehmens V_{t+2}^{L} aus. Dies wirkt sich wiederum unmittelbar auf den erwarteten Marktwert des Fremdkapitals V_{t+2}^{F} und somit auf den Erwartungswert von $\widetilde{VvA_{t+3}^{F}}$ aus. Der Zusammenhang ergibt sich aus der Unsicherheit hinsichtlich des Marktwerts des verschuldeten Unternehmens in t+2 aus Sicht der Zeitpunkte t und t+1. Eine explizite Berücksichtigung des Insolvenzrisikos in den Perioden t+1 und t+2 hinsichtlich der Diskontierung des Tax Shields des Zeitpunktes t+3 muss nicht erfolgen. Wird das Unternehmen in t+1 oder t+2 insolvent, so nimmt das Tax Shield in t+3 den Wert null an. Unabhängig vom Diskontierungsfaktor ist dann der Wert dieses Tax Shields im Betrachtungszeitpunkt t ebenfalls null. Nur in Zuständen, in denen in t+1 und t+2 keine Insolvenz eingetreten ist, ergeben sich in t+3 positive Tax Shields. Hier ist – wie oben erläutert – der Eigenkapitalkostensatz k des unverschuldeten Unternehmens als Diskontierungsfaktor anzusetzen. Der relevante Abzinsungsfaktor

---

[364] Vgl. Dierkes (2000), S. 14 f.

[365] Zu den folgenden Ausführungen vgl. auch Abschnitt 3.3.4.1.3.

der Periode t+3 ist k_F, da im Zeitpunkt t+2 der Marktwert des verschuldeten Unternehmens V_{t+2}^L und damit auch der Marktwert des Fremdkapitals V_{t+2}^F feststeht. Somit hängt die Realisierung der Zufallsvariablen $\widetilde{VvA_{t+3}^F}$, im Gegensatz zu den vorherigen Zeitpunkten, nicht mehr vom Investitionsrisiko ab, sondern ist nur noch vom Risiko der Insolvenz betroffen.

Allgemein wird das erwartete Tax Shield TS_u der Periode u für Zeitpunkte $u \geq t+1$ einmal mit k_F und (u–t–1)-mal mit k auf den Betrachtungszeitpunkt t diskontiert. Auf Grund obiger Ausführungen ergibt sich hieraus folgender Gesamtwert des verschuldeten Unternehmens zum Zeitpunkt t:

$$V_t^L = \sum_{u=t+1}^{\infty} \frac{FCF_u}{(1+k)^{u-t}} + \sum_{u=t+1}^{\infty} \frac{TS_u}{(1+k_F)\cdot(1+k)^{u-t-1}}.$$

Gleichung 34: APV-Methode bei Insolvenzrisiko im Sanierungsfall[366]

Da der Eigenkapitalkostensatz k des unverschuldeten Unternehmens, wie in Abschnitt 3.3.4.1.3 bereits ausgeführt, in der Praxis in der Regel nicht direkt beobachtbar ist, soll nun analog zum Vorgehen nach Miles/Ezzell[367] für den Fall des sicheren Fremdkapitals eine Bestimmungsgleichung zwischen k und k_E hergeleitet werden. Hierzu wird eine rekursive Vorgehensweise zur Ermittlung des Unternehmenswerts angewendet (Roll-Back-Verfahren), d.h., der Wert des Unternehmens wird ausgehend vom Ende des Planungszeitraums schrittweise berechnet, bis man schließlich den Unternehmenswert im Betrachtungszeitpunkt erhält. Man bestimmt also zunächst den Unternehmenswert am Anfang der letzten Planungsperiode.[368] Ausgehend vom Ende der Planung in T ergibt sich unter Verwendung von Gleichung 34 (übertragen auf einen endlichen Planungshorizont) in Verbindung mit Gleichung 28 (vgl. S. 104):

$$V_{T-1}^L = \frac{FCF_T}{1+k} + \frac{s \cdot k_F^V \cdot \frac{1+k_F}{1+k_F^V} \cdot FQ \cdot V_{T-1}^L}{1+k_F}.$$

---

[366] Im Rentenfall vereinfacht sich Gleichung 34 zu: $V_t^L = \frac{\overline{FCF}}{k} + \frac{\overline{TS}}{k} \cdot \frac{1+k}{1+k_F}$. Der Ausdruck $\frac{1+k}{1+k_F}$ stellt hierbei den Korrekturfaktor dar, um bei der Ermittlung des Werts des Tax Shields als ewige Rente den oben beschriebenen Effekt zu berücksichtigen, dass in der Periode, in der das Tax Shield anfällt, bezüglich des Tax Shields kein Investitionsrisiko, sondern lediglich ein Risiko auf Grund der Unsicherheit der Zinszahlung besteht. Somit ist der Wert der ewigen Rente der Tax Shields in t, der mit dem Diskontierungssatz k berechnet wird, einmal mit k aufzuzinsen und anschließend einmal mit dem Fremdkapitalkostensatz k_F zu diskontieren.

[367] Vgl. Miles/Ezzell (1980).

[368] Miles/Ezzell (1980) gehen in ihrem Beitrag von einem endlichen Planungshorizont aus.

Offensichtlich liegt bei (konsequenter) Anwendung der APV-Methode ein Zirkularitätsproblem vor, das jedoch analytisch durch Auflösung nach V_{T-1}^{L} gelöst werden kann:

$$\left(1-s\cdot k_F^V\cdot\frac{1}{1+k_F^V}\cdot FQ\right)\cdot V_{T-1}^{L}=\frac{FCF_T}{1+k}$$

$$\Leftrightarrow V_{T-1}^{L}=\frac{FCF_T}{(1+k)\cdot\left(1-s\cdot k_F^V\cdot\frac{1}{1+k_F^V}\cdot FQ\right)}$$

$$\Leftrightarrow V_{T-1}^{L}=\frac{FCF_T}{\underbrace{1+k-s\cdot k_F^V\cdot\frac{1+k}{1+k_F^V}\cdot FQ}_{\text{modifizierter Miles/Ezzel-WACC}}}=\frac{FCF_T}{1+WACC^{I,S}}.$$

Als Ergebnis für V_{T-1}^{L} resultiert die Diskontierung des erwarteten Free Cash Flows mit eins zuzüglich Gesamtkapitalkostensatz. Dieses Vorgehen der Diskontierung von Free Cash Flows zur Bestimmung des Unternehmenswerts entspricht der WACC-Methode. Somit resultiert eine Überführung der APV-Methode in das WACC-Verfahren. Der oben hergeleitete Diskontierungssatz stellt den so genannten Miles/Ezzell-WACC dar, der hier bezüglich des Insolvenzrisikos für den Fall der Sanierung verallgemeinert wurde. Er entspricht (betragsmäßig) dem in Gleichung 30 dargestellten $WACC^{I,S}$. Als Ergebnis der vorgenommenen Verallgemeinerung zeigt sich, dass bei Vorliegen eines Insolvenzrisikos für den Fall der Sanierung anstatt des risikofreien Zinssatzes r (bei Miles/Ezzell) nun der vertragliche Fremdkapitalzinssatz k_F^V anzusetzen ist. Hier führt somit eine einfache Ersetzung (da sich $1+k_F$ herauskürzt) zu einem korrekten Ergebnis. Im Allgemeinen – z.B. bei der textbook formula des WACC – ist dies, wie die Ausführungen in Abschnitt 3.4.4 und 3.4.6 zeigen, jedoch nicht möglich. Durch Gleichsetzung des modifizierten Miles/Ezzell-WACC mit dem $WACC^{I,S}$ erhält man nun die angekündigte Verbindung zwischen k und k_E:[369]

$$WACC^{I,S}=k-s\cdot k_F^V\cdot\frac{1+k}{1+k_F^V}\cdot FQ$$

[369] Vgl. Homburg/Stephan/Weiß (2004), S. 286 sowie zu den einzelnen Umformungsschritten Anhang D. Hierbei ist zu beachten, dass diese Gleichung gegenüber Gleichung 6 bei Homburg/Stephan/Weiß vereinfacht wurde.

$$\Rightarrow k = \frac{k_E \cdot (1-FQ) + \left(k_F - \frac{s \cdot k_F^V \cdot k_F}{1+k_F^V}\right) \cdot FQ}{1 - \frac{s \cdot k_F^V \cdot FQ}{1+k_F^V}} \Leftrightarrow k_E = \frac{k - \left(k_F + \frac{s \cdot k_F^V \cdot (k-k_F)}{1+k_F^V}\right) \cdot FQ}{1-FQ}.$$

Gleichung 35: Modifizierte Miles/Ezzell-Gleichung bei Insolvenzrisiko für den Sanierungsfall

Der oben begonnene rekursive Prozess könnte nun bis zum Betrachtungszeitpunkt t fortgeführt werden, um so den Unternehmenswert in t zu erhalten. De facto führt diese Vorgehensweise allerdings zur WACC-Methode und soll deshalb nicht weiter verfolgt werden.

Statt dessen soll die APV-Methode auf das bereits eingeführte Beispiel angewendet werden. Durch Anwendung von Gleichung 35 erhält man für den Eigenkapitalkostensatz des unverschuldeten Unternehmens B k=12,29778 %. Zur Bestimmung der erwarteten Tax Shields wird auf die Ergebnisse der WACC-Methode zurückgegriffen. Unter Zugrundelegung von Gleichung 34 ergeben sich dann die in Tabelle 29 aufgeführten Ergebnisse. Diese stimmen mit den Ergebnissen der WACC- bzw. TCF-Methode überein.

t	0	1	2	3	4	5 bis ∞
V_t^U	4.411,4896	4.665,4049	4.894,1582	5.044,7128	5.118,5952	5.124,5973
Barwert der Tax Shields in t	588,5104	595,9951	601,0078	603,6032	604,5303	604,6004
V_t^L	5.000	5.261,4	5.495,166	5.648,316	5.723,1255	5.729,1977

Tabelle 29: Berechnung des Unternehmenswerts über die APV-Methode bei atmender Finanzierung unter Einbeziehung eines Insolvenzrisikos für den Sanierungsfall[370]

3.4.5.4 Flow to Equity-Methode bei Insolvenzrisiko für den Fall der Sanierung

Die erwarteten Flow to Equity, die im Rahmen dieser Methode benötigt werden, können, wie bereits in Abschnitt 3.3.4.1.4 dargelegt, folgendermaßen ermittelt werden:

$FTE_t = FCF_t + TS_t - \text{FK-Zinsen}_t - \text{Tilgung}_t$.

Die erwarteten Tax Shields sowie die erwarteten Fremdkapitalzinsen und die erwartete Tilgung können jedoch nicht anlog zum Fall des sicheren Fremdkapitals bestimmt werden. Vielmehr ist eine Verallgemeinerung hinsichtlich des Insolvenzrisikos

[370] Multipliziert man die Unternehmenswerte mit der Eigenkapitalquote, so ergeben sich die bereits in Tabelle 26 aufgeführten Eigenkapitalmarktwerte.

für den Fall der Sanierung notwendig. Die erwarteten Tax Shields ergeben sich gemäß Gleichung 28 durch: $TS_t = s \cdot k_F^V \cdot \frac{1+k_F}{1+k_F^V} \cdot V_{t-1}^F$. Hieraus folgt, dass für die erwarteten Fremdkapitalzinsen $\text{FK-Zinsen}_t = k_F^V \cdot \frac{1+k_F}{1+k_F^V} \cdot V_{t-1}^F$ gilt. Die erwartete Tilgung stellt die Differenz aus erwartetem Marktwert des Fremdkapitals VvA_t^F vor Anpassung an die festgelegte Fremdkapitalquote und nach Zinszahlung zum Zeitpunkt t und dem erwarteten Marktwert des Fremdkapitals V_t^F nach Anpassung an die Fremdkapitalquote dar und berechnet sich wegen Gleichung 27 (vgl. S. 104) somit über: $\text{Tilgung}_t = VvA_t^F - V_t^F = \frac{1+k_F}{1+k_F^V} \cdot V_{t-1}^F - V_t^F$. Es gilt demnach:

$$FTE_t = FCF_t + \underbrace{s \cdot k_F^V \cdot \frac{1+k_F}{1+k_F^V} \cdot V_{t-1}^F}_{TS_t} - \underbrace{k_F^V \cdot \frac{1+k_F}{1+k_F^V} \cdot V_{t-1}^F}_{\text{FK-Zinsen}_t} - \underbrace{\left(\frac{1+k_F}{1+k_F^V} \cdot V_{t-1}^F - V_t^F\right)}_{\text{Tilgung}_t}.$$

Bei der Bestimmung der in Tabelle 30 angegebenen Werte zur Ermittlung der erwarteten Flow to Equity des Beispielunternehmens B wurde zur Umgehung der Zirkularitätsproblematik auf die WACC-Methode zurückgegriffen.

t	1	2	3	4	5	6 bis ∞
FCF_t	288,6	344,988	451,31823	546,5053476	623,4715174	630,21175
$+TS_t$	61,25	64,45215	67,3157835	69,19187137	70,10828671	70,1826722
$-\text{FK-Zinsen}_t$	175	184,149	192,33081	197,6910611	200,3093906	200,52192
$-\text{Tilgung}_t$	-155,7	-143,19	-104,050845	-65,646288	-31,65176805	-28,6459886
$=FTE_t$	330,55	368,48115	430,3540485	483,6524459	524,9221815	528,51849

Tabelle 30: Erwartete Flow to Equity des Unternehmens B bei Insolvenzrisiko (Sanierungsfall)

Der Shareholder Value kann nun auch über die FTE-Methode mittels Gleichung 14 (vgl. S. 72) berechnet werden. Die Höhe des Eigenkapitalkostensatzes k_E des verschuldeten Unternehmens in Höhe von 18,45 % wurde bereits in Abschnitt 3.4.5.1 bestimmt.

t	0	1	2	3	4	5 bis ∞
V_t^E	2.500	2.630,7	2.747,583	2.824,158015	2.861,562723	2.864,59886

Tabelle 31: Shareholder Value des Unternehmens B bei Insolvenzrisiko (Sanierungsfall)

Die in Tabelle 31 aufgeführten Marktwerte des Eigenkapitals stimmen mit den durch die anderen drei DCF-Verfahren ermittelten Werten überein.

3.4.5.5 Konvergenz der DCF-Verfahren bei Insolvenzrisiko für den Fall der Sanierung

Im Rahmen des Beispiels haben alle vier DCF-Verfahren zu identischen Ergebnissen geführt. In diesem Abschnitt soll nun formal gezeigt werden, dass bei konsistenter Anwendung der Methoden die Konvergenz zwingend gegeben ist. Dies geschieht durch Überführung der einzelnen Methoden in die WACC-Methode. Hierzu wird der in Abschnitt 3.4.5.3 bereits genutzte rekursive Ansatz herangezogen. Da in diesem Abschnitt im Rahmen der Herleitung von Gleichung 35 bereits die Äquivalenz der APV-Methode mit der WACC-Methode gezeigt wurde, wird im Folgenden die Konvergenz von TCF- und FTE-Methode allgemein gezeigt.

3.4.5.5.1 Überführung der TCF-Methode in das WACC-Verfahren

Mittels des Roll-Back-Verfahrens bestimmt sich der Unternehmenswert in t–1 bei Anwendung der TCF-Methode aus der Summe von erwartetem Total Cash Flow in t und dem Unternehmenswert in t diskontiert mit $(1+WACC^{TCF,I})$:

$$V_{t-1}^{L}=\frac{TCF_t+V_t^L}{1+WACC^{TCF,I}}.$$

Nutzt man die Beziehung $TCF_t=FCF_t+TS_t$ in Verbindung mit Gleichung 28, so erhält man:

$$V_{t-1}^{L}=\frac{FCF_t+s\cdot k_F^V\cdot\frac{1+k_F}{1+k_F^V}\cdot V_{t-1}^F+V_t^L}{1+k_E\cdot\frac{V_{t-1}^E}{V_{t-1}^L}+k_F\cdot\frac{V_{t-1}^F}{V_{t-1}^L}}.$$

Ersetzt man V_{t-1}^F durch $FQ\cdot V_{t-1}^L$ sowie $\frac{V_{t-1}^E}{V_{t-1}^L}$ durch (1-FQ) bzw. $\frac{V_{t-1}^F}{V_{t-1}^L}$ durch FQ, so ergibt sich:

$$V_{t-1}^{L}=\frac{FCF_t+s\cdot k_F^V\cdot\frac{1+k_F}{1+k_F^V}\cdot FQ\cdot V_{t-1}^L+V_t^L}{1+k_E\cdot(1-FQ)+k_F\cdot FQ}.$$

Durch weitere Umformungen gelangt man zu:

$$V_{t-1}^{L}=\frac{FCF_t+V_t^L}{1+k_E\cdot(1-FQ)+\left(k_F-s\cdot k_F^V\cdot\frac{1+k_F}{1+k_F^V}\right)\cdot FQ}.$$

Durch Nutzung von Gleichung 30 und $FQ=\frac{V_{t-1}^F}{V_{t-1}^L}$ bzw. $(1-FQ)=\frac{V_{t-1}^E}{V_{t-1}^L}$ ergibt sich schließlich:

$$V_{t-1}^{L} = \frac{FCF_t + V_t^{L}}{1 + WACC^{l,S}}.$$

Dieses Ergebnis stellt die WACC-Methode unter Anwendung des Roll-Back-Verfahrens dar, da hier alle erwarteten Free Cash Flows ab t+1 bereits im Unternehmenswert V_t^L bewertet wurden. Diese Vorgehensweise führt zu identischen Ergebnissen im Vergleich zur Nutzung von Gleichung 31. Somit ist das Ziel der Überführung des TCF-Verfahrens in die WACC-Methode erreicht.

3.4.5.5.2 Überführung der FTE-Methode in das WACC-Verfahren

Durch Anwendung der rekursiven Vorgehensweise im Rahmen der FTE-Methode ergibt sich der Shareholder Value in t–1 als Summe aus erwartetem Flow to Equity in t und dem Shareholder Value in t abgezinst mit ($1+k_E$):

$$V_{t-1}^{E} = \frac{FTE_t + V_t^{E}}{1 + k_E}.$$

Nutzt man $FTE_t = FCF_t + \underbrace{s \cdot k_F^V \cdot \frac{1+k_F}{1+k_F^V} \cdot V_{t-1}^F}_{TS_t} - \underbrace{k_F^V \cdot \frac{1+k_F}{1+k_F^V} \cdot V_{t-1}^F}_{FK-Zinsen_t} - \underbrace{\left(\frac{1+k_F}{1+k_F^V} \cdot V_{t-1}^F - V_t^F\right)}_{Tilgung_t}$ und addiert auf beiden Seiten V_{t-1}^F, so ergibt sich:

$$V_{t-1}^{L} = \frac{FCF_t + s \cdot k_F^V \cdot \frac{1+k_F}{1+k_F^V} \cdot V_{t-1}^F - k_F^V \cdot \frac{1+k_F}{1+k_F^V} \cdot V_{t-1}^F - \left(\frac{1+k_F}{1+k_F^V} \cdot V_{t-1}^F - V_t^F\right) + V_t^E}{1+k_E} + V_{t-1}^F.$$

Ersetzt man V_{t-1}^F durch $FQ \cdot V_{t-1}^L$ und fasst $V_t^F + V_t^E$ zu V_t^L zusammen, dann erhält man:

$$V_{t-1}^{L} =$$

$$\frac{FCF_t + s \cdot k_F^V \cdot \frac{1+k_F}{1+k_F^V} \cdot FQ \cdot V_{t-1}^L - k_F^V \cdot \frac{1+k_F}{1+k_F^V} \cdot FQ \cdot V_{t-1}^L - \frac{1+k_F}{1+k_F^V} \cdot FQ \cdot V_{t-1}^L + V_t^L}{1+k_E} + FQ \cdot V_{t-1}^L.$$

Formt man weiter um, so gelangt man zu:

$$V_{t-1}^{L} = \frac{FCF_t + V_t^L}{(1+k_E)\cdot(1-FQ) + \left(\underbrace{k_F^V \cdot \frac{1+k_F}{1+k_F^V} + \frac{1+k_F}{1+k_F^V}}_{1+k_F} - s \cdot k_F^V \cdot \frac{1+k_F}{1+k_F^V}\right) \cdot FQ}.$$

Die Summe aus erwarteter prozentualer Tilgung $\frac{1+k_F}{1+k_F^V}$ und der erwarteten prozentualen Zinszahlung $k_F^V \cdot \frac{1+k_F}{1+k_F^V}$ ergibt eins plus erwartete Rendite der Fremdkapitalgeber ($1+k_F$). Diese Beziehung sowie weitere Umformungen führen zu:

$$V_{t-1}^L = \frac{FCF_t + V_t^L}{1 - FQ + k_E \cdot (1-FQ) + \left(1 + k_F - s \cdot k_F^V \cdot \frac{1+k_F}{1+k_F^V}\right) \cdot FQ}$$

$$\Leftrightarrow V_{t-1}^L = \frac{FCF_t + V_t^L}{1 + k_E \cdot (1-FQ) + \left(k_F - s \cdot k_F^V \cdot \frac{1+k_F}{1+k_F^V}\right) \cdot FQ}.$$

Schließlich ergibt sich analog zum vorherigen Abschnitt:

$$V_{t-1}^L = \frac{FCF_t + V_t^L}{1 + WACC^{I,S}}.$$

Damit ist gezeigt, dass auch die FTE-Methode in die WACC-Methode überführt werden kann.

3.4.6 *Unternehmenswertabweichungen bei nicht vollständiger Berücksichtigung des Insolvenzrisikos*

3.4.6.1 *Bestimmung des Unternehmenswerts bei Vernachlässigung bzw. approximativer Berücksichtigung des Insolvenzrisikos anhand eines Beispiels*

In diesem Abschnitt soll untersucht werden, wie sich eine vollständige Vernachlässigung bzw. eine nur approximative Berücksichtigung des Insolvenzrisikos auf den Wert des Beispielunternehmens B auswirkt.[371] Bei der approximativen Berücksichtigung wird zwischen zwei verschiedenen Vorgehensweisen unterschieden.

Wird der Unternehmenswert c.p. unter Verwendung des sicheren Zinssatzes in Höhe von 5 % als Fremdkapitalkostensatz sowie anhand der in Abschnitt 3.3.4.1 vorgestellten DCF-Verfahren berechnet (vollständige Vernachlässigung des Insolvenzrisikos), so ergibt sich ein höherer Unternehmenswert $V_0^L(r) = 5.077{,}30$ als bei vollständiger Berücksichtigung des Insolvenzrisikos.

Legt man den vertraglich vereinbarten Fremdkapitalzinssatz in Höhe von $7{,}\overline{07}$ % als Fremdkapitalkostensatz bei den in Abschnitt 3.3.4.1 erläuterten DCF-Verfahren zu Grunde (approximative Vorgehensweise), so ergibt sich der deutlich niedrigere Unternehmenswert $V_0^L(k_F^V) = 4.746{,}54$.

---

371 Vgl. hierzu auch Homburg/Stephan/Weiß (2004), S. 289 f. und Homburg/Stephan/Weiß (2005), S. 201 ff.

Wird analog die erwartete Rendite der Fremdkapitalgeber in Höhe von 6 % verwendet (approximative Vorgehensweise), so resultiert ebenfalls ein niedrigerer Unternehmenswert $V_0^L(k_F) = 4.912{,}49$.

Die Ursachen der Abweichungen dieser drei Unternehmenswerte vom in obigem Sinne „korrekten Unternehmenswert" sind nun genauer zu analysieren. Dies soll anhand der WACC-Methode geschehen, da hier die Analyse auf den Nenner beschränkt werden kann. Die Zählergrößen (Free Cash Flows) sind bei allen vier Vorgehensweisen zur Bestimmung des Unternehmenswerts identisch. Als Benchmark dient der das Insolvenzrisiko für den Sanierungsfall korrekt berücksichtigende

$$WACC^{I,S} = k_E \cdot (1-FQ) + \left(k_F - s \cdot k_F^V \cdot \frac{1+k_F}{1+k_F^V}\right) \cdot FQ \text{ (vgl. Gleichung 30).}$$

Die drei weiteren Vorgehensweisen greifen auf

$$WACC(j) = k_E \cdot (1-FQ) + (j - s \cdot j) \cdot FQ$$

Gleichung 36: WACC bei nicht vollständiger Berücksichtigung des Insolvenzrisikos

zurück, wobei j für den gewählten Fremdkapitalkostensatz steht. Subtrahiert man WACC(j) von $WACC^{I,S}$, so ergibt sich:

$$WACC^{I,S} - WACC(j) = \left(k_F - s \cdot k_F^V \cdot \frac{1+k_F}{1+k_F^V} - (j - s \cdot j)\right) \cdot FQ$$

$$\Leftrightarrow WACC^{I,S} - WACC(j) = \left(\underbrace{k_F - j}_{\text{Differenz Fremdkapitalkostensatz}} \underbrace{- s \cdot \left(k_F^V \cdot \frac{1+k_F}{1+k_F^V} - j\right)}_{\text{Differenz Tax Shield-Wirkung}}\right) \cdot FQ.$$

Unterschiede können also nur aus dem Ansatz eines unterschiedlichen Fremdkapitalkostensatzes (k_F oder j) bzw. aus der Differenz der Tax Shield-Wirkungen

$$\underbrace{s \cdot k_F^V \cdot \frac{1+k_F}{1+k_F^V}}_{\substack{\text{Tax Shield-Wirkung bei} \\ \text{vollständiger Berücksichtigung} \\ \text{des Insolvenzrisikos}}} - \underbrace{s \cdot j}_{\substack{\text{Tax Shield-Wirkung} \\ \text{bei nicht vollständiger} \\ \text{Berücksichtigung} \\ \text{des Insolvenzrisikos}}} = s \cdot \left(k_F^V \cdot \frac{1+k_F}{1+k_F^V} - j\right)$$

resultieren.

1. Fall: $j = r$ (vollständige Vernachlässigung des Insolvenzrisikos)

Der risikolose Zinssatz r in Höhe von 5 % ist niedriger als die erwartete Rendite der Fremdkapitalgeber k_F in Höhe von 6 %. Isoliert betrachtet bewirkt dies einen niedrigeren WACC und damit einen höheren Unternehmenswert als bei der korrekten Vorgehensweise. Ein gegenläufiger Effekt resultiert aus der Tax Shield-Wirkung. Sie beträgt hier 1,75 % gegenüber 2,45 % bei der korrekten Vorgehensweise. Unter Zusammenfassung beider Effekte ist der Fremdkapitalkostensatz nach Steuern um 0,3 Prozentpunkte niedriger als bei dem das Insolvenzrisiko für den Fall der Sanierung berücksichtigenden $WACC^{I,S}$. Hieraus resultiert der höhere Unternehmenswert in Höhe von $V_0^L(r) = 5.077,30$.

2. Fall: $j = k_F^V$ (approximative Berücksichtigung des Insolvenzrisikos I)

Wiederum liegen zwei gegenläufige Effekte vor, wobei nun der angesetzte Fremdkapitalkostensatz und die Tax Shield-Wirkung höher sind als bei der Benchmark, sodass sich insgesamt ein um $1{,}04\overline{59}$ Prozentpunkte höherer Fremdkapitalkostensatz nach Steuern und folglich ein niedrigerer Unternehmenswert ergibt.

3. Fall: $j = k_F$ (approximative Berücksichtigung des Insolvenzrisikos II)

Der niedrigere Unternehmenswert resultiert hier allein aus der um 0,35 Prozentpunkte niedrigeren Tax Shield-Wirkung, da der angesetzte Fremdkapitalkostensatz bei beiden Vorgehensweisen identisch ist.

Zusammenfassend sind in Tabelle 32 die Ursachen der Abweichungen vom korrekten Unternehmenswert quantifiziert.
Das Beispiel verdeutlicht damit, dass bei einer nicht korrekten Berücksichtigung des Insolvenzrisikos Fehlinformationen generiert werden können.[372] Dabei liegen in den ersten beiden Fällen gegenläufige Effekte vor, während sich im 3. Fall lediglich negative Abweichungen vom korrekten Unternehmenswert auf Grund der falschen Berechnung der Tax Shield-Wirkung ergeben.

---

372 Vgl. auch Homburg/Stephan/Weiß (2005), S. 201 ff. für ein Beispiel, in welchem Abweichungen von bis zu 23,1 % vom korrekten Unternehmenswert auftreten.

Nenner-größe	(1) Fremdkapital-kostensatz (vor Steuern)	(2) Tax Shield-Wirkung	(3)=(1)-(2) Fremdkapital-kostensatz nach Steuern	(4) Abweichung vom korrekten Unternehmens-wert
$WACC^{I,S}$	6 %	2,45 %	3,55 %	-
1. Fall WACC ($j = r$)	5 %	1,75 %	3,25 %	↑ (+ 77,30)
2. Fall WACC ($j = k_F^V$)	$7,\overline{07}$ %	$2,\overline{47}$ %	$4,\overline{59}$ %	↓ (- 253,46)
3. Fall WACC ($j = k_F$)	6 %	2,1 %	3,9 %	↓ (- 87,51)

Tabelle 32: Analyse der Abweichungen vom korrekten Unternehmenswert bei Insolvenzrisiko (Sanierungsfall)

3.4.6.2 Auswirkungen von Steuersatzänderungen auf den Unternehmenswert anhand eines Beispiels

Da – wie im vorherigen Abschnitt ersichtlich – Abweichungen vom korrekten Unternehmenswert maßgeblich durch die Höhe des Steuersatzes s beeinflusst werden (Tax Shield-Wirkung), soll in diesem Abschnitt mittels des Beispiels untersucht werden, wie sich eine Änderung des Steuersatzes c.p. auf den Unternehmenswert unter vollständiger, approximativer und keiner Berücksichtigung des Insolvenzrisikos für den Sanierungsfall auswirkt.[373] Hierbei wird vereinfachend davon ausgegangen, dass eine Steuersatzänderung nicht zu einer Veränderung der weiteren Parameter führt. Dies kann als Existenz eines Unternehmens mit identischen Parametern für jede Ausprägung des Steuersatzes aufgefasst werden. Abbildung 17 veranschaulicht für das Beispiel die angesprochenen Auswirkungen, indem die prozentualen Abweichungen vom korrekten Unternehmenswert in Abhängigkeit der Höhe des Steuersatzes aufgezeigt werden.

[373] Vgl. hierzu auch Homburg/Stephan/Weiß (2005), S. 201 ff.

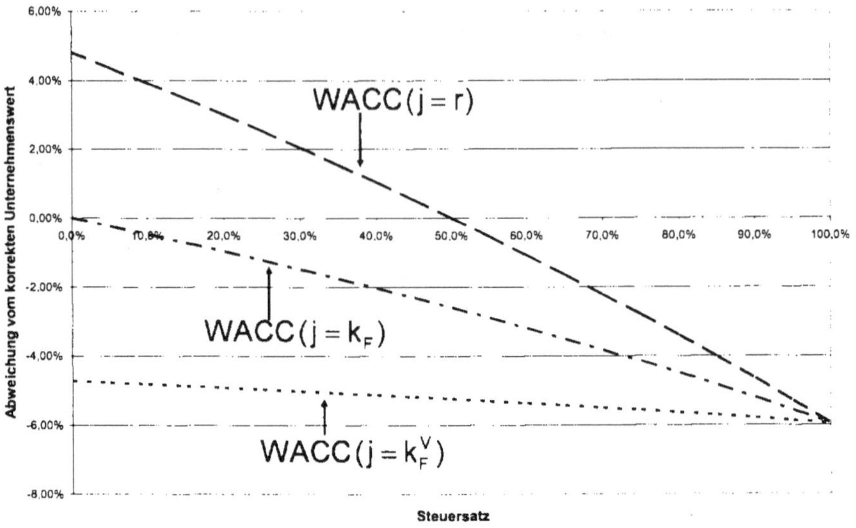

Abbildung 17: Abweichungen vom korrekten Unternehmenswert in Abhängigkeit des Steuersatzes anhand des Zahlenbeispiels im Sanierungsfall

Es zeigt sich, dass der Unternehmenswert unter vollständiger Vernachlässigung des Insolvenzrisikos [WACC (j = r)] bis zu einem kritischen Steuersatz – hier bei s=50 % – über dem korrekten Unternehmenswert [$WACC^{I,S}$] liegt. Bei Steuersätzen oberhalb dieses kritischen Satzes wird durch die vollständige Vernachlässigung des Insolvenzrisikos ein zu niedriger Unternehmenswert bestimmt. Die approximative Berücksichtigung des Insolvenzrisikos [WACC ($j = k_F^V$) und WACC ($j = k_F$)] führt hingegen durchgängig zur Unterschätzung des Unternehmenswerts. Eine Ausnahme bildet der im vorherigen Abschnitt als Fall 3 bezeichnete Ansatz [WACC ($j = k_F$)] bei einem Steuersatz in Höhe von null. Hier entsprechen sich der das Insolvenzrisiko nur approximativ berücksichtigende WACC und $WACC^{I,S}$, sodass ein identischer Unternehmenswert resultiert. Unter Zugrundelegung eines Steuersatzes von 100 % entsprechen sich die Unternehmenswerte bei nicht korrekter Berücksichtigung des Insolvenzrisikos, da in diesem Fall der Fremdkapitalkostensatz nach Steuern $(j - s \cdot j)$ null entspricht. Im folgenden Abschnitt soll gezeigt werden, dass die hier anhand eines Beispiels getroffenen Aussagen auch allgemeine Gültigkeit besitzen.

3.4.6.3 Verhältnis zwischen Unternehmenswert bei Vernachlässigung bzw. approximativer Berücksichtigung des Insolvenzrisikos und korrektem Unternehmenswert

In diesem Abschnitt soll analysiert werden, wie sich die Vernachlässigung bzw. approximative Berücksichtigung des Insolvenzrisikos für den Fall der Sanierung auf den Wert des Unternehmens im Vergleich zum korrekten Unternehmenswert allgemein auswirkt. Hierbei wird davon ausgegangen, dass die Unternehmenswertfunktion in Abhängigkeit des Diskontierungssatzes monoton fällt, d.h., ein kleinerer Diskontierungssatz bewirkt c.p. einen höheren Unternehmenswert. Dies ist z.B. für den Fall einer Normalinvestition[374] gegeben.[375] Dieser liegt bei folgenden Bedingungen vor:[376]

1. Die Summe aller Cash Flows ist positiv.
2. Der erste Cash Flow ist negativ.
3. Die Zahlungsreihe weist nur einen Vorzeichenwechsel auf bzw. die Reihe der kumulierten Zahlungen weist nur einen Vorzeichenwechsel auf.

Liegt kein Insolvenzrisiko vor, so ergibt sich bei allen Vorgehensweisen ein identischer Unternehmenswert, da hier $r = k_F = k_F^V$ und somit $WACC^{I,S} = WACC$ gilt. Die Identität $WACC^{I,S} = WACC$ ergibt sich ebenfalls bei vollständig eigenfinanzierten Unternehmen, woraus wiederum ein identischer Unternehmenswert resultiert. Zu untersuchen sind also Fälle mit FQ>0 bei Vorliegen eines Insolvenzrisikos. Bei den folgenden Untersuchungen anhand der WACC-Methode genügt es sich auf die Nennergröße zu beschränken, da die Zählergrößen bei allen betrachteten Verfahren übereinstimmen.

1. Fall: WACC (j = r)

Bei vollständiger Vernachlässigung des Insolvenzrisikos resultiert ein im Vergleich zur korrekten Vorgehensweise niedrigerer Unternehmenswert, wenn gilt:

$WACC\ (j = r) > WACC^{I,S}$.

Nutzt man Gleichung 30 und 36, so folgt:

$$k_E \cdot (1 - FQ) + r \cdot (1 - s) \cdot FQ > k_E \cdot (1 - FQ) + \left(k_F - s \cdot k_F^V \cdot \frac{1 + k_F}{1 + k_F^V} \right) \cdot FQ.$$

Durch Umformungen gelangt man zu:

$$r - k_F > s \cdot \left(r - k_F^V \cdot \frac{1 + k_F}{1 + k_F^V} \right).$$

---

[374] Hier kann das Unternehmen als eine einzige Investition angesehen werden.

[375] Ein weiterer Fall einer monoton fallenden Unternehmenswertfunktion liegt bei ausschließlich positiven Cash Flows vor.

[376] Vgl. auch Eisenführ (1998), S. 28.

Bei risikoaversen Fremdkapitalgebern und Vorliegen eines Insolvenzrisikos gilt: $r - k_F^V \cdot \frac{1+k_F}{1+k_F^V} < 0$, da – wie im Folgenden ausgeführt – $k_F^V \cdot \frac{1+k_F}{1+k_F^V} > k_F > r$.

Dass $k_F^V \cdot \frac{1+k_F}{1+k_F^V} > k_F$ gilt, kann wie folgt gezeigt werden. Die erwartete Rendite der Fremdkapitalgeber ergibt sich aus erwarteter Zinszahlung und erwarteter Tilgung dividiert durch den Marktwert des Fremdkapitals zu Beginn der Periode abzüglich 1:

$$k_F = \frac{k_F^V \cdot \frac{1+k_F}{1+k_F^V} \cdot V_{t-1}^F + \frac{1+k_F}{1+k_F^V} \cdot V_{t-1}^F}{V_{t-1}^F} - 1.$$

Durch Umformungen resultiert:

$$k_F = k_F^V \cdot \frac{1+k_F}{1+k_F^V} - \underbrace{\left(1 - \underbrace{\frac{1+k_F}{1+k_F^V}}_{<1 \text{ und } >0}\right)}_{>0}.$$

Der Bruch $\frac{1+k_F}{1+k_F^V}$ spiegelt die erwartete prozentuale Erfüllung der Verbindlichkeiten wider und liegt folglich zwischen null und eins. Somit ist $1 - \frac{1+k_F}{1+k_F^V} > 0$ und damit $k_F^V \cdot \frac{1+k_F}{1+k_F^V} > k_F$. Die erwartete prozentuale Zinszahlung $k_F^V \cdot \frac{1+k_F}{1+k_F^V}$ ist größer als die erwartete Rendite der Fremdkapitalgeber, da diese im Gegensatz zur erwarteten Fremdkapitalrendite den erwarteten Tilgungsverlust nicht berücksichtigt.

Da also $r - k_F^V \cdot \frac{1+k_F}{1+k_F^V} < 0$ ist, ergibt die Division der Ungleichung $r - k_F > s \cdot \left(r - k_F^V \cdot \frac{1+k_F}{1+k_F^V} \right)$ durch diesen Term:

$$\frac{r - k_F}{r - k_F^V \cdot \frac{1+k_F}{1+k_F^V}} < s$$

$$\Leftrightarrow \frac{k_F - r}{k_F^V \cdot \frac{1+k_F}{1+k_F^V} - r} < s.$$

Aus $k_F^V \cdot \frac{1+k_F}{1+k_F^V} > k_F > r$ folgt $0 < \frac{k_F - r}{k_F^V \cdot \frac{1+k_F}{1+k_F^V} - r} < 1$. Für den Steuersatz s gilt $0 \le s \le 1$.

Das Verhältnis zwischen Unternehmenswert bei vollständiger Vernachlässigung des Insolvenzrisikos und korrektem Unternehmenswert ist somit von der Höhe des Steuersatzes s abhängig. Dies wird anhand folgender Fallunterscheidung verdeutlicht:

a) Bei $0 \le s < \frac{k_F - r}{k_F^V \cdot \frac{1+k_F}{1+k_F^V} - r}$ gilt $WACC\ (j = r) < WACC^{I,S}$ und somit resultiert aus der Vernachlässigung des Insolvenzrisikos ein zu hoher Unternehmenswert. Auf Grund des niedrigen Steuersatzes fällt das im Vergleich zum $WACC^{I,S}$ niedrigere Tax Shield weniger ins Gewicht als der niedrigere Fremdkapitalkostensatz. Dies ist in Abbildung 17 für $s < 50\ \%$ gegeben.

b) Für $s = \frac{k_F - r}{k_F^V \cdot \frac{1+k_F}{1+k_F^V} - r}$ gilt $WACC\ (j = r) = WACC^{I,S}$. Es ergibt sich nach beiden Vorgehensweisen ein identischer Unternehmenswert, da beide Effekte sich zufällig ausgleichen. Im Rahmen des Beispiels beträgt der kritische Steuersatz 50 % (vgl. auch Abbildung 17).

c) Gilt $\frac{k_F - r}{k_F^V \cdot \frac{1+k_F}{1+k_F^V} - r} < s \le 1$, so folgt $WACC\ (j = r) > WACC^{I,S}$ und die Vernachlässigung des Insolvenzrisikos führt zu einem zu niedrigen Unternehmenswert. Dies ergibt sich aus einem relativ hohen Steuersatz, sodass das im Vergleich zum $WACC^{I,S}$ niedrigere Tax Shield den niedrigeren Fremdkapitalkostensatz überkompensiert.

2. Fall: WACC ($j = k_F^V$)

Es soll allgemein gezeigt werden, dass diese approximative Berücksichtigung des Insolvenzrisikos unabhängig vom Steuersatz zu einer Unterschätzung des Unternehmenswerts führt. Hierzu muss gelten:

$$WACC\ (j = k_F^V) > WACC^{I,S}$$

$$\Leftrightarrow k_E \cdot (1 - FQ) + k_F^V \cdot (1 - s) \cdot FQ > k_E \cdot (1 - FQ) + \left(k_F - s \cdot k_F^V \cdot \frac{1+k_F}{1+k_F^V} \right) \cdot FQ$$

$$\Leftrightarrow k_F^V \cdot (1 - s) > k_F - s \cdot k_F^V \cdot \frac{1+k_F}{1+k_F^V}$$

$$\Leftrightarrow k_F^V - k_F > s \cdot \left(k_F^V - k_F^V \cdot \frac{1+k_F}{1+k_F^V} \right)$$

$$\Leftrightarrow \frac{k_F^V - k_F}{k_F^V - k_F^V \cdot \frac{1+k_F}{1+k_F^V}} > s.$$

Bereits im 1. Fall wurde gezeigt, dass $k_F^V \cdot \frac{1+k_F}{1+k_F^V} > k_F$ gilt. Hieraus folgt:

$$\frac{k_F^V - k_F}{k_F^V - k_F^V \cdot \frac{1+k_F}{1+k_F^V}} > 1 \geq s.$$

Da für den Steuersatz $s \leq 1$ gilt, ist somit gezeigt, dass durch die hier vorgenommene Approximation des Insolvenzrisikos immer ein niedrigerer Unternehmenswert im Vergleich zur korrekten Vorgehensweise resultiert. Der im Vergleich zum $WACC^{I,S}$ höhere Fremdkapitalkostensatz dominiert also die höhere Tax Shield-Wirkung.

3. Fall: WACC ($j = k_F$)

Auch für diesen Fall der näherungsweisen Berücksichtigung des Insolvenzrisikos soll untersucht werden, wann $WACC\ (j = k_F) > WACC^{I,S}$ gilt. Eingesetzt ergibt sich:

$$k_E \cdot (1-FQ) + k_F \cdot (1-s) \cdot FQ > k_E \cdot (1-FQ) + \left(k_F - s \cdot k_F^V \cdot \frac{1+k_F}{1+k_F^V}\right) \cdot FQ$$

$$\Leftrightarrow k_F - k_F > s \cdot \left(k_F - k_F^V \cdot \frac{1+k_F}{1+k_F^V}\right).$$

Da $k_F^V \cdot \frac{1+k_F}{1+k_F^V} > k_F$, resultiert aus der Division mit $k_F - k_F^V \cdot \frac{1+k_F}{1+k_F^V}$:

$0 < s$.

Da der Steuersatz s jedoch auch gleich null sein kann, ist wiederum eine Fallunterscheidung notwendig:

a) Aus $s > 0$ ergibt sich $WACC\ (j = k_F) > WACC^{I,S}$ und somit ein niedrigerer Unternehmenswert. Dies resultiert alleine aus einer niedrigeren Tax Shield-Wirkung bei approximativer Berücksichtigung des Insolvenzrisikos, da bei beiden Vorgehensweisen ein identischer Fremdkapitalkostensatz angesetzt wird.

b) Für $s = 0$ gilt $WACC\ (j = k_F) = WACC^{I,S}$ und folglich resultieren identische Unternehmenswerte. Die Begründung hierfür ist, dass sich neben einem gleichen Fremdkapitalkostensatz bei beiden Vorgehensweisen durch $s = 0$ ein Tax Shield in Höhe von null ergibt.

Es zeigt sich, dass bis auf zwei Ausnahmen ($WACC\ (j=r) \wedge s = \frac{k_F - r}{k_F^V \cdot \frac{1+k_F}{1+k_F^V} - r}$ sowie $WACC\ (j=k_F) \wedge s = 0$) die Vernachlässigung bzw. approximative Berücksichtigung des Insolvenzrisikos zu einer systematischen Fehlberechnung des Unternehmenswerts führt. Tabelle 33 fasst die Ergebnisse zusammen.

	Unternehmenswert gegenüber korrekter Vorgehensweise		
	zu niedrig	identisch	zu hoch
Fall 1: WACC (j = r)	$s > \frac{k_F - r}{k_F^V \cdot \frac{1+k_F}{1+k_F^V} - r}$	$s = \frac{k_F - r}{k_F^V \cdot \frac{1+k_F}{1+k_F^V} - r}$	$s < \frac{k_F - r}{k_F^V \cdot \frac{1+k_F}{1+k_F^V} - r}$
Fall 2: WACC ($j = k_F^V$)	immer	nie	nie
Fall 3: WACC ($j = k_F$)	$s > 0$	$s = 0$	nie

Tabelle 33: Abweichungen vom korrekten Unternehmenswert bei Insolvenzrisiko (Sanierungsfall)

3.4.7 Economic Value Added bei Insolvenzrisiko für den Fall der Sanierung

Durch Einbeziehung des Insolvenzrisikos für den Fall der Sanierung in das EVA-Konzept ergibt sich:

$$EVA_t = NOPAT_t^{EVA} - WACC^{I,S} \cdot NOA_{t-1}.$$

Gleichung 37: Economic Value Added (EVA) bei Insolvenzrisiko (Sanierungsfall)

Gegenüber Gleichung 21 (vgl. S. 82) ist der WACC hier durch $WACC^{I,S}$ zu ersetzen. Somit wirkt sich der Einbezug des Insolvenzrisikos auf die Kapitalkosten $\left(WACC^{I,S} \cdot NOA_{t-1}\right)$ aus. Wird das Insolvenzrisiko nicht oder nur approximativ berücksichtigt, so können die Kapitalkosten in Abhängigkeit der Vorgehensweise größer bzw. kleiner sein als bei vollständiger Berücksichtigung des Insolvenzrisikos. Gleiches gilt dann für den daraus resultierenden EVA. Für genauere Aussagen ist der im vorherigen Abschnitt vorgenommene Vergleich von $WACC^{I,S}$ und WACC(j) heranzuziehen.

Der Market Value Added ergibt sich durch Diskontierung der EVA mit dem das Insolvenzrisiko vollständig berücksichtigenden Gesamtkapitalkostensatz $WACC^{I,S}$:

$$MVA_t = \sum_{u=t+1}^{\infty} \frac{EVA_u}{(1+WACC^{I,S})^{u-t}}.$$

Gleichung 38: Market Value Added (MVA) bei Insolvenzrisiko (Sanierungsfall)

Den Unternehmenswert erhält man analog zum Fall des sicheren Fremdkapitals als Summe aus Market Value Added und investiertem Kapital. Hinsichtlich der Konvergenz dieses über das EVA-Konzept bestimmten Unternehmenswerts mit dem Unternehmenswert gemäß der DCF-Verfahren gelten – auch bei Einbeziehung des Insolvenzrisikos – die in 3.3.5.2 gezeigten Zusammenhänge. Im Rahmen der formalen Beweise ist bei Berücksichtigung des Risikos der Insolvenz für den Sanierungsfall WACC durch $WACC^{I,S}$ zu ersetzen.

3.5 Wertorientierte Kennzahlen bei Insolvenzrisiko und atmender Finanzierung für den Fall der Liquidation

In Abschnitt 3.4 wurde der Fall diskutiert, dass, wenn ein Unternehmen insolvent wird, darauf eine Sanierung folgt. In diesem Abschnitt wird nun davon ausgegangen, dass bei Insolvenz das Unternehmen liquidiert wird (vgl. die Annahmen in Abschnitt 3.5.1). Dass dies Auswirkungen auf die Tax Shields hat, wird in Abschnitt 3.5.2 gezeigt. Im Weiteren wird dann analog zum Sanierungsfall vorgegangen.

3.5.1 Annahmen

Eine Veränderung der Annahmen gegenüber Abschnitt 3.4 ergibt sich nur bei Annahme 10. Die Annahmen 1 bis 9 sind deshalb *kursiv* gekennzeichnet.

1. *Das Unternehmen ist einem Insolvenzrisiko ausgesetzt, d.h., dass Tilgungen und Zinszahlungen in Bezug auf das Fremdkapital ausfallgefährdet sind.*
2. *Der Kapitalmarkt ist vollkommen und vollständig.*
3. *Es wird von im Zeitablauf konstanten Marktzinssätzen ausgegangen. Das Investitionsrisiko des Unternehmens ist ebenfalls konstant.*
4. *Der Steuersatz s ist konstant und linear und wird auf Unternehmensebene erhoben, wobei die Fremdkapitalzinsen abzugsfähig sind. Von einer Besteuerung auf Anteilseigner- und Gläubigerebene wird abgesehen.*
5. *Ein anfallender Steuervorteil der Fremdfinanzierung (Tax Shield) kann unmittelbar zum Ende der jeweiligen Periode realisiert werden. Bei Insolvenz steht das Tax Shield den Gläubigern (bis zur vollständigen Befriedigung ihrer Ansprüche) zu.*

6. *Die periodenspezifischen Free Cash Flows und Tax Shields werden vollständig an die Kapitalgeber (Eigner und Fremdkapitalgeber) ausgeschüttet. Alle Zahlungen fallen am Ende einer Periode an.*
7. *Bei der Planung der Free Cash Flows wird von einem Zwei-Phasenmodell ausgegangen.*
8. *Es wird eine atmende Finanzierung mit einer konstanten Fremdkapitalquote durchgeführt.*
9. *Im Insolvenzfall sind alle Insolvenzgläubiger gleichberechtigt.*
10. Bei Insolvenz führt ein eventuell auftretender steuerlicher Gewinn auf Grund des Verzichts von Verbindlichkeiten zu Steuerzahlungen.

Ad 10) Für den Fall der Liquidation bei Insolvenz kann abweichend zu Abschnitt 3.4 das Schreiben des Bundesministeriums der Finanzen nicht herangezogen werden, da es auf eine Unternehmenssanierung abstellt.[377] Gemäß § 11 Abs. 7 KStG führt das Ausbuchen von Verbindlichkeiten zu steuerlich relevanten Betriebseinnahmen, die zu Auszahlungen an den Fiskus führen und im Folgenden zu berücksichtigen sind. Hierzu gehört insbesondere der (notwendige) Verzicht von Zins- und Tilgungszahlungen bei einer Insolvenzquote kleiner als eins.

3.5.2 *Das Tax Shield bei Insolvenzrisiko im Fall der Liquidation*

Während für den Fall der Sanierung bei Insolvenz nur die erwarteten Tax Shields, welche auf Grund der gezahlten Fremdkapitalzinsen anfallen und sich positiv auf den Unternehmenswert auswirken, zu berücksichtigen sind, müssen bei Liquidation auf Grund von Annahme 10 auch die steuerlichen Wirkungen des Zins- und Tilgungsverzichts der Fremdkapitalgeber bei Insolvenz einbezogen werden. Das Tax Shield setzt sich daher nunmehr aus drei Effekten zusammen: Zinszahlung (gemäß Abschnitt 3.4.4.2), verzichtete Zinsen und verzichtete Tilgung. Im Folgenden ist daher die Tax Shield-Wirkung durch Zins- und Tilgungsverzicht näher zu analysieren. Begonnen wird mit den steuerlichen Auswirkungen des Zinsverzichts, die durch das Zwei-Zeitpunkt-Zwei-Zustands-Modell in Abbildung 18 verdeutlicht werden. Hierbei wird auf das in Abschnitt 3.4.4.2 eingeführte Beispiel zurückgegriffen. Dabei galten folgende Daten: s=35 %, $k_F^V = 7{,}\overline{07}$ % und IW=1 %. Anders als dort wird jedoch davon ausgegangen, dass im Insolvenzfall die Rendite der Fremdkapitalgeber bei –50 % liegt. Es wird sich noch zeigen, dass, wenn man weiterhin von einer Rendite der Fremdkapitalgeber im Insolvenzfall in Höhe von –100 % ausgehen würde, sich kein Unterschied zum Fall der Sanierung ergibt.

---

[377] Vgl. Bundesministerium der Finanzen (2003).

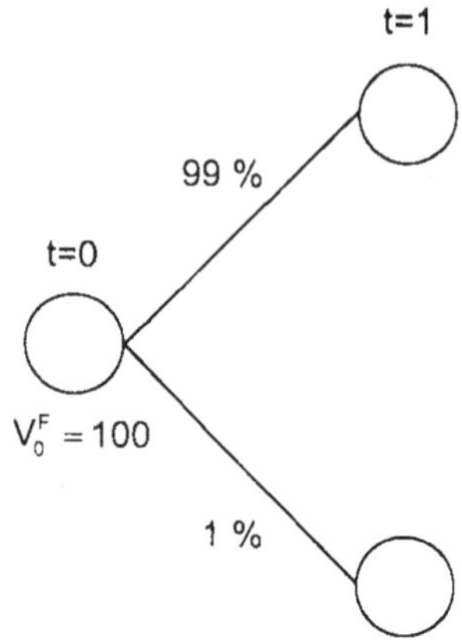

Tax Shield (Zinsverzicht) in t=1 bei Nicht-Insolvenz:

$$TS_1(\text{Zinsverzicht})|\text{Nicht-Insolvenz} = 0$$

Erwartetes Tax Shield in t=1:

$$TS_1(\text{Zinsverzicht}) = 0{,}99 \cdot 0 + 0{,}01 \cdot (-0{,}6159881) = -0{,}0061599$$

Tax Shield (Zinsverzicht) in t=1 bei Insolvenz:

$$TS_1(\text{Zinsverzicht})|\text{Insolvenz} = 0{,}35 \cdot \frac{0{,}5}{1{,}0\overline{7}} \cdot \left(\frac{0{,}5}{1{,}0\overline{7}} - 1\right) \cdot 0{,}0\overline{7} \cdot 100 = -0{,}6159881$$

Abbildung 18: Tax Shield-Bestimmung auf Grund des Zinsverzichts anhand eines Zahlenbeispiels

Im Fall der Nicht-Insolvenz erhalten die Fremdkapitalgeber die vertraglich zugesicherte Zinszahlung, sodass kein Zinserlass erfolgt und sich somit hieraus kein Tax Shield ergibt. Anders sieht es bei Insolvenz aus. Da die Fremdkapitalgeber in diesem Fall annahmegemäß eine Rendite von -50% erwirtschaften, müssen sie auf einen Teil ihrer Zinsforderungen verzichten. Dieser Verzicht ergibt sich aus der Differenz zwischen gezahlten Zinsen und vertraglich vereinbarter Zinszahlung, wobei $\widetilde{k_F}$ die unsichere Rendite der Fremdkapitalgeber darstellt:

$$\text{Zinsverzicht} = \underbrace{\frac{1+\widetilde{k_F}}{1+k_F^V} \cdot k_F^V \cdot V_{t-1}^F}_{\text{(unsichere) Zinszahlung}} - \underbrace{k_F^V \cdot V_{t-1}^F}_{\text{vertragliche Zinszahlung}} .$$

Im Beispiel nimmt $\widetilde{k_F}$ eine Realisierung von $7{,}0\overline{7}$ % (keine Insolvenz) oder -50 % (Insolvenz) an. In obiger Gleichung stellt $\frac{1+\widetilde{k_F}}{1+k_F^V}$ gerade die (unsichere) Insolvenzquote dar. Die Forderung des Fiskus ergibt sich aus der Multiplikation des Zinsverzichts mit dem Steuersatz s. Da im Insolvenzfall der Fiskus jedoch seine Forderungen auch nur anteilig, d.h. gemäß der Insolvenzquote (vgl. Annahme 9), erhält, müssen diese Forderungen zusätzlich mit der Insolvenzquote multipliziert werden, sodass die (unsichere) Steuerzahlung auf Grund des Zinsverzichts wie folgt ermittelt werden kann:

$$\widetilde{TS}_t(\text{Zinsverzicht}) = \underbrace{\frac{1+\widetilde{k_F}}{1+k_F^V}}_{\text{Insolvenzquote}} \cdot s \cdot \underbrace{\left(\underbrace{\frac{1+\widetilde{k_F}}{1+k_F^V} \cdot k_F^V \cdot V_{t-1}^F}_{\text{Zinszahlung}} - \underbrace{k_F^V \cdot V_{t-1}^F}_{\text{vertragliche Zinszahlung}} \right)}_{\text{Zinsverzicht}}.$$

Gleichung 39: Unsicheres Tax Shield auf Grund des Zinsverzichts

Wegen $\frac{1+\widetilde{k_F}}{1+k_F^V} \leq 1$ ist der (unsichere) Zinsverzicht nicht positiv, was damit auch für das Tax Shield zutrifft:[378] $\widetilde{TS}_t(\text{Zinsverzicht}) \leq 0$. Im Beispiel ergibt sich für den Insolvenzfall ein Tax Shield in Höhe von $-0{,}6159881$. Für das erwartete Tax Shield auf Grund des Zinsverzichts erhält man:

$$TS_t(\text{Zinsverzicht}) = E\left(\widetilde{TS}_t(\text{Zinsverzicht})\right)$$

$$= E\left(s \cdot \frac{1+\widetilde{k_F}}{1+k_F^V} \cdot \frac{1+\widetilde{k_F}}{1+k_F^V} \cdot k_F^V \cdot V_{t-1}^F \right) - E\left(s \cdot \frac{1+\widetilde{k_F}}{1+k_F^V} \cdot k_F^V \cdot V_{t-1}^F \right)$$

$$= s \cdot \frac{1}{(1+k_F^V)^2} \cdot k_F^V \cdot V_{t-1}^F \cdot E\left(1+2\cdot\widetilde{k_F}+\widetilde{k_F}\cdot\widetilde{k_F}\right) - s \cdot \frac{1}{1+k_F^V} \cdot k_F^V \cdot V_{t-1}^F \cdot E\left(1+\widetilde{k_F}\right)$$

$$= s \cdot \frac{1}{(1+k_F^V)^2} \cdot k_F^V \cdot V_{t-1}^F \cdot \left(1+2\cdot k_F + E\left(\widetilde{k_F}\cdot\widetilde{k_F}\right)\right) - s \cdot \frac{1}{1+k_F^V} \cdot k_F^V \cdot V_{t-1}^F \cdot (1+k_F).$$

Nutzt man nun die Beziehung $\sigma_{\widetilde{k_F}}^2 = E\left(\widetilde{k_F}\cdot\widetilde{k_F}\right) - E\left(\widetilde{k_F}\right)\cdot E\left(\widetilde{k_F}\right)$[379], wobei $\sigma_{\widetilde{k_F}}^2$ die Varianz der unsicheren Fremdkapitalgeberrendite $\widetilde{k_F}$ darstellt, ergibt sich:

$$TS_t(\text{Zinsverzicht})$$

$$= s \cdot \frac{1}{(1+k_F^V)^2} \cdot k_F^V \cdot V_{t-1}^F \cdot \left(1+2\cdot k_F + \sigma_{\widetilde{k_F}}^2 + E\left(\widetilde{k_F}\right)\cdot E\left(\widetilde{k_F}\right)\right) - s \cdot \frac{1}{1+k_F^V} \cdot k_F^V \cdot V_{t-1}^F \cdot (1+k_F)$$

$$= s \cdot \frac{1+2\cdot k_F + \sigma_{\widetilde{k_F}}^2 + k_F^{\ 2}}{(1+k_F^V)^2} \cdot k_F^V \cdot V_{t-1}^F - s \cdot \frac{1+k_F}{1+k_F^V} \cdot k_F^V \cdot V_{t-1}^F$$

$$= s \cdot k_F^V \cdot V_{t-1}^F \cdot \left(\frac{1+2\cdot k_F + \sigma_{\widetilde{k_F}}^2 + k_F^{\ 2}}{(1+k_F^V)^2} - \frac{1+k_F}{1+k_F^V} \right).$$

Gleichung 40: Erwartetes Tax Shield auf Grund des Zinsverzichts (im Liquidationsfall)

Zur Anwendung von Gleichung 40 auf obiges Beispiel müssen vorher der Erwartungswert und die Varianz der Fremdkapitalgeberrendite berechnet werden. Sie lauten:

---

[378] Die für Zufallsvariablen aufgestellten Berechnungen gelten für jede mögliche Realisierung dieser unsicheren Größen.

[379] Vgl. z.B. Bomsdorf (2002b), S. 44.

$k_F = 0{,}99 \cdot 0{,}07\overline{07} + 0{,}01 \cdot (-0{,}5) = 6{,}5\%$,

$\sigma^2_{\tilde{k}_F} = 0{,}99 \cdot (0{,}07\overline{07} - 0{,}065)^2 + 0{,}01 \cdot (-0{,}5 - 0{,}065)^2 = 0{,}3224495\%$.

Setzt man diese Werte in Gleichung 40 ein, so ergibt sich ein erwartetes Tax Shield durch den Zinsverzicht in Höhe von $-0{,}0061599$.

Analog zur Ermittlung des erwarteten Tax Shields auf Grund des Zinsverzichts soll nun das durch den Tilgungsverzicht verursachte erwartete Tax Shield bestimmt werden (vgl. auch Abbildung 19).

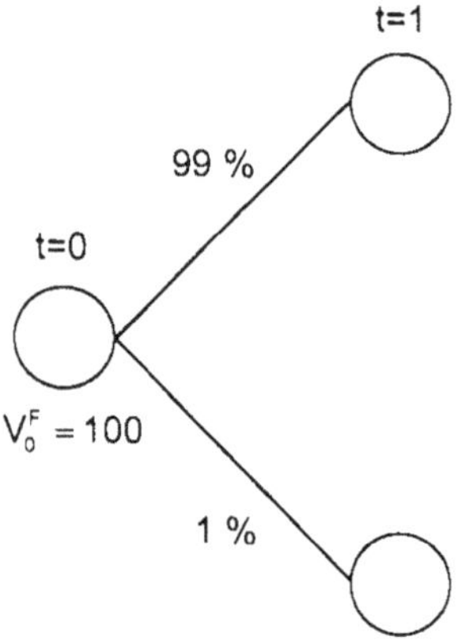

Tax Shield (Tilgungsverzicht) in t=1 bei Nicht-Insolvenz:

$TS_1(\text{Tilgungsverzicht}) | \text{Nicht-Insolvenz} = 0$

Erwartetes Tax Shield in t=1:

$TS_1(\text{Tilgungsverzicht})$
$= 0{,}99 \cdot 0 + 0{,}01 \cdot (-8{,}7118415)$
$= -0{,}0871184$

Tax Shield (Tilgungsverzicht) in t=1 bei Insolvenz:

$TS_1(\text{Tilgungsverzicht}) | \text{Insolvenz}$

$$= 0{,}35 \cdot \frac{0{,}5}{1{,}\overline{07}} \cdot \left(\frac{0{,}5}{1{,}\overline{07}} - 1\right) \cdot 100$$

$= -8{,}7118415$

Abbildung 19: Tax Shield-Bestimmung auf Grund des Tilgungsverzichts anhand eines Zahlenbeispiels

Der Tilgungsverzicht (im Zeitpunkt t) ergibt sich aus der Differenz zwischen tatsächlich geleisteter Tilgung und Marktwert des Fremdkapitals am Anfang der Periode als vertraglich zu leistende Tilgung:

$$\text{Tilgungsverzicht} = \underbrace{\frac{1+\widetilde{k_F}}{1+k_F^V} \cdot V_{t-1}^F}_{\text{Tilgungszahlung}} - \underbrace{V_{t-1}^F}_{\text{vertragliche Tilgung}}.$$

Multipliziert man den Tilgungsverzicht mit dem Steuersatz s und der Insolvenzquote, so resultiert die durch den Tilgungserlass verursachte Steuerzahlung:

$$\widetilde{TS}_t(\text{Tilgungsverzicht}) = \underbrace{\frac{1+\widetilde{k}_F}{1+k_F^V}}_{\text{Insolvenzquote}} \cdot s \cdot \left(\underbrace{\frac{1+\widetilde{k}_F}{1+k_F^V} \cdot V_{t-1}^F}_{\text{Tilgungszahlung}} - \underbrace{V_{t-1}^F}_{\text{vertragliche Tilgung}} \right).$$

Gleichung 41: Unsicheres Tax Shield auf Grund des Tilgungsverzichts

Wegen $\frac{1+\widetilde{k}_F}{1+k_F^V} \leq 1$ gilt analog zu oben: $\widetilde{TS}_t(\text{Tilgungsverzicht}) \leq 0$. Bei Nicht-Insolvenz beträgt das Tax Shield des Tilgungsverzichts null. Im Insolvenzfall liegt die Höhe des Tax Shields im in Abbildung 19 dargestellten Beispiel bei $-8{,}7118415$. Für das erwartete Tax Shield auf Grund des Tilgungsverzichts resultiert analog zu oben:

$$TS_t(\text{Tilgungsverzicht})$$

$$= s \cdot \frac{1}{(1+k_F^V)^2} \cdot V_{t-1}^F \cdot \left(1 + 2 \cdot k_F + E\left(\widetilde{k}_F \cdot \widetilde{k}_F\right)\right) - s \cdot \frac{1}{1+k_F^V} \cdot V_{t-1}^F \cdot (1+k_F).$$

Nutzt man nun wieder die Beziehung $\sigma_{\widetilde{k}_F}^2 = E\left(\widetilde{k}_F \cdot \widetilde{k}_F\right) - E\left(\widetilde{k}_F\right) \cdot E\left(\widetilde{k}_F\right)$, folgt:

$$TS_t(\text{Tilgungsverzicht}) = s \cdot V_{t-1}^F \cdot \left(\frac{1 + 2 \cdot k_F + \sigma_{\widetilde{k}_F}^2 + k_F^2}{(1+k_F^V)^2} - \frac{1+k_F}{1+k_F^V} \right).$$

Gleichung 42: Erwartetes Tax Shield auf Grund des Tilgungsverzichts (im Liquidationsfall)

Für das Beispiel in Abbildung 19 ergibt sich somit ein erwartetes Tax Shield durch Tilgungsverzicht in Höhe von $-0{,}0871184$.

Nun sollen die drei verschiedenen erwarteten Tax Shield-Wirkungen zur erwarteten Gesamt-Tax-Shield-Wirkung zusammengefasst werden:

$TS_t = TS_t(\text{Zinszahlung}) + TS_t(\text{Zinsverzicht}) + TS_t(\text{Tilgungsverzicht})$.[380]

Hierzu werden Gleichung 28, Gleichung 40 und Gleichung 42 addiert:

$$TS_t = s \cdot k_F^V \cdot \frac{1+k_F}{1+k_F^V} \cdot V_{t-1}^F + s \cdot k_F^V \cdot V_{t-1}^F \cdot \left(\frac{1 + 2 \cdot k_F + \sigma_{\widetilde{k}_F}^2 + k_F^2}{(1+k_F^V)^2} - \frac{1+k_F}{1+k_F^V} \right)$$

$$+ s \cdot V_{t-1}^F \cdot \left(\frac{1 + 2 \cdot k_F + \sigma_{\widetilde{k}_F}^2 + k_F^2}{(1+k_F^V)^2} - \frac{1+k_F}{1+k_F^V} \right)$$

$$\Leftrightarrow TS_t = s \cdot k_F^V \cdot V_{t-1}^F \cdot \frac{1 + 2 \cdot k_F + \sigma_{\widetilde{k}_F}^2 + k_F^2}{(1+k_F^V)^2} + s \cdot V_{t-1}^F \cdot \left(\frac{1 + 2 \cdot k_F + \sigma_{\widetilde{k}_F}^2 + k_F^2}{(1+k_F^V)^2} - \frac{1+k_F}{1+k_F^V} \right)$$

$$\Leftrightarrow TS_t = s \cdot V_{t-1}^F \cdot \left(k_F^V \cdot \frac{1 + 2 \cdot k_F + \sigma_{\widetilde{k}_F}^2 + k_F^2}{(1+k_F^V)^2} + \frac{1 + 2 \cdot k_F + \sigma_{\widetilde{k}_F}^2 + k_F^2}{(1+k_F^V)^2} - \frac{1+k_F}{1+k_F^V} \right)$$

---

[380] Zum Tax Shield auf Grund der gezahlten Zinsen vgl. Abschnitt 3.4.4.2.

$$\Leftrightarrow TS_t = s \cdot \left(\frac{1 + 2 \cdot k_F + \sigma^2_{\tilde{k}_F} + {k_F}^2}{1 + k_F^V} - \frac{1 + k_F}{1 + k_F^V} \right) \cdot V^F_{t-1}$$

$$\Leftrightarrow TS_t = s \cdot \frac{k_F + \sigma^2_{\tilde{k}_F} + {k_F}^2}{1 + k_F^V} \cdot V^F_{t-1}.$$

Gleichung 43: Erwartetes Tax Shield bei Insolvenzrisiko im Liquidationsfall

Für das Beispiel resultiert somit ein erwartetes Tax Shield von 2,3682783. Es zeigt sich, dass auf Grund der im Liquidationsfall zu berücksichtigenden steuerlichen Wirkung des Zins- und Tilgungsverzichts ein c.p. kleineres erwartetes Tax Shield als im Sanierungsfall resultiert.

3.5.3 Discounted Cash Flow-Verfahren bei Insolvenzrisiko für den Fall der Liquidation

3.5.3.1 Weighted Average Cost of Capital-Methode bei Insolvenzrisiko für den Fall der Liquidation

Die Renditeforderungen der Kapitalgeber einer Periode entsprechen analog zu den Abschnitten 3.3.4.1.1 und 3.4.5.1 der Summe aus erwartetem Free Cash Flow, erwartetem Tax Shield (vgl. Gleichung 43) und der Unternehmenswertsteigerung dieser Periode:

$$FCF_t + \underbrace{s \cdot \frac{k_F + \sigma^2_{\tilde{k}_F} + {k_F}^2}{1 + k_F^V} \cdot V^F_{t-1}}_{\text{Tax Shield}} + \Delta V^L_t = \underbrace{k_E \cdot V^E_{t-1}}_{\text{Forderungen der EK-Geber}} + \underbrace{k_F \cdot V^F_{t-1}}_{\text{Forderungen der FK-Geber}}.$$

Durch Umformung erhält man:

$$FCF_t + \Delta V^L_t = k_E \cdot V^E_{t-1} + \left(k_F - s \cdot \frac{k_F + \sigma^2_{\tilde{k}_F} + {k_F}^2}{1 + k_F^V} \right) \cdot V^F_{t-1}.$$

Dividiert man beide Seiten dieser Gleichung durch den Wert des verschuldeten Unternehmens (V^L_{t-1}) zum Zeitpunkt t–1, erhält man:

$$\frac{FCF_t + \Delta V^L_t}{V^L_{t-1}} = k_E \cdot \frac{V^E_{t-1}}{V^L_{t-1}} + \left(k_F - s \cdot \frac{k_F + \sigma^2_{\tilde{k}_F} + {k_F}^2}{1 + k_F^V} \right) \cdot \frac{V^F_{t-1}}{V^L_{t-1}}.$$

Der rechte Teil obiger Gleichung stellt den WACC ($WACC^{I,L}$) bei Insolvenzrisiko für den Liquidationsfall dar:

$$WACC^{I,L} = k_E \cdot \frac{V_{t-1}^E}{V_{t-1}^L} + \left(k_F - s \cdot \frac{k_F + \sigma_{\tilde{k}_F}^2 + k_F^2}{1 + k_F^V} \right) \cdot \frac{V_{t-1}^F}{V_{t-1}^L}.$$

Gleichung 44: WACC bei Insolvenzrisiko für den Fall der Liquidation

Analog zu den Ausführungen in Abschnitt 3.4.5.1 sind die Renditeforderungen der Kapitalgeber periodenunabhängig. Da auch alle anderen Größen sich im Zeitablauf nicht ändern, kann von der Konstanz des $WACC^{I,L}$ ausgegangen werden.

Der Unternehmenswert V_t^L ergibt sich gemäß:

$$V_t^L = \sum_{u=t+1}^{\infty} \frac{\overline{FCF}_u}{(1 + WACC^{I,L})^{u-t}}.$$

Gleichung 45: WACC-Methode bei Insolvenzrisiko für den Fall der Liquidation[381]

Zur Veranschaulichung wird auf die Daten des Unternehmens B in Abschnitt 3.4.5.1 zurückgegriffen. Anders als dort wird nun aber davon ausgegangen, dass dieses Unternehmen im Fall der Insolvenz liquidiert wird. Außerdem erzielen die Fremdkapitalgeber bei Insolvenz eine Rendite von –50 % (also keinen Totalverlust mehr). Würde man weiterhin von einem Totalverlust ausgehen, so ergibt sich kein Unterschied zu den Werten bei Sanierung im Insolvenzfall, da bei einem Totalverlust kein Tax Shield auf Grund des Zins- bzw. Tilgungserlasses anfällt. Somit kommt nur das erwartete Tax Shield auf Grund der Zinszahlungen (wie beim Sanierungsfall) zum Tragen. Bei einer Fremdkapitalgeberrendite im Insolvenzfall in Höhe von –50 % ergibt sich – wie auf S. 130 errechnet – eine erwartete Rendite der Fremdkapitalgeber k_F in Höhe von 6,5 % bei einer Varianz der Fremdkapitalgeberrendite $\sigma_{\tilde{k}_F}^2$ von 0,3224495 %.[382]

Durch Nutzung von Gleichung 44 erhält man:

$$WACC^{I,L} = 0{,}1845 \cdot 0{,}5 + \left(0{,}065 - 0{,}35 \cdot \frac{0{,}065 + 0{,}003224495 + 0{,}065^2}{1 + 0{,}07\overline{07}} \right) \cdot 0{,}5$$
$$= 11{,}29086085\ \%.$$

Durch Anwendung von Gleichung 45 ergeben sich die in Tabelle 34 dargestellten Werte des Unternehmens B.

---

[381] Im Fall einer ewigen Rente gilt: $V_t^L = \frac{\overline{FCF}}{WACC^{I,L}}$.

[382] Da eine Rendite von -50 % im Insolvenzfall gegenüber einem Totalverlust eine Risikoreduktion bezüglich der unsicheren Fremdkapitalgeberrendite darstellt, müsste der vertraglich vereinbarte Fremdkapitalzinssatz k_F^V und die erwartete Fremdkapitalgeberrendite k_F bei risikoaversen Fremdkapitalgebern unter den in Abschnitt 3.4.5.1 unterstellten Werten liegen. Zur Vereinfachung wird jedoch weiterhin von $k_F^V = 7{,}\overline{07}$ % ausgegangen. Dies führt somit sogar zu einer Erhöhung der erwarteten Rendite.

t	0	1	2	3	4	5 bis ∞
V_t^L	4.856,0735	5.115,766	5.348,3921	5.500,9533	5.575,553	5.581,6094
V_t^E	2.428,0368	2.557,883	2.674,196	2.750,4767	2.787,7765	2.790,8047
V_t^F	2.428,0368	2.557,883	2.674,196	2.750,4767	2.787,7765	2.790,8047

Tabelle 34: Unternehmenswerte, Shareholder Value und Marktwerte des Fremdkapitals des Unternehmens B bei Insolvenzrisiko für den Fall der Liquidation

Geht man davon aus, dass Unternehmen B bei Insolvenz saniert werden kann, so ergeben sich unter den hier unterstellten Parametern, d.h. insbesondere bei einer Fremdkapitalgeberrendite im Insolvenzfall von –50 %, folgende Unternehmenswerte: $V_0^L = 4.878{,}64$, $V_1^L = 5.138{,}61$, $V_2^L = 5.371{,}41$, $V_3^L = 5.524{,}07$, $V_4^L = 5.598{,}70$ und $V_5^L = 5.604{,}76$. Auf Grund der durch Zins- und Tilgungsverzicht verursachten negativen erwarteten Beiträge zum Tax Shield ist der Unternehmenswert für den Sanierungsfall immer größer/gleich dem Wert im Liquidationsfall. Gleichheit ergibt sich für den Spezialfall des Totalverlusts bei Insolvenz, da dann keine Tax Shields auf Grund von Zins- und Tilgungsverzicht anfallen.

Im Folgenden werden die weiteren DCF-Verfahren (TCF-, APV- und FTE-Methode) bei Liquidation im Insolvenzfall diskutiert. Wie sich später noch zeigen wird, empfiehlt sich jedoch auch hier – bedingt durch die Zirkularitätsproblematik – die Anwendung des WACC-Verfahrens. Die Konvergenz der Methoden wird dann in Abschnitt 3.5.3.5 formal gezeigt.

3.5.3.2 Total Cash Flow-Methode bei Insolvenzrisiko für den Fall der Liquidation

Der $WACC^{TCF,l}$ für den Fall der Liquidation entspricht dem bezüglich der TCF-Methode für den Fall der Sanierung modifizierten Gesamtkapitalkostensatz, da sich beide Fälle nur durch die Tax Shields unterscheiden und diese bei der TCF-Methode in der Zählergröße berücksichtigt werden. Gleichung 32 (vgl. S. 107) besitzt somit auch hier Gültigkeit. Zur Bestimmung des Unternehmenswerts kann auf Gleichung 33 (vgl. S. 107) zurückgegriffen werden. Hierbei sind die erwarteten Tax Shields zur Ermittlung des Total Cash Flows jedoch gemäß Gleichung 43 (vgl. S. 132) zu bestimmen.

Demzufolge ergeben sich unter Nutzung der Werte des WACC-Verfahrens – da hierdurch die Zirkularitätsproblematik umgangen wird – nachstehende erwartete Tax Shields des Unternehmens B (siehe Tabelle 35).

t	1	2	3	4	5	6 bis ∞
TS_t	57,502668	60,577789	63,332404	65,138942	66,022306	66,094022

Tabelle 35: Erwartete Tax Shields des Unternehmens B bei Liquidation im Insolvenzfall

Die Summe aus erwartetem Free Cash Flow (vgl. Tabelle 24) und erwartetem Tax Shield (vgl. Tabelle 35) ergibt den Total Cash Flow (siehe Tabelle 36).

t	1	2	3	4	5	6 bis ∞
TCF_t	346,10267	405,56579	514,65063	611,64429	689,49382	696,30577

Tabelle 36: Erwartete Total Cash Flows des Unternehmens B bei Liquidation im Insolvenzfall

Der modifizierte WACC des Unternehmens B beträgt gemäß Gleichung 32:
$WACC^{TCF,I} = 0{,}1845 \cdot 0{,}5 + 0{,}065 \cdot 0{,}5 = 12{,}475\ \%$.
Durch Nutzung von Gleichung 33 erhält man die Unternehmenswerte, die bereits im vorherigen Abschnitt (vgl. Tabelle 34) errechnet wurden.

3.5.3.3 Adjusted Present Value-Methode bei Insolvenzrisiko für den Fall der Liquidation

Auch für den Fall der Liquidation bei Insolvenz wird im Rahmen der APV-Methode der Unternehmenswert als Summe aus Wert des unverschuldeten Unternehmens und Barwert der Tax Shields bestimmt. Ebenso wird weiterhin der Wert des unverschuldeten Unternehmens über die Diskontierung der erwarteten Free Cash Flows mit dem Eigenkapitalkostensatz k des unverschuldeten Unternehmens ermittelt. Gegenüber dem Fall der Sanierung ergeben sich allerdings auf Grund der Berücksichtigung der steuerlichen Wirkung von Zins- und Tilgungserlass bei Insolvenz grundlegende Änderungen bezüglich der Tax Shields. Im Folgenden wird auf die Problematik bei der Bestimmung der Diskontierungssätze zur Berechnung des Barwerts der Tax Shields eingegangen.
Ausgangspunkt hierfür ist die in Abschnitt 3.5.2 hergeleitete Gleichung 43 zur Berechnung der erwarteten Tax Shields: $TS_t = s \cdot \frac{k_F + \sigma^2_{\tilde{k}_F} + k_F{}^2}{1+k_F^V} \cdot V_{t-1}^F$. Formuliert man das Tax Shield als Zufallsvariable, so ergibt sich aus der Summe von Gleichung 29 (vgl. S. 104), Gleichung 39 (vgl. S. 129) und Gleichung 41 (vgl. S. 131):

$$\widetilde{TS}_t = s \cdot \frac{\tilde{k}_F + \tilde{k}_F{}^2}{1+k_F^V} \cdot V_{t-1}^F .$$

Gleichung 46: Tax Shield bei Insolvenzrisiko im Liquidationsfall

Problematisch ist insbesondere die Diskontierung bezüglich der Periode, in der das Tax Shield anfällt. Aus obiger Gleichung ist ersichtlich, dass $\widetilde{TS}_t$ maßgeblich von der unsicheren Rendite $\widetilde{k}_F$ der Fremdkapitalgeber abhängt. Von den Faktoren s, k_F^V und V_{t-1}^F geht keinerlei Unsicherheit aus, da es sich hierbei um Konstanten handelt. Es muss also insbesondere der Ausdruck $\widetilde{k}_F + \widetilde{k}_F^2$ betrachtet werden. Allerdings besteht, anders als im Sanierungsfall, zwischen dem Tax Shield und der Fremdkapitalgeberrendite kein lineares Verhältnis. Dies soll durch Abbildung 20 verdeutlicht werden.

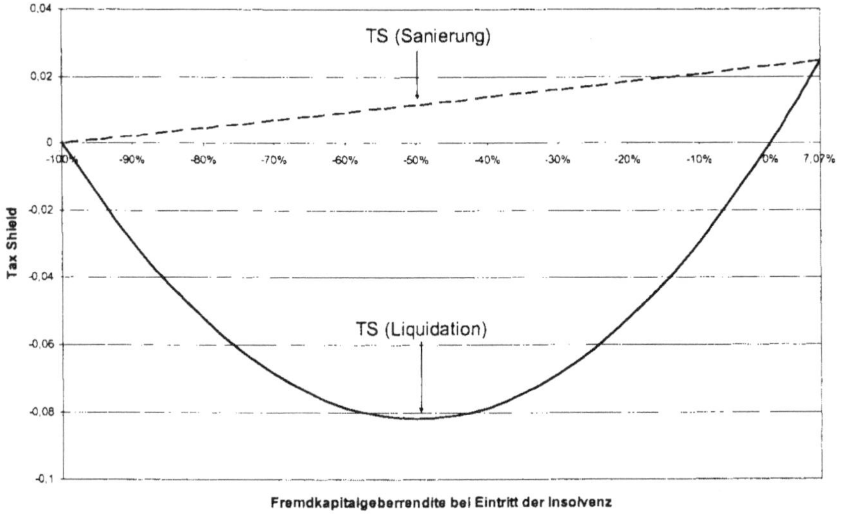

Abbildung 20: Tax Shield bei Sanierung bzw. Liquidation

In dieser Abbildung wurde beispielhaft ein vertraglicher Fremdkapitalzinssatz in Höhe von $7,\overline{07}$ % und ein Steuersatz s in Höhe von 35 % unterstellt. Die Höhe des Fremdkapitalbestands wurde auf eins normiert. Dadurch, dass bei der Bestimmung des Tax Shields im Liquidationsfall die Rendite der Fremdkapitalgeber zum Quadrat eingeht, weist dieses eine andere Risikostruktur als das Tax Shield im Sanierungsfall auf. Auf vollständigen Kapitalmärkten wird auch die unsichere Zahlung $\widetilde{k}_F + \widetilde{k}_F^2$ gehandelt bzw. kann dupliziert werden. Folglich kann sie bewertet werden und der gesuchte Diskontierungsfaktor ist bestimmbar. Die Annahme eines vollständigen Kapitalmarkts wurde zwar getroffen (vgl. Annahme 2), jedoch wurde bereits in Abschnitt 3.3.3 darauf hingewiesen, dass dies ausschließlich zur Operationalisierbarkeit des Ziels der

Konsumnutzenmaximierung der Eigner geschehen ist. De facto liegt also kein vollständiger Kapitalmarkt vor und somit erscheint eine allgemeine Bestimmung des theoretisch korrekten Diskontierungsfaktors für das Tax Shield im Liquidationsfall in der Periode des Anfallens nicht möglich. Da sich außerdem die Anwendung der APV-Methode auf Grund des Zirkularitätsproblems nicht anbietet, wird im Weiteren auf die konkrete Bestimmung des Diskontierungsfaktors verzichtet. Als Platzhalter hierfür soll in den folgenden formalen Darstellungen k_{TS} dienen. Für zwei Spezialfälle ist, wie im Folgenden gezeigt wird, auch bei den hier getroffenen Annahmen eine Quantifizierung von k_{TS} möglich. Dies geschieht durch Übertragung auf bereits hergeleitete Vorgehensweisen.

Der erste Spezialfall liegt vor, wenn die Insolvenzwahrscheinlichkeit null beträgt bzw. die Fremdkapitalgeber im Insolvenzfall eine Rendite in Höhe der vertraglich vereinbarten Verzinsung erhalten.[383] Da insofern kein Ausfallrisiko vorliegt, entspricht die Fremdkapitalgeberrendite k_F dem sicheren Zinssatz r und somit gilt: $\widetilde{k_F} + \widetilde{k_F}^2 = r + r^2$. Somit ist auch das Tax Shield sicher und folglich ist der sichere Zinssatz r der geeignete Diskontierungsfaktor.[384]

Wird im Insolvenzfall von einem Totalverlust, d.h. die Rendite k_F^I der Fremdkapitalgeber bei Insolvenz beträgt –1, ausgegangen, dann kann auf die Ergebnisse des Sanierungsfalls bei Insolvenz zurückgegriffen werden.[385] Da mit einem Totalverlust im Insolvenzfall eine Insolvenzquote von null einhergeht, beträgt die Höhe des Tax Shields bei Insolvenz null. Dies gilt sowohl für den Liquidations- als auch für den Sanierungsfall. Bei Nicht-Insolvenz stimmt die Höhe des Tax Shields für Liquidations- und Sanierungsfall bei ansonsten identischen Parametern ebenfalls überein. Somit ergeben sich auch deckungsgleiche erwartete Tax Shields. Folglich muss auch der Barwert der (erwarteten) Tax Shields bei $k_F^I = -1$ im Liquidations- und Sanierungsfall übereinstimmen. Dies ist allerdings nur bei gleichem Diskontierungssatz sichergestellt. Folglich ist – wie im Sanierungsfall – die erwartete Rendite der Fremdkapitalgeber k_F anzusetzen. In Abbildung 20 erkennt man diese beiden Spezialfälle durch Übereinstimmung der Höhe des Tax Shields im Liquidationsfall und der Höhe des Tax Shields im Sanierungsfall.

Bezüglich aller Perioden, die zeitlich vor der Periode des Anfallens des Tax Shields liegen, unterliegt das Tax Shield auf Grund der atmenden Finanzierung dem Investitionsrisiko. Folglich ist der Eigenkapitalkostensatz k der für diese Perioden anzuset-

---

[383] Die Rendite der Fremdkapitalgeber entspricht der vertraglich vereinbarten Verzinsung im Insolvenzfall nur dann, wenn die Insolvenzquote eins beträgt.

[384] Vgl. Abschnitt 3.3.4.1.3 und 3.3.4.2.1 für den Fall des sicheren Fremdkapitals. Hier sind bei autonomer Finanzierung die Tax Shields generell sicher, während diese bei atmender Finanzierung in der Periode ihres Anfalls keinerlei Unsicherheit aufweisen.

[385] Vgl. Abschnitt 3.4.5.3.

zende Diskontierungsfaktor. Für detaillierte Ausführungen hierzu sei auf Abschnitt 3.4.5.3 verwiesen.

Der Wert des verschuldeten Unternehmens zum Zeitpunkt t im Liquidationsfall ergibt sich somit wie folgt:

$$V_t^L = \sum_{u=t+1}^{\infty} \frac{FCF_u}{(1+k)^{u-t}} + \sum_{u=t+1}^{\infty} \frac{TS_u}{(1+k_{TS}) \cdot (1+k)^{u-t-1}}.$$

Gleichung 47: APV-Methode bei Insolvenzrisiko im Liquidationsfall[386]

Analog zu Abschnitt 3.4.5.3 wird nun eine Bestimmungsgleichung zwischen dem Eigenkapitalkostensatz k des unverschuldeten Unternehmens und dem Eigenkapitalkostensatz k_E des verschuldeten Unternehmens hergeleitet. Hierzu wird die rekursive Vorgehensweise nach Miles/Ezzell[387] angewandt. Unter Nutzung von Gleichung 47 in Verbindung mit Gleichung 43 erhält man:

$$V_{T-1}^L = \frac{FCF_T}{1+k} + \frac{s \cdot \frac{k_F + \sigma_{\tilde{k}_F}^2 + k_F^2}{1+k_F^V} \cdot FQ \cdot V_{t-1}^L}{1+k_{TS}}.$$

Durch Umformungen ergibt sich:

$$\left(1 - s \cdot \frac{k_F + \sigma_{\tilde{k}_F}^2 + k_F^2}{(1+k_F^V) \cdot (1+k_{TS})} \cdot FQ\right) \cdot V_{T-1}^L = \frac{FCF_T}{1+k}$$

$$\Leftrightarrow V_{T-1}^L = \frac{FCF_T}{(1+k) \cdot \left(1 - s \cdot \frac{k_F + \sigma_{\tilde{k}_F}^2 + k_F^2}{(1+k_F^V) \cdot (1+k_{TS})} \cdot FQ\right)}$$

$$\Leftrightarrow V_{T-1}^L = \frac{FCF_T}{\underbrace{1+k - s \cdot (1+k) \cdot \frac{k_F + \sigma_{\tilde{k}_F}^2 + k_F^2}{(1+k_F^V) \cdot (1+k_{TS})} \cdot FQ}_{\text{modifizierter Miles/Ezell-WACC}}} = \frac{FCF_T}{1+WACC^{I,L}}.$$

Die Verbindung zwischen k und k_E erhält man nun durch Gleichsetzung des für den Liquidationsfall modifizierten Miles/Ezzell-WACC und dem $WACC^{I,L}$:[388]

$$WACC^{I,L} = k - s \cdot (1+k) \cdot \frac{k_F + \sigma_{\tilde{k}_F}^2 + k_F^2}{(1+k_F^V) \cdot (1+k_{TS})} \cdot FQ$$

---

[386] Bei einer ewigen Rente gilt: $V_t^L = \frac{\overline{FCF}}{k} + \frac{\overline{TS}}{k} \cdot \frac{1+k}{1+k_{TS}}$.

[387] Vgl. Miles/Ezzell (1980).

[388] Zu den einzelnen Umformungsschritten vgl. Anhang E.

$$\Rightarrow k = \frac{k_E \cdot (1-FQ) + \left(k_F - s \cdot \frac{k_F + \sigma^2_{\tilde{k}_F} + k_F{}^2}{1+k_F^V} \cdot \left(1 - \frac{1}{1+k_{TS}}\right)\right) \cdot FQ}{1 - s \cdot \frac{k_F + \sigma^2_{\tilde{k}_F} + k_F{}^2}{(1+k_F^V) \cdot (1+k_{TS})} \cdot FQ}$$

$$\Leftrightarrow k_E = \frac{k + FQ \cdot \left(s \cdot \frac{k_F + \sigma^2_{\tilde{k}_F} + k_F{}^2}{1+k_F^V} \cdot \frac{k_{TS} - k}{1+k_{TS}} - k_F\right)}{1-FQ}.$$

Gleichung 48: Modifizierte Miles/Ezzell-Gleichung bei Insolvenzrisiko für den Liquidationsfall

Da, wie bereits oben erläutert, k_{TS} nicht problemlos bestimmt werden kann, muss auf die Anwendung der APV-Methode im Rahmen des bekannten Beispiels verzichtet werden. Durch Anwendung von Gleichung 48 ist zwar – unabhängig von der Höhe des Diskontierungsfaktors k_{TS} – die mit den anderen DCF-Methoden konsistente Ermittlung des Unternehmenswerts sichergestellt, allerdings wird bei einer willkürlichen Festlegung von k_{TS} – ausgehend von k_E – in der Regel ein theoretisch nicht korrekter Eigenkapitalkostensatz k des unverschuldeten Unternehmens bestimmt. Folglich sind sowohl der Unternehmenswert des unverschuldeten Unternehmens als auch der Barwert der Tax Shields im Gegensatz zum Unternehmenswert des verschuldeten Unternehmens nicht exakt. Dies kann nur durch eine theoretisch fundierte Ermittlung der Höhe von k_{TS} behoben werden.

3.5.3.4 *Flow to Equity-Methode bei Insolvenzrisiko für den Fall der Liquidation*

Zur Bestimmung der erwarteten Flow to Equity werden – ausgehend von den erwarteten Free Cash Flows – die erwarteten Tax Shields, die erwarteten Fremdkapitalzinsen und die erwarteten Tilgungen benötigt. Die erwarteten Fremdkapitalzinsen und erwarteten Tilgungen ergeben sich anlog zu dem Fall der Sanierung (vgl. Abschnitt 3.4.5.4) durch:

$\text{FK-Zinsen}_t = k_F^V \cdot \frac{1+k_F}{1+k_F^V} \cdot V_{t-1}^F$ bzw. $\text{Tilgung}_t = \frac{1+k_F}{1+k_F^V} \cdot V_{t-1}^F - V_t^F$.

Für die erwarteten Tax Shields ist Gleichung 43 heranzuziehen:

$$TS_t = s \cdot \frac{k_F + \sigma^2_{\tilde{k}_F} + k_F{}^2}{1+k_F^V} \cdot V_{t-1}^F.$$

Folglich gilt:

$$FTE_t = FCF_t + s \cdot \frac{k_F + \sigma^2_{\tilde{k}_F} + k_F{}^2}{1+k_F^V} \cdot V_{t-1}^F - k_F^V \cdot \frac{1+k_F}{1+k_F^V} \cdot V_{t-1}^F - \left(\frac{1+k_F}{1+k_F^V} \cdot V_{t-1}^F - V_t^F\right).$$

Zur Umgehung des Zirkularitätsproblems wurden bei der Bestimmung der in Tabelle 37 aufgeführten Flow to Equity des Beispiels die Ergebnisse der WACC-Methode genutzt.

Gemäß Gleichung 14 ergibt sich der Eigenkapitalmarktwert durch die auf den Betrachtungszeitpunkt t vorzunehmende Diskontierung der erwarteten Flow to Equity mit dem Eigenkapitalkostensatz k_E des verschuldeten Unternehmens.

t	1	2	3	4	5	6 bis ∞
FCF_t	288,6	344,988	451,31823	546,5053476	623,4715174	630,21175
$+TS_t$	57,50266795	60,577789	63,33240442	65,13894222	66,02230577	66,0940221
$-$FK-Zinsen$_t$	170,7642841	179,8964	188,0767116	193,4415433	196,0648467	196,277821
$-$Tilgung$_t$	-142,788147	-129,947	-90,53460747	-51,96037955	-17,8875805	-14,8755156
$=FTE_t$	318,1265309	355,6164	417,1085302	470,1631261	511,316557	514,903467

Tabelle 37: Erwartete Flow to Equity des Unternehmens B bei Insolvenzrisiko (Liquidationsfall)

Für das Beispiel ergeben sich dann direkt die in Tabelle 34 im Rahmen des WACC-Verfahrens bereits indirekt bestimmten Marktwerte des Eigenkapitals.

3.5.3.5 Konvergenz der DCF-Verfahren bei Insolvenzrisiko für den Fall der Liquidation

Die Konvergenz der DCF-Methoden wird wie im Sanierungsfall dadurch gezeigt, dass alle Verfahren in die WACC-Methode überführt werden. Da dies für die APV-Methode bereits in Abschnitt 3.5.3.3 erfolgt ist, wird im Weiteren eine Überführung des TCF- und des FTE-Verfahrens in das WACC-Verfahren vorgenommen. Hierbei wird analog zu Abschnitt 3.4.5.5 rekursiv vorgegangen.

3.5.3.5.1 Überführung der TCF-Methode in das WACC-Verfahren

Durch Anwendung des Roll-Back-Verfahrens ergibt sich der Unternehmenswert in $t-1$ gemäß der TCF-Methode wie folgt:

$$V_{t-1}^L = \frac{TCF_t + V_t^L}{1 + WACC^{TCF,I}}.$$

Ersetzt man TCF_t durch FCF_t+TS_t in Verbindung mit Gleichung 43, so resultiert:

$$V_{t-1}^L = \frac{FCF_t + s \cdot \frac{k_F + \sigma_{\tilde{k}_F}^2 + k_F{}^2}{1 + k_F^V} \cdot V_{t-1}^F + V_t^L}{1 + k_E \cdot \frac{V_{t-1}^E}{V_{t-1}^L} + k_F \cdot \frac{V_{t-1}^F}{V_{t-1}^L}}.$$

Nutzt man die Beziehung $V_{t-1}^F = FQ \cdot V_{t-1}^L$ sowie $\frac{V_{t-1}^E}{V_{t-1}^L} = 1 - FQ$ bzw. $\frac{V_{t-1}^F}{V_{t-1}^L} = FQ$, so ergibt sich:

$$V_{t-1}^L = \frac{FCF_t + s \cdot \frac{k_F + \sigma_{\tilde{k}_F}^2 + k_F{}^2}{1+k_F^V} \cdot FQ \cdot V_{t-1}^L + V_t^L}{1 + k_E \cdot (1-FQ) + k_F \cdot FQ}.$$

Formt man weiter um, so gelangt man zu:

$$V_{t-1}^L = \frac{FCF_t + V_t^L}{1 + k_E \cdot (1-FQ) + \left(k_F - s \cdot \frac{k_F + \sigma_{\tilde{k}_F}^2 + k_F{}^2}{1+k_F^V}\right) \cdot FQ}.$$

Unter Berücksichtigung von Gleichung 44 ergibt sich schließlich als Ergebnis die gewünschte Überführung in die WACC-Methode:

$$V_{t-1}^L = \frac{FCF_t + V_t^L}{1 + WACC^{I,L}}.$$

3.5.3.5.2 Überführung der FTE-Methode in das WACC-Verfahren

Der Marktwert des Eigenkapitals in t–1 ergibt sich gemäß der FTE-Methode aus:

$$V_{t-1}^E = \frac{FTE_t + V_t^E}{1+k_E}.$$

Nutzt man

$$FTE_t = FCF_t + \underbrace{s \cdot \frac{k_F + \sigma_{\tilde{k}_F}^2 + k_F{}^2}{1+k_F^V} \cdot V_{t-1}^F}_{TS_t} - \underbrace{k_F^V \cdot \frac{1+k_F}{1+k_F^V} \cdot V_{t-1}^F}_{FK\text{-}Zinsen_t} - \underbrace{\left(\frac{1+k_F}{1+k_F^V} \cdot V_{t-1}^F - V_t^F\right)}_{Tilgung_t}$$

und addiert auf beiden Seiten den Marktwert des Fremdkapitals V_{t-1}^F in t–1, so ergibt sich:

$$V_{t-1}^L = \frac{FCF_t + s \cdot \frac{k_F + \sigma_{\tilde{k}_F}^2 + k_F{}^2}{1+k_F^V} \cdot V_{t-1}^F - k_F^V \cdot \frac{1+k_F}{1+k_F^V} \cdot V_{t-1}^F - \left(\frac{1+k_F}{1+k_F^V} \cdot V_{t-1}^F - V_t^F\right) + V_t^E}{1+k_E} + V_{t-1}^F.$$

Durch Ersetzung von V_{t-1}^F durch $FQ \cdot V_{t-1}^L$ und Zusammenfassung von $V_t^F + V_t^E$ zu V_t^L erhält man:

$$\Leftrightarrow V_{t-1}^L =$$

$$\frac{FCF_t + s \cdot \frac{k_F + \sigma_{\tilde{k}_F}^2 + k_F{}^2}{1+k_F^V} \cdot FQ \cdot V_{t-1}^L - k_F^V \cdot \frac{1+k_F}{1+k_F^V} \cdot FQ \cdot V_{t-1}^L - \frac{1+k_F}{1+k_F^V} \cdot FQ \cdot V_{t-1}^L + V_t^L}{1+k_E}$$

$$+ FQ \cdot V_{t-1}^L.$$

Durch weitere Umformungen gelangt man zu:

$$V_{t-1}^{L} = \frac{FCF_t + V_t^L}{(1+k_E)\cdot(1-FQ) + \left(\underbrace{k_F^V \cdot \frac{1+k_F}{1+k_F^V} + \frac{1+k_F}{1+k_F^V}}_{1+k_F} - s \cdot \frac{k_F + \sigma_{\tilde{k}_F}^2 + k_F{}^2}{1+k_F^V}\right)\cdot FQ}.$$

Da $k_F^V \cdot \frac{1+k_F}{1+k_F^V} + \frac{1+k_F}{1+k_F^V} = 1+k_F$ gilt, ergibt sich unter weiteren Umformungen:

$$V_{t-1}^{L} = \frac{FCF_t + V_t^L}{1-FQ+k_E\cdot(1-FQ) + \left(1+k_F - s \cdot \frac{k_F + \sigma_{\tilde{k}_F}^2 + k_F{}^2}{1+k_F^V}\right)\cdot FQ}$$

$$\Leftrightarrow V_{t-1}^{L} = \frac{FCF_t + V_t^L}{1+k_E\cdot(1-FQ) + \left(k_F - s \cdot \frac{k_F + \sigma_{\tilde{k}_F}^2 + k_F{}^2}{1+k_F^V}\right)\cdot FQ}.$$

Schließlich gelangt man zu der beabsichtigten Überführung in die WACC-Methode:

$$V_{t-1}^{L} = \frac{FCF_t + V_t^L}{1+WACC^{I,L}}.$$

3.5.4 *Unternehmenswertabweichungen bei nicht vollständiger Berücksichtigung des Insolvenzrisikos*

In den Abschnitten 3.5.4.1 bis 3.5.4.3 werden die bereits in Abschnitt 3.4.6 für den Sanierungsfall vorgenommenen Analysen auf den Liquidationsfall übertragen. Da bei Insolvenz im Liquidationsfall im Gegensatz zum Sanierungsfall auch negative Tax Shields möglich sind, wird zusätzlich in Abschnitt 3.5.4.4 die Höhe des Tax Shields bei Insolvenz in Abhängigkeit von der Insolvenzquote untersucht.

3.5.4.1 *Bestimmung des Unternehmenswerts bei Vernachlässigung bzw. approximativer Berücksichtigung des Insolvenzrisikos anhand eines Beispiels*

Im Folgenden wird analysiert wie die vollständige Vernachlässigung bzw. approximative Berücksichtigung des Insolvenzrisikos den Wert des Beispielunternehmens B beeinflusst. Hierzu werden die Unternehmenswerte bei vollständiger Vernachlässigung bzw. nur approximativer Berücksichtigung des Insolvenzrisikos[389] mit dem Unternehmenswert bei vollständiger Berücksichtigung des Insolvenzrisikos für den Liquidationsfall verglichen.

---

[389] Zu diesen Vorgehensweisen vgl. auch Abschnitt 3.4.6.1.

Bei vollständiger Vernachlässigung bzw. approximativer Berücksichtigung des Insolvenzrisikos wird – unter Nutzung der WACC-Methode – Gleichung 36: $WACC(j) = k_E \cdot (1 - FQ) + (j - s \cdot j) \cdot FQ$ genutzt.

Bei vollständiger Vernachlässigung des Insolvenzrisikos (j=r) und einem sicheren Zinssatz in Höhe von 5 % ergibt sich ein deutlich höherer Unternehmenswert von $V_0^L(r) = 5.077{,}30$.

Die approximative Berücksichtigung des Insolvenzrisikos ($j = k_F^V$) durch den vertraglich vereinbarten Fremdkapitalzinssatz in Höhe von $7{,}\overline{07}$ % führt zu dem niedrigeren Unternehmenswert von $V_0^L(k_F^V) = 4.746{,}54$.

Ebenso ergibt sich ein niedrigerer Wert des Unternehmens in Höhe von $V_0^L(k_F) = 4.833{,}70$ bei approximativer Berücksichtigung des Insolvenzrisikos ($j=k_F$) durch die erwartete Fremdkapitalgeberrendite in Höhe von 6,5 %.

Die genauere Analyse wird analog zu Abschnitt 3.4.6.1 anhand der WACC-Methode vorgenommen, da hier die Untersuchung auf die Nennergröße beschränkt werden kann.

Zur korrekten Berechnung des Unternehmenswerts bei Insolvenzrisiko für den Fall der Liquidation ist folgender WACC anzusetzen:

$$WACC^{I,L} = k_E \cdot (1 - FQ) + \left(k_F - s \cdot \frac{k_F + \sigma_{\tilde{k}_F}^2 + k_F^{\,2}}{1 + k_F^V} \right) \cdot FQ \text{ (vgl. Gleichung 44).}$$

Subtrahiert man WACC(j) von $WACC^{I,L}$, so erhält man:

$$WACC^{I,L} - WACC(j) = \left(k_F - s \cdot \frac{k_F + \sigma_{\tilde{k}_F}^2 + k_F^{\,2}}{1 + k_F^V} - (j - s \cdot j) \right) \cdot FQ$$

$$\Leftrightarrow WACC^{I,L} - WACC(j) = \left(\underbrace{k_F - j}_{\text{Differenz Fremdkapitalkostensatz}} \underbrace{- s \cdot \left(\frac{k_F + \sigma_{\tilde{k}_F}^2 + k_F^{\,2}}{1 + k_F^V} - j \right)}_{\text{Differenz Tax Shield-Wirkung}} \right) \cdot FQ.$$

Unterschiede können also – analog zu Abschnitt 3.4.6.1 – nur aus dem Ansatz eines unterschiedlichen Fremdkapitalkostensatzes (k_F oder j) bzw. aus der Differenz der Tax Shield-Wirkungen

$$\underbrace{s \cdot \frac{k_F + \sigma_{\tilde{k}_F}^2 + k_F^{\,2}}{1 + k_F^V}}_{\substack{\text{Tax Shield-Wirkung bei} \\ \text{vollständiger Berücksichtigung} \\ \text{des Insolvenzrisikos}}} - \underbrace{s \cdot j}_{\substack{\text{Tax Shield-Wirkung} \\ \text{bei nicht vollständiger} \\ \text{Berücksichtigung} \\ \text{des Insolvenzrisikos}}} = s \cdot \left(\frac{k_F + \sigma_{\tilde{k}_F}^2 + k_F^{\,2}}{1 + k_F^V} - j \right)$$

resultieren.

1. Fall: j = r (vollständige Vernachlässigung des Insolvenzrisikos)

Der um 221,23 GE höhere Unternehmenswert resultiert aus zwei gegenläufigen Effekten. Zwar beträgt bei vollständiger Vernachlässigung des Insolvenzrisikos die Tax Shield Wirkung nur 1,75 % (gegenüber 2,36828 % bei korrekter Erfassung des Insolvenzrisikos), dies wird allerdings durch den um 1,5 Prozentpunkte niedrigeren Fremdkapitalkostensatz überkompensiert, sodass ein zu hoher Unternehmenswert berechnet wird.

2. Fall: j = k_F^V (approximative Berücksichtigung des Insolvenzrisikos I)

Im Gegensatz zu Fall 1 kehren sich nun die Wirkungen der beiden Effekte um. Der bei dieser Form der approximativen Berücksichtigung des Insolvenzrisikos angesetzte Fremdkapitalkostensatz ($7,\overline{07}$ %) liegt über dem Fremdkapitalkostensatz bei exakter Vorgehensweise (6,5 %). Diese Differenz kann auch durch die gegenläufige Tax Shield-Wirkung nicht ausgeglichen werden, sodass ein niedrigerer Unternehmenswert resultiert.

3. Fall: j = k_F (approximative Berücksichtigung des Insolvenzrisikos II)

Für diesen Fall ergibt sich der um 22,38 GE niedrigere Unternehmenswert allein aus der um 0,09328 Prozentpunkte niedrigeren Wirkung des Tax Shields.

Die Ergebnisse sind zusammenfassend in Tabelle 38 dargestellt.

Nenner-größe	(1) Fremdkapital-kostensatz (vor Steuern)	(2) Tax Shield-Wirkung	(3)=(1)-(2) Fremdkapital-kostensatz nach Steuern	(4) Abweichung vom korrekten Unternehmens-wert
$WACC^{I,L}$	6,5 %	2,36828 %	4,13173 %	-
1. Fall WACC (j = r)	5 %	1,75 %	3,25 %	↑ (+ 221,23)
2. Fall WACC ($j = k_F^V$)	$7{,}\overline{07}$ %	$2{,}\overline{47}$ %	$4{,}\overline{59}$ %	↓ (- 109,54)
3. Fall WACC ($j = k_F$)	6,5 %	2,275 %	4,225 %	↓ (- 22,38)

Tabelle 38: Analyse der Abweichungen vom korrekten Unternehmenswert im Liquidationsfall

Somit zeigt sich anhand dieses Beispiels, dass auch bei einer nicht exakten Berücksichtigung des Insolvenzrisikos für den Fall der Liquidation Fehlinformationen die Folge sind.

3.5.4.2 Auswirkungen von Steuersatzänderungen auf den Unternehmenswert anhand eines Beispiels

Nun soll die aus Abschnitt 3.4.6.2 bekannte Vorgehensweise zur Untersuchung der Auswirkungen der Steuersatzänderung für den Liquidationsfall angewandt werden. Die Abweichungen im Rahmen des Beispiels bei Vernachlässigung des Insolvenzrisikos [WACC (j = r)] und approximativer Berücksichtigung des Insolvenzrisikos [WACC ($j = k_F^V$) und WACC ($j = k_F$)] vom Unternehmenswert bei korrekter Berücksichtigung des Insolvenzrisikos sind in Abbildung 21 grafisch veranschaulicht.

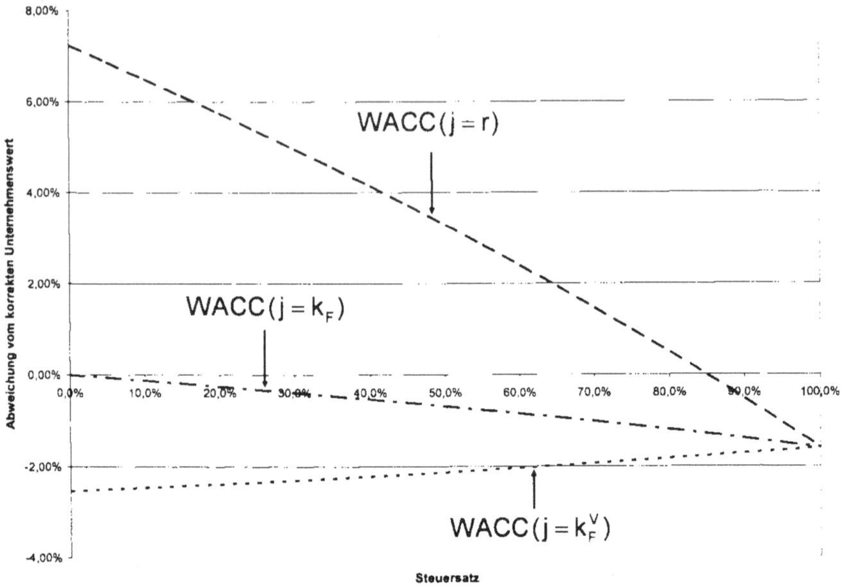

Abbildung 21: Abweichungen vom korrekten Unternehmenswert in Abhängigkeit des Steuersatzes anhand des Zahlenbeispiels im Liquidationsfall

Die Ergebnisse des Beispiels weisen große Ähnlichkeit mit den Ergebnissen des Sanierungsfalls (vgl. Abbildung 17) auf, da bei vollständiger Vernachlässigung des Insolvenzrisikos [WACC (j = r)] sich in Abhängigkeit der Höhe von s sowohl ein zu hoher als auch ein zu niedriger Unternehmenswert ergeben kann. Bei approximativer Berücksichtigung des Insolvenzrisikos [WACC (j = k_F^V) und WACC (j = k_F)] ergibt sich analog zum Sanierungsfall in der Regel (Ausnahme s = 0) ein zu niedriger Wert des Unternehmens. Im nächsten Abschnitt wird jedoch gezeigt, dass im Allgemeinen substantielle Unterschiede auftreten.

3.5.4.3 Verhältnis zwischen Unternehmenswert bei Vernachlässigung bzw. approximativer Berücksichtigung des Insolvenzrisikos und korrektem Unternehmenswert

In diesem Abschnitt wird analog zu 3.4.6.3 untersucht, ob – und unter welchen Parametern – durch die Vernachlässigung bzw. approximative Erfassung des Insolvenzrisikos für den Fall der Liquidation Abweichungen gegenüber dem korrekten Wert des Unternehmens resultieren. Hierzu wird wiederum die WACC-Methode herangezogen und von FQ > 0 ausgegangen. Weiterhin wird erneut von einer in Abhängigkeit des Diskontierungssatzes monoton fallenden Unternehmenswertfunktion ausgegangen.

1. Fall: WACC (j = r)

Abweichend zu Abschnitt 3.4.6.3 wird hier geprüft, wann durch die Vernachlässigung des Insolvenzrisikos ein zu hoher Unternehmenswert berechnet wird:

$$\text{WACC}\,(j=r) < \text{WACC}^{I,L}$$

$$\Leftrightarrow k_E \cdot (1-FQ) + r \cdot (1-s) \cdot FQ < k_E \cdot (1-FQ) + \left(k_F - s \cdot \frac{k_F + \sigma^2_{\widetilde{k_F}} + {k_F}^2}{1+k_F^V} \right) \cdot FQ$$

$$\Leftrightarrow k_F - r > s \cdot \left(\frac{k_F + \sigma^2_{\widetilde{k_F}} + {k_F}^2}{1+k_F^V} - r \right).$$

Je nach Ausgestaltung der Parameter kann der Term $\frac{k_F + \sigma^2_{\widetilde{k_F}} + {k_F}^2}{1+k_F^V} - r$ sowohl positiv als auch negativ sein.[390] Im Weiteren erfolgt als Ausgangspunkt der Betrachtung eine Beschränkung auf zwei Spezialfälle:

a) Annahme: s = 0

Unter dieser Annahme ist obige Bedingung erfüllt, da bei risikoaversen Fremdkapitalgebern und Vorliegen eines Insolvenzrisikos die Differenz $k_F - r$ größer null ist. Folglich ergibt sich ein zu hoher Unternehmenswert.

b) Annahme: s = 1

Obige Ungleichung ist am ehesten bei einem Steuersatz in Höhe von eins nicht erfüllt, da dann c.p. die rechte Seite am größten ist. Dies wird im Folgenden angenommen:

$$k_F - r > \frac{k_F + \sigma^2_{\widetilde{k_F}} + {k_F}^2}{1+k_F^V} - r$$

$$\Leftrightarrow k_F > \frac{k_F + \sigma^2_{\widetilde{k_F}} + {k_F}^2}{1+k_F^V}$$

$$\Leftrightarrow k_F \cdot k_F^V > \sigma^2_{\widetilde{k_F}} + {k_F}^2.$$

Nutzt man die Beziehung $\sigma^2_{\widetilde{k_F}} = E\left(\widetilde{k_F} \cdot \widetilde{k_F}\right) - {k_F}^2$, so folgt mit IW als Insolvenzwahrscheinlichkeit:

$$k_F \cdot k_F^V > E\left(\widetilde{k_F} \cdot \widetilde{k_F}\right)$$

---

[390] Unter Zugrundelegung der Daten des Beispielunternehmens B ergibt sich ein positiver Wert in Höhe von 0,017665. Beispielsweise ergibt sich ein negativer Wert in Höhe von -0,003376 bei folgenden Parametern: $r = 5\%$, $k_F^V = 50\%$, $k_F^I = 4\%$ und $IW = 96\%$.

$$\Leftrightarrow \left((1-IW)\cdot k_F^V + IW \cdot k_F^I\right)\cdot k_F^V > (1-IW)\cdot k_F^{V^2} + IW \cdot k_F^{I^2}$$

$$\Leftrightarrow (1-IW)\cdot k_F^{V^2} + IW \cdot k_F^I \cdot k_F^V > (1-IW)\cdot k_F^{V^2} + IW \cdot k_F^{I^2}$$

$$\Leftrightarrow k_F^I \cdot \underbrace{(k_F^V - k_F^I)}_{>0} > 0 .$$

Da der vertragliche Fremdkapitalzinssatz größer ist als die Fremdkapitalgeberrendite bei Insolvenz, resultiert $k_F^V - k_F^I > 0$.[391] Da k_F^I jedoch im Vorzeichen nicht festgelegt ist, muss eine weitere Fallunterscheidung vorgenommen werden:

1. Ist $k_F^I < 0 \wedge s = 1$, so ergibt sich bei vollständiger Vernachlässigung des Insolvenzrisikos ein zu kleiner Unternehmenswert.
2. Geht man von $k_F^I = 0 \wedge s = 1$ aus, so resultiert die Identität der Unternehmenswerte. Daraus ergibt sich gleichzeitig, dass bei $k_F^I = 0 \wedge s < 1$ ein zu hoher Unternehmenswert resultiert, da dann die rechte Seite obiger Ungleichung im Vergleich zu s=1 kleiner wird, und somit diese Ungleichung wieder erfüllt ist.
3. Bei $k_F^I > 0$ ist die getroffene Hypothese unabhängig von Steuersatz s erfüllt (da bei $s = 1$ die rechte Seite obiger Ungleichung c.p. am größten ist), sodass ein zu hoher Wert des Unternehmens bestimmt wird.

Für $k_F^I \leq 0$ unabhängig von s kann keine allgemein gültige Aussage zur Abweichung des Unternehmenswerts bei Vernachlässigung des Insolvenzrisikos im Vergleich zum korrekten Unternehmenswert getroffen werden. Hier sind immer die konkreten Ausprägungen von s und k_F^I zu berücksichtigen. Ein zu hoher Unternehmenswert resultiert allerdings unabhängig von der Höhe des Steuersatzes, falls $k_F^I > 0$ gilt.

2. Fall: WACC ($j = k_F^V$)

Abweichend zu Fall 1 resultiert ein zu niedriger Unternehmenswert, wenn gilt:

$$WACC\ (j = k_F^V) > WACC^{I,L}$$

$$\Leftrightarrow k_E \cdot (1-FQ) + k_F^V \cdot (1-s)\cdot FQ > k_E \cdot (1-FQ) + \left(k_F - s \cdot \frac{k_F + \sigma_{\tilde{k}_F}^2 + k_F^{\,2}}{1+k_F^V}\right)\cdot FQ$$

$$\Leftrightarrow k_F^V - k_F > s \cdot \left(k_F^V - \frac{k_F + \sigma_{\tilde{k}_F}^2 + k_F^{\,2}}{1+k_F^V}\right).$$

---

391 Der Fall $k_F^V = k_F^I$, der sich nur bei einer Insolvenzquote von eins ergibt, wird im Folgenden nicht betrachtet, da hier für die Fremdkapitalgeber kein Ausfallrisiko besteht. Folglich resultieren die Ergebnisse aus Abschnitt 3.3.

Vor der Division durch $k_F^V - \frac{k_F + \sigma^2_{\widetilde{k_F}} + k_F^2}{1+k_F^V}$ muss geprüft werden, welches Vorzeichen dieser Term aufweist. Wie im Folgenden gezeigt wird, ist er immer positiv:

$$k_F^V - \frac{k_F + \sigma^2_{\widetilde{k_F}} + k_F^2}{1+k_F^V} > 0$$

$$\Leftrightarrow k_F^V + k_F^{V^2} - k_F - \sigma^2_{\widetilde{k_F}} - k_F^2 > 0\,.$$

Nutzt man die Beziehungen $k_F = (1-IW)\cdot k_F^V + IW \cdot k_F^I$ und $\sigma^2_{\widetilde{k_F}} = (1-IW)\cdot k_F^{V^2} + IW \cdot k_F^{I^2} - k_F^2$ und formt weiter um, so erhält man:

$$\Leftrightarrow k_F^V + k_F^{V^2} - (1-IW)\cdot k_F^V - IW \cdot k_F^I - (1-IW)\cdot k_F^{V^2} - IW \cdot k_F^{I^2} > 0$$

$$\Leftrightarrow k_F^V - k_F^I + k_F^{V^2} - k_F^{I^2} > 0$$

$$\Leftrightarrow k_F^V - k_F^I + (k_F^V + k_F^I)\cdot(k_F^V - k_F^I) > 0$$

$$\Leftrightarrow \underbrace{(k_F^V - k_F^I)}_{>0}\cdot\underbrace{(1 + k_F^V + k_F^I)}_{>0} > 0\,.$$

Da beide Terme der linken Seite der Ungleichung positiv sind, ist $k_F^V - \frac{k_F + \sigma^2_{\widetilde{k_F}} + k_F^2}{1+k_F^V} > 0$ gezeigt.

Wird nun durch diesen Term dividiert, so gelangt man zu:

$$\frac{k_F^V - k_F}{k_F^V - \frac{k_F + \sigma^2_{\widetilde{k_F}} + k_F^2}{1+k_F^V}} > s\,.$$

Für s gilt $0 \le s \le 1$. Im Weiteren wird nun der mögliche Wertebereich der linken Seite obiger Ungleichung geprüft. Hierzu genügt es, sich auf das Verhältnis zwischen k_F und $\frac{k_F + \sigma^2_{\widetilde{k_F}} + k_F^2}{1+k_F^V}$ zu beschränken. Es soll nun untersucht werden, wann $k_F < \frac{k_F + \sigma^2_{\widetilde{k_F}} + k_F^2}{1+k_F^V}$ gilt, sodass $\frac{k_F^V - k_F}{k_F^V - \frac{k_F + \sigma^2_{\widetilde{k_F}} + k_F^2}{1+k_F^V}}$ größer als eins ist und folglich

$\frac{k_F^V - k_F}{k_F^V - \frac{k_F + \sigma^2_{\widetilde{k_F}} + k_F^2}{1+k_F^V}} > s$. Durch Umformungen erhält man:

$$k_F + k_F \cdot k_F^V < k_F + \sigma^2_{\widetilde{k_F}} + k_F^2\,.$$

Ersetzt man $\sigma^2_{\widetilde{k_F}}$ durch $E\left(\widetilde{k_F}\cdot\widetilde{k_F}\right) - k_F^2$ so gelangt man zu:

$$(1-IW)\cdot k_F^{V^2}+IW\cdot k_F^I\cdot k_F^V<(1-IW)\cdot k_F^{V^2}+IW\cdot k_F^{I^2}$$

$$\Leftrightarrow k_F^I\cdot k_F^V-k_F^{I^2}<0$$

$$\Leftrightarrow k_F^I\cdot\underbrace{(k_F^V-k_F^I)}_{>0}<0\,.$$

$k_F^V-k_F^I$ ist bei Vorliegen eines Insolvenzrisikos größer null, aber auf Grund von k_F^I ist nun eine weitere Fallunterscheidung notwendig:

a) Ist $k_F^I<0$, d.h., die Fremdkapitalgeber erhalten im Insolvenzfall eine negative Rendite, so folgt $k_F^I\cdot(k_F^V-k_F^I)<0$ und damit $\dfrac{k_F^V-k_F}{k_F^V-\dfrac{k_F+\sigma_{\tilde{k}_F}^2+k_F^2}{1+k_F^V}}>1\geq s$. D.h., unabhängig vom Steuersatz s wird der Unternehmenswert unterschätzt.

b) Aus $k_F^I=0$ folgt $\dfrac{k_F^V-k_F}{k_F^V-\dfrac{k_F+\sigma_{\tilde{k}_F}^2+k_F^2}{1+k_F^V}}=1$. Somit ergeben sich bei $s=1$ deckungsgleiche Unternehmenswerte. Für $s<1$ ergeben sich ebenfalls zu niedrige Unternehmenswerte.

c) Bei $k_F^I>0$ gilt $0\leq\dfrac{k_F^V-k_F}{k_F^V-\dfrac{k_F+\sigma_{\tilde{k}_F}^2+k_F^2}{1+k_F^V}}\leq 1$. Somit ist eine weitere Fallunterscheidung notwendig:

   1. Ist $0\leq s<\dfrac{k_F^V-k_F}{k_F^V-\dfrac{k_F+\sigma_{\tilde{k}_F}^2+k_F^2}{1+k_F^V}}$, so resultiert ein zu niedriger Unternehmenswert.

   2. Bei $s=\dfrac{k_F^V-k_F}{k_F^V-\dfrac{k_F+\sigma_{\tilde{k}_F}^2+k_F^2}{1+k_F^V}}$ führen beide Vorgehensweisen zu einem identischen Wert des Unternehmens.

   3. Gilt $\dfrac{k_F^V-k_F}{k_F^V-\dfrac{k_F+\sigma_{\tilde{k}_F}^2+k_F^2}{1+k_F^V}}<s\leq 1$, so folgt hieraus ein gegenüber der korrekten Vorgehensweise höherer Unternehmenswert.

3. Fall: WACC ($j = k_F$)

In diesem Fall ergibt sich ein zu niedriger Wert des Unternehmens bei:

$$WACC\ (j = k_F) > WACC^{I,L}$$

$$\Leftrightarrow k_E \cdot (1-FQ) + k_F \cdot (1-s) \cdot FQ > k_E \cdot (1-FQ) + \left(k_F - s \cdot \frac{k_F + \sigma^2_{\widetilde{k_F}} + k_F^{\ 2}}{1+k_F^V}\right) \cdot FQ$$

$$\Leftrightarrow s \cdot \left(\frac{k_F + \sigma^2_{\widetilde{k_F}} + k_F^{\ 2}}{1+k_F^V} - k_F\right) > 0.$$

Im Weiteren ist eine Fallunterscheidung notwendig:

a) Für den Fall $s = 0$ ist die Identität der Unternehmenswerte direkt ersichtlich.

b) Bei $s > 0$ ist obige Bedingung nur erfüllt, falls $\frac{k_F + \sigma^2_{\widetilde{k_F}} + k_F^{\ 2}}{1+k_F^V} - k_F > 0$.

Dies ist nun zu untersuchen:

$$\frac{k_F + \sigma^2_{\widetilde{k_F}} + k_F^{\ 2}}{1+k_F^V} - k_F > 0$$

$$\Leftrightarrow \frac{k_F + \sigma^2_{\widetilde{k_F}} + k_F^{\ 2} - k_F - k_F \cdot k_F^V}{1+k_F^V} > 0$$

$$\Leftrightarrow \frac{\sigma^2_{\widetilde{k_F}} + k_F^{\ 2} - k_F \cdot k_F^V}{1+k_F^V} > 0.$$

Unter Nutzung von $\sigma^2_{\widetilde{k_F}} = E\left(\widetilde{k_F} \cdot \widetilde{k_F}\right) - k_F^{\ 2}$ folgt:

$$E\left(\widetilde{k_F} \cdot \widetilde{k_F}\right) - k_F \cdot k_F^V > 0$$

$$\Leftrightarrow (1-IW) \cdot k_F^{V^2} + IW \cdot k_F^{I^2} - \left((1-IW) \cdot k_F^V + IW \cdot k_F^I\right) \cdot k_F^V > 0$$

$$\Leftrightarrow (1-IW) \cdot k_F^{V^2} + IW \cdot k_F^{I^2} - (1-IW) \cdot k_F^{V^2} - IW \cdot k_F^I \cdot k_F^V > 0$$

$$\Leftrightarrow IW \cdot k_F^{I^2} - IW \cdot k_F^I \cdot k_F^V > 0$$

$$\Leftrightarrow k_F^{I^2} - k_F^I \cdot k_F^V > 0$$

$$\Leftrightarrow k_F^I \cdot \underbrace{(k_F^I - k_F^V)}_{<0} > 0.$$

Wiederum ist eine Fallunterscheidung notwendig:

1. Ist $k_F^I < 0$, d.h., die Fremdkapitalgeber erhalten im Insolvenzfall eine negative Rendite, so folgt $k_F^I \cdot (k_F^I - k_F^V) > 0$ und somit eine Unterschätzung des Unternehmenswerts.
2. Bei $k_F^I = 0$ ergeben sich bei beiden Vorgehensweisen identische Unternehmenswerte.

3. Gilt $k_F^I > 0$, so folgt hieraus ein höherer Unternehmenswert gegenüber der korrekten Vorgehensweise.

Es zeigt sich, dass nur für wenige Spezialfälle die Vernachlässigung bzw. approximative Berücksichtigung des Insolvenzrisikos im Fall der Liquidation (zufällig) zu korrekten Unternehmenswerten führt. Die Ergebnisse sind in der nachfolgenden Tabelle 39 noch einmal zusammengefasst.

	Unternehmenswert gegenüber korrekter Vorgehensweise		
	zu niedrig	identisch	zu hoch
Fall 1: WACC (j = r) (exemplarisch)	$k_F^I < 0 \wedge s = 1$	$k_F^I = 0 \wedge s = 1$	$s = 0$ $\vee$ $k_F^I > 0$ $\vee$ $k_F^I = 0 \wedge s < 1$
Fall 2: WACC ($j = k_F^V$)	$k_F^I < 0$ $\vee$ $k_F^I = 0 \wedge s < 1$ $\vee$ $k_F^I > 0 \wedge s < \frac{k_F^V - k_F}{k_F^V - \frac{k_F + \sigma^2_{k_F} + k_F{}^2}{1 + k_F^V}}$	$k_F^I = 0 \wedge s = 1$ $\vee$ $k_F^I > 0 \wedge s = \frac{k_F^V - k_F}{k_F^V - \frac{k_F + \sigma^2_{k_F} + k_F{}^2}{1 + k_F^V}}$	$k_F^I > 0 \wedge s > \frac{k_F^V - k_F}{k_F^V - \frac{k_F + \sigma^2_{k_F} + k_F{}^2}{1 + k_F^V}}$
Fall 3: WACC ($j = k_F$)	$k_F^I < 0 \wedge s > 0$	$k_F^I = 0 \vee s = 0$	$k_F^I > 0 \wedge s > 0$

Tabelle 39: Abweichungen vom korrekten Unternehmenswert bei Insolvenzrisiko (Liquidationsfall)

In der Praxis ist davon auszugehen, dass bei Insolvenz die Fremdkapitalgeber eine negative Rendite erwirtschaften. Außerdem gilt in der Realität für den Steuersatz s: 0<s<1. Bei diesen Parametern zeigt sich, dass bei Fall 2 und Fall 3 der Unternehmenswert stets unterschätzt wird.

3.5.4.4 Höhe des Tax Shields bei Insolvenz

Wie sich im letzten Abschnitt gezeigt hat, spielt bei dem vorgenommenen Vergleich der unterschiedlichen Vorgehensweisen im Gegensatz zum Sanierungsfall die Rendite der Fremdkapitalgeber im Insolvenzfall eine wichtige Rolle.[392] Da $\widetilde{TS}_t = s \cdot \frac{\widetilde{k_F} + \widetilde{k_F}^2}{1+k_F^V} \cdot V_{t-1}^F$ gilt (vgl. Gleichung 46), determiniert die Fremdkapitalgeberrendite die Höhe des Tax Shields (im Insolvenzfall). Im Insolvenzfall gilt: $\text{Insolvenzquote} = \frac{1+k_F^I}{1+k_F^V}$. In diesem Abschnitt sollen nun die Auswirkungen der Insolvenzquote – und damit die Höhe der Fremdkapitalrendite – auf die Höhe des Tax Shields im Insolvenzfall untersucht werden. Wie bereits in Abschnitt 3.5.2 ausgeführt, ergibt sich das Tax Shield im Liquidationsfall aus drei Effekten: Tax Shield auf Grund Zinszahlung, Zinserlass und Tilgungserlass. Abbildung 22 zeigt, zusammen mit dem gesamten Tax Shield in Abhängigkeit von der Insolvenzquote, diese drei Effekte auf. Bei dieser (prozentualen) Berechnung des Tax Shields wurde von s = 35 %, k_F^V = $7,\overline{07}$ % und V^F = 1 ausgegangen.

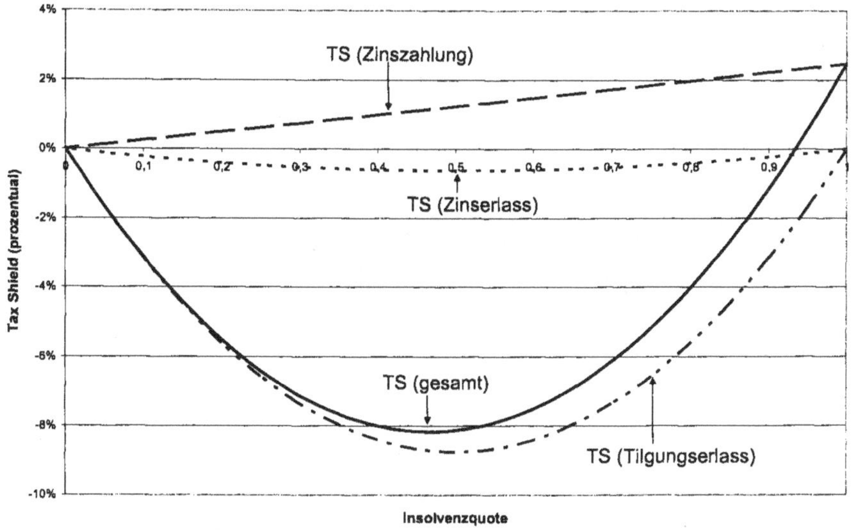

Abbildung 22: Prozentuale Höhe des Tax Shields bei Insolvenz im Liquidationsfall

Während für den Sanierungsfall nur das Tax Shield auf Grund der Zinszahlung anfällt und somit kein negatives Tax Shield auftreten kann, ist im Liquidationsfall wegen der Steuerzahlungen für Zins- und Tilgungserlass ein insgesamt negatives Tax Shield

[392] Im Sanierungsfall genügt die Betrachtung der Höhe des Steuersatzes s.

möglich. Im Weiteren wird nun untersucht, wann das Tax Shield bei Insolvenz im Liquidationsfall negativ ist und wann positiv.[393]

Anhand Gleichung 46 ist direkt ersichtlich, dass bei $k_F^I > 0$ auch das gesamte Tax Shield positiv ist, d.h. der steuerliche Effekt auf Grund der Zinszahlung überwiegt. Wie im Folgenden gezeigt wird, ergibt sich bei $k_F^I = 0 \vee k_F^I = -1$ ein Tax Shield im Insolvenzfall in Höhe von null.

$$s \cdot \frac{k_F^I + k_F^{I^2}}{1+k_F^V} \cdot V_{t-1}^F = 0$$

$$\Leftrightarrow k_F^I \cdot (1+k_F^I) = 0$$

$$\Leftrightarrow k_F^I = 0 \vee k_F^I = -1$$

Bei $k_F^I = 0$ gleichen sich somit die drei Effekte exakt aus. Im Fall des Totalverlusts fällt kein Tax Shield an, da kein Gläubiger bedient wird, somit erhält auch der Fiskus keine Zahlung.

Liegen die Fremdkapitalrenditen zwischen 0 % und -100 %, ergibt sich ein negatives Tax Shield, da gilt:

$$s \cdot \frac{k_F^I + k_F^{I^2}}{1+k_F^V} \cdot V_{t-1}^F < 0$$

$$\Leftrightarrow k_F^I \cdot (1+k_F^I) < 0$$

$$\Leftrightarrow k_F^I < 0 \wedge k_F^I > -1.$$

Nun soll noch gezeigt werden, dass bei einer Fremdkapitalrendite k_F^I bei Insolvenz von –50 % das niedrigste Tax Shield auftritt. Die notwendige Bedingung für einen Extrempunkt lautet:

$$\frac{d\widetilde{TS}_t \,|\, \text{Insolvenz}}{dk_F^I} = s \cdot \frac{1}{1+k_F^V} \cdot V_{t-1}^F \cdot \left(1+2 \cdot k_F^I\right) = 0.$$

Umgeformt ergibt sich:

$$1+2 \cdot k_F^I = 0.$$

$$\Leftrightarrow k_F^I = -0{,}5.$$

Auch die hinreichende Bedingung ist an diesem Punkt erfüllt, da

$$\frac{d^2\widetilde{TS}_t \,|\, \text{Insolvenz}}{dk_F^{I^2}} = s \cdot \frac{1}{1+k_F^V} \cdot V_{t-1}^F \cdot 2 > 0.$$

Geht man also bei der Unternehmensbewertung davon aus, dass im Fall der Insolvenz die Rendite der Fremdkapitalgeber bei –50 % liegt, so ergibt sich auf Grund des niedrigen Tax Shields c.p. der kleinste Unternehmenswert.

---

393 Hierbei wird von s > 0 ausgegangen.

Nachdem nun die DCF-Verfahren bei Insolvenzrisiko im Liquidationsfall ausführlich untersucht wurden, soll im nächsten Abschnitt abschließend die Anwendung des EVA-Konzepts im Liquidationsfall angesprochen werden.

3.5.5 *Economic Value Added bei Insolvenzrisiko für den Fall der Liquidation*

Analog zu Abschnitt 3.4.7 wirkt sich der Einbezug des Insolvenzrisikos in das EVA-Konzept auf die Höhe der Gesamtkapitalkosten aus. Für den Liquidationsfall ist der $WACC^{I,L}$ anzusetzen. Somit ergibt sich der EVA gemäß:

$$EVA_t = NOPAT_t^{EVA} - WACC^{I,L} \cdot NOA_{t-1}.$$

Gleichung 49: Economic Value Added (EVA) bei Insolvenzrisiko (Liquidationsfall)

Da – wie bereits angemerkt – auf Grund der Tax Shield-Effekte durch Zins- und Tilgungsverzicht $WACC^{I,L} \geq WACC^{I,S}$ gilt, ist somit der EVA im Liquidationsfall c.p. kleiner/gleich dem EVA im Sanierungsfall.

Zum Market Value Added gelangt man über:

$$MVA_t = \sum_{u=t+1}^{\infty} \frac{EVA_u}{(1+WACC^{I,L})^{u-t}}.$$

Gleichung 50: Market Value Added (MVA) bei Insolvenzrisiko (Liquidationsfall)

Durch Addition von MVA und investiertem Kapital ergibt sich wiederum der Wert des Unternehmens. Für die Konvergenz mit dem mittels der DCF-Verfahren berechneten Unternehmenswert kann auf die in Abschnitt 3.3.5.2 gezeigten Zusammenhänge zurückgegriffen werden. Allerdings ist der nur bei sicherem Fremdkapital gültige WACC durch $WACC^{I,L}$ zu ersetzen.

4 Risikokennzahlen

Nachdem in Kapitel 3 wertorientierte Kennzahlen im Vordergrund standen, fokussiert dieses Kapitel auf Kennzahlen, die die Risikohöhe quantitativ messen. Risikokennzahlen stellen eins der wesentlichsten Instrumente eines unternehmerischen Risikomanagements dar. Die Notwendigkeit zur Einrichtung eines unternehmerischen Risikomanagements ergibt sich auf Grund zweier Tatsachen. Erstens sind Industrie- und Handelsunternehmen durch gesetzliche Vorschriften dazu verpflichtet. Hierdurch sollen Risiken identifiziert werden, die zu einer Insolvenz führen können. Dabei bietet sich der Einsatz von Kennzahlen insbesondere auf Grund der Eigenschaft der verdichteten Darstellung (komplexer) Informationen an.[394] Durch deren Nutzung kann die Insolvenzgefahr erkannt und durch entsprechende Maßnahmen reduziert werden. Zweitens kann gezeigt werden, dass Maßnahmen des Risikomanagements[395] unter bestimmten (praxisrelevanten) Annahmen eine wertsteigernde Wirkung haben. Auch hier kann durch den Einsatz von Risikokennzahlen eine Risikosteuerung im Sinne einer wertorientierten Unternehmensführung erleichtert werden.

Bei der Bestimmung des Unternehmenswerts bzw. des Shareholder Value – gemäß den Vorgehensweisen in den Abschnitten 3.3 bis 3.5 – steht die Risikomessung nicht im Vordergrund, sodass sich die Ermittlung zusätzlicher Risikokennzahlen anbietet. Dies darf jedoch nicht darüber hinwegtäuschen, dass auch wertorientierte Kennzahlen Risiko in zweierlei Hinsicht berücksichtigen.[396] Zum einen wird die Unsicherheit über den Eintritt zukünftiger Umweltzustände bei der Planung von Cash Flows bzw. NOPAT anhand verschiedener Szenarien berücksichtigt. Aus diesen verschiedenen szenarioabhängigen Cash Flow- bzw. $NOPAT^{EVA}$-Prognosen können dann die zur Bestimmung des Unternehmenswerts benötigten erwarteten Cash Flows bzw. erwarteten $NOPAT^{EVA}$ ermittelt werden. Zum anderen wirken sich Risiken auf die Höhe der Kapitalkostensätze aus. Wert wird durch Maßnahmen des Risikomanagements c.p. folglich nur dann geschaffen, wenn entweder die erwarteten Cash Flows bzw. erwarteten $NOPAT^{EVA}$ erhöht oder die Kapitalkosten verringert werden können.[397]

Dabei ist jedoch zu berücksichtigen, dass auf vollkommenen Kapitalmärkten Maßnahmen des Risikomanagements keinen Wert schaffen können. Dies lässt sich analog zur Vorgehensweise von Modigliani/Miller zeigen, die die Irrelevanz der Finanzierung auf vollkommenen Kapitalmärkten nachgewiesen haben.[398] Anhand von Arbitrageüberlegungen kann gezeigt werden, dass auf vollkommenen Kapitalmärkten die

[394] Zu den Eigenschaften von Kennzahlen vgl. Abschnitt 2.1 und 2.2.
[395] Das aktive Steuern von Risiken kann in diesem Kontext als zielgerichtete Reduzierung der Volatilität von Cash Flows verstanden werden. Vgl. Pritsch/Hommel (1997), S. 673.
[396] Vgl. auch Mengele (1999), S. 66 ff.
[397] Vgl. Bartram (1999), S. 30 f.
[398] Vgl. Modigliani/Miller (1958) bzw. die Erläuterungen in Abschnitt 3.3.3.

Investoren – entsprechend ihren Risikoneigungen – zu denselben Konditionen wie das Unternehmen Hedgingmaßnahmen durchführen können.[399] Argumentiert man vor dem Hintergrund der Modellwelt des CAPM[400], die auch von einem vollkommenen Kapitalmarkt ausgeht, so spielen unsystematische Risiken keine Rolle, da alle Investoren perfekt diversifiziert sind. Eine Steuerung systematischer Risiken bedeutet eine Verschiebung entlang der Wertpapiermarktlinie, d.h. eine simultane Veränderung von Erwartungswert und Kapitalkostensatz, die eine unternehmenswertneutrale Änderung bewirkt.[401] Risikosteuerungsmaßnahmen auf Unternehmensebene schaffen somit keinen Wert. Die Annahme vollkommener Kapitalmärkte wurde zwar in den Abschnitten 3.3 bis 3.5 getroffen, jedoch wurde bereits in Abschnitt 3.3.3 darauf hingewiesen, dass dies aus Operationalisierungsgesichtspunkten erfolgt ist.[402] In der Praxis ist von unvollkommenen (und unvollständigen) Kapitalmärkten auszugehen. Auf diesen kann, wie bereits oben angedeutet, durch Risikosteuerung Wert geschaffen werden (zu konkreten Ansätzen vgl. Abschnitt 4.1.3). Geht man von dieser praxisnahen Annahme aus, so ist die Ableitung projektspezifischer Risikoprämien nur schwerlich möglich, da nicht alle Investitionsprojekte am Kapitalmarkt gehandelt werden.[403] Da somit im Rahmen der wertorientierten Kennzahlen nur approximative Kapitalkostensätze – z.B. die durchschnittlichen Kapitalkostensätze des Gesamtunternehmens – angewendet werden können, bietet sich eine zusätzliche Betrachtung des Risikos an. Die Ermittlung spezieller Risikokennzahlen ergibt sich also neben einer gesetzlichen Verpflichtung zur Einrichtung eines Risikomanagements aus der Unvollkommenheit und Unvollständigkeit der Märkte.

Die oben angesprochenen rechtlichen und ökonomischen Hintergründe sowie weitere Grundlagen werden in Abschnitt 4.1 dargestellt. In 4.2 werden dann spezielle Risikokennzahlen vorgestellt und analysiert. Abschnitt 4.3 geht auf Defizite dieser Kennzahlen bezüglich ihrer entscheidungstheoretischen Fundierung ein. Die zeitliche Aggregation der Risikokennzahlen wird in Abschnitt 4.4 dargestellt.

---

399 Vgl. MacMinn (1987).

400 Zum CAPM vgl. Abschnitt 3.3.2.1.2.

401 Vgl. Dufey/Srinivasulu (1983), S. 54.

402 Der Shareholder Value-Ansatz geht implizit von unvollkommenen Kapitalmärkten aus, da auf vollkommenen Kapitalmärkten keine wertschaffenden Projekte existieren können. Außerdem steht ein vollkommener Kapitalmarkt mit einem nicht finanzierungsneutralen Steuersystem im Spannungsverhältnis. Vgl. Abschnitt 3.3.3.

403 Vgl. Mengele (1999), S. 68 f.

4.1 Grundlagen des Einsatzes von Risikokennzahlen

4.1.1 Risikodefinition

Als Basis soll in diesem Abschnitt auf den Risikobegriff eingegangen werden. In der Entscheidungstheorie werden Situationen danach unterschieden, ob Entscheidungen unter Sicherheit oder Unsicherheit getroffen werden.[404] Bei Entscheidungen unter Sicherheit sind alle Konsequenzen der Entscheidung bereits ex ante determiniert. In der Realität ist allerdings von Entscheidungen unter Unsicherheit auszugehen, d.h. die Konsequenz einer Entscheidung hängt von der Realisation eines – zum Zeitpunkt der Entscheidungsfindung nicht feststehenden – Zustands ab.[405] Unsicherheitssituationen können weiter in Risiko- und Ungewissheitssituationen untergliedert werden.[406] Bei Kenntnis (objektiver oder subjektiver)[407] Wahrscheinlichkeiten liegt Risiko vor, anderenfalls Ungewissheit.[408] Die Nutzung von Risikokennzahlen setzt – wie sich noch zeigen wird – die Kenntnis von Wahrscheinlichkeiten voraus, sodass im Rahmen dieser Arbeit bei Entscheidungen unter Unsicherheit von Risikosituationen ausgegangen wird.

Im Kontext von Risikomanagement und –controlling wird in der Literatur vielfach zwischen Risiko im weiteren und Risiko im engeren Sinn unterschieden.[409] Risiko im engeren Sinn bezieht sich nur auf eine Verlustgefahr, also die Möglichkeit einer negativen Abweichung des tatsächlichen vom erwarteten Ergebnis. Risiko im weiteren Sinn dagegen bezeichnet Ertragschance und Verlustgefahr, also die Möglichkeit sowohl positiver als auch negativer Abweichungen des tatsächlichen vom erwarteten Ergebnis. Das Risiko kann hier als die Streuung des Erfolgs wirtschaftlicher Aktivitäten verstanden werden. Den in diesem Kapitel vorgestellten Risikokennzahlen liegt zumeist die Risikodefinition im engeren Sinn zu Grunde.

4.1.2 Gesetzliche Grundlagen des Risikomanagements in Industrie- und Handelsunternehmen

Die bereits angesprochene gesetzliche Verpflichtung zur Implementierung eines Risikomanagements ergibt sich insbesondere aus dem Gesetz zur Kontrolle und Transparenz im Unternehmensbereich (KonTraG), dem Transparenz- und Publizitätsgesetz (TransPuG) und den neuen Baseler Eigenkapitalvereinbarungen (Ba-

---

404 Vgl. Bamberg/Coenenberg (2004), S. 19 und Eisenführ/Weber (2003), S. 19 f.
405 Vgl. Oehler/Unser (2002), S. 10.
406 Vgl. Knight (1921), S. 233.
407 Für eine Diskussion zur Abgrenzung zwischen objektiver und subjektiver Wahrscheinlichkeit vgl. Eisenführ/Weber (2003), S. 154 ff. und Oehler/Unser (2002), S. 11.
408 Die Ansicht, dass in Ungewissheitssituationen keine subjektiven Wahrscheinlichkeiten vorliegen, geht auf Keynes (1921) zurück. Vgl. auch die Ausführungen bei Oehler/Unser (2002), S. 10.
409 Vgl. exemplarisch Mensch (1991), S. 11 ff.

sel II). In den folgenden beiden Unterabschnitten wird vor dem Hintergrund dieser Vorschriften auf die wesentlichen gesetzlichen Rahmenbedingungen eingegangen.[410]

4.1.2.1 Das KonTraG und TransPuG als Fundament der gesetzlichen Anforderung an das Risikomanagement

Das am 1. Mai 1998 in Kraft getretene KonTraG ist als Reaktion des Gesetzgebers auf zahlreiche nationale und internationale Unternehmenskrisen (z.B. Metallgesellschaft AG, Bremer Vulkan Verbund AG und Barings Bank plc.) zu sehen.[411] Durch das KonTraG versucht der Gesetzgeber zum einen, Schwächen und Verhaltensfehlsteuerungen im System der dualistischen Unternehmenskontrolle zu korrigieren.[412] Zum anderen soll die Wettbewerbsposition deutscher börsennotierter Gesellschaften auf internationalen Kapitalmärkten gestärkt werden. Der Gesetzgeber betont vor diesem Hintergrund die Relevanz der Ausrichtung des Unternehmensziels auf eine Wertsteigerung für die Anteilseigner und bestärkt damit eine Orientierung am Shareholder Value. Durch eine zunehmende Transparenz und Publizität im Hinblick auf die Kapitalmärkte sollen Unternehmen zu einer Stärkung der Ertragskraft und einer Beschleunigung von Anpassungsprozessen an die von den Kapitmarktteilnehmern gewünschten Anforderungen (z.B. bezüglich der Informationspolitik von Unternehmen) gezwungen werden. Dies soll schließlich in einer gesteigerten Wettbewerbsfähigkeit und damit auch in einer Arbeitsplatzsicherung münden. Der Gesetzgeber argumentiert also analog zu dem Hinweis in Abschnitt 3.2, dass bei längerfristiger Betrachtungsweise der Shareholder Value-Ansatz mit den Zielen anderer Interessengruppen harmoniert. Das KonTraG stellt ein so genanntes Rahmengesetz dar, d.h., es bewirkt Änderungen in anderen Gesetzen. Die Änderungen beziehen sich insbesondere auf das Aktiengesetz (AktG) und das Handelsgesetzbuch (HGB).
Nach dem durch das KonTraG neu eingeführten § 91 Abs. 2 AktG hat der Vorstand „geeignete Maßnahmen zu treffen, insbesondere ein Überwachungssystem einzurichten, damit den Fortbestand der Gesellschaft gefährdende Entwicklungen früh erkannt werden". Diese Fokussierung auf bestandsgefährdende Risiken lässt erkennen, dass vor dem Hintergrund des KonTraG von der Risikodefinition im engen Sinn auszugehen ist. Das einzurichtende Risikomanagementsystem soll bestandsgefähr-

---

[410] Für detaillierte Ausführungen sei auf die umfangreiche Rechtsliteratur verwiesen.

[411] In den USA wurde 2002 als Reaktion auf die Zusammenbrüche von Enron Corp und Worldcom Inc. der nach den Kongressabgeordneten Paul Sarbanes und Michael Oxley benannte Sarbanes-Oxley Act (SOX) verabschiedet. Dieser regelt insbesondere die Verantwortlichkeiten von Unternehmensmanagern (u.a. Einrichtung eines internen Kontrollsystems) und die Haftung von Wirtschaftsprüfern. Der SOX wirkt sich nicht nur auf US-Unternehmen, sondern auch auf deutsche an einer US-Börse gelistete Unternehmen aus. Für eine Übersicht zum SOX vgl. Färber/Wagner (2005).

[412] Vgl. auch im Folgenden die Begründung zum KonTraG (BT-Drucksache 13/09712).

dende Risiken frühzeitig identifizieren, sodass durch geeignete Maßnahmen der Fortbestand des Unternehmens noch gesichert werden kann.[413] Dies stellt jedoch nur einen Teilaspekt eines umfassenden Risikomanagementsystems dar, das die Gesamtheit aller organisatorischen Regelungen und Maßnahmen zur Risikoerkennung und zum Umgang mit Risiken aus der Unternehmenstätigkeit beinhaltet.[414] Ziel eines umfassenden Risikomanagements ist es, durch den bewussten Eingang von Risiken Wert zu schaffen, ohne die Existenz des Unternehmens zu gefährden.[415] Bereits vor In-Kraft-Treten des KonTraG gehörte ein Risikomanagement zwar zu den Pflichten des Vorstands, jedoch erfolgt durch das KonTraG eine Hervorhebung und Konkretisierung der allgemeinen Leitungsaufgabe (§ 76 Abs. 1 AktG) sowie der Sorgfaltspflicht des Vorstands (§ 96 Abs. 1 AktG).[416] Eine entsprechende Regelung ist zwar nicht in andere Spezialgesetze aufgenommen worden (z.B. GmbH-Gesetz), da jedoch für andere Rechtsformen ähnliche Sorgfaltsregeln gelten, ist von einer Ausstrahlungswirkung des KonTraG auszugehen.[417]

Neben der Pflicht zur Einrichtung eines Überwachungssystems wurden durch das KonTraG auch Änderungen bezüglich der Risikoberichterstattung im Lagebericht vorgenommen, um eine Transparenzerhöhung gegenüber den Jahresabschlussadressaten zu bewirken. Nach § 289 Abs. 1 HGB soll neben der Darstellung des Geschäftsverlaufs und der Lage der Kapitalgesellschaft auch auf die Risiken der zukünftigen Entwicklung eingegangen werden. Da das Gesetz keine expliziten Vorgaben zur formalen und inhaltlichen Ausgestaltung der Risikoberichterstattung im Lagebericht gibt, haben das IDW den IDW RS HFA 1 und der Deutsche Standardisierungsrat (DRS) den DRS 5 zur Ergänzung des Gesetzestexts formuliert. Eine Erweiterung der Berichterstattung im Lagebericht erfolgte durch das Bilanzreformgesetz (BilReG), das am 10.12.2004 in Kraft getreten ist. Das BilReG führte u.a. zu einer Änderung des § 289 HGB. Gemäß § 289 Abs. 1 HGB ist nun neben den wesentlichen Risiken auch auf die wesentlichen Chancen einzugehen.[418] Außerdem sind die zu Grunde liegenden Annahmen darzustellen. Ziel ist es, hierdurch den Informationsgehalt des Jahresabschlusses zu erhöhen.[419]

Für den Aufsichtsrat ergibt sich aus § 111 Abs. 1 AktG eine kontinuierliche Überwachungsaufgabe hinsichtlich des Risikomanagements. § 111 Abs. 1 AktG wurde zwar durch das KonTraG nicht unmittelbar verändert, jedoch wird durch § 91 Abs. 2 AktG die Überwachung der Geschäftsführung durch den Aufsichtsrat um das

---

[413] Vgl. Begründung zum KonTraG (BT-Drucksache 13/09712), S. 15.
[414] Vgl. IDW PS 340 Abs. 4.
[415] Vgl. auch Emmerich (1999), S. 1077.
[416] Vgl. Lück (1998), S. 8.
[417] Vgl. Emmerich (1999), S. 1078.
[418] Die enge Risikodefinition des KonTraG wurde somit bezüglich der Berichterstattung im Lagebericht durch das BilReG erweitert.
[419] Vgl. Kaiser (2005), S. 345.

gemäß KonTraG einzurichtende Überwachungssystem erweitert. Hierzu gehört insbesondere die Prüfung der Funktionsfähigkeit des Risikomanagementsystems und eine Plausibilitätskontrolle der Risikoberichterstattung des Vorstands im Lagebericht. Damit der Aufsichtsrat diese Überwachungsaufgabe zeitnah durchführen kann, ist er vom Vorstand gemäß § 90 Abs.1 und Abs. 2 AktG entsprechend zu informieren.[420]

Durch die erweiterten Pflichten der Unternehmensleitung in Bezug auf das Risikomanagement ist auch eine stärkere Risikoorientierung der Jahresabschlussprüfung notwendig. Hierzu wurden durch das KonTraG ebenfalls Gesetzesänderungen vorgenommen. Durch § 317 Abs. 4 HGB wird die Einrichtung eines Risikomanagementsystems nach § 91 Abs. 2 AktG zum Gegenstand der Jahresabschlussprüfung. Im Rahmen der Prüfung ist zu beurteilen, ob der Vorstand die ihm „obliegenden Maßnahmen in einer geeigneten Form getroffen hat und ob das danach einzurichtende Überwachungssystem seine Aufgaben erfüllen kann."[421] Der Abschlussprüfer urteilt also über das Vorhandensein, die Eignung und die Einhaltung der Maßnahmen zur Risikofrüherkennung. Eine darüber hinausgehende Prüfung der Effektivität und Effizienz der vom Vorstand eingeleiteten Maßnahmen zur Risikosteuerung fällt nicht in den Prüfungsauftrag.[422] Das KonTraG beschränkte diese Prüfung ursprünglich auf Aktiengesellschaften, deren Aktien amtlich notiert sind. Mit dem TransPuG, das am 26.7.2002 bzw. 1.1.2003 in Kraft getreten ist, wurde diese Prüfungspflicht auf alle börsennotierten Gesellschaften ausgeweitet.[423] Des Weiteren ergibt sich durch das KonTraG nach § 317 Abs. 2 HGB eine Prüfungspflicht der Risikoberichterstattung des Vorstands im Rahmen des Lageberichts. Hierbei ersetzt das Urteil des Abschlussprüfers nicht die Prognose des Vorstands, sondern der Prüfer urteilt nur über Vollständigkeit und Richtigkeit der Angaben im Risikobericht.[424] Im Bestätigungsvermerk des Abschlussprüfers ist nach § 322 Abs. 2 HGB auf bestandsgefährdende Risiken explizit einzugehen. Zudem muss dort nach § 322 Abs. 3 HGB darauf eingegangen werden, „ob die Risiken der künftigen Entwicklung zutreffend dargestellt sind." Gemäß der durch das TransPuG vorgenommenen Neuformulierung des § 321 Abs.1 HGB „hat der Abschlussprüfer über bei Durchführung der Prüfung festgestellte Unrichtigkeiten oder Verstöße gegen gesetzliche Vorschriften sowie Tatsachen zu berichten, die den Bestand des geprüften Unternehmens oder des Konzerns gefährden oder seine Entwicklung wesentlich beeinträchtigen können". Dies bedeutet gegenüber der im KonTraG geforderten Negativerklärung eine positive Berichtspflicht

---

[420] § 90 Abs. 1 AktG wurde durch das KonTraG modifiziert.
[421] § 317 Abs. 4 HGB.
[422] Vgl. IDW PS 340 Abs. 6.
[423] Teile des TransPuG sind am 26.7.2002, andere erst am 1.1.2003 in Kraft getreten.
[424] Vgl. Begründung zum KonTraG (BT-Drucksache 13/09712), S. 27.

über derartige Feststellungen.[425] Erfüllt ein Unternehmen die gesetzlichen Anforderungen nicht oder nur eingeschränkt, so hat der Abschlussprüfer gemäß § 322 HGB den Bestätigungsvermerk (Testat) zum Jahresabschluss zu versagen bzw. einzuschränken.

Ein weiterer Schwerpunkt des TransPuG ist die Verankerung des Deutschen Corporate Governance Kodex in das deutsche Aktienrecht.[426] Gemäß § 161 AktG müssen Vorstand und Aufsichtsrat börsennotierter Gesellschaften jährlich erklären, ob dem Kodex „entsprochen wurde und wird oder welche Empfehlungen nicht angewendet wurden oder werden". Ziel des deutschen Corporate Governance Kodexes ist es, die geltenden Regelungen für die Unternehmensleitung und -überwachung transparenter zu gestalten und dadurch das Vertrauen in die Unternehmensführung zu verbessern.[427] Hierzu enthält er Vorschriften zur Leitung und Überwachung von Unternehmen sowie „international und national anerkannte Standards guter und verantwortungsvoller Unternehmensführung."[428] Auch bezüglich des Risikomanagements enthält der Kodex einige Vorschriften[429], die teilweise über die gesetzlichen Anforderungen hinausgehen.

Nachdem in diesem Abschnitt gesetzliche Vorschriften dargestellt wurden, die sich unmittelbar auf das Risikomanagement von Industrie- und Handelsunternehmen auswirken, wird im folgenden Abschnitt mit Basel II eine Richtlinie für Banken dargestellt, die sich mittelbar auch auf Industrie- und Handelsunternehmen auswirkt.

4.1.2.2 Basel II und die mittelbaren Auswirkungen auf Industrie- und Handelsunternehmen

Die neuen Baseler Eigenkapitalvereinbarungen (Basel II) treten Ende 2006 in Kraft.[430] Ein Kernpunkt ist die Messung von Kreditrisiken und die daraus abgeleiteten Eigenkapitalanforderungen der Kreditinstitute. Das Eigenkapital dient dabei als Puffer für eintretende Verluste. Die für die Berechnung des Eigenkapitals aus einem Kredit-

---

[425] Vgl. Begründung zum TransPuG, S. 71.
Bei der Formulierung des § 321 Abs. 1 HGB nach KonTraG hieß es: „Außerdem ist darzustellen, ob bei Durchführung der Prüfung Unrichtigkeiten oder Verstöße gegen gesetzliche Vorschriften sowie Tatsachen festgestellt worden sind, die den Bestand des geprüften Unternehmens oder des Konzerns gefährden oder seine Entwicklung wesentlich beeinträchtigen können".

[426] Die Corporate Governance befasst sich mit der Organisation der Unternehmensführung vor dem Hintergrund der Koordination unterschiedlicher Stakeholder des Unternehmens. Vgl. auch Abschnitt 3.2.

[427] Vgl. Deutscher Corporate Governance Kodex Abs. 1.

[428] Deutscher Corporate Governance Kodex Abs. 1.

[429] Vgl. hierzu insbesondere Deutscher Corporate Governance Kodex Abs. 3.4 (Informationsversorgung des Aufsichtsrats), 4.1.4 (Aufgaben des Vorstands), 5.2 (Aufgaben und Befugnisse des Aufsichtsratsvorsitzenden) und 5.3.2 (Bildung eines Prüfungsausschusses).

[430] Vgl. Basel Committee on Banking Supervision (2004), Abs. 2. Auch im Versicherungsbereich gibt es analog zum Bankenbereich regulatorische Vorschriften. Für einen Überblick hierzu vgl. bspw. Schradin (2003, 2004).

geschäft notwendigen Risikogewichte sollen von der Bonität des Kreditnehmers abhängen. Dies ist eine der wesentlichen Veränderungen gegenüber den Vereinbarungen des Baseler Ausschusses für Bankenaufsicht aus dem Jahr 1988 (Basel I). Nach Basel I gibt es nur drei Schuldnerkategorien (öffentlicher Sektor, Banken und Unternehmen), wobei für (fast) alle Schuldner innerhalb einer Kategorie identische Risikogewichte gelten.[431] Die individuelle Bonität eines Kreditnehmers wird somit bei der Bestimmung des benötigten Eigenkapitals nicht berücksichtigt. Basel II behebt dieses Defizit, indem zur Bonitätsermittlung eines Kreditnehmers externe Ratings (z.B. von Standard & Poor's oder Moody's) oder bankinterne Modelle genutzt werden.[432] Je schlechter das Rating des Kreditnehmers, desto mehr Eigenkapital ist nach Basel II für den Kredit vorzuhalten. Ziel ist somit eine risikoangepasste Eigenkapitalhinterlegung. Je mehr Eigenkapital ein Kreditinstitut für einen Kredit bereithalten muss, desto höher sind die Opportunitätskosten dieser Reservierung des Eigenkapitals. Es ist davon auszugehen, dass diese an die Kunden durch höhere Zinssätze weitergegeben werden bzw. im Extremfall – bei sehr schlechter Bonität – keine Kredite vergeben werden. Industrie- und Handelsunternehmen können durch Risikosteuerungsmaßnahmen Einfluss auf ihre Kreditkonditionen nehmen, indem sie die Ausfallwahrscheinlichkeit verringern. Dies wirkt sich wiederum positiv auf ihr Rating aus, was zu günstigeren Krediten führt. Durch Basel II werden somit Anreize gesetzt, neben der durch das KonTraG geforderten Risikofrüherkennung auch aktiv durch entsprechende Steuerungsmaßnahmen das Ausfallrisiko zu reduzieren.[433] Vor der Durchführung solcher Steuerungsmaßnahmen ist allerdings durch eine Kosten-Nutzen-Analyse zu überprüfen, ob die Ersparnisse – verursacht durch günstigere Kreditkonditionen – die Kosten überkompensieren.

4.1.3 Ökonomische Begründungen für das Risikomanagement in Unternehmen

Nachdem in Abschnitt 4.1.2 die gesetzlichen Gründe für ein Risikomanagement dargelegt worden sind, soll in diesem Abschnitt auf ökonomische Gründe, d.h. Unternehmenswertsteigerung durch Risikosteuerung, eingegangen werden.[434] Hierzu ist von einer weiten Risikodefinition gemäß Abschnitt 4.1.1 auszugehen. Weiterhin sind, wie bereits zu Beginn dieses Kapitels ausgeführt, Unvollkommenheiten des Markts zu Grunde zu legen, da ansonsten durch Risikomanagement auf Unternehmensebene kein Wert geschaffen werden kann. In den folgenden Unterabschnitten wird auf verschiedene Situationen eingegangen, die durch einzelne Marktunvollkommenhei-

---

431 Vgl. Hartmann-Wendels/Pfingsten/Weber (2004), S. 393.
432 Vgl. Hartmann-Wendels/Pfingsten/Weber (2004), S. 393 f.
433 Vgl. Reichling (2003), S. 111 ff.
434 Die Ausführungen zu Basel II in Abschnitt 4.1.2.2 stellen eine Mischform dar, da sowohl gesetzliche als auch ökonomische Aspekte angesprochen wurden.

ten gekennzeichnet sind und in denen durch Maßnahmen des Risikomanagements Wert geschaffen werden kann.[435]

4.1.3.1 Reduktion von Transaktionskosten

4.1.3.1.1 Kostenreduktion des Financial Distress

Bei insolvenzgefährdeten Unternehmen fallen durch die angespannte finanzielle Lage des Unternehmens (Financial Distress) Transaktionskosten an.[436] Diese Transaktionskosten – auch Deadweight Costs genannt – wirken sich wertmindernd aus und steigen mit der Insolvenzgefahr an. Hierbei ist zwischen direkten und indirekten Insolvenzkosten zu unterscheiden.[437] Zu den direkten Insolvenzkosten zählen beispielsweise Kosten des Insolvenzverwalters, Gerichts- und Anwaltskosten. Indirekte Insolvenzkosten ergeben sich insbesondere aus Transaktionskosten in Zusammenhang mit der Vertragsgestaltung zwischen Unternehmen und Fremdkapitalgebern, Lieferanten, Kunden bzw. Arbeitnehmern.[438] Mit zunehmender Insolvenzgefahr entstehen erhöhte indirekte Insolvenzkosten bedingt durch steigende Risikoprämienforderungen der Vertragspartner des Unternehmens, was insgesamt zu schwierigeren Vertragsverhandlungen führt.[439] Während die indirekten Insolvenzkosten unabhängig davon anfallen, ob das Unternehmen tatsächlich Insolvenz anmelden muss, treten die direkten Insolvenzkosten nur im Insolvenzzustand auf. Jedoch bewirken beide Insolvenzkostenarten eine Reduzierung des Unternehmenswerts bzw. des Shareholder Value.

Durch Risikomanagementmaßnahmen kann nun die Cash Flow-Volatilität und somit die Insolvenzwahrscheinlichkeit reduziert werden.[440] Folglich sinken auch die Insolvenzkosten. Insgesamt ergibt sich eine Wertsteigerung durch das Risikomanagement, falls dessen Kosten niedriger sind als die eingesparten Insolvenzkosten.

---

[435] Hierbei wird auf eine formale Darstellung verzichtet. Für detailliertere Ausführungen sei auf die jeweils angegebenen Originalquellen verwiesen. Einen Überblick zu den ökonomischen Erklärungsansätzen findet sich auch bei Hoitsch/Winter (2004a) und Pritsch/Hommel (1997).

[436] Ein vollkommener Kapitalmarkt ist zwar mit der Möglichkeit der Insolvenz vereinbar. Fallen jedoch Insolvenzkosten an, so liegt eine Marktunvollkommenheit vor. Vgl. Stiglitz (1969).

[437] Vgl. Warner (1977), S. 338 f.

[438] Vgl. Shapiro/Titman (1986), S. 217 ff. und Smith (1995), S. 25 f.

[439] Beispielsweise wird ein Unternehmen in finanziellen Schwierigkeiten nur unter Preiszugeständnissen, d.h. erhöhten Preisen, gegenüber einem nicht ausfallgefährdeten Unternehmen einen Lieferanten finden, der z.B. durch unternehmensspezifische Produktentwicklungen in eine langfristige Lieferbeziehung investiert.

[440] Vgl. Smith/Stulz (1985), S. 395 ff. und Stulz (1996), S. 12 f.

4.1.3.1.2 Reduktion von Hedgingkosten

Ein unternehmerisches Risikomanagement bietet sich an, falls das Unternehmen komparative Kosten- und/oder Informationsvorteile gegenüber den Eigenkapitalgebern aufweist.[441] Kostenvorteile des Unternehmens können sich auf Grund von Economies of Scales oder strukturellen Schranken[442] ergeben.[443] Informationsvorteile liegen bei zu Gunsten des Unternehmens asymmetrisch verteilten Informationen über dessen Risikogefährdungspotential (Exposure) vor. Diese ergeben sich beispielsweise, wenn ein Unternehmen aus Wettbewerbsgründen die von den Eignern benötigten Informationen nicht oder nur zum Teil zur Verfügung stellt. In diesem Fall ist es den Eigenkapitalgebern nicht möglich selbst effizient zu hedgen, da z.B. Transaktionskosten bei der Überwachung des Unternehmens anfallen.[444]

Es ist zu beachten, dass die Eigenkapitalgeber heterogene Risikopräferenzen haben und folglich unterschiedliche Maßnahmen der Risikosteuerung präferieren.[445] Eine individuelle Risikoanpassung bleibt somit – trotz unternehmerischen Risikomanagements – unerlässlich. Jedoch kann durch ein Hedging seitens des Unternehmens das Unternehmensexposure konstant gehalten werden, was den Eignern die individuelle Risikosteuerung vereinfacht.[446]

4.1.3.2 Reduktion der unternehmerischen Steuerlast

Risikomanagement wirkt sich ebenfalls wertsteigernd aus, falls die zu tragende Steuerlast durch eine konvexe Steuerfunktion bestimmt wird, d.h., die Steuerzahlungen steigen progressiv mit der steuerlichen Bemessungsgrundlage.[447] Eine konvexe Steuerfunktion liegt insbesondere dann vor, wenn die Grenzsteuersätze steigen und/oder die Möglichkeit von Verlustvorträgen gegeben ist. Da Verlustvorträge erst in späteren Perioden mit positiver Bemessungsgrundlage verrechnet werden können, sinkt ihr Barwert mit dem Zeitpunkt der Verrechnung, woraus sich die Konvexität der Steuerfunktion ergibt.[448]

Durch Reduzierung der Volatilität der steuerlichen Bemessungsgrundlage kann die erwartete Steuerauszahlung gesenkt werden und führt somit zu einem steigenden Wert des Unternehmens. Die Erhöhung des Unternehmenswerts ist dabei umso grö-

---

[441] Vgl. Bartram (1999), S. 44.
[442] Diese verhindern, dass Hedgingtransaktionen sämtlichen Marktteilnehmern möglich sind.
[443] Vgl. Bühlmann (1998), S. 159 ff.
[444] Vgl. DeMarzo/Duffie (1991), S. 262.
[445] Vgl. Levi/Serçu (1991), S. 29.
[446] Vgl. Fite/Pfleiderer (1995), S. 150 f.
[447] Vgl. Smith/Stulz (1985), S. 392 ff.
[448] Vgl. MacMinn (1987), S. 1179 ff.

ßer, je konvexer[449] die Steuerfunktion bzw. je höher die Volatilität der Bemessungsgrundlage ist.[450]

4.1.3.3 Koordination von Investitions- und Finanzierungspolitik

Eine wertorientierte Unternehmensführung zielt darauf ab, Projekte mit positivem Kapitalwert durchzuführen (vgl. Kapitel 3). Zur Durchführung dieser wertschaffenden Projekte wird Kapital benötigt. Dieses kann durch interne Cash Flows oder externe Mittel (Fremd- bzw. Eigenkapital) bereitgestellt werden. An diesem Punkt setzt die Begründung der Wertgenerierung durch Risikomanagement nach Froot/Scharfstein/Stein an.[451] Dabei wird von steigenden Grenzkosten der Außenfinanzierung ausgegangen, die insbesondere durch Insolvenzkosten (vgl. Abschnitt 4.1.3.1.1) bzw. Informationsasymmetrie zwischen Managern und Kapitalgebern (vgl. Abschnitt 4.1.3.5) verursacht werden.[452] Somit wird bei Kapitalbedarf zuerst auf interne Mittel zurückgegriffen. Diese sind jedoch mit Unsicherheit behaftet, sodass nicht gewährleistet ist, dass sie in jedem Zustand zur Finanzierung der wertschaffenden Projekte ausreichen. Dies kann zu Opportunitätskosten führen, da vorteilhafte Projekte eventuell nicht durchgeführt werden. Auf Grund fallender Grenzerträge der Investitionen und den beschriebenen steigenden Grenzkosten der Außenfinanzierung kommt es somit zu Interdependenzen zwischen Investitions- und Finanzierungsentscheidungen.[453]

Durch Risikosteuerungsmaßnahmen kann die Volatilität der zur Finanzierung benötigten internen Cash Flows stabilisiert und somit die Durchführung wertschaffender Projekte ermöglicht werden.[454]

4.1.3.4 Erhöhung der Effizienz der Vertragsbeziehung zwischen Eigen- und Fremdkapitalgebern

Aus der Beziehung zwischen Eigen- und Fremdkapitalgebern können Agency-Konflikte resultieren. Im Folgenden wird angenommen, dass die Eigenkapitalgeber das Unternehmen selbst leiten (owner-manager) oder die Manager des Unternehmens sich im Interesse der Eigentümer verhalten. Dadurch, dass ein Agent (Eigenkapitalgeber bzw. Manager) seinen Handlungsspielraum gegenüber dem Prinzipal

---

[449] Eine Steuerfunktion ist konvexer als eine andere, wenn deren 2. Ableitung nach der steuerlichen Bemessungsgrundlage punktweise größer ist.
[450] Vgl. Pritsch/Hommel (1997), S. 684.
[451] Vgl. Froot/Scharfstein/Stein (1993, 1994).
[452] Vgl. Froot/Scharfstein/Stein (1993), S. 1633 f. und Froot/Scharfstein/Stein (1994), S. 94.
[453] Vgl. Froot/Scharfstein/Stein (1993), S. 1633 ff.
[454] Vgl. Froot/Scharfstein/Stein (1993), S. 1634 ff. Auch durch Unternehmenszusammenschlüsse kann es zu gewünschten Diversifikationseffekten kommen, sodass sich die Volatilität interner Cash Flows reduziert. Vgl. Kuhner (2000), S. 337.

(Fremdkapitalgeber) ausnutzt, um seine persönlichen Interessen durchzusetzen, kann ein Moral Hazard-Problem auftreten. In diesem Kontext werden im Weiteren das Unterinvestitions- und das Vermögenssubstitutionsproblem als Agency-Konflikte dargestellt. Wie noch zu erläutern ist, kann bei beiden Problemen durch ein Risikomanagement Wert geschaffen werden. Ausgangspunkt für das Unterinvestitions- und das Vermögenssubstitutionsproblem ist der unterschiedliche Charakter der finanziellen Ansprüche der Kapitalgeber. Während die Fremdkapitalgeberforderungen vertraglich fixiert sind, haben die Eigenkapitalgeber residuale Ansprüche.

4.1.3.4.1 Lösung des Unterinvestitionsproblems

Das Unterinvestitionsproblem (Underinvestment)[455] kann in (teilweise) fremdfinanzierten Unternehmen auftreten, die ausfallgefährdet sind. Weiterhin wird bei der Kapitalbeschaffung zu Gunsten einer zusätzlichen Investition davon ausgegangen, dass die Fremdkapitalaufnahme zeitlich vor einer (möglichen) Einzahlung durch die Eigenkapitalgeber liegt. Das Unterinvestitionsproblem liegt vor, wenn die Eigner bzw. Manager keinen Anreiz haben, Projekte mit positivem Kapitalwert durchzuführen, da hierdurch Vermögen der Eigenkapitalgeber zu den Fremdkapitalgebern transferiert wird.[456] Dieser Vermögenstransfer findet statt, da im Insolvenzfall die Rückflüsse aus (zusätzlichen) Investitionen komplett den Fremdkapitalgebern zustehen.[457] In diesem Fall haben also die Eigner keinen Anreiz Eigenkapital für zusätzliche (wertschaffende) Projekte zur Verfügung zu stellen, da dieses bei Insolvenz für sie verloren ist. Das Unterinvestitionsproblem betrifft also primär hoch verschuldete Unternehmen mit einer hohen Ausfallwahrscheinlichkeit. Zusätzliche Agency-Kosten entstehen dadurch, dass die Fremdkapitalgeber das Verhalten antizipieren und dies bei den Kreditkonditionen berücksichtigen.[458]

Das Unterinvestitionsproblem und die damit verbundenen Kosten können durch Steuerungsmaßnahmen des Risikomanagements gemildert werden.[459] Hierzu ist die Wahrscheinlichkeit niedriger Zahlungsüberschüsse – und damit die Insolvenzwahrscheinlichkeit – zu reduzieren, wobei simultan die Wahrscheinlichkeit der Nichtdurchführung wertschaffender Projekte sinkt.[460] Insgesamt wird somit also Wert – auch im Sinne der Eigenkapitalgeber – geschaffen, falls die Kosten der Risikosteuerung unterhalb der Summe aus dem Kapitalwert der nun zusätzlich durchgeführten Projekte liegen.

---

455 Vgl. Myers (1977).
456 Für ein Beispiel vgl. Smithson (1998), S. 510 ff.
457 Es wird somit implizit eine Insolvenzquote < 1 unterstellt.
458 Vgl. Pritsch/Hommel (1997), S. 678 und Smithson (1998), S. 508.
459 Vgl. Mayers/Smith (1987).
460 Vgl. Hoitsch/Winter (2004a), S. 126.

4.1.3.4.2 Lösung des Vermögenssubstitutionsproblems

Bei Auftreten des Vermögenssubstitutionsproblems (Asset Substitution)[461] wird ebenso wie beim Unterinvestitionsproblem das Vermögen der Eigenkapitalgeber zulasten der Fremdkapitalgeber erhöht. Zum Verständnis ist es hilfreich, das Eigen- und Fremdkapital als Optionen auf das Unternehmen aufzufassen.[462] Die Ansprüche der Eigenkapitalgeber entsprechen einem Call long. Das Fremdkapital kann als Portfolio bestehend aus risikoloser Anleihe und einem Put short gesehen werden. Durch diese unterschiedliche Erfolgsbeteiligung der Kapitalgeber in Zusammenspiel mit Handlungsspielräumen der Eigner bzw. Manager kann es zu opportunistischem Handeln zu Gunsten der Eigner kommen.[463] Dieser Anreiz ist umso stärker, je insolvenzgefährdeter ein Unternehmen ist. Die Eigner bzw. Manager forcieren in dieser Situation tendenziell Projekte, die zwar nur eine geringe Erfolgswahrscheinlichkeit aufweisen, im Erfolgsfall aber eine hohe Rendite erwirtschaften.[464] Bei Erfolg des Projekts erhalten die Eigenkapitalgeber einen Großteil der Rückflüsse, während bei Misserfolg der Verlust im Wesentlichen zulasten der Fremdkapitalgeber geht. Durch ein erhöhtes Risiko (bei konstantem Erwartungswert) steigt der Wert des Calls und damit wird das Vermögen der Eigenkapitalgeber zum Nachteil der Fremdkapitalgeber erhöht. Falls die Fremdkapitalgeber das Verhalten antizipieren, so werden sie ihre Agency-Kosten durch erhöhte Fremdkapitalkosten kompensieren oder Kreditverträge abschließen, die eine entsprechende opportunistische Projektdurchführung verhindern.[465] Somit werden die Eigenkapitalgeber direkt durch erhöhte Fremdkapitalkosten oder indirekt durch Opportunitätskosten belastet. Opportunitätskosten entstehen durch Vertragsklauseln, die die Investitionstätigkeit des Unternehmens so einschränken, dass der optimale Projektmix nicht durchgeführt werden kann.[466]

Risikomanagementmaßnahmen können genutzt werden, um das Vermögenssubstitutionsproblem zu verringern, und somit zu einer – sowohl für Eigen- als auch Fremdkapitalgeber – optimalen Projektauswahl zu gelangen.[467] Hierdurch wird eine Reduzierung der Agency-Kosten erzielt. Übersteigen die eingesparten Agency-Kosten die Aufwendungen der Risikomanagementmaßnahmen, so wird Wert zu Gunsten der Kapitalgeber geschaffen.

---

[461] Zum Vermögenssubstitutionsproblem vgl. auch Jensen/Meckling (1976), S. 334 ff.
[462] Vgl. Mason/Merton (1985), S. 14 ff.
[463] Vgl. Hoitsch/Winter (2004a), S. 124.
[464] Vgl. Jensen/Meckling (1976), S. 334 ff.
[465] Vgl. Smith/Warner (1979), S. 125 ff.
[466] Vgl. Fite/Pfleiderer (1995), S. 156 ff.
[467] Vgl. Campbell/Kracaw (1990), S. 1684.

4.1.3.5 *Erhöhung der Effizienz der Vertragsbeziehung zwischen Eigenkapitalgeber und Manager*

In diesem Abschnitt wird die Beziehung zwischen Eigenkapitalgeber und Manager betrachtet. Hierzu wird im Gegensatz zu Abschnitt 4.1.3.4 davon ausgegangen, dass die Manager sich nicht zwingend im Sinne der Eigner verhalten, sondern ihren eigenen Nutzen maximieren. Wie im Weiteren beschrieben, kann sich dieser Interessenskonflikt wertvernichtend auswirken. Steuerungsmaßnahmen des Risikomanagements können dem entgegenwirken.

4.1.3.5.1 *Lösung des Risikopräferenzproblems*

Die Eigner eines Unternehmens stellen das notwendige (Eigen-)Kapital zur Verfügung. Außerdem sind sie bereit, unternehmerische Risiken zu tragen. Durch eine Vielzahl an Investitionen erzielen die Eigenkapitalgeber dabei Diversifikationseffekte.[468] Die Eigner übertragen jedoch die Führung des Unternehmens an Manager, da diese über das nötige Wissen zur Leitung eines Unternehmens verfügen. Manager sind aber im Gegensatz zu den Eigenkapitalgebern in der Regel schlecht diversifiziert, da sie große Teile ihres Vermögens in das Unternehmen, in dem sie beschäftigt sind, investiert haben.[469] Hierbei handelt es sich um ihr Humankapital und eventuell noch zusätzliches Finanzvermögen (z.B. in Form von Aktienoptionen). Durch diese fehlende Diversifikation haben risikoaverse Manager einen Anreiz, die Volatilität der Überschüsse und damit auch die Insolvenzwahrscheinlichkeit zu verringern. Dieses so genannte Risikopräferenzproblem kann dazu führen, dass die Manager auf Grund der Maximierung ihres eigenen Nutzens von der für die Eigner optimalen Investitions- und Finanzierungspolitik abweichen und somit Wert vernichten.[470] Es entstehen folglich Agency-Kosten in Form von Opportunitätskosten. Als Beispiele hierfür sind Überdiversifizierung, Überinvestition und zu geringer Verschuldungsgrad zu nennen. Hedgingaktivitäten des unternehmerischen Risikomanagements können die Volatilität der Unternehmensüberschüsse senken und somit die Gefahr der suboptimalen Investitions- und Finanzierungspolitik durch Manager verringern. Wert wird generiert, falls die Agency-Kosten oberhalb der Kosten der Risikosteuerung liegen.

---

[468] Vgl. hierzu auch Abschnitt 3.3.2.1.2.
[469] Vgl. Hoitsch/Winter (2004a), S. 127, Kuhner (2004), S. 264 und Pritsch/Hommel (1997), S. 676.
[470] Vgl. z.B. Smith/Stulz (1985), S. 399 ff.; Stulz (1990) und Tufano (1998).

4.1.3.5.2 Bewertung der Managementleistung

Für das Verhalten von Managern spielen weiterhin Reputationseffekte eine Rolle.[471] So hängt beispielsweise die Höhe der Entlohnung oftmals von der Qualität der Managementleistung und somit von der Reputation ab. Diese ist jedoch in der Regel nur schwer zu beurteilen. Allerdings kann dies durch Hedgen von Risiken, die der Manager nicht beeinflussen kann, verbessert werden. Durch den Wegfall von Noise kann eine exzellente Managementleistung durch die Eigner besser erkannt werden.[472] Solche Nebengeräusche können in Industrie- und Handelsunternehmen z.B. Marktpreisrisiken sein. Weniger begabte Manager haben den Anreiz, ihre wahren Fähigkeiten zu verbergen. Hierzu gehen sie zusätzliche Risiken ein, um die Beurteilung ihrer Leistung zu erschweren. Im Gegensatz hierzu sind fähige Manager bestrebt, durch das Hedgen von Risiken, die sie nicht beeinflussen können, ihre Qualität zu signalisieren.[473] Es kann somit durch das Risikomanagement eine Selbstselektion des Managements erreicht werden, falls die Eigner den Managern Freiheitsgrade bezüglich der Risikopolitik gewähren. Den Eignern wird somit eine Selektion der fähigen Manager – die für eine erfolgreiche wertorientierte Unternehmensführung notwendig sind – erleichtert.

4.1.3.6 Auswahl des optimalen Risikoportfolios

Unternehmen sind einer Vielzahl an Risiken ausgesetzt (vgl. Abschnitt 4.1.4). In dem hier angesprochenen Kontext unterscheiden Schrand und Unal zwischen Risiken, bezüglich derer das Unternehmen einen komparativen Informationsvorteil besitzt und somit das Eingehen dieser Risiken zur Schaffung von Shareholder Value beiträgt (core-business risk), und Risiken, mit denen für das Unternehmen keine ökonomischen Renten verbunden sind (homogeneous risk).[474] Zusätzlich wird angenommen, dass ein Unternehmen eine beschränkte Gesamtrisikotragfähigkeit aufweist.[475] Diese Beschränkung kann beispielsweise durch eine begrenzte Finanzierungsbereitschaft der Kapitalmärkte oder durch insolvenzrechtliche Regelungen begründet werden. Unter diesen Rahmenbedingungen wirkt sich die Reduzierung der Risiken, mit denen keine ökonomischen Renten verbunden sind, zu Gunsten der Risiken, die die Kernkompetenzen eines Unternehmens betreffen, wertsteigernd aus. Dem Risikomanagement kommt somit hierbei eine Koordinationsfunktion zu.[476]

---

[471] Vgl. Breeden/Viswanathan (1998).
[472] Vgl. Pritsch/Hommel (1997), S. 680.
[473] Vgl. Bühlmann (1998), S. 176 ff.
[474] Vgl. Schrand/Unal (1998), S. 980.
[475] Vgl. Schrand/Unal (1998), S. 980 ff.
[476] Vgl. Pritsch/Hommel (1997), S. 685.

4.1.4 *Risiken in Industrie- und Handelsunternehmen*

Unternehmen sind – wie bereits angedeutet – von einer Vielzahl an Risiken betroffen.[477] Abbildung 23 zeigt eine Kategorisierung der Risiken von Industrie- und Handelsunternehmen nach Herkunft und ausgewählten Eigenschaften.[478] Innerhalb der Risikoherkunft sind beispielhaft Einzelrisiken angegeben. Eine trennscharfe Einteilung dieser Einzelrisiken ist jedoch nur selten möglich. Vielmehr ist die vorgenommene Risikokategorisierung an unternehmensspezifische Besonderheiten anzupassen.

Risikoherkunft

Risikoeigenschaft	Betriebliche Risiken	Marktrisiken		Kreditrisiken	Operative Risiken*	Sonstige Risiken
	• Mengenmäßige, zeitliche oder qualitative Verschlechterung der Leistungserstellung • Strategische Entscheidungen	**Preisrisiken** • Zinssatz • Wechselkurs • Rohstoffpreis • Aktienkurs	**Mengenrisiken** • Nachfrage nach Produkten • Ausschreibungen	• Pre-Settlementrisiko • Settlementrisiko	• Systemfehler • Betrug • Technische Defizite • Fehler durch Mitarbeiter	• Juristische Risiken • Politische Risiken • Naturkatastrophen
Messbarkeit						
• kardinal messbar	○	+	○	+	–	–
• ordinal messbar	○	+	+	+	○	○
• nominal messbar	+	+	+	+	+	+
Risikosteuerung						
• Vermeidung	○	+	–	○	–	–
• Minderung	○	+	○	○	+	○
• Überwälzung	○	+	–	○	–	○
Risikoauswirkung						
• Bestandsgefährdung**	+	+	+	–	–	+
• Chancenmöglichkeit	+	+	+	–	–	○
Risikoursache						
• exogen	–	+	+	+	–	+
• endogen	+	–	–	–	+	–

* im Gegensatz zu den betrieblichen Risiken nicht unmittelbar die Leistungserstellung betreffend

** gemäß KonTraG

+ Eigenschaft erfüllt/erfüllbar

○ Eigenschaft eingeschränkt erfüllt/erfüllbar

– Eigenschaft nicht erfüllt/erfüllbar

Abbildung 23: Risikokategorisierung für Industrie- und Handelsunternehmen[479]

Bei der Herkunft der Risiken wird zwischen betrieblichen Risiken, Marktrisiken, Kreditrisiken, operativen Risiken und sonstigen Risiken unterschieden.

---

[477] Zu diesem Abschnitt vgl. Homburg/Stephan/Haupt (2005a), S. 4 ff.

[478] Zu alternativen Einteilungen der Risikoherkunft vgl. z.B. Arbeitskreis „Externe und Interne Überwachung der Unternehmung" (2000), S. 2 f.; Arbeitskreis „Finanzierungsrechnung" (2001), S. 23 ff. und JP Morgan (1999), S. 5 bzw. für eine Sicht aus der Praxis vgl. Coenen (2004), S. 98 f. Zu weiteren Risikoeigenschaften vgl. Rogler (2002), S. 9 ff.
Diese Risikokategorisierung kann auch für andere Branchen, wie z.B. Finanzinstitutionen, herangezogen werden. Jedoch hat jede Branche spezifische Risikoschwerpunkte. Vgl. für die Abgrenzung zwischen den Risikoschwerpunkten von Industrie- und Handelsunternehmen und von Finanzinstitutionen auch Abschnitt 4.2.2.

[479] Abbildung entnommen aus Homburg/Stephan/Haupt (2005b), S. 1070.

Betriebliche Risiken beziehen sich auf den Prozess der Leistungserstellung sowie die strategischen Entscheidungen des Unternehmens. Sie haben somit sowohl eine operative (nicht zu verwechseln mit den operativen Risiken) als auch eine strategische Komponente. Die operative Sichtweise bezieht sich auf eine Verschlechterung der Leistungserstellung in jeglicher Form.[480] Die zweite Komponente der betrieblichen Risiken betrifft hingegen die Gefahr strategischer Fehlentscheidungen (z.B. Standortwahl, Fusion, Übernahme, F&E-Strategie und dergleichen).

Marktrisiken können in Preis- und Mengenrisiken untergliedert werden. Preisrisiken resultieren aus der Veränderung von Zinssätzen, Aktien- und Wechselkursen sowie Rohstoffpreisen. Mengenrisiken äußern sich beispielsweise in einer geringen Produktnachfrage. Diese kann allerdings auch aus einer falschen Strategie resultieren (z.B. Entwicklung eines neuen Produktes, das Kundenanforderungen nicht entspricht). Dieses Beispiel verdeutlicht nochmals, dass keine trennscharfe Einteilung besteht.

Pre-Settlement- und Settlementrisiko werden zum Kreditrisiko zusammengefasst. Unter Pre-Settlementrisiko wird der Ausfall eines Vertragspartners vor Vertragserfüllung verstanden, verbunden mit dem Abschluss eines Ersatzgeschäfts zu schlechteren Konditionen. Als Beispiel ist an einen Kunden zu denken, der Produkte im Wert von 1 Mio. € bestellt hat. Wird dieser Kunde insolvent, so kann der Vertrag nicht erfüllt werden. Ggf. sind jedoch andere Kunden dazu bereit, die Lieferung für Beträge unter 1 Mio. € abzunehmen. Das Settlementrisiko betrifft hingegen den Ausfall des Kontraktpartners nach Erfüllung der eigenen Leistung. Beispielsweise sei hier ein Lieferant genannt, an den eine Anzahlung geleistet wurde, und der die vereinbarte Gegenleistung dann nicht erbringt.

Die operativen Risiken betreffen im Gegensatz zu den betrieblichen Risiken nicht unmittelbar den Leistungsbereich. Hierunter fällt beispielsweise eine durch einen Mitarbeiter oder ein mangelhaftes EDV-System verursachte fehlerhafte Fakturierung. Explizit sollen dabei falsche Strategieentscheidungen ausgenommen werden, da sie unter die betrieblichen Risiken fallen. Weitere operative Risiken betreffen z.B. Systemfehler, Betrug und generelle technische Defizite.

Alle verbleibenden Risiken werden unter den sonstigen Risiken subsumiert. Hierzu gehören insbesondere juristische und politische Risiken sowie Naturkatastrophen.

Hinsichtlich ihrer Eigenschaften werden in Abbildung 23 Risiken nach ihrer Messbarkeit, Steuerbarkeit, Auswirkung und Ursache unterschieden.

---

[480] Vgl. Arbeitskreis „Finanzierungsrechnung“ (2001), S. 25.

Bezüglich der Risikomessung wird zwischen kardinaler (quantitativer), ordinaler und nominaler (qualitativer) Messbarkeit unterschieden.[481] Sind Risiken nur nominal (qualitativ) messbar, so kann keine Rangfolge der einzelnen Risiken aufgestellt werden. Die Risiken können zwar benannt, aber in ihrer Bedeutung nicht verglichen werden. Im Gegensatz dazu können ordinal messbare Risiken in eine Rangfolge gebracht werden (z.B. hoch, mittel, niedrig). Identische Abstände zwischen diesen Risiken können allerdings nicht als identische Unterschiede zwischen den Risiken interpretiert werden. Die höchsten Anforderungen an die Messbarkeit stellen kardinal (quantitativ) messbare Risiken. Hierbei müssen die Risiken in eine Reihung gebracht werden können, und die Abstände zwischen den einzelnen Risiken müssen als Unterschiede interpretierbar sein. Dies gilt nur, wenn sowohl Eintrittswahrscheinlichkeit als auch Schadenshöhe kardinal messbar sind. Ein typisches Beispiel für Risiken, die dieses Messniveau aufweisen, sind Marktpreisrisiken. Die in den folgenden Abschnitten vorgestellten Risikokennzahlen[482] eignen sich ausschließlich für kardinal messbare Risiken.

Außerdem weisen Risiken unterschiedliche Eigenschaften hinsichtlich ihrer Steuerbarkeit auf. Es wird dabei zwischen Vermeidbarkeit, Minderbarkeit und Überwälzbarkeit differenziert. Beispielsweise sind Währungsrisiken vermeidbar, indem sämtliche Verträge in der Heimatwährung abgeschlossen werden. Typischerweise sind Risiken, die durch zusätzliche Maßnahmen beeinflussbar sind, minderbar. So können Betrug und Managementfehler beispielsweise durch umfangreiche Kontrollen reduziert werden. Risiken werden als überwälzbar bezeichnet, wenn sie vollständig oder teilweise auf Dritte übertragen werden können (z.B. durch Versicherungen, Bürgschaften oder andere entsprechende Vertragsgestaltungen).

Risiken können in ihrer Auswirkung bestandsgefährdend sein. Das KonTraG bezieht sich nach § 91 Abs. 2 AktG insbesondere auf diese Art von Risiken.[483] Bei Industrie- und Handelsunternehmen sollten insbesondere Kreditrisiken und operative Risiken keine Bestandsgefährdung aufweisen, da diese Bereiche hier nicht zu den Kernaufgaben gehören (im Gegensatz zu Kreditinstituten, bei denen das Kreditrisiko einen Großteil des Kerngeschäfts ausmacht). Die Eigenschaft der Chancenmöglichkeit trennt zwischen Risiken, denen keine entsprechenden Chancen gegenüberstehen (z.B. Naturkatastrophen), und Risiken, denen Chancen gegenüberstehen (z.B. Mengenrisiken).

---

[481] Zur Messbarkeit statistischer Merkmale vgl. z.B. Hartung (2002), S. 16 ff.; Kromschröder/Lück unterteilen nur in quantitativ und qualitativ messbare Risiken. Dabei werden ordinal messbare Risiken als qualitative Risiken aufgefasst. Vgl. Kromschröder/Lück (1998), S. 1574.

[482] Vgl. auch die Definition des Begriffs Kennzahl in Abschnitt 2.1.1, die auf quantitativ erfassbare Zusammenhänge abstellt.

[483] Vgl. auch Abschnitt 4.1.2.1.

Des Weiteren kann zwischen endogenen und exogenen Risikoursachen unterschieden werden. Betriebliche und operative Risiken sind endogene Risiken und damit in der Regel durch das Unternehmen beeinflussbar. Bei exogenen Risiken ist dies im Allgemeinen nicht möglich. So kann ein Unternehmen z.B. Zinssätze typischerweise nicht beeinflussen. Jedoch können etwa die Auswirkungen aus der Veränderung der Zinssätze durch langfristige Kreditverträge mit fixen Zinssätzen oder entsprechende Termingeschäfte reduziert werden.

Bei den in Abbildung 23 vorgenommenen Verbindungen (dargestellt durch „+", „○" und „–") zwischen Risikoherkunft und Risikoeigenschaft bestehen allerdings Interpretationsspielräume. Die hier vorgenommene Einstufung soll demnach eine Grundtendenz widerspiegeln.

Die weiteren Ausführungen zur Risikomessung mittels Risikokennzahlen fokussieren auf kardinal messbare Risiken. Neben diesen sind nominal und ordinal messbare Risiken vor einer Entscheidung ins Kalkül zu ziehen.[484] Auf deren Analyse wird jedoch im Rahmen dieser Arbeit verzichtet.

4.2 Risikoquantifizierung mittels at Risk-Kennzahlen

At Risk-Kennzahlen – die gemäß Abschnitt 2.1.1 absolute Kennzahlen darstellen – werden im Rahmen des Risikocontrolling eines Unternehmens zur Messung von (kardinal messbaren)[485] Risiken im engeren Sinn[486] genutzt.[487] Ihre Ermittlung erfolgt im Rahmen des Risikomanagement-Prozesses[488] eines Unternehmens zunächst zur Risikobewertung. Eine umfassende Beurteilung – z.B. über die Vorteilhaftigkeit verschiedener Projekte – sollen und können Risikokennzahlen somit im Allgemeinen nicht ermöglichen. Hierzu sind weitere Bewertungen, insbesondere mittels wertorientierter Kennzahlen, notwendig.[489] Anschließend finden sie dann auch im Rahmen der Risikosteuerung Verwendung. So lassen sich beispielsweise mit at Risk-Kennzahlen verschiedene Strategiealternativen unter Risikoaspekten bewerten, denn über at Risk-Kennzahlen kann die Vergleichbarkeit verschiedener Risiken hergestellt werden (z.B. zwischen Rohstoffpreisrisiko und Währungsrisiko). Ebenso liegen Verfahren zur

---

484 Die Bewertung ordinal messbarer Risiken kann bspw. durch Klassifizierung erfolgen. Vgl. hierzu Burger/Buchhart (2002), S. 103 ff.

485 Zur unterschiedlichen Messbarkeit von Risiken vgl. Abschnitt 4.1.4.

486 Zur Unterscheidung zwischen Risiken im engeren und weiteren Sinn vgl. Abschnitt 4.1.1.

487 Eine kompakte Version der Darstellungen zu Value at Risk bzw. Cash Flow at Risk und ihrer Berechnungsmethoden findet sich in Homburg/Stephan (2004), S. 313 ff.

488 Einen Überblick über den Risikomanagement-Prozess mit seinen einzelnen Schritten geben z.B. Baetge/Jerschensky (1999), S.172 f. und Hornung/Reichmann/Diederichs (1999).

489 Für Verbindungen zwischen wertorientierten Kennzahlen und Risikokennzahlen vgl. Kapitel 5.

Aggregation von Einzelrisiken zu einem Gesamtrisiko vor. Die at Risk-Kennzahlen werden außerdem zur Allokation von Risikokapital verwendet.[490]

4.2.1 Value at Risk

Eine der verbreitetsten at Risk-Kennzahlen ist der Value at Risk (VaR), der hauptsächlich in Finanzinstitutionen, aber auch teilweise in Industrieunternehmen eingesetzt wird.[491] Er ist als derjenige Verlust definiert, der innerhalb eines bestimmten Zeitraums mit einer vorzugebenden, im Allgemeinen hoch gewählten Wahrscheinlichkeit 1-α (Konfidenzniveau) nicht überschritten wird.[492] Der VaR ergibt sich als Differenz aus dem Erwartungswert der Vermögensänderung einer oder mehrerer Vermögenspositionen und der mit einer bestimmten Wahrscheinlichkeit ermittelten (negativen) Vermögensänderung (VaR^{rel}). Alternativ dazu kann der VaR auch als absoluter Verlust definiert werden (VaR^{abs}), d.h. als Nettovermögensminderung. Unter Zugrundelegung dieser Definition entspricht der VaR dem Absolutbetrag des α-Quantils der Vermögensänderung.[493] Die beiden VaR-Definitionen werden in Abbildung 24 dargestellt.

Der VaR wird meist nur für kurze Zeiträume von einem Tag bis zu einem Monat bestimmt. Die Wahl des Zeitraums orientiert sich dabei an der Zeitspanne zur vollständigen Liquidation der Vermögensposition.[494] Bei kurzen Zeiträumen kann der Erwartungswert der Vermögensänderung vernachlässigt werden, da er in der Regel nahe null liegt. Man kann sagen, dass über kurze Zeiträume der Erwartungswert der Vermögensänderung durch die Volatilität der Vermögensänderung dominiert wird.[495] Hieraus folgt, dass sich bei Berechnung des VaR die Ergebnisse der absoluten und relativen Definition betragsmäßig nur geringfügig unterscheiden.[496]

Zur Berechnung des VaR muss das Konfidenzniveau $(1-\alpha)$ vorgegeben werden. Es liegt in der Regel bei mindestens 90 % $(0 \leq \alpha \leq 0{,}1)$. Häufig wird sogar ein Konfidenzniveau von 95 % bis 99 % gewählt.[497] Je höher das Konfidenzniveau, desto ge-

---

[490] Für den Risikokapitalallokationsprozess in Finanzinstitutionen vgl. bspw. James (1996). Für ein Modell bezüglich der Risikokapitalallokation in Industrieunternehmen vgl. Homburg/Uhrig-Homburg (2004).

[491] So nutzt DaimlerChrysler beispielsweise den Value at Risk zur Quantifizierung von Risikopositionen aus Wechsel- bzw. Aktienkursen und Zinssätzen. Vgl. DaimlerChrysler (2004), S. 41.

[492] Vgl. Büschgen (1998), S. 1003 f.; Dowd (1998), S. 21; Hartmann-Wendels/Pfingsten/Weber (2004), S. 336; Hull (2003), S. 346; Jorion (2001), S. 22; JP Morgan (1996), S. 6; Linsmeier/Pearson (1996), S. 3; Lister (1997), S. 32 und Schierenbeck (2003b), S. 17.

[493] Es wird im Folgenden davon ausgegangen, dass dieses α-Quantil im negativen Bereich liegt.

[494] Vgl. Jorion (2001), S. 24.

[495] Vgl. Jorion (2001), S. 105.

[496] Dies wird auch an dem Beispiel in Abschnitt 4.2.4 ersichtlich.

[497] Bei der Berechnung der Eigenkapitalanforderungen an Kreditinstitute anhand interner Modelle ist ein Konfidenzniveau von 99 % zu Grunde zu legen. Die Haltedauer ist auf zehn Handelstage festgelegt. Vgl. § 10 KWG i.V.m. Grundsatz I (GS I).

ringer ist die Wahrscheinlichkeit, höhere Verluste als den VaR zu erleiden (vgl. auch Abbildung 24).

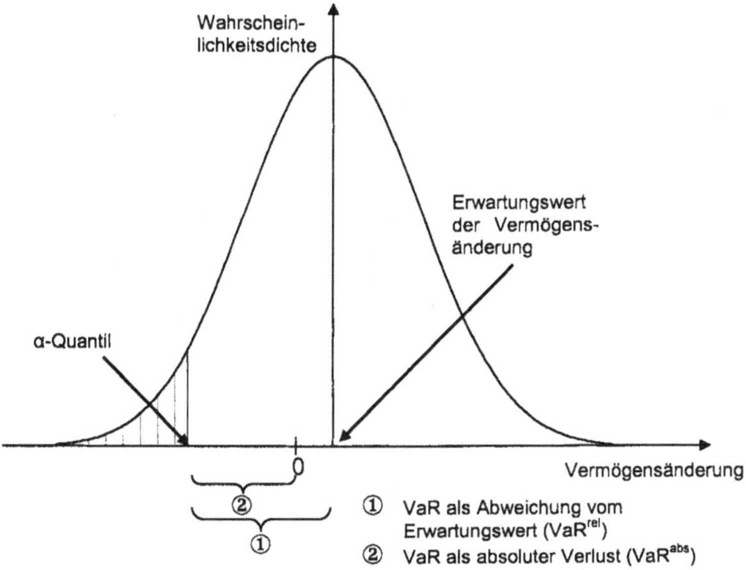

Abbildung 24: Value at Risk[498]

Da – wie zu Beginn des nächsten Abschnitts ausgeführt – der VaR sich nur bedingt für den Einsatz in Industrie- und Handelsunternehmen eignet, werden im Weiteren zwei für die Nutzung in Industrie- und Handelsunternehmen konzipierte und auf dem Konzept des VaR aufbauende Kennzahlen diskutiert.

4.2.2 Cash Flow at Risk

Um die unterschiedlichen Anforderungen von Finanzinstitutionen und Industrie- bzw. Handelsunternehmen an Risikokennzahlen zu verdeutlichen, wird auf die in Abschnitt 4.1.4 vorgenommene Einteilung von Risiken nach ihrer Herkunft zurückgegriffen. Die dort aufgeführten Risiken wirken sich prinzipiell sowohl auf Finanzinstitutionen als auch auf Industrie- und Handelsunternehmen aus, jedoch können, wie im Weiteren ausgeführt wird, branchenspezifische Risikoschwerpunkte identifiziert werden, woraus Anforderungen an Risikokennzahlen resultieren.[499]

---

[498] Abbildung entnommen aus Homburg/Stephan (2004), S. 314.
[499] Vgl. Homburg/Stephan (2004), S. 314 f.

Finanzinstitutionen sind hauptsächlich handelbaren Marktpreisrisiken sowie Kreditrisiken ausgesetzt. Der VaR orientiert sich – wie in Abschnitt 4.2.1 ausgeführt – an Marktwertänderungen über einen kurzen Zeitraum, die durch Preisrisiken verursacht werden.[500] Für die einzelnen Finanzinstrumente sind dabei Marktpreise auf dem Kapitalmarkt beobachtbar. Folglich können Risiken durch Verkäufe oder Gegengeschäfte vollständig weitergegeben bzw. reduziert werden. Der VaR ist damit ein geeignetes Maß für direkt handelbare Marktpreisrisiken.[501] Zur Messung von Kreditrisiken existiert der auf dem VaR-Konzept aufbauende Credit at Risk.[502] Im Unterschied zum VaR fokussiert der Credit at Risk nicht auf Verluste auf Grund von Marktpreisrisiken, sondern auf Verluste, die im Rahmen von vergebenen Krediten durch Ausfall bzw. Bonitätsverschlechterung entstehen. Die Handelbarkeit von Kreditrisiken ist im Gegensatz zu Marktpreisrisiken nur eingeschränkt gegeben. Im Folgenden wird der Credit at Risk nicht weiter betrachtet, sondern es erfolgt eine Übertragung der VaR-Konzeption auf Risikokennzahlen zum Einsatz in Industrie- und Handelsunternehmen.

Hier werden gerade in den realwirtschaftlichen Bereichen Beschaffung, Produktion und Absatz Geschäfte getätigt (mit diesen Geschäften verbundene Risiken sind in der Regel den betrieblichen Risiken in Abbildung 23 zuzuordnen), bei denen der Marktwert nicht problemlos bestimmbar ist.[503] Insbesondere liegen im Gegensatz zu Aktien-, Anleihen-, Devisen- und Rohstoffpositionen keine täglich aktualisierten und beobachtbaren Marktpreise vor. Ebenso ist es in der Regel kaum möglich, Risikopositionen kurzfristig zu liquidieren. Industrie- und Handelsunternehmen übernehmen daher neben handelbaren auch nicht handelbare Risiken. Ausnahmen zu obigen Ausführungen stellen Wertpapier- (im Umlauf- oder Anlagevermögen), Fremdwährungs- und Rohstoffbestände eines Industrie- und Handelsunternehmens dar. Bei diesen Positionen ist eine Anwendung des VaR prinzipiell möglich. Doch durch fehlende Marktpreise und eingeschränkte Liquidierbarkeit der für Industrie- und Handelsunternehmen typischen Investitionen ist der VaR (bis auf die aufgezeigten Ausnahmen) nicht ohne Anpassungen anwendbar. Insbesondere unterliegen Industrie- und Handelsunternehmen nicht handelbaren betrieblichen Risiken sowie Mengenrisiken (vgl. Abbildung 23).[504] Dies führt dazu, dass in Industrie- und Handelsunternehmen weitere Kennzahlen zur Risikomessung benötigt werden.

Im Rahmen der Planung und Bewertung von Investitionen in Industrie- und Handelsunternehmen werden – wie in Kapitel 3 dargestellt – Zahlungsgrößen (Cash Flows)

---

[500] Vgl. auch Bühler (1998), S. 219 ff.
[501] Vgl. Arbeitskreis „Finanzierungsrechnung" (2001), S. 63 und JP Morgan (1999), S. VII.
[502] Für einen Überblick über verschiedene Kreditrisikomodelle vgl. bspw. Huschens/Locarek-Junge (2002).
[503] Vgl. Arbeitskreis „Finanzierungsrechnung" (2001), S. 63; Bühler (1998), S. 219 ff. und JP Morgan (1999), S. VII.
[504] Vgl. Homburg/Stephan (2004), S. 315.

herangezogen. Somit sollte auch die Risikomessung auf diese Größen ausgerichtet werden. Aus diesen Überlegungen heraus ist die Kennzahl Cash Flow at Risk (CFaR) entwickelt worden, die, wie im Folgenden dargestellt, das grundsätzliche Konzept des VaR beibehält. Im Gegensatz zum VaR ist der CFaR allerdings längerfristig ausgerichtet und eignet sich zur Risikomessung in Zeiträumen von mehreren Monaten bis zu mehreren Jahren. Anders als beim VaR ist die Zielgröße des CFaR nicht der Marktwert, sondern ein Cash Flow als finanzieller Überschuss.[505]

Der relative Cash Flow at Risk ($CFaR^{rel}$) wird völlig analog zum relativen VaR definiert. Somit ist der relative CFaR die Abweichung des Cash Flows vom Erwartungswert des Cash Flows innerhalb eines bestimmten Zeitraums, die mit einer bestimmten Wahrscheinlichkeit (Konfidenzniveau) nicht überschritten wird.[506] Abweichend hierzu kann der CFaR ebenso wie der VaR als α-Quantil der Cash Flow-Verteilung definiert werden ($CFaR^{abs}$).[507] Allerdings wird hier nicht wie beim VaR^{abs} der Absolutbetrag verwendet. Dies stellt somit einen geringfügigen Unterschied zum VaR^{abs} dar, da der $CFaR^{abs}$ dem α-Quantil auch im Vorzeichen entspricht. Anders als VaR^{abs}, VaR^{rel} und $CFaR^{rel}$ signalisiert der $CFaR^{abs}$ folglich bei kleineren Werten c.p. ein höheres Risiko. Der Cash Flow ist eine Stromgröße, somit ist auch der CFaR eine periodenbezogene Größe.[508] Beträgt der Erwartungswert des Cash Flows einer Periode beispielsweise 5 Mio. € und liegt der Cash Flow mit einer Wahrscheinlichkeit von 95 % bei mindestens 4 Mio. €, so ergibt sich bei einem Konfidenzniveau von 95 % für diese Periode ein relativer CFaR von

$$CFaR^{rel} = 5.000.000\,€ - 4.000.000\,€ = 1.000.000\,€.$$

Das heißt, dass mit einer Wahrscheinlichkeit von 95 % die (negative) Abweichung vom Erwartungswert des Cash Flows höchstens 1 Mio. € beträgt. Legt man die absolute Definition des CFaR zu Grunde, der die Untergrenze des Cash Flows mit 95 % Wahrscheinlichkeit angibt, so erhält man:

$$CFaR^{abs} = 4.000.000\,€.$$

Wie durch dieses Beispiel deutlich wird, hat im Gegensatz zum VaR-Konzept, die Wahl der absoluten bzw. relativen Definition des CFaR maßgebliche Auswirkungen auf dessen Wert. Der $CFaR^{abs}$ gibt unmittelbar den Zahlungsüberschuss an, der mit einer bestimmten Wahrscheinlichkeit nicht unterschritten wird. Dieser liefert somit auf aggregierter Ebene[509] direkt Informationen über die Liquiditätssituation eines Unternehmens. Hieraus kann die Notwendigkeit zur Durchführung von Maßnahmen zur

---

505 JP Morgan bietet analog zur RiskMetrics (vgl. JP Morgan (1996)), die die Berechnung des VaR unterstützt, das System CorporateMetrics (vgl. JP Morgan (1999)) zur Ermittlung des CFaR an.

506 Vgl. JP Morgan (1999), S. 34.

507 Zu dieser absoluten Definition vgl. Bühler (1998), S. 225.

508 Vgl. Arbeitskreis „Finanzierungsrechnung" (2001), S. 65.

509 Dies bedeutet, dass der CFaR für das gesamte Unternehmen und nicht nur für einzelne Bereiche bzw. Projekte bestimmt wird.

Reduktion der Insolvenzgefahr auf Grund von Zahlungsunfähigkeit bzw. drohender Zahlungsunfähigkeit abgeleitet werden.[510] Allerdings wird (ohne Rückgriff auf den Erwartungswert der Cash Flow-Verteilung) aus dem $CFaR^{abs}$ der Schwankungsbereich der Cash Flow-Verteilung als Risiko im engeren Sinn nicht ersichtlich. Liegt beispielsweise der $CFaR^{abs}$ weiterhin bei 4 Mio. €, der Erwartungswert jedoch nun bei 50 Mio. €, so ergibt sich im Vergleich zu obigem Beispiel eine völlig andere Risikosituation, die durch den $CFaR^{abs}$ im Gegensatz zum $CFaR^{rel}$, der nun 46 Mio. € beträgt, nicht signalisiert wird. Aus dem $CFaR^{rel}$ können allerdings nicht unmittelbar Informationen über die Zahlungsfähigkeit des betrachteten Unternehmens gewonnen werden. Bei Kenntnis des Erwartungswerts des Cash Flows können $CFaR^{abs}$ und $CFaR^{rel}$ problemlos ineinander überführt werden, da $CFaR^{abs} + CFaR^{rel} =$ erwarteter Cash Flow gilt. Der erwartete Cash Flow muss u.a. auch im Rahmen der in Kapitel 3 vorgestellten wertorientierten Kennzahlen bekannt sein, sodass davon auszugehen ist, dass dieser bereits vorliegt. Somit stellt die Wahl der CFaR-Definition kein echtes Problem dar, da die jeweilige andere Definition und die damit verbundenen Informationen ohne größeren Aufwand errechnet werden können.

Unabhängig von der absoluten bzw. relativen Vorgehensweise bietet es sich bei der CFaR-Berechnung an, den Free Cash Flow als Basis zu Grunde zu legen, da dieser – wie in Kapital 3 beschrieben – im Rahmen der wertorientierten Kennzahlen die zentrale Cash Flow-Größe ist.

4.2.3 Earnings at Risk und Earnings per Share at Risk

Neben dem CFaR wurde der Earnings at Risk (EaR) bzw. der Earnings per Share at Risk (EpSaR) für die Nutzung in Industrie- und Handelsunternehmen konzipiert. Auch diese Kennzahlen basieren auf dem Konzept des VaR. Der EaR (in der relativen Definition) ist definiert als Abweichung vom Gewinn (Ergebnisgröße), die mit einer festgelegten Wahrscheinlichkeit innerhalb eines bestimmten Zeitraums nicht überschritten wird.[511] Der absolute EaR gibt entsprechend zum $CFaR^{abs}$ den Wert des α-Quantils der Gewinnverteilung an. Die im vorherigen Abschnitt zum CFaR getätigten Aussagen bezüglich des Zusammenhangs zwischen den beiden Definitionen lassen sich ebenfalls auf den EaR übertragen. Während der EaR auf den gesamten Gewinn eines Unternehmens[512] fokussiert, stellt der Gewinn pro Aktie die Zielgröße des EpSaR dar. Zwischen dem EaR und dem EpSaR besteht somit folgender Zusammenhang:

---

[510] Vgl. Homburg/Stephan (2004), S. 315.
[511] Vgl. JP Morgan (1999), S. 34.
[512] Der Gewinn kann alternativ auch auf einen Unternehmensbereich oder ein Projekt bezogen sein.

$$EpSaR = \frac{EaR}{Aktienanzahl}.$$

Sowohl der EaR als auch der EpSaR sind, ebenso wie der CFaR, längerfristig ausgerichtet, ermöglichen die Messung nicht handelbarer Risiken und sind somit prinzipiell zum Einsatz in Industrie- und Handelsunternehmen geeignet. Jedoch basieren EaR und EpSaR auf der Zielgröße „Gewinn", der eine Buchgröße darstellt, und somit sind auch diese beiden Risikokennzahlen mit dem in Abschnitt 2.4.7.1 geschilderten Nachteil der bilanziellen Ansatz- und Bewertungswahlrechte behaftet.[513] Aus diesem Grund wird im weiteren Verlauf der Arbeit auf zusätzliche Ausführungen zum EaR bzw. EpSaR verzichtet.

Auf Möglichkeiten zur Berechnung der in den Abschnitten 4.2.1 bis 4.2.3 vorgestellten at Risk-Kennzahlen wird im nächsten Abschnitt eingegangen.

4.2.4 Methoden zur Berechnung der at Risk-Kennzahlen

Die Bestimmung der at Risk-Kennzahlen kann über analytische Methoden oder Simulationsansätze erfolgen.[514] Zu den analytischen Methoden zählt der Varianz-Kovarianz-Ansatz. Hier werden die at Risk-Kennzahlen, denen mehrere Risikofaktoren zu Grunde liegen, durch Aggregation risikofaktorspezifischer at Risk-Kennzahlen ermittelt. Risikofaktoren sind unsichere Einflussgrößen, die sich auf den Marktwert bzw. Cash Flow auswirken. Im Gegensatz zu analytischen Methoden muss bei einer Simulation der Wert des Portfolios bzw. die Höhe des Cash Flows für mehrere Szenarien vollständig berechnet werden, um dann den VaR bzw. CFaR zu bestimmen. Dabei unterscheidet man zwischen der historischen und der Monte-Carlo-Simulation.[515] Auf Grund der spezifischen Stärken und Schwächen der im Folgenden erläuterten Methoden lässt sich nur situativ entscheiden, welches Verfahren heranzuziehen ist.

---

513 Es ist zu vermuten, dass dies der Grund dafür ist, dass in der Literatur der CFaR intensiver diskutiert wird als der EaR.

514 Ein weiteres Verfahren, auf das nicht näher eingegangen werden soll, stellt die Berechnung des CFaR nach Stein/Usher/LaGattuta/Youngen (2001) dar (Comparables Approach). Zur Bestimmung der Wahrscheinlichkeitsverteilung des Cash Flows wird auf historische Cash Flow-Ausprägungen zurückgegriffen. Dabei werden nicht nur die Cash Flow-Ausprägungen des eigenen Unternehmens, sondern auch die vergleichbarer Unternehmen herangezogen. Die Vergleichbarkeit wird dabei anhand von vier Kriterien (Marktkapitalisierung, Profitabilität, Branchenrisiko und Volatilität des Aktienkurses) beurteilt.

515 Vgl. Büschgen (1998), S. 1007 ff.; Hartmann-Wendels/Pfingsten/Weber (2004), S. 340 ff. und Jorion (2001), S. 291.

4.2.4.1 *Varianz-Kovarianz-Methode*

Der Varianz-Kovarianz-Ansatz – in der angelsächsischen Literatur als delta-normal-method bezeichnet – basiert auf folgenden Annahmen:[516]

- Normalverteilung der Risikofaktoren

Diese Annahme ist dann gerechtfertigt, wenn sich Marktpreisrisiken (Zinssätze für bestimmte Laufzeiten, Devisenkurse, Aktienkurse und Rohstoffpreise) in der Realität zumindest approximativ wie normalverteilte Zufallsgrößen verhalten.

- Linearer Einfluss der Risikofaktoren auf die Entwicklung des Portfoliowerts (VaR-Berechnung in Finanzinstitutionen)[517] bzw. des Cash Flows (CFaR-Berechnung in Industrie- und Handelsunternehmen)[518]

Diese Annahme besagt, dass sich die Marktwerte bzw. Cash Flows, die einem Risikofaktor zugerechnet werden, in einem festen Verhältnis zu diesem Risikofaktor ändern.[519] Der Faktor, der dieses Verhältnis angibt, wird Delta-Faktor genannt und ist bei vielen Positionen gleich eins. Ungleich eins ist der Delta-Faktor hingegen bei Optionen. Auf Grund der Linearitäts- und der Normalverteilungsannahme sind nicht nur die einzelnen Risikofaktoren normalverteilt, sondern annahmegemäß auch die Rendite des gesamten Portfolios bzw. Cash Flows.

- Die Veränderungen der Risikofaktoren entsprechen denen in der Vergangenheit, aus der die Datengrundlage stammt.

Diese Annahme impliziert, dass die statistischen Größen Erwartungswert, Varianz und Kovarianz der Risikofaktoren aus einer Datengrundlage, die aus der Vergangenheit stammt, geschätzt werden können.

Der Varianz-Kovarianz-Methode liegt die von der US-amerikanischen Investmentbank JP Morgan entwickelte Software RiskMetrics zur Bestimmung des VaR zu Grunde. Im Rahmen der Nutzung dieses Programms kann eine Vielzahl von Volatilitäten und Korrelationen der Marktpreisfaktoren online über das Internet abgerufen werden.[520] Eine eigenständige Berechnung dieser zur VaR-Bestimmung benötigten Daten erübrigt sich somit.

---

[516] Vgl. Büschgen (1998), S. 1009 f.; Hartmann-Wendels/Pfingsten/Weber (2004), S. 341 f.; Hull (2003), S. 350 ff.; JP Morgan (1996), S. 121 und Lister (1997), S. 175.

[517] Wie bereits in Abschnitt 4.2.2 ausgeführt, steht die Betrachtung einer Portfolioentwicklung (zur Berechnung des VaR) in Industrie- und Handelsunternehmen nicht im Vordergrund.

[518] Diese Linearitätsannahme ist jedoch – wie zum Abschluss dieses Abschnitts noch gezeigt wird – unter Umständen problematisch. Vgl. hierzu auch Jorion (2001), S. 209 ff. sowie S. 285 ff. und Lister (1997), S. 167 ff.

[519] Vgl. Büschgen (1998), S. 1010 und Hull (2003), S. 352 ff.

[520] Zu der von JP Morgan entwickelten RiskMetrics vgl. www.riskmetrics.com.

Die Ermittlung der at Risk-Kennzahlen mittels des Varianz-Kovarianz-Ansatzes bei einem Risikofaktor kann in fünf Schritte untergliedert werden.[521]

1. Der für die Berechnung zu Grunde gelegte Risikofaktor muss festgelegt werden.
2. Der Erwartungswert μ und die Varianz σ^2 bzw. Standardabweichung σ des Risikofaktors werden geschätzt. Hierzu werden in der Regel historische Daten herangezogen. Hieraus können dann mittels statistischer Verfahren die benötigten Parameter geschätzt werden.[522] Beispielsweise können alle Beobachtungen gleichgewichtet werden, sodass es keine Rolle spielt, ob die Beobachtung aus der jüngsten Vergangenheit stammt oder schon weiter zurückliegt. Sollen aktuellere Daten stärker gewichtet werden als ältere Daten, so kann man die einzelnen Beobachtungen exponentiell gewichten.
3. Das einem Risiko zu Grunde liegende finanzielle Volumen muss bestimmt werden. Dieser Betrag wird als Risikovolumen (RV) bezeichnet. Für dessen Berechnung muss zuerst derjenige Wert ermittelt werden, der von Veränderungen des Risikofaktors beeinflusst wird. Aus der Multiplikation dieses Werts mit dem jeweiligen Delta-Faktor, der die Sensitivität des Werts in Bezug auf den Risikofaktor angibt, resultiert dann das Risikovolumen (RV) einer Position. Die Summation über die Risikovolumina der Einzelpositionen führt zum gesamten Risikovolumen, das einem Risikofaktor zu Grunde liegt.
4. Das Konfidenzniveau und somit das α-Quantil z_α der Standardnormalverteilung ist festzulegen.
5. Im letzten Schritt wird nun der VaR bzw. CFaR mittels:[523]

$$VaR^{abs} = -RV \cdot (\mu + z_\alpha \cdot \sigma) \text{ bzw. } CFaR^{abs} = RV \cdot (\mu + z_\alpha \cdot \sigma)$$

Gleichung 51: VaR bzw. CFaR (absolute Definition)

bzw.

$$VaR^{rel} \text{ bzw. } CFaR^{rel} = -RV \cdot z_\alpha \cdot \sigma$$

Gleichung 52: VaR bzw. CFaR (relative Definition)

berechnet.

Als Beispiel für die Bestimmung des VaR mittels des Varianz-Kovarianz-Ansatzes soll zunächst der VaR für eine Vermögensposition in Bayer AG Aktien berechnet werden.[524]

1. Der Risikofaktor ist die Veränderungsrate bzw. Rendite der Bayer AG Aktie.

---

[521] Vgl. Homburg/Stephan (2004), S. 316.
[522] Vgl. z.B. Jorion (2001), S. 186 ff.
[523] Zum Vorzeichenunterschied zwischen VaR^{abs} und $CFaR^{abs}$ vgl. Abschnitt 4.2.2.
[524] Dieses Beispiel wurde auf Grund der Anschaulichkeit gewählt. Die Ermittlung eines Risikos aus Aktienbeständen steht jedoch bei Industrie- und Handelsunternehmen nicht im Vordergrund.

2. Als geschätzter Erwartungswert und geschätzte Volatilität der Tagesrendite[525] der Bayer AG Aktie ergeben sich unter Gleichgewichtung der empirisch beobachteten Werte:[526]

   $\mu_{Bayer} = 0{,}038135\ \%$ und $\sigma_{Bayer} = 1{,}437908\ \%$.

3. Es wird angenommen, dass der VaR für eine Position in Bayer AG Aktien, die einen Marktwert in Höhe von 500.000 € hat, bestimmt werden soll. Da der Delta-Faktor gleich eins ist[527], beträgt das Risikovolumen somit 500.000 €.

4. Das Konfidenzniveau soll 95 % betragen, d.h. $z_\alpha = -1{,}65$.

5. Als VaR gemäß Gleichung 51 bzw. 52 ergibt sich:

   $VaR^{abs}_{Bayer} = -500.000 \cdot (0{,}038135\ \% - 1{,}65 \cdot 1{,}437908\ \%)€ = 11.672{,}06€$ bzw.

   $VaR^{rel}_{Bayer} = -500.000 \cdot (-1{,}65 \cdot 1{,}437908\ \%)€ = 11.862{,}74€$

Mit einer Wahrscheinlichkeit von 95 % ist somit der Verlust für die betrachtete Position Bayer AG Aktien innerhalb eines Handelstags (je nach Definition) nicht größer als 11.672,06 € bzw. 11.862,74 €.

Bei mehreren Risikofaktoren sind die verschiedenen VaR bzw. CFaR je Risikofaktor in einen aggregierten VaR bzw. CFaR zu überführen. Hierzu werden die Korrelationskoeffizienten zwischen den einzelnen Risikofaktoren benötigt. Die Standardabweichungen der einzelnen Risikofaktoren sind bereits bei der Ermittlung des VaR bzw. CFaR bei einem Risikofaktor bestimmt worden. Somit müssen nun zusätzlich die geschätzten Kovarianzen zwischen den Risikofaktoren berechnet werden. Unter der Annahme normalverteilter Risikofaktoren kann dann der aggregierte VaR bzw. CFaR (VaR_P bzw. $CFaR_P$) aus dem Vektor der VaR bzw. CFaR je Risikofaktor (**VaR** bzw. **CFaR**) und der Korrelationsmatrix $\boldsymbol{\rho}$ wie folgt bestimmt werden:[528]

---

[525] Hierbei wurden diskrete Renditen zu Grunde gelegt, da somit die Berechnung des VaR bzw. CFaR nicht über die Eulersche Zahl erfolgen muss. Zur Problematik insbesondere bei der Aggregation von VaR bzw. CFaR für einen Risikofaktor über eine stetige Berechnungsweise vgl. Lister (1997), S. 107 ff. Allerdings ist bei diskreten Renditen die Normalverteilungsannahme kritisch zu hinterfragen, da diskrete Renditen minimal einen Wert von −100% annehmen können, während gemäß der Normalverteilung Werte bis $-\infty$ möglich sind.

[526] Als Datengrundlage dienten die XETRA-Schlusskurse der Bayer AG Aktie vom 30.12.03 bis 30.12.04 unter Vernachlässigung der Dividendenzahlung, d.h. am Tag des Dividendenabschlags ist dieser als (gewöhnlicher) Kursverlust gewertet worden.
Alle im Rahmen der folgenden VaR- und CFaR-Berechnungen ermittelten Werte wurden unter Nutzung eines Tabellenkalkulationsprogramms bestimmt, sodass, wenn man die hier aufgeführten Werte nutzt, Rundungsdifferenzen auftreten können.

[527] Dies ergibt sich aus der Tatsache, dass hier die Veränderungsrate der Bayer AG Aktie der Veränderungsrate des Portfoliowerts entspricht.

[528] Vgl. Jorion (2001), S. 148 ff.; Lister (1997), S. 158 f. und Schierenbeck (2003b), S. 80 ff. Dabei stellt **VaR**′ bzw. **CFaR**′ den transponierten VaR- bzw CFaR-Vektor dar.

$$VaR_p = \sqrt{\mathbf{VaR}' \cdot \boldsymbol{\rho} \cdot \mathbf{VaR}} \text{ bzw. } CFaR_p = \sqrt{\mathbf{CFaR}' \cdot \boldsymbol{\rho} \cdot \mathbf{CFaR}}.$$

Gleichung 53: Aggregation der at Risk-Kennzahlen

Im Folgenden soll gezeigt werden, dass diese Vorgehensweise bei der relativen Definition der at Risk-Kennzahlen zu einem korrekten Wert führt, während bei der absoluten Definition in der Regel nur ein approximatives Ergebnis resultiert. Hierbei orientiert sich die Darstellungsweise an einer Aggregation des VaR. Die Vorgehensweise lässt sich analog auf eine Aggregation des CFaR anwenden. Ohne Beschränkung der Allgemeinheit wird aus Anschaulichkeitsgründen von drei Risikofaktoren ausgegangen. Unter Anwendung von Gleichung 53 ergibt sich somit:

$$VaR_p = \sqrt{(VaR_1, VaR_2, VaR_3) \cdot \boldsymbol{\rho} \cdot \begin{pmatrix} VaR_1 \\ VaR_2 \\ VaR_3 \end{pmatrix}},$$

wobei VaR_1, VaR_2 bzw. VaR_3 den Value at Risk des Risikofaktors 1, 2 bzw. 3 darstellt. Setzt man die Korrelationsmatrix ein, so erhält man:

$$VaR_p = \sqrt{(VaR_1, VaR_2, VaR_3) \cdot \begin{pmatrix} 1 & \rho_{12} & \rho_{13} \\ \rho_{12} & 1 & \rho_{23} \\ \rho_{13} & \rho_{23} & 1 \end{pmatrix} \cdot \begin{pmatrix} VaR_1 \\ VaR_2 \\ VaR_3 \end{pmatrix}}.$$

Umgeformt ergibt sich nun:

$$VaR_p = \sqrt{(VaR_1 + \rho_{12} \cdot VaR_2 + \rho_{13} \cdot VaR_3, \rho_{12} \cdot VaR_1 + VaR_2 + \rho_{23} \cdot VaR_3, \rho_{13} \cdot VaR_1 + \rho_{23} \cdot VaR_2 + VaR_3) \cdot \begin{pmatrix} VaR_1 \\ VaR_2 \\ VaR_3 \end{pmatrix}}.$$

Multipliziert man die Vektoren unter der Wurzel aus, so resultiert:

$$VaR_p = \sqrt{\begin{array}{l} VaR_1^2 + \rho_{12} \cdot VaR_1 \cdot VaR_2 + \rho_{13} \cdot VaR_1 \cdot VaR_3 \\ +\rho_{12} \cdot VaR_1 \cdot VaR_2 + VaR_2^2 + \rho_{23} \cdot VaR_2 \cdot VaR_3 \\ +\rho_{13} \cdot VaR_1 \cdot VaR_3 + \rho_{23} \cdot VaR_2 \cdot VaR_3 + VaR_3^2 \end{array}}$$

$$\Leftrightarrow VaR_p = \sqrt{VaR_1^2 + VaR_2^2 + VaR_3^2 + 2 \cdot \rho_{12} \cdot VaR_1 \cdot VaR_2 + 2 \cdot \rho_{13} \cdot VaR_1 \cdot VaR_3 + 2 \cdot \rho_{23} \cdot VaR_2 \cdot VaR_3}.$$

Unter Nutzung von Gleichung 51 (absolute Definition der at Risk-Kennzahlen) erhält man:

$$VaR_p = \sqrt{\begin{array}{l} \left(-RV_1 \cdot (\mu_1 + z_\alpha \cdot \sigma_1)\right)^2 + \left(-RV_2 \cdot (\mu_2 + z_\alpha \cdot \sigma_2)\right)^2 + \left(-RV_3 \cdot (\mu_3 + z_\alpha \cdot \sigma_3)\right)^2 \\ +2 \cdot \rho_{12} \cdot \left(-RV_1 \cdot (\mu_1 + z_\alpha \cdot \sigma_1)\right) \cdot \left(-RV_2 \cdot (\mu_2 + z_\alpha \cdot \sigma_2)\right) \\ +2 \cdot \rho_{13} \cdot \left(-RV_1 \cdot (\mu_1 + z_\alpha \cdot \sigma_1)\right) \cdot \left(-RV_3 \cdot (\mu_3 + z_\alpha \cdot \sigma_3)\right) \\ +2 \cdot \rho_{23} \cdot \left(-RV_2 \cdot (\mu_2 + z_\alpha \cdot \sigma_2)\right) \cdot \left(-RV_3 \cdot (\mu_3 + z_\alpha \cdot \sigma_3)\right) \end{array}}.$$

Hierbei stellen die mit 1, 2 bzw. 3 indizierten Symbole RV, μ und σ das Risikovolumen, den Erwartungswert und die Standardabweichung des Risikofaktors 1, 2 bzw. 3 dar.

Im Weiteren soll nun gezeigt werden, dass bei der relativen Definition der at Risk-Kennzahlen (1. Fall) zwingend ein korrekt aggregierter Wert resultiert. Bei der absoluten Definition ist dies nur bei vollständig positiv korrelierten Risikofaktoren gegeben (2. Fall).

1. Fall: Relative Definition der at Risk-Kennzahlen

Geht man von Erwartungswerten in Höhe von null aus, so entsprechen sich absolute und relative Definition. Obige Gleichung vereinfacht sich somit zu:

$$VaR_P = \sqrt{\begin{array}{l}(-RV_1 \cdot z_\alpha \cdot \sigma_1)^2 + (-RV_2 \cdot z_\alpha \cdot \sigma_2)^2 + (-RV_3 \cdot z_\alpha \cdot \sigma_3)^2 \\ +2 \cdot \rho_{12} \cdot (-RV_1 \cdot z_\alpha \cdot \sigma_1) \cdot (-RV_2 \cdot z_\alpha \cdot \sigma_2) \\ +2 \cdot \rho_{13} \cdot (-RV_1 \cdot z_\alpha \cdot \sigma_1) \cdot (-RV_3 \cdot z_\alpha \cdot \sigma_3) \\ +2 \cdot \rho_{23} \cdot (-RV_2 \cdot z_\alpha \cdot \sigma_2) \cdot (-RV_3 \cdot z_\alpha \cdot \sigma_3)\end{array}}.$$

Durch Ausklammern von $z_\alpha^{\,2}$ resultiert:

$$VaR_P = \sqrt{z_\alpha^{\,2} \cdot \left(\begin{array}{l}(-RV_1 \cdot \sigma_1)^2 + (-RV_2 \cdot \sigma_2)^2 + (-RV_3 \cdot \sigma_3)^2 \\ +2 \cdot \rho_{12} \cdot (-RV_1 \cdot \sigma_1) \cdot (-RV_2 \cdot \sigma_2) \\ +2 \cdot \rho_{13} \cdot (-RV_1 \cdot \sigma_1) \cdot (-RV_3 \cdot \sigma_3) \\ +2 \cdot \rho_{23} \cdot (-RV_2 \cdot \sigma_2) \cdot (-RV_3 \cdot \sigma_3)\end{array}\right)}$$

$$\Leftrightarrow VaR_P = \pm z_\alpha \cdot \sqrt{\begin{array}{l}(-RV_1 \cdot \sigma_1)^2 + (-RV_2 \cdot \sigma_2)^2 + (-RV_3 \cdot \sigma_3)^2 \\ +2 \cdot \rho_{12} \cdot (-RV_1 \cdot \sigma_1) \cdot (-RV_2 \cdot \sigma_2) \\ +2 \cdot \rho_{13} \cdot (-RV_1 \cdot \sigma_1) \cdot (-RV_3 \cdot \sigma_3) \\ +2 \cdot \rho_{23} \cdot (-RV_2 \cdot \sigma_2) \cdot (-RV_3 \cdot \sigma_3)\end{array}}.$$

Der Ausdruck unter der Wurzel entspricht der Varianz σ_P^2 der Wertänderung des gesamten Portfolios[529] und folglich ergibt sich:

$VaR_P = \pm z_\alpha \cdot \sqrt{\sigma_P^2} = \pm z_\alpha \cdot \sigma_P$, wobei σ_P die Standardabweichung der Wertänderung des Portfolios bezeichnet. Dabei entspricht $-z_\alpha \cdot \sigma_P$ dem korrekten Wert des relativen VaR des gesamten Portfolios.

---

[529] Dabei bezieht sich die Varianz des Portfolios auf die absolute Wertänderung des Portfolios und nicht auf die Portfoliorendite. Die Standardabweichung σ_P der absoluten Wertänderung des Portfolios ist gleich dem Risikovolumen des Portfolios multipliziert mit der Standardabweichung der Rendite des Portfolios.

2. Fall: Absolute Definition der at Risk-Kennzahlen bei vollständig positiv korrelierten Risikofaktoren

Bei vollständig positiv korrelierten Risikofaktoren, d.h. die Korrelationen zwischen diesen betragen +1, ergeben sich aus der Aggregation keine Diversifikationseffekte. Somit gilt:

$$VaR_P = \sqrt{(VaR_1, VaR_2, VaR_3) \cdot \begin{pmatrix} 1 & 1 & 1 \\ 1 & 1 & 1 \\ 1 & 1 & 1 \end{pmatrix} \cdot \begin{pmatrix} VaR_1 \\ VaR_2 \\ VaR_3 \end{pmatrix}}.$$

Weitere Umformungen ergeben:

$$VaR_P = \sqrt{(VaR_1 + VaR_2 + VaR_3,\ VaR_1 + VaR_2 + VaR_3,\ VaR_1 + VaR_2 + VaR_3) \cdot \begin{pmatrix} VaR_1 \\ VaR_2 \\ VaR_3 \end{pmatrix}}.$$

Multipliziert man nun die Vektoren unter der Wurzel aus, so erhält man:

$$VaR_P = \sqrt{VaR_1^{\,2} + VaR_2^{\,2} + VaR_3^{\,2} + 2 \cdot VaR_1 \cdot VaR_2 + 2 \cdot VaR_1 \cdot VaR_3 + 2 \cdot VaR_2 \cdot VaR_3}$$

$$\Leftrightarrow VaR_P = \sqrt{(VaR_1 + VaR_2 + VaR_3)^2}.$$

Unter Nutzung von Gleichung 51 resultiert:

$$VaR_P = \pm\ (-RV_1 \cdot (\mu_1 + z_\alpha \cdot \sigma_1) - RV_2 \cdot (\mu_2 + z_\alpha \cdot \sigma_2) - RV_3 \cdot (\mu_3 + z_\alpha \cdot \sigma_3))$$

$$\Leftrightarrow VaR_P = \pm\ (-RV_1 \cdot \mu_1 - RV_2 \cdot \mu_2 - RV_3 \cdot \mu_3 - RV_1 \cdot z_\alpha \cdot \sigma_1 - RV_2 \cdot z_\alpha \cdot \sigma_2 - RV_3 \cdot z_\alpha \cdot \sigma_3)$$

$$\Leftrightarrow VaR_P = \pm \left(\underbrace{-RV_1 \cdot \mu_1 - RV_2 \cdot \mu_2 - RV_3 \cdot \mu_3}_{-\text{Erwartungswert Wertänderung Portfolio } \mu_P} - z_\alpha \cdot \left(\underbrace{RV_1 \cdot \sigma_1 + RV_2 \cdot \sigma_2 + RV_3 \cdot \sigma_3}_{\sigma_P} \right) \right).$$

Der erste Teil obigen Ausdrucks entspricht dem negativen Erwartungswert μ_P der Wertänderung des Portfolios.[530] Der zweite Teil des Ausdrucks entspricht bei den hier unterstellten Korrelationen von +1: $-z_\alpha \cdot \sigma_P$. Somit erhält man:

$$VaR_P = \pm\ (-\mu_P - z_\alpha \cdot \sigma_P).$$

Es zeigt sich, dass obige (positive) Lösung dem korrekten absoluten VaR $= -(\mu_P + z_\alpha \cdot \sigma_P)$ entspricht. Es ist nochmals darauf hinzuweisen, dass diese Identität nur bei einem Wegfall von Diversifikationseffekten gilt. Im Allgemeinen stellt die Aggregation von absoluten VaR mittels Gleichung 53 somit nur eine Approximation dar.[531]

---

[530] μ_P bezieht sich auf die absolute Wertänderung des Portfolios und nicht auf die Portfoliorendite. Dabei entspricht μ_P dem Risikovolumen des Portfolios multipliziert mit dem Erwartungswert der Rendite des Portfolios.

[531] Dies wird auch an folgendem Beispiel ersichtlich.

Als Beispiel soll der VaR für ein Portfolio aus Bayer AG Aktien, DaimlerChrysler AG Aktien und Deutsche Bank AG Aktien ermittelt werden.[532] Aus der Nutzung historischer Daten ergeben sich folgender geschätzter Erwartungswert und folgende geschätzte Standardabweichung der Rendite der DaimlerChrysler AG Aktie: $\mu_{DaimlerChrysler} = -0{,}009617\ \%$ und $\sigma_{DaimlerChrysler} = 1{,}354227\ \%$. Die entsprechenden Werte für die Aktie der Deutsche Bank AG lauten: $\mu_{Deutsche\ Bank} = 0{,}006763\ \%$ und $\sigma_{Deutsche\ Bank} = 1{,}349711\ \%$. Unter Nutzung dieser Daten in Verbindung mit Gleichung 51 bzw. 52 und dem bereits oben berechneten VaR der Bayer AG Aktie ergeben sich die in Tabelle 40 aufgeführten absoluten und relativen VaR bei einem Konfidenzniveau in Höhe von 95 % und einer Haltedauer von einem Tag. Dabei wird von einem Anlagebetrag in Höhe von 300.000 € in die DaimlerChrysler AG Aktie und von 200.000 € in die Deutsche Bank AG Aktie ausgegangen.

	VaR^{abs}	VaR^{rel}
Bayer AG Aktie	11.672,06 €	11.862,74 €
DaimlerChrysler AG Aktie	6.732,27 €	6.703,42 €
Deutsche Bank AG Aktie	4.440,52 €	4.454,05 €

Tabelle 40: VaR der Bayer AG Aktie, DaimlerChrysler AG Aktie und der Deutsche Bank AG Aktie

Die aus den Kursen des Jahres 2004 geschätzten Kovarianzen und Korrelationen sind in Tabelle 41 angegeben.

	Bayer AG Aktie	DaimlerChrysler AG Aktie	Deutsche Bank AG Aktie
Bayer AG Aktie	0,020676 % (+1)	0,011569 % (+0,594103)	0,010326 % (+0,532072)
DaimlerChrysler AG Aktie	0,011569 % (+0,594103)	0,018339 % (+1)	0,009230 % (+0,504994)
Deutsche Bank AG Aktie	0,010326 % (+0,532072)	0,009230 % (+0,504994)	0,018217 % (+1)

Tabelle 41: Kovarianzen und Korrelationen (Klammerwerte) zwischen der Bayer AG Aktie, DaimlerChrysler AG Aktie und der Deutsche Bank AG Aktie

[532] Datengrundlage sind wiederum die XETRA-Schlusskurse vom 30.12.03 bis 30.12.04.

Unter Anwendung von Gleichung 53 beträgt der absolute VaR des Portfolios VaR_P^{abs} bei einem Konfidenzniveau von 95 % und einem Zeitraum von einem Tag 19.493,47 €.[533] Der entsprechende relative VaR des Portfolios VaR_P^{rel} liegt bei 19.656,25 €. An dieser Stelle zeigen sich die auftretenden Diversifikationseffekte. Da die Korrelationskoeffizienten kleiner als eins sind, ergibt sich ein Gesamtrisiko, das kleiner als die Summe der einzelnen Teilrisiken ist.

Wie auch anhand des Beispiels verdeutlicht, zeigt sich, dass die Vorzüge des Varianz-Kovarianz-Ansatzes im Wesentlichen auf einem im Gegensatz zu den in den Abschnitten 4.2.4.2 und 4.2.4.3 vorgestellten Simulationsverfahren geringeren Rechenaufwand liegen. Der Einsatz des Varianz-Kovarianz-Ansatzes erscheint allerdings auf Grund der Normalverteilungs- und der Linearitätsannahme problematisch zur Bestimmung des VaR bzw. CFaR.[534] Beispielsweise kann nicht davon ausgegangen werden, dass Produktnachfragen (Mengenrisiken) einer Normalverteilung unterliegen. Ebenso ist die Linearitätsannahme in der Regel nicht vertretbar.

Die Problematik der Linearitätsannahme soll im Weiteren anhand eines Beispiels veranschaulicht werden.[535] Hierbei wird von einer Kaufoption (Call) mit folgenden Daten ausgegangen:

- aktueller Kurs des Underlyings = 100 €
- Basispreis = 100 €
- risikoloser Zins = 5 %
- Restlaufzeit der Option = 1 Periode
- Standardabweichung des Underlyings (je Periode) = 20 %

Die Kaufoption befindet sich z.Z. also am Geld (at the money). Der Call wird im Folgenden mit dem Black-Scholes-Modell bewertet.[536] Es ergibt sich hiermit ein aktueller Wert der Option in Höhe von 10,45 €. Unterstellt man die Gültigkeit der Linearitätsannahme des Varianz-Kovarianz-Ansatzes, so erfolgt eine Berechnung des VaR mittels des Delta-Faktors Δ der Kaufoption. Dieser wird bestimmt durch die erste partielle Ableitung der Black-Scholes-Formel nach dem aktuellen Kurs des Underlyings.[537]

Im Beispiel hat Δ einen Wert in Höhe von 0,6368. Wie jedoch in Abbildung 25 ersichtlich ist, hat die Funktion des Optionswerts in Abhängigkeit des Underlyingkurses c.p.

---

[533] Berechnet man den (korrekten) VaR_P^{abs} über den Erwartungswert und die Standardabweichung des Portfolios, so ergibt sich ein Wert von 19.480,90 €. Somit wird auch anhand dieses Beispiels deutlich, dass Gleichung 53 bei der Aggregation von VaR^{abs} (bei Diversifikationseffekten) nur eine approximative Lösung liefert.

[534] Vgl. Homburg/Stephan (2004), S. 317.

[535] Vgl. auch Lister (1997), S. 167 ff.

[536] Vgl. Black/Scholes (1973).

[537] Vgl. Hull (2003), S. 302 ff.

einen konvexen Verlauf. Der Delta-Faktor Δ ist somit nicht konstant, sondern verändert sich mit dem Kurs des Underlyings.

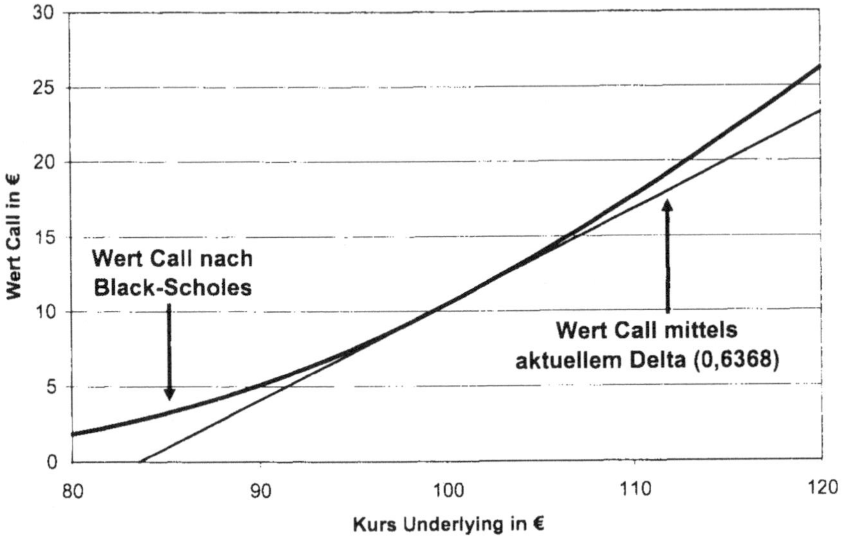

Abbildung 25: Wert des Calls in Abhängigkeit des Underlyingkurses

Die Bewertung der Option mittels Δ ist also nur für eine geringe Änderung des Underlyingkurses sinnvoll.

Es soll beispielhaft der VaR[538] mit einem Konfidenzniveau von 95 % einer Long-Position in 100.000 der obigen Kaufoptionen berechnet werden. Der Gesamtwert dieser Position liegt somit bei 1.045.000 €. Zuerst wird der VaR mittels der Varianz-Kovarianz-Methode berechnet. Um Fehleinschätzungen des Risikos, die aus dieser Methode resultieren, aufzuzeigen, wird zudem der VaR unter Aufhebung der Linearitätsannahme berechnet.

- VaR nach der Varianz-Kovarianz-Methode:

  Der Marktwert, der dem Risikofaktor „Veränderungsrate des Underlyings" zu Grunde liegt, ergibt sich aus dem Produkt des aktuellen Underlyingkurses multipliziert mit der Anzahl der Optionen. Multipliziert man diesen Wert mit dem Delta-Faktor, so erhält man das Risikovolumen:

---

[538] Im Rahmen dieses Beispiels wird davon ausgegangen, dass die erwartete Wertänderung des Underlyings bei null liegt. VaR^{abs} und VaR^{rel} entsprechen sich folglich, sodass auf eine Indizierung verzichtet werden kann.

$RV = 100.000 \cdot 100 \cdot 0{,}6368 = 6.368.000$ €.

Als VaR ergibt sich gemäß Gleichung 51 bzw. 52:

$VaR = -6.368.000 \cdot (-1{,}65) \cdot 0{,}2$ € $= 2.101.440$ €.

- VaR unter Aufhebung der Linearitätsannahme:

  Ausgangspunkt ist der minimale Underlyingkurs, der mit einer Wahrscheinlichkeit von 95 % auftreten kann. Da die Restlaufzeit der Option bei einer Periode liegt, entspricht der innere Wert der Option bei Laufzeitende dem gesamten Optionswert. Der Underlyingkurs, der mit einer Wahrscheinlichkeit von 95 % in der nächsten Periode nicht unterschritten wird, liegt bei: $100 + 100 \cdot (-1{,}65) \cdot 0{,}2 = 67$ €.[539]

  Bei diesem Kurs wird der Call nicht ausgeübt und es tritt folglich ein Totalverlust in Höhe von 1.045.000 € ein. Dieser Wert entspricht dem VaR unter Aufhebung der Linearitätsannahme und liegt somit wesentlich niedriger als der mittels Varianz-Kovarianz-Ansatz unter Annahme der Linearität berechnete VaR. Es zeigt sich, dass das Risiko unter der Linearitätsannahme massiv überschätzt wird, da man nicht mehr als den Optionspreis verlieren kann.

Eine Berechnung des VaR mittels des Varianz-Kovarianz-Ansatzes führt durch die Linearitätsannahme, die einen konstanten Delta-Faktor unterstellt, bei nichtlinearen Risikofaktoren somit zu einer systematischen Fehleinschätzung des Risikos.[540] In Abhängigkeit der Position(en) kann das Risiko über- oder unterschätzt werden.[541] Die Fehleinschätzungen der Linearitätsannahme und die Problematik der Normalverteilungsprämisse können umgangen werden, indem man Simulationsverfahren, welche in den nächsten Abschnitten erläutert werden, zur Berechnung des VaR bzw. CFaR verwendet.

4.2.4.2 Historische Simulation

Die historische Simulation bestimmt den VaR bzw. CFaR unmittelbar aus historischen Realisationen der Risikofaktoren.[542] Annahmen über die Verteilungen dieser Risikofaktoren werden nicht benötigt. Es liegt also kein auf statistischen Parametern basierendes Verfahren vor. Korrelationen und Nichtlinearitäten werden implizit be-

---

[539] Abbildung 25 zeigt den Wert des Calls in Abhängigkeit des Underlyingkurses nur für den Bereich zwischen 80 € und 120 €. Es ist jedoch ersichtlich, dass sich ein negativer Wert des Calls ergibt, wenn man einen Underlyingkurs in Höhe von 67 € in Verbindung mit dem aktuellen Delta zu Grunde legt. Da der (korrekte) Wert des Calls aber niemals negativ sein kann, veranschaulicht dies die Problematik der Bewertung von Optionen mittels des Delta-Faktors.

[540] Für die Erweiterung des Varianz-Kovarianz-Ansatzes zum Delta-Gamma-Approach zwecks (teilweiser) Behebung dieser Fehleinschätzungen bei nicht-linearen Risikofaktoren vgl. z.B. Jorion (2001), S. 211 ff.

[541] Wäre das obige Beispiel keine Long-Position, sondern eine Short-Position, so würde man das Risiko unterschätzen.

[542] Vgl. Büschgen (1998), S. 1011; Jorion (2001) S. 221 ff. und Lister (1997), S. 176.

rücksichtigt. Im Weiteren werden die verschiedenen Schritte zur Bestimmung des VaR bzw. CFaR mittels historischer Simulation aufgezeigt:

1. Ermittlung der historischen Ausprägungen der Risikofaktoren für alle Positionen eines Portfolios bzw. Cash Flows. Jeder Betrachtungszeitpunkt, für den die historischen Veränderungsraten bestimmt werden, bildet die Grundlage für ein Szenario.
2. Simulation aller Risikopositionen für jedes Szenario mit den in Schritt 1 ermittelten historischen Realisationen der Risikofaktoren.
3. Aggregation der einzelnen Risikopositionen zu einer simulierten Portfoliowertänderung (simulierter Gewinn/Verlust) bzw. Cash Flow je Szenario.
4. Erstellen einer Rangfolge in absteigender Reihenfolge der in Schritt 3 berechneten Portfoliowertänderungen bzw. Cash Flows.
5. Bestimmung des VaR bzw. CFaR mittels der aufgestellten Rangfolge.

Im Folgenden wird das Vorgehen bei der historischen Simulation durch Bestimmung des VaR für das Portfolio aus Bayer AG Aktien, DaimlerChrysler AG Aktien und Deutsche Bank AG Aktien veranschaulicht (vgl. Tabelle 42).

Betrachtungszeitpunkt	Tagesrendite Bayer	Tagesrendite DaimlerChrysler	Tagesrendite Deutsche Bank	simulierter Portfoliowert	simulierter Gewinn	Rang
01.10.04	3,224342%	2,921687%	2,799378%	1.030.485,52	30.485,52	1
23.04.04	2,044610%	5,707952%	1,058574%	1.029.464,05	29.464,05	2
19.05.04	4,034451%	0,936968%	2,500772%	1.027.984,70	27.984,70	3
.	.	.	.	.	.	.
.	.	.	.	.	.	.
.	.	.	.	.	.	.
17.12.04	-1,926101%	-1,845542%	-1,130980%	982.570,91	-17.429,09	244
15.07.04	-1,371681%	-1,951085%	-2,435363%	982.417,61	-17.582,39	245
20.02.04	-2,851064%	-2,676399%	2,282577%	982.280,64	-17.719,36	246
.	.	.	.	.	.	.
.	.	.	.	.	.	.
.	.	.	.	.	.	.
15.03.04	-3,502304%	-3,468208%	-1,777778%	968.528,30	-31.471,70	255
18.03.04	-4,983698%	-2,126437%	-2,334852%	964.032,49	-35.967,51	256
11.03.04	-5,953408%	-3,611738%	-3,046321%	953.305,10	-46.694,90	257

Tabelle 42: Beispiel zur Berechnung des VaR mittels historischer Simulation[543]

[543] Um eine möglichst große Übersichtlichkeit zu bewahren, wurden die Zeilen der Rangfolge 4 bis 243 und 247 bis 254 nicht aufgeführt.

1. Die historischen Tagesrenditen der drei Risikopositionen des Portfolios sind in Spalte 2 bis 4 der Tabelle 42 ersichtlich. Als Betrachtungszeitpunkte wurden – analog zur Varianz-Kovarianz-Methode – die 257 Handelstage vom 2.1.04 bis 30.12.04 gewählt. Somit ergeben sich 257 Szenarien.
2. Es wird wiederum davon ausgegangen, dass 500.000 € in Bayer AG Aktien, 300.000 € in DaimlerChrysler AG Aktien und 200.000 € in Deutsche Bank AG Aktien investiert wurden. Zusammen mit den historischen Renditen ergeben sich die simulierten Risikopositionen je Szenario.[544]
3. Durch Aggregation der in Schritt 2 bestimmten simulierten Risikopositionen ergibt sich der in Spalte 5 aufgeführte simulierte Portfoliowert. Durch Subtraktion des investierten Betrags in Höhe von 1.000.000 € vom simulierten Portfoliowert erhält man den in Spalte 6 dargestellten simulierten Gewinn.
4. Die Rangfolge der simulierten Gewinne (in absteigender Reihenfolge) ist in der 7. Spalte ersichtlich.
5. Der sich aus der historischen Simulation ergebende erwartete Gewinn beträgt 175,35 €. Die (negative) Vermögensänderung, die mit einer Wahrscheinlichkeit von 95 % nicht überschritten wird, entspricht dem Wert an 245. Rangstelle $(\lceil 257 \cdot 95\ \% \rceil = 245)$ der Tabelle 42 und beträgt folglich $-17.582{,}39$ €. Somit ergibt sich ein VaR in Höhe von:
   $VaR^{abs} = 17.582{,}39$ € bzw. $VaR^{rel} = 17.757{,}74$ €.

Die historische Simulation ist insbesondere zur Berechnung des CFaR auf Grund der erforderlichen Datenmenge problematisch. Beispielsweise werden zur Ermittlung des CFaR mittels einer historischen Simulation, der 250 Szenarien zu Grunde liegen sollen, die Daten von ebenso vielen vergangenen Perioden benötigt. Bei einem CFaR, dessen zeitlicher Horizont bei einem Jahr liegt, müssen somit die historischen Realisationen der Risikofaktoren der letzten 250 Jahre vorliegen. Um dieses Problem zu vermeiden, bietet sich die Anwendung der im folgenden Abschnitt vorgestellten Monte-Carlo-Simulation an.

4.2.4.3 Monte-Carlo-Simulation

Bei der Monte-Carlo-Simulation wird der VaR bzw. CFaR durch Simulation verschiedener Szenarien, bei denen die Veränderungsraten durch einen Zufallsgenerator erzeugt werden, bestimmt.[545] Die Monte-Carlo-Simulation enthält sowohl Elemente

---

[544] Diese Werte sind in Tabelle 42 (aus Platzgründen) nicht dargestellt.
[545] Vgl. Büschgen (1998), S. 1013 f.; Jorion (2001), S. 224 ff. und JP Morgan (1996), S. 151 ff.

der Varianz-Kovarianz-Methode als auch der historischen Simulation. Nicht-lineare Effekte werden bei der Monte-Carlo-Simulation ebenfalls berücksichtigt.
Im Folgenden werden die Schritte zur Ermittlung des VaR bzw. CFaR mittels einer Monte-Carlo-Simulation aufgezeigt:

1. Schätzung der statistischen Parameter (Erwartungswert, Varianz, Kovarianz) der Risikofaktoren für alle Positionen eines Portfolios bzw. Cash Flows aus vergangenheitsbezogenen Daten. Dies kann analog zur Varianz-Kovarianz-Methode erfolgen (vgl. Abschnitt 4.2.4.1).
2. Erzeugung von Datensätzen mit Risikofaktoren durch einen Zufallsgenerator. Diesem liegen Annahmen über die Verteilungen der einzelnen Risikofaktoren zu Grunde. Zwei Verfahren zur Generierung korrelierter Risikofaktoren werden in Abschnitt 4.2.4.3.1 und 4.2.4.3.2 vorgestellt. Durch den Zufallsgenerator kann prinzipiell eine beliebige Anzahl an Szenarien erzeugt werden.[546]
3. Analoge Vorgehensweise zum Vorgehen ab Schritt 2 der historischen Simulation, d.h. Neubewertung aller Position des Portfolios bzw. Cash Flows für jedes Szenario mit den im vorherigen Schritt per Zufallsgenerator ermittelten Risikofaktoren.
4. Aggregation der in Schritt 3 berechneten Risikopositionen zu einer simulierten Portfoliowertänderung bzw. einem simulierten Cash Flow je Szenario.
5. Aufstellen einer Rangfolge in absteigender Reihenfolge der in Schritt 4 berechneten Portfoliowertänderungen bzw. Cash Flows.
6. Ermittlung des VaR bzw. CFaR aus der aufgestellten Rangfolge.

Simulationen sind im Gegensatz zur Varianz-Kovarianz-Methode wesentlich aufwändiger. Dies trifft insbesondere – wie auch in den folgenden beiden Abschnitten verdeutlicht – für die Monte-Carlo-Simulation zu, die sich auch zur Ermittlung des CFaR anbietet. In Abschnitt 4.2.4.3.1 wird ein Verfahren zur Ermittlung normalverteilter korrelierter Zufallszahlen vorgestellt.[547] Dies wird anhand der Berechnung der VaR für das aus Abschnitt 4.2.4.1 und 4.2.4.2 bekannte Aktienportfolio verdeutlicht. Hierauf aufbauend wird in Abschnitt 4.2.4.3.2 eine Methode zur Erzeugung korrelierter Zufallszahlen diskutiert, die frei von Verteilungsannahmen ist. Diese Vorgehensweise wird anhand der Bestimmung eines CFaR, dem drei Risikofaktoren zu Grunde liegen, veranschaulicht.

[546] Hierbei ist zu berücksichtigen, dass mit steigender Szenarienzahl die Anforderungen an die Rechnerkapazität steigen.
[547] In Fällen in denen die Annahmen (insbesondere Normalverteilung und Linearität) des Varianz-Kovarianz-Ansatzes zumindest approximativ erfüllt sind bzw. mit denen der Simulation übereinstimmen, macht eine Simulation keinen Sinn, da man in Richtung der Ergebnisse des Varianz-Kovarianz-Ansatzes simuliert. Dies trifft zwar auf das hier betrachtete Beispiel (Aktienportfolio) zu, jedoch wird aus Veranschaulichungsgründen trotzdem eine Monte-Carlo-Simulation durchgeführt.

4.2.4.3.1 Cholesky-Faktorisierung zur Berücksichtigung von Korrelationen

Die Cholesky-Faktorisierung wurde von Andre-Louis Cholesky entwickelt. Erst nach seinem Tod wurde das Verfahren 1924 von Benoit publiziert.[548] Zur Anwendung der Cholesky-Faktorisierung müssen folgende Voraussetzungen vorliegen:[549]

- Normalverteilte Risikofaktoren
  Analog zum Varianz-Kovarianz-Ansatz (vgl. Abschnitt 4.2.4.1) müssen bei Nutzung der Cholesky-Faktorisierung im Rahmen der Monte-Carlo-Simulation normalverteilte Risikofaktoren vorliegen.
- Symmetrische Matrix
  Da Korrelationsmatrizen immer symmetrisch sind, stellt diese Voraussetzung im Kontext der VaR- bzw. CFaR-Bestimmung keine Einschränkung dar. Außerdem bezieht sich die im nächsten Spiegelpunkt angesprochene Eigenschaft der positiven Definitheit ausschließlich auf symmetrische Matrizen, somit ist mit Erfüllung dieser Eigenschaft auch die Symmetrie einer Matrix sichergestellt.[550]
- Positiv definite Matrix
  Eine symmetrische (quadratische) Matrix $\mathbf{C}$ ist positiv definit, wenn für alle Vektoren $\mathbf{x} \neq \mathbf{0}$, deren Anzahl an Komponenten mit der Zeilen- bzw. Spaltenzahl von $\mathbf{C}$ übereinstimmt, gilt: $\mathbf{x}' \cdot \mathbf{C} \cdot \mathbf{x} > 0$.[551] Die Anforderung der positiven Definitheit stellt eine Einschränkung der Anwendbarkeit der Cholesky-Faktorisierung dar, da diese nicht auf alle denkbaren Korrelationsmatrizen zutrifft. Korrelationsmatrizen sind zwar stets positiv semidefinit, d.h. für alle $\mathbf{x}$ gilt: $\mathbf{x}' \cdot \mathbf{C} \cdot \mathbf{x} \geq 0$,[552] sodass alle positiv definiten Matrizen auch positiv semidefinit sind. Diese Aussage lässt sich jedoch nicht umkehren.

Liegen die oben beschriebenen Voraussetzungen vor, so kann die Korrelationsmatrix $\boldsymbol{\rho}$ wie folgt zerlegt werden:

$$\boldsymbol{\rho} = \mathbf{A} \cdot \mathbf{A}'.$$

Hierbei stellt $\mathbf{A}$ eine untere Dreiecksmatrix dar. Geht man beispielsweise von einer 3x3 Korrelationsmatrix aus, so ergibt sich:

---

[548] Vgl. Benoit (1924).

[549] Vgl. z.B. Jorion (2001), S. 301 ff.

[550] Vgl. Fischer (2003), S. 292 und Leydold (2003), S. 74 f.

[551] Vgl. z.B. Fischer (2003), S. 292 und Leydold (2003), S. 74 f. Eine symmetrische Matrix ist positiv definit, wenn alle Hauptminoren dieser Matrix positiv sind. Vgl. Fischer (2003), S. 327 ff. und Leydold (2003), S. 76 f.

[552] Vgl. Hartung/Elpelt (1999), S. 66. Zur Erzeugung normalverteilter korrelierter Zufallszahlen kann auch die Methode der Eigenwertzerlegung genutzt werden. Bei der Eigenwertzerlegung muss im Gegensatz zur Cholesky-Faktorisierung lediglich eine positiv semidefinite Matrix vorliegen. Vgl. JP Morgan (1996), S. 253 f. Die Anwendung ist jedoch im Vergleich zur Cholesky-Faktorisierung aufwändiger.

$$\boldsymbol{\rho} = \mathbf{A} \cdot \mathbf{A}' = \begin{pmatrix} 1 & \rho_{21} & \rho_{31} \\ \rho_{21} & 1 & \rho_{32} \\ \rho_{31} & \rho_{32} & 1 \end{pmatrix} = \begin{pmatrix} a_{11} & 0 & 0 \\ a_{21} & a_{22} & 0 \\ a_{31} & a_{32} & a_{33} \end{pmatrix} \cdot \begin{pmatrix} a_{11} & a_{21} & a_{31} \\ 0 & a_{22} & a_{32} \\ 0 & 0 & a_{33} \end{pmatrix}.$$

Dabei stellen a_{ij} die Elemente der Matrix **A** dar. Diese können durch Aufstellung eines Gleichungssystems und anschließendem Auflösen und Einsetzen ermittelt werden. Als Ergebnisse resultieren: $a_{11} = 1$, $a_{21} = \rho_{21}$, $a_{22} = \sqrt{1-\rho_{21}^2}$, $a_{31} = \rho_{31}$,

$$a_{32} = \frac{\rho_{32} - \rho_{31} \cdot \rho_{21}}{\sqrt{1-\rho_{21}^2}} \text{ und } a_{33} = \sqrt{1-\rho_{31}^2 - \frac{(\rho_{32} - \rho_{31} \cdot \rho_{21})^2}{1-\rho_{21}^2}}.$$ [553]

Für eine beliebig große Korrelationsmatrix gilt folgende allgemeine Ermittlungsvorschrift:[554]

$$a_{ij} = \begin{cases} 0 \text{ für } j > i \\ \sqrt{1 - \sum_{t=1}^{j-1} a_{it}^2} \text{ für } j = i \\ \frac{1}{a_{jj}} \cdot \left(\rho_{ij} - \sum_{t=1}^{j-1} a_{it} \cdot a_{jt} \right) \text{ für } j < i \end{cases}.$$

Schritt 2 der Monte-Carlo-Simulation (vgl. Abschnitt 4.2.4.3) kann zur Simulation normalverteilter Risikofaktoren unter Nutzung der Cholesky-Faktorisierung wie folgt untergliedert werden:

a) Generierung [0;1]-gleichverteilter unkorrelierter Zufallszahlen. Dabei entspricht die Zahl der Zufallszahlen je Szenario der Anzahl der Risikofaktoren.
b) Transformation dieser gleichverteilten Zufallszahlen in standardnormalverteilte unkorrelierte Zufallszahlen. Dies kann unter Nutzung statistischer Tabellen geschehen (table look up). Je Szenario ergibt sich folglich ein Vektor **Z**.
c) Anwendung der oben beschriebenen Cholesky-Faktorisierung auf die Korrelationsmatrix $\boldsymbol{\rho}$ der Risikofaktoren zur Bestimmung der Matrix **A**.
d) Erzeugung standardnormalverteilter korrelierter Zufallszahlen durch: $\mathbf{Y} = \mathbf{A} \cdot \mathbf{Z}$. Dabei ist **Y** ein Vektor standardnormalverteilter korrelierter Zufallszahlen für ein Szenario.
e) Umwandlung der im vorherigen Schritt bestimmten standardnormalverteilten Zufallszahlen in – gemäß den vorgegebenen Parametern – normalverteilte Zufallszahlen. Diese stellen dann die simulierten Ausprägungen der Risikofaktoren in den jeweiligen Szenarien dar.

---

[553] Aus der Eigenschaft der positiven Definitheit resultiert, dass die Ausdrücke unter den Wurzeln immer positiv sind.
[554] Vgl. auch Deutsch (2004), S. 394.

Zur Veranschaulichung wird auf das Portfolio aus Aktien der Bayer AG, DaimlerChrysler AG und Deutsche Bank AG zurückgegriffen. Dabei wird unterstellt, dass die Veränderungsraten der Aktienwerte normalverteilt sind. Es wird weiterhin davon ausgegangen, dass 500.000 € in Bayer AG Aktien, 300.000 € in DaimlerChrysler AG Aktien und 200.000 € in Deutsche Bank AG Aktien investiert wurden. Der VaR für dieses Portfolio soll nun mittels der Monte-Carlo-Simulation bestimmt werden, wobei die Szenariozahl bei 10.000 liegen soll (vgl. Tabelle 43).

Tagesrendite Bayer	Tagesrendite Daimler-Chrysler	Tagesrendite Deutsche Bank	simulierter Portfoliowert	simulierter Gewinn	Rang
5,206809%	3,202203%	3,045709%	1.041.732,07	41.732,07	1
5,196458%	3,070862%	3,184740%	1.041.564,35	41.564,35	2
4,080521%	4,517200%	2,984823%	1.039.923,85	39.923,85	3
⋮	⋮	⋮	⋮	⋮	⋮
-1,967986%	-1,258228%	-2,653744%	981.077,90	-18.922,10	9.499
-2,583760%	-2,017039%	0,021762%	981.073,61	-18.926,39	9.500
-2,336748%	-1,498953%	-1,381877%	981.055,65	-18.944,35	9.501
⋮	⋮	⋮	⋮	⋮	⋮
-5,043459%	-3,688361%	-3,964380%	955.788,86	-44.211,14	9.998
-5,331363%	-4,209825%	-3,353984%	954.005,74	-45.994,26	9.999
-5,081573%	-4,936731%	-3,044552%	953.692,84	-46.307,16	10.000

Tabelle 43: Beispiel zur Berechnung des VaR mittels Monte-Carlo-Simulation[555]

1. Die statistischen Parameter (Erwartungswert, Varianz, Kovarianz) der Risikofaktoren (Veränderungsraten der Aktienwerte) wurden bereits im Rahmen der Varianz-Kovarianz-Methode bestimmt (vgl. Abschnitt 4.2.4.1).
2. Unter Nutzung eines Tabellenkalkulationsprogramms werden [0;1]-gleichverteilte unkorrelierte Zufallszahlen für 10.000 Szenarien generiert. Da drei Risikofaktoren zu Grunde liegen, müssen insgesamt 30.000 Zufallszahlen erzeugt werden. Diese können dann in standardnormalverteilte unkorrelierte Zufallszahlen transformiert werden. Durch Anwendung der Cholesky-Faktorisierung auf die Korrelationsmatrix $\boldsymbol{\rho}$ (vgl. Tabelle 41)[556] ergibt sich folgende untere Dreiecksmatrix:

[555] Um eine möglichst große Übersichtlichkeit zu bewahren, wurden die Zeilen der Rangfolge 4 bis 9.498 und 9.502 bis 9.997 nicht mit aufgelistet.
[556] Die dem Beispiel zu Grunde liegende Korrelationsmatrix $\boldsymbol{\rho}$ ist positiv definit.

$$\mathbf{A} = \begin{pmatrix} 1 & 0 & 0 \\ 0{,}594103 & 0{,}804389 & 0 \\ 0{,}532072 & 0{,}234822 & 0{,}813485 \end{pmatrix}.$$

Durch Multiplikation der Matrix **A** mit dem Vektor **Z** der standardnormalverteilten unkorrelierten Zufallszahlen je Szenario ergibt sich der Vektor **Y** der standardnormalverteilten korrelierten Zufallszahlen je Szenario. Erfolgt nun eine Umwandlung gemäß der in Schritt 1 ermittelten Momente der Normalverteilung der Risikofaktoren, so ergeben sich die in Spalte 1-3 in Tabelle 43 aufgeführten simulierten Veränderungsraten der Aktienwerte.

3. Mittels der simulierten Veränderungsraten werden nun alle Positionen des Portfolios neu bewertet.[557]
4. Durch Aggregation der neu bewerteten Positionen ergeben sich die in der 4. Spalte aufgelisteten simulierten Portfoliowerte. Den simulierten Gewinn (5. Spalte) erhält man durch Subtraktion des investierten Betrags in Höhe von 1.000.000 € vom simulierten Portfoliowert.
5. Die Rangfolge der simulierten Gewinne (in absteigender Reihenfolge) ist in Spalte 6 dargestellt.
6. Die sich aus der Simulation ergebende Häufigkeitsdichte des Gewinns ist in Abbildung 26 abgebildet.[558] Der sich anhand der Monte-Carlo-Simulation ergebende erwartete Gewinn liegt bei 340,96 €. Die (negative) Vermögensänderung, die mit einer Wahrscheinlichkeit von 95 % nicht überschritten wird, entspricht dem simulierten Gewinn an Rang 9.500 der Tabelle 43. Somit beträgt sie –18.926,39 €. Hieraus resultiert ein VaR in Höhe von:

   $VaR^{abs} = 18.926{,}39$ € bzw. $VaR^{rel} = 19.267{,}35$ €.

[557] Auf die Darstellung dieser Werte wurde in Tabelle 43 verzichtet.
[558] Zu dieser grafischen Veranschaulichung wurden Klassen von jeweils 5.000 € gebildet.

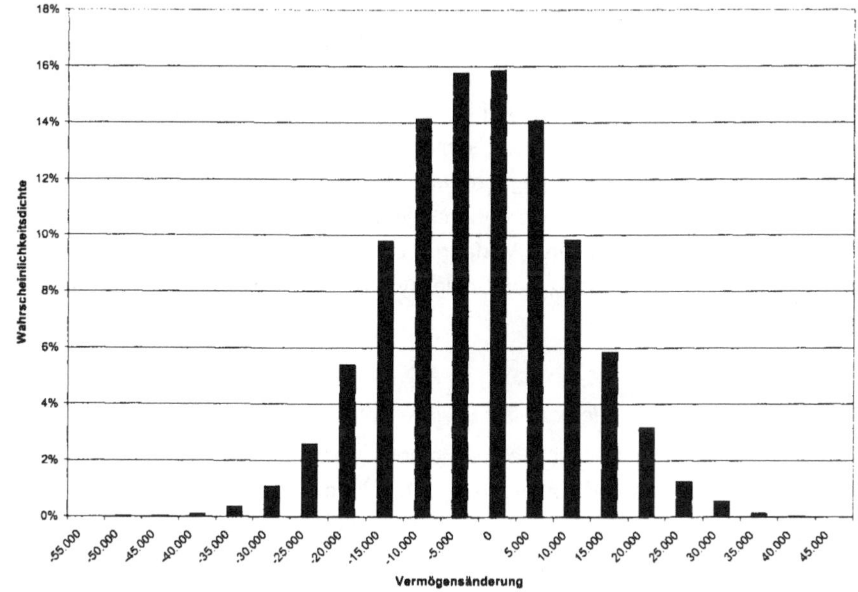

Abbildung 26: Häufigkeitsdichte des simulierten Gewinns

Tabelle 44 zeigt die Unterschiede in der Höhe des VaR für das Beispiel in Abhängigkeit der drei vorgestellten Berechnungsmethoden.

	VaR^{abs}	VaR^{rel}
Varianz-Kovarianz-Ansatz	19.493,47 €	19.656,25 €
Historische Simulation	17.582,39 €	17.757,74 €
Monte-Carlo-Simulation	18.926,39 €	19.267,35 €

Tabelle 44: VaR in Abhängigkeit der Berechnungsmethode

Da nicht-lineare Effekte im Beispiel nicht auftreten, scheidet dies zur Begründung der Differenzen aus. Bei Nutzung der historischen Simulation ist der VaR deutlich kleiner als bei den beiden anderen Methoden. Die Ursache dieser Abweichung ist die im Rahmen der Varianz-Kovarianz-Methode und der Monte-Carlo-Simulation getroffene Annahme der Normalverteilung, während bei der historischen Simulation keine Verteilungsannahme benötigt wird. Die Normalverteilung scheint mit der tatsächlichen Verteilung nicht exakt übereinzustimmen. Die geringeren Unterschiede zwischen Varianz-Kovarianz-Ansatz und Monte-Carlo-Simulation sind auf die mittels Zufallszahlengenerator gewonnen Daten bei der Monte-Carlo-Simulation zurückzuführen.[559] Insbesondere bei Risikofaktoren (z.B. Nachfragerisiko), denen ein Cash Flow ausgesetzt ist, kann – wie bereits in Abschnitt 4.2.4.1 ausgeführt – nicht von einer Normalverteilung ausgegangen werden. Da somit eine Voraussetzung zur Anwendung der Cholesky-Faktorisierung nicht gegeben ist, kann diese auch nicht zur Bestimmung des CFaR mittels der Monte-Carlo-Simulation genutzt werden. Im folgenden Abschnitt wird deshalb ein weiteres Verfahren zur Erzeugung korrelierter Zufallszahlen vorgestellt, das im Gegensatz zur Cholesky-Faktorisierung frei von Verteilungsannahmen ist.

4.2.4.3.2 Iman-Conover-Methode zur Berücksichtigung von Korrelationen

Die in diesem Abschnitt beschriebene Methode wurde 1982 von Iman und Conover entwickelt und basiert auf Rangkorrelationen.[560] Im Gegensatz zu dem bisher im Rahmen dieser Arbeit genutzten Korrelationskoeffizienten ρ (von Bravais-Pearson), der nur bei metrischen Merkmalen genutzt werden kann, erfordert die Verwendung des Rangkorrelationskoeffizienten (von Spearman) lediglich ordinale Messbarkeit.[561] Ebenso wie bei der Cholesky-Faktorisierung muss bei der Iman-Conover-Methode die vorgegebene Korrelationsmatrix $\boldsymbol{\rho}$ positiv definit sein.[562] Allerdings sind keine Annahmen bezüglich der Verteilung der Risikofaktoren notwendig.[563] Diese Methode ist folglich für jede beliebige Verteilungskombination der Risikofaktoren anwendbar. Gegenüber der Cholesky-Faktorisierung ist sie jedoch – wie sich noch zeigen wird – erheblich aufwändiger. Nutzt man die Iman-Conover-Methode nun zur Simulation beliebig verteilter Risikofaktoren, so kann Schritt 2 der Monte-Carlo-Simulation (vgl. Abschnitt 4.2.4.3) wie folgt unterteilt werden:[564]

a) Es wird davon ausgegangen, dass die vorgegebene Korrelationsmatrix $\boldsymbol{\rho}$ der Rangkorrelationsmatrix $\mathbf{K}$ entspricht.
b) Anwendung der Cholesky-Faktorisierung auf die Korrelationsmatrix $\boldsymbol{\rho}$ zur Bestimmung der unteren Dreiecksmatrix $\mathbf{A}$: $\boldsymbol{\rho} = \mathbf{A} \cdot \mathbf{A}'$.

---

[559] Vgl. auch Fußnote 547.
[560] Vgl. Iman/Conover (1982). Im Weiteren wird die Durchführung dieser Methode beschrieben. Für genauere mathematische Herleitungen sei auf den Ursprungsbeitrag verwiesen.
[561] Vgl. Bomsdorf (2002a), S. 135 ff.
[562] Vgl. Iman/Conover (1982), S. 314.
[563] Vgl. Iman/Conover (1982), S. 313.
[564] Vgl. im Folgenden Iman/Conover (1982), S. 314 ff. Die Notation ist im Wesentlichen an diesen Beitrag angelehnt.

c) Erzeugung [0;1]-gleichverteilter unkorrelierter Zufallszahlen. Diese bilden die Matrix **R**, wobei die Zeilenzahl der Matrix der Anzahl an Szenarien und die Spaltenzahl der Matrix der Anzahl an Risikofaktoren entspricht.[565]
d) Berechnung der Korrelationsmatrix **T** der im vorherigen Schritt generierten Zufallszahlen. Auf Grund des Zufallcharakters wird **T** der Einheitsmatrix nur näherungsweise entsprechen. Außerdem ist es für das weitere Vorgehen erforderlich, dass **T** positiv definit ist.
e) Berechnung der unteren Dreiecksmatrix **Q** durch Anwendung der Cholesky-Faktorisierung auf **T**: $\mathbf{T} = \mathbf{Q} \cdot \mathbf{Q}'$.
f) Ermittlung der Matrix **S** durch Multiplikation von **A** mit der Inversen von **Q**: $\mathbf{S} = \mathbf{A} \cdot \mathbf{Q}^{-1}$.
g) Nun ergibt sich die Matrix $\mathbf{R_B}$ als: $\mathbf{R_B} = \mathbf{R} \cdot \mathbf{S}'$. Die Korrelationsmatrix von $\mathbf{R_B}$ entspricht dabei genau $\boldsymbol{\rho}$.[566]
h) Sortieren der Werte in den Spalten von **R**, sodass sie die gleiche Reihenfolge (Rang) aufweisen wie die Werte der entsprechenden Spalte von $\mathbf{R_B}$. Die neu sortierte Matrix **R** besitzt damit die gleiche Rangkorrelationsmatrix wie $\mathbf{R_B}$ und die Korrelationsmatrix sollte nahe $\boldsymbol{\rho}$ liegen.[567]
i) Umwandlung der Zufallszahlen der neu sortierten Matrix **R** in Zufallszahlen der vorgegebenen Verteilungen. Diese stellen dann die simulierten Ausprägungen der Risikofaktoren in den jeweiligen Szenarien dar.

Zur Veranschaulichung wird nun im Rahmen eines Beispiels der CFaR mittels der Monte-Carlo-Simulation bestimmt. Hierbei wird vereinfachend angenommen, dass sich der unsichere Cash Flow $\widetilde{CF}$ gemäß folgender Gleichung ergibt: $\widetilde{CF} = \tilde{d} \cdot \tilde{x} - \widetilde{FK}$.[568] Hierbei stellt $\tilde{d}$ den unsicheren (zahlungswirksamen) Stückdeckungsbeitrag, $\tilde{x}$ die unsichere Produktions- und Absatzmenge und $\widetilde{FK}$ die unsicheren (zahlungswirksamen) Fixkosten dar. Weiterhin wird davon ausgegangen, dass der Stückdeckungsbeitrag normalverteilt mit einem Erwartungswert von 100 € bei einer Standardabweichung von 50 € ist. Die Produktions- und Absatzmenge sei auf dem Intervall [5.000;15.000] gleichverteilt und die diskret verteilten Fixkosten treten mit den in Tabelle 45 angegebenen Wahrscheinlichkeiten auf.

---

565 Nach diesem Schritt präsentieren Iman und Conover alternativ eine vereinfachte Vorgehensweise. Vgl. Iman/Conover (1982), S. 315 ff. Diese ist allerdings nur als Näherung zu verstehen, deshalb wird auf deren Darstellung verzichtet.
566 Vgl. Iman/Conover (1982), S. 319.
567 Vgl. Iman/Conover (1982), S. 317 ff.
568 Hierbei wird auf eine genaue Cash Flow-Abgrenzung (z.B. FCF oder TCF) verzichtet.

Fixkosten	100.000	200.000	300.000	500.000
Wahrscheinlichkeit	20 %	30 %	40 %	10 %

Tabelle 45: Wahrscheinlichkeiten der Fixkosten

Weiterhin wird die in Tabelle 46 angegebene Korrelationsmatrix ρ zu Grunde gelegt.

	$\tilde{d}$	$\tilde{x}$	$\widetilde{FK}$
$\tilde{d}$	1	–0,2	0,3
$\tilde{x}$	–0,2	1	0,1
$\widetilde{FK}$	0,3	0,1	1

Tabelle 46: Korrelationen zwischen den Risikofaktoren des Cash Flows

Im Folgenden wird nun mittels einer Monte-Carlo-Simulation unter Nutzung der Iman-Conover-Methode der CFaR bei einem Konfidenzniveau in Höhe von 95 % bestimmt.

1. Die Verteilungen und Korrelationen der drei Risikofaktoren wurden oben bereits angegeben.
2. Unter Anwendung der Iman-Conover-Methode werden für 1.000 Szenarien die Werte der Risikofaktoren simuliert (vgl. Spalte 1-3 der Tabelle 48). An diesem Punkt wird die Aufwändigkeit der Monte-Carlo-Simulation deutlich. Bereits 2.000 Szenarien lassen sich mit dem verwendeten Tabellenkalkulationsprogramm nicht mehr verarbeiten.[569] Aus den simulierten Risikofaktoren resultiert die in Tabelle 47 dargestellte Korrelationsmatrix.

	$\tilde{d}$	$\tilde{x}$	$\widetilde{FK}$
$\tilde{d}$	1	–0,191461	0,294203
$\tilde{x}$	–0,191461	1	0,094284
$\widetilde{FK}$	0,294203	0,094284	1

Tabelle 47: Korrelationsmatrix der simulierten Risikofaktoren

Es zeigt sich, dass unter Nutzung der Iman-Conover-Methode die Korrelationsmatrix der simulierten Risikofaktoren nahe an der vorgegebenen Korrelationsmatrix $\boldsymbol{\rho}$ (vgl. Tabelle 46) liegt.

---

[569] Insbesondere die Größe der Matrizen im Rahmen der Matrizenmultiplikation sind bei dem verwendeten Tabellenkalkulationsprogramm kritisch.

3. Da in dem hier betrachteten Beispiel die Risikofaktoren mit den Komponenten des Cash Flows übereinstimmen, erübrigt sich dieser Schritt.
4. Durch Einsetzen der simulierten Risikopositionen in die Gleichung $\widetilde{CF} = \tilde{d} \cdot \tilde{x} - \widetilde{FK}$ ergibt sich der in Spalte 4 der Tabelle 48 aufgeführte simulierte Cash Flow je Szenario.
5. Spalte 5 gibt die Rangfolge der simulierten Cash Flows (in absteigender Reihenfolge) an.
6. Die sich aus der Simulation ergebende Häufigkeitsdichte des Cash Flows ist in Abbildung 27 dargestellt.[570] Der aus der Simulation gewonnene erwartete Cash Flow liegt bei 707.663,27 €. Der Cash Flow, der mit einer Wahrscheinlichkeit von 95 % nicht unterschritten wird, entspricht dem simulierten Cash Flow an Rang 950 der Tabelle 48. Somit beträgt er –21.498,95 €. Dieser Wert entspricht dem $CFaR^{abs}$. Der $CFaR^{rel}$ liegt bei 729.162,22 €.

Stückdeckungsbeitrag	Produktions- und Absatzmenge	Fixkosten	simulierter Cash Flow	Rang
226,3659	12.308,5629	300.000	2.486.239,26	1
188,6670	14.100,8709	200.000	2.460.368,46	2
217,4777	11.917,7880	200.000	2.391.853,64	3
. . .	. . .	. . .	. . .	. . .
32,4012	8.667,1822	300.000	-19.172,52	949
38,5211	7.229,8327	300.000	-21.498,95	950
14,9625	11.388,8756	200.000	-29.594,04	951
. . .	. . .	. . .	. . .	. . .
-31,8954	14.846,7811	300.000	-773.544,73	998
-54,6601	9.185,4542	300.000	-802.077,89	999
-67,2043	13.448,0223	100.000	-1.003.765,54	1.000

Tabelle 48: Beispiel zur Berechnung des CFaR mittels Monte-Carlo-Simulation[571]

[570] Zu dieser grafischen Veranschaulichung wurden Klassen von jeweils 250.000 € gebildet.
[571] Um eine möglichst große Übersichtlichkeit zu bewahren, wurden die Zeilen der Rangfolge 4 bis 948 und 952 bis 997 nicht aufgeführt.

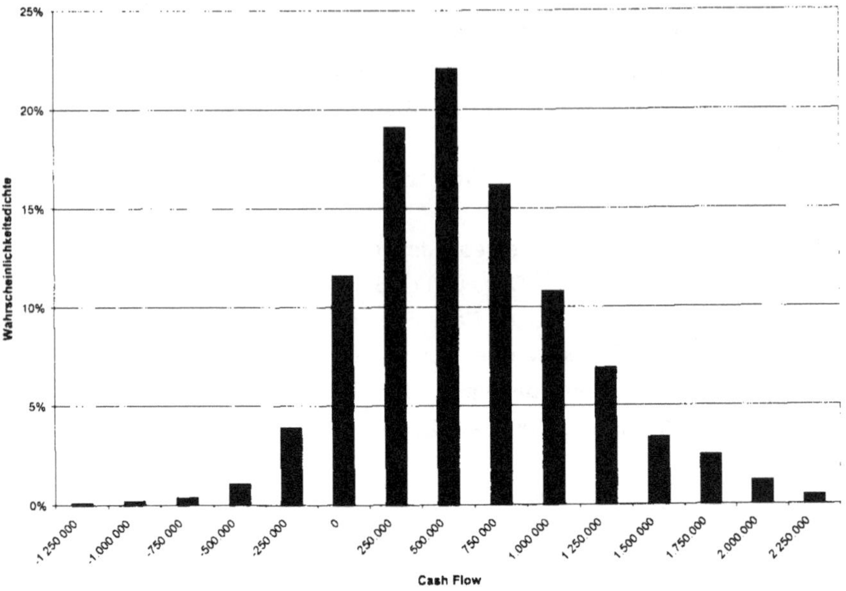

Abbildung 27: Häufigkeitsdichte des simulierten Cash Flows

4.3 Theoretisch fundierte Anforderungen an Risikokennzahlen

Nachdem in Abschnitt 4.2 verschiedene at Risk-Kennzahlen und Möglichkeiten zu deren Berechnung vorgestellt wurden, soll in diesem Abschnitt gezeigt werden, dass diese aus theoretischer Sicht nicht unproblematisch sind. Abschnitt 4.3.1 befasst sich mit entscheidungstheoretisch fundierten Anforderungen. Weitere wünschenswerte Eigenschaften von Risikokennzahlen werden in Abschnitt 4.3.2 diskutiert. Schließlich befasst sich Abschnitt 4.3.3 kurz mit Alternativen zu den at Risk-Kennzahlen.

4.3.1 Entscheidungstheoretisch fundierte Anforderungen an Risikokennzahlen

Im Folgenden wird davon ausgegangen, dass Rationalität im Sinne von Bernoulli vorliegt[572], d.h., ein Entscheider präferiert bei alternativen Projekten das Projekt mit dem höchsten Erwartungsnutzen.[573] Mittels der im Folgenden beschriebenen Dominanzregeln kann eine Teilordnung zwischen alternativen Projekten vorgenommen werden, ohne die Nutzenfunktion des Bewerters explizit zu kennen. Eine Teilordnung

---

[572] Ein Entscheider ist rational, wenn er die von Neumann und Morgenstern aufgestellten Axiome akzeptiert. Vgl. Eisenführ/Weber (2003), S. 212 und Neumann/Morgenstern (1947).

[573] Vgl. z.B. Eisenführ/Weber (2003), S. 207 ff.

bedeutet, dass dominierte Projekte nicht weiter betrachtet werden müssen, da der Bewerter – unabhängig von seiner genauen Nutzenfunktion – immer das Projekt, das ein anderes Projekt dominiert, gegenüber dem dominierten Projekt vorzieht. Eine Totalordnung ist ohne Kenntnis über die Nutzenfunktion nicht möglich, wenn nach Anwendung der Dominanzkriterien weiterhin mehrere (effiziente) Projekte zur Auswahl stehen. Unter Nutzung von Dominanzregeln können somit zwar einzelne Projekte ausgeschlossen werden, jedoch genügt dies im Allgemeinen nicht zur Ermittlung des erwartungsnutzenmaximalen Projekts. Im Weiteren wird nun auf die stochastische Dominanz 1. und 2. Ordnung eingegangen. Wie sich noch zeigen wird, kann die Entscheidung anhand at Risk-Kennzahlen zur Durchführung von Projekten führen, die gemäß der stochastischen Dominanz 2. Ordnung abzulehnen sind.[574] Bei stochastischer Dominanz 1. Ordnung kann dieser Fall nicht eintreten, da – wie noch auszuführen ist – neben den at Risk-Kennzahlen zusätzlich auch immer der Erwartungswert einbezogen werden muss.

Für die Anwendung der stochastischen Dominanz 1. Ordnung ist die Annahme der Nichtsättigung notwendig.[575] Dies bedeutet, dass die Nutzenfunktion über dem Ergebnisbereich steigt. Folglich ist die erste Ableitung der Nutzenfunktion positiv. Geht man von den beiden Projekten A und B aus, wobei $F_A(x)$ bzw. $F_B(x)$ die Verteilungsfunktion des Projekts A bzw. B in Bezug auf die Zielgröße x darstellt, so liegt stochastische Dominanz 1. Ordnung von A bezüglich B vor, wenn für jede Ausprägung der Zielgröße x die Unterschreitungswahrscheinlichkeit bei Projekt A höchstens so hoch ist wie bei Projekt B. Weiterhin muss für mindestens eine Zielgrößenausprägung die Unterschreitungswahrscheinlichkeit bei Projekt A kleiner sein als bei Projekt B. Formal kann dies wie folgt dargestellt werden:[576]

$F_A(x) \leq F_B(x)$ für alle x $\wedge$ $F_A(x) < F_B(x)$ für mindestens ein x.

In diesem Fall präferiert jeder Bewerter mit steigender Nutzenfunktion das Projekt A gegenüber dem Projekt B ($A \succ B$), da die Wahrscheinlichkeit bei Projekt A eine hohe (niedrige) Zielgröße zu erreichen im Vergleich zu Projekt B höher (niedriger) ist. Das Vorliegen der stochastischen Dominanz 1. Ordnung impliziert, dass das Projekt A einen höheren Erwartungswert aufweist als das Projekt B. Somit kann die Entscheidung zu Gunsten eines Projekts nicht auf der isolierten Basis von Risikokennzahlen erfolgen, sondern es muss zusätzlich der Erwartungswert einbezogen werden.[577] Bei stochastischer Dominanz 1. Ordnung liegt gleichzeitig auch stochastische Dominanz 2. Ordnung vor.[578] Der Umkehrschluss gilt allerdings nicht.

---

[574] Die zur Verdeutlichung gewählten Beispiele beziehen sich auf den CFaR. Sie lassen sich jedoch problemlos auf andere at Risk-Kennzahlen übertragen.
[575] Vgl. Hadar/Russel (1969), S. 28 und Quirk/Saposnik (1962), S. 140.
[576] Vgl. Hadar/Russel (1969), S. 27 und Quirk/Saposnik (1962), S. 141.
[577] Nur bei identischen Erwartungswerten kann anhand des Risikos entschieden werden.
[578] Vgl. Hadar/Russel (1969), S. 27.

Zusätzlich zu der Annahme der Nichtsättigung muss bei dem Kriterium der stochastischen Dominanz 2. Ordnung[579] der Bewerter risikoavers sein, d.h., seine Nutzenfunktion hat einen konkaven Verlauf.[580] Stochastische Dominanz 2. Ordnung von A bezüglich B liegt vor, wenn die Fläche unterhalb der Verteilungsfunktion bis zu jeder Zielgrößenausprägung x bei Projekt A maximal der von Projekt B entspricht, wobei bei mindestens einer Zielgröße die Fläche unterhalb der Verteilungsfunktion von A kleiner sein muss als die von B. Formal gilt:[581]

$\int_{-\infty}^{y} F_A(x)dx \leq \int_{-\infty}^{y} F_B(x)dx$ bzw. $\int_{-\infty}^{y} (F_B(x) - F_A(x))dx \geq 0$ für alle Intervallobergrenzen y, wobei für mindestens einen Wert von $y = [-\infty, +\infty]$ die Ungleichung streng erfüllt sein muss.

In diesem Fall bevorzugt jeder risikoaverse Bewerter mit steigender Nutzenfunktion auf Grund des abnehmenden Grenznutzens das Projekt A gegenüber dem Projekt B ($A \succ B$).[582]

Es wird im Folgenden davon ausgegangen, dass die beiden Projekte A und B identische Erwartungswerte aufweisen, sodass eine Beurteilung der Projekte unter isolierter Betrachtung der Risikohöhe erfolgen kann.[583] Stochastische Dominanz 1. Ordnung kann somit nicht vorliegen. Ein Beispiel ist in Tabelle 49 aufgeführt.

Cash Flow	10	20	30	100
Wahrscheinlichkeit der Cash Flow-Realisierung bei Projekt A	3 %	3 %	64 %	30 %
Wahrscheinlichkeit der Cash Flow-Realisierung bei Projekt B	4 %	1 %	65 %	30 %
$F_A(x)$	3%	6%	70%	100%
$F_B(x)$	4%	5%	70%	100%
$\int_{-\infty}^{y} F_A(x)dx$ für $y = 10,20,30,100$	0,00	0,30	0,90	49,90
$\int_{-\infty}^{y} F_B(x)dx$ für $y = 10,20,30,100$	0,00	0,40	0,90	49,90

Tabelle 49: Daten der Projekte A und B

579 Äquivalent hierzu sind bei gleichen Erwartungswerten der Projekte die Konzepte des Mean Preserving Spread und des weißen Rauschens. Vgl. Rothschild/Stiglitz (1970).
580 Vgl. Hadar/Russel (1969), S. 30.
581 Vgl. Hadar/Russel (1969), S. 27 und Hadar/Russel (1971), S. 289.
582 Für eine anschauliche Darstellung vgl. auch Guthoff/Pfingsten/Wolf (1998), S. 115 ff.
583 Vgl. im Folgenden auch Guthoff/Pfingsten/Wolf (1998), S. 122 ff., deren Ausführungen sich allerdings auf den VaR beziehen.

Sowohl Projekt A als auch B weisen einen erwarteten Cash Flow in Höhe von 50,1 auf. Da die Fläche unter der Verteilungsfunktion des Cash Flows bei Durchführung von Projekt A immer kleiner/gleich der bei Projekt B ist (vgl. Tabelle 49), wird Projekt B von Projekt A gemäß der stochastischen Dominanz 2. Ordnung dominiert. Ein risikoaverser Entscheider mit steigender Nutzenfunktion präferiert also Projekt A. Zu einer anderen Entscheidung gelangt man, wenn man den CFaR mit einem Konfidenzniveau von 95 % zu Grunde legt. Da wie bereits angesprochen Projekt A und B identische Erwartungswerte haben, kann die Entscheidung alleine auf Basis des Risikos (gemessen durch den CFaR) getroffen werden. Die entsprechenden Werte sind in Tabelle 50 angegeben.

	Projekt A	Projekt B
$CFaR^{abs}$	20	30
$CFaR^{rel}$	30,1	20,1

Tabelle 50: CFaR der Projekte A und B

Der $CFaR^{abs}$, der den Cash Flow angibt, der mit einer Wahrscheinlichkeit in Höhe des Konfidenzniveaus mindestens anfällt, ist bei Projekt B höher als bei A. Da ein kleinerer $CFaR^{abs}$ ein höheres Risiko signalisiert[584], ist – wenn man den CFaR als Entscheidungsmaßstab zu Grunde legt – Projekt B vorzuziehen. Zu derselben Entscheidung gelangt man, wenn man den $CFaR^{rel}$ betrachtet. Auch dieser ordnet Projekt A ein höheres Risiko zu als B. Anhand des Beispiels wird deutlich, dass die at Risk-Kennzahlen, die bei gleichem Erwartungswert der Projekte eine Totalordnung ermöglichen, in einem Spannungsverhältnis zu entscheidungstheoretisch fundierten Anforderungen stehen können. Anders als die Kriterien der stochastischen Dominanz, in die die gesamte Verteilung der Zielgrößen eingeht, fokussieren die at Risk-Kennzahlen in der absoluten (relativen) Definition lediglich auf einen (zwei) Punkt(e) der Zielgrößenverteilung. Für Spezialfälle (normalverteilte Zielgröße bzw. Berechnung der at Risk-Kennzahl mittels der Varianz-Kovarianz-Methode) ist die Konformität der at Risk-Kennzahlen mit der Erwartungsnutzentheorie allerdings sichergestellt.[585] Weitere wünschenswerte Eigenschaften von Risikokennzahlen werden im folgenden Abschnitt vorgestellt.

---

[584] Vgl. Abschnitt 4.2.2.
[585] Vgl. Guthoff/Pfingsten/Wolf (1998), S. 132 ff.

4.3.2 Kohärente Risikomaße

In diesem Abschnitt werden die von Artzner, Delbaen, Eber und Heath aufgestellten Anforderungen an ein kohärentes Risikomaß vorgestellt.[586] Bei diesen Anforderungen handelt es sich um:[587]

- Subadditivität

  Aggregiert man das Risiko zweier Projekte, so ist dieses (auf Grund von Diversifikationseffekten) kleiner/gleich der Summe des Risikos der Einzelprojekte.
- Positive Homogenität

  Die Erhöhung des Umfangs eines Projekts führt zu einer proportionalen Risikoerhöhung.
- Monotonie

  Monotonie liegt vor, wenn mit einer Erhöhung des Risikos eine Erhöhung der Risikokennzahl einhergeht. Geht man von einer diskreten Zustandsmenge mit positiven Wahrscheinlichkeiten aus, so ist ein Projekt riskanter als ein anderes, wenn die Zielgröße dieses Projekts in jedem Zustand maximal den entsprechenden Wert des anderen Projekts annimmt. Dabei muss in mindestens einem Zustand die Zielgröße des riskanteren Projekts kleiner sein als die des anderen Projekts.
- Translationsinvarianz

  Wird zusätzlich zu der Durchführung eines unsicheren Projekts in eine sichere Anlage investiert, so reduziert sich das Risiko um den in die sichere Anlage investierten Betrag.

Insbesondere die Eigenschaft der Subadditivität ist durch die at Risk-Kennzahlen nicht sichergestellt.[588] Dies soll an dem folgenden Beispiel veranschaulicht werden. Tabelle 51 gibt die Daten des Beispiels an.

Zustand	1	2	3
Wahrscheinlichkeit des Zustandseintritts	3 %	3 %	94 %
Cash Flow bei Durchführung von Projekt A	10	100	200
Cash Flow bei Durchführung von Projekt B	100	10	200
Cash Flow bei Durchführung von Projekt A und B	110	110	400

Tabelle 51: Daten des Beispiels zur Subadditivität

[586] Vgl. Artzner/Delbaen/Eber/Heath (1997, 1999).

[587] Vgl. Artzner/Delbaen/Eber/Heath (1997), S. 69; Artzner/Delbaen/Eber/Heath (1999), S. 208 ff. und Hoitsch/Winter (2004b), S. 244.

[588] Vgl. Artzner/Delbaen/Eber/Heath (1999), S. 216 ff. und Straßberger (2002), S. 65, die sich allerdings nur auf den VaR^{abs} beziehen.

Der erwartete Cash Flow, der $CFaR^{abs}$ und der $CFaR^{rel}$ (bei einem Konfidenzniveau in Höhe von 95 %) von Projekt A, Projekt B und der gemeinsamen Durchführung der beiden Projekte sind in Tabelle 52 angegeben.

	erwarteter Cash Flow	$CFaR^{abs}$	$CFaR^{rel}$
Projekt A	191,3	100	91,3
Projekt B	191,3	100	91,3
Projekt A und B	382,6	110	272,6

Tabelle 52: CFaR des Beispiels zur Subadditivität

Es zeigt sich, dass im Rahmen des Beispiels die Eigenschaft der Subadditivität nicht erfüllt ist, da die Summe der $CFaR^{rel}$ der einzelnen Projekte (182,6) kleiner ist als der $CFaR^{rel}$ der gemeinsamen Projektdurchführung (272,6). Da beim $CFaR^{abs}$ ein kleinerer Wert ein höheres Risiko impliziert, ist bei sinngemäßer Übertragung die Subadditivitätseigenschaft erfüllt, wenn der aggregierte $CFaR^{abs}$ größer ist als die Summe der einzelnen $CFaR^{abs}$. Dies ist im Beispiel wegen aggregierter $CFaR^{abs}=110$ < Summe der einzelnen $CFaR^{abs}=200$ nicht gegeben. Folglich ist die Eigenschaft der Subadditivität und damit die Kohärenz bei Nutzung von at Risk-Kennzahlen im Allgemeinen nicht gewährleistet.[589]

4.3.3 Alternative Risikomaße

Auf Grund der im Rahmen der in Abschnitt 4.3.1 und 4.3.2 dargestellten Defizite der at Risk-Kennzahlen werden in der Literatur alternative Kennzahlen vorgeschlagen, die diese Problematik (teilweise) nicht aufweisen.[590] Hierzu zählen insbesondere der Lower Partial Moment One, der Expected Shortfall und der Conditional Value at Risk[591]. Diese Kennzahlen sind jedoch in der Praxis gegenüber den at Risk-Kennzahlen schwieriger zu kommunizieren, sodass es zu Verständnis- und Akzeptanzproblemen kommen kann.[592] Folglich besteht bei der Wahl der Risikokennzahlen ein Trade Off zwischen Kommunizierbarkeit im Unternehmen (at Risk-Kennzahlen) und Erfüllung wünschenswerter Eigenschaften (alternative Risikomaße). Im Rahmen

[589] Jedoch gehen Pfaff und Kühn davon aus, dass auf einer aggregierten Ebene (z.B. auf Ebene eines Geschäftsbereichs oder des gesamten Unternehmens) durch viele unterschiedliche Verteilungsfunktionen der einzelnen Projekte die mangelnde Subadditivität kein praktisches Problem darstellt. Diese Aussage wird allerdings nicht näher belegt. Vgl. Pfaff/Kühn (2005), S. 198.

[590] Vgl. z.B. Albrecht (2003), S. 31 ff.; Artzner/Delbaen/Eber/Heath (1999), S. 223 ff.; Bielefeld/Maifarth (2005), S. 160 ff.; Denault (2001) und Straßberger (2002), S. 65 ff.

[591] Die Ausführungen in dieser Arbeit zu den at Risk-Kennzahlen beschränken sich auf VaR, CFaR und EaR bzw. EpSaR. Der Conditional Value at Risk ist somit nicht mit inbegriffen.

[592] Vgl. auch die Ausführungen bei Pfaff/Kühn (2005), S. 198, die sich auf den Conditional Value at Risk beziehen. Zudem sind die Kennzahlen nicht immer einheitlich definiert.

dieser Arbeit steht die Nutzung von Kennzahlen für den Einsatz in der Praxis im Vordergrund, deshalb erfolgt eine Beschränkung auf die hierfür bedeutendsten Risikokennzahlen (at Risk-Kennzahlen).

4.4 Discounted Risk Value

Industrie- und Handelsunternehmen führen – wie bereits in Abschnitt 4.2.2 angesprochen – in der Regel Projekte durch, die langfristig ausgerichtet sind und deren Laufzeit mehrere Perioden umfasst. Folglich kann für jede dieser Perioden ein mit den in Abschnitt 4.2.4 vorgestellten Methoden bestimmbarer CFaR berechnet werden. Ziel dieses Abschnitts ist die Entwicklung einer Risikokennzahl, die die CFaR der einzelnen Perioden zu einer einzigen Kennzahl aggregiert.[593] Diese Kennzahl wird im Folgenden als Discounted Risk Value (DRV) bezeichnet. Hierbei wird im Weiteren die in Abschnitt 4.2.2 erläuterte relative Definition des CFaR zu Grunde gelegt, d.h., der CFaR quantifiziert die Abweichung vom Erwartungswert des Cash Flows für eine Periode, die mit einem festgelegten Konfidenzniveau nicht überschritten wird. Wird der periodenspezifische $CFaR_t^{rel}$ mit einem geeigneten Diskontierungsfaktor i abgezinst, so ergibt sich die zum aktuellen Zeitpunkt bewertete Cash Flow-Unsicherheit der t-ten Periode. Hieraus erhält man den Discounted Cash Flow at Risk (DCFaR) der Periode t:

$$DCFaR_t = CFaR_t^{rel} \cdot (1+i)^{-t}.$$

Gleichung 54: Discounted Cash Flow at Risk[594]

Wird beispielsweise der FCF, TCF bzw. FTE als Cash Flow-Größe zu Grunde gelegt, so ist der WACC, $WACC^{TCF}$ bzw. k_E der geeignete Diskontierungsfaktor.[595] Um zum DRV zu gelangen, müssen die einzelnen $DCFaR_t$ aggregiert werden. Dabei ergibt sich der DRV im Allgemeinen nicht als Summe der diskontierten periodenspezifischen $CFaR^{rel}$.[596] Vielmehr sind zeitliche Diversifikationseffekte[597] zu berücksichtigen, auf Grund derer der DRV in der Regel unterhalb der Summe der $DCFaR_t$ liegt.

---

593 Vgl. auch Homburg/Stephan (2004), S. 318 ff.

594 Hierbei wurde vereinfachend von periodenspezifischen Diskontierungssätzen abgesehen.

595 Je nach Ausgangslage (kein Insolvenzrisiko, Insolvenzrisiko [Sanierungsfall] oder Insolvenzrisiko [Liquidationsfall]) ist für den WACC Gleichung 8 (vgl. S. 64), Gleichung 30 (vgl. S. 105) oder Gleichung 44 (vgl. S. 133) bzw. für den $WACC^{TCF}$ Gleichung 10 (vgl. S. 68) oder Gleichung 33 (vgl. S. 107) anzusetzen.

596 Vgl. zu dieser „vereinfachenden" Berechnung Mengele (1999), S. 154 ff.; Schmidbauer (2000), S. 162.

597 Der Arbeitskreis „Finanzierungsrechnung" bezeichnet diese Form der zeitlichen Diversifikation als zeitlich vertikale Diversifikation. Im Gegensatz dazu wird die Diversifikation, die sich aus der Aggregation zweier Risikopositionen ergibt, als zeitlich horizontale Diversifikation definiert. Vgl. Arbeitskreis „Finanzierungsrechnung" (2001), S. 47 ff.

Unter der Normalverteilungsannahme können die $DCFaR_t$ unter Nutzung von Gleichung 53 zum DRV aggregiert werden:[598]

$$DRV = \sqrt{\mathbf{DCFaR}' \cdot \boldsymbol{\rho} \cdot \mathbf{DCFaR}}\,.$$

Gleichung 55: Ermittlung des DRV bei normalverteilten Cash Flows

Hierbei stellt **DCFaR** den Vektor der diskontierten periodenspezifischen $CFaR^{rel}$ ($DCFaR_t$) und $\boldsymbol{\rho}$ die Korrelationsmatrix der periodenspezifischen Cash Flows dar. Im Folgenden wird (ohne Beschränkung der Allgemeinheit) von zwei Perioden ausgegangen. Es soll gezeigt werden, dass sich Gleichung 55 in $DRV = -z_\alpha \cdot STD\left(\frac{\widetilde{CF}_1}{1+i} + \frac{\widetilde{CF}_2}{(1+i)^2}\right)$ überführen lässt, wobei $\widetilde{CF}_t$ den unsicheren Cash Flow der Periode t und $STD\left(\frac{\widetilde{CF}_1}{1+i} + \frac{\widetilde{CF}_2}{(1+i)^2}\right)$ die Standardabweichung des Ausdrucks $\frac{\widetilde{CF}_1}{1+i} + \frac{\widetilde{CF}_2}{(1+i)^2}$ darstellt. $STD\left(\frac{\widetilde{CF}_1}{1+i} + \frac{\widetilde{CF}_2}{(1+i)^2}\right)$ wird als Maß für die zum aktuellen Zeitpunkt bewertete Unsicherheit der zukünftigen Cash Flows definiert. Der DRV ist damit auch ein entsprechendes Maß, wobei die exakte Höhe neben der Standardabweichung des Ausdrucks $\frac{\widetilde{CF}_1}{1+i} + \frac{\widetilde{CF}_2}{(1+i)^2}$ vom vorgegebenen Konfidenzniveau z_α abhängt. Bildet man den Erwartungswert des Ausdrucks $\frac{\widetilde{CF}_1}{1+i} + \frac{\widetilde{CF}_2}{(1+i)^2}$, so zeigt sich eine Verbindung zu Kapitel 3, da dieser je nach Cash Flow-Definition genau dem Unternehmenswert bzw. dem Shareholder Value entspricht.

Geht man – wie bereits oben hingewiesen – von 2 Perioden aus, so folgt aus Gleichung 55:

$$DRV = \sqrt{\left(DCFaR_1, DCFaR_2\right) \cdot \begin{pmatrix} 1 & \rho \\ \rho & 1 \end{pmatrix} \cdot \begin{pmatrix} DCFaR_1 \\ DCFaR_2 \end{pmatrix}}\,.$$

Nutzt man nun Gleichung 54, so ergibt sich:

$$DRV = \sqrt{\left(\frac{CFaR_1^{rel}}{1+i}, \frac{CFaR_2^{rel}}{(1+i)^2}\right) \cdot \begin{pmatrix} 1 & \rho \\ \rho & 1 \end{pmatrix} \cdot \begin{pmatrix} \frac{CFaR_1^{rel}}{1+i} \\ \frac{CFaR_2^{rel}}{(1+i)^2} \end{pmatrix}}\,.$$

Ersetzt man die einzelnen $CFaR^{rel}$ durch Gleichung 52, wobei abweichend zu Gleichung 52 davon ausgegangen wird, dass sich die Standardabweichung direkt auf

[598] Vgl. Homburg/Stephan (2004), S. 319.

den Cash Flow und nicht auf eine Renditegröße bezieht (sodass die Multiplikation mit RV entfällt), so gelangt man zu:

$$DRV = \sqrt{\left(\frac{-z_\alpha \cdot \sigma_1}{1+i}, \frac{-z_\alpha \cdot \sigma_2}{(1+i)^2}\right) \cdot \begin{pmatrix} 1 & \rho \\ \rho & 1 \end{pmatrix} \cdot \begin{pmatrix} \frac{-z_\alpha \cdot \sigma_1}{1+i} \\ \frac{-z_\alpha \cdot \sigma_2}{(1+i)^2} \end{pmatrix}}.$$

Durch Ausmultiplikation resultiert:

$$DRV = \sqrt{\left(\frac{-z_\alpha \cdot \sigma_1}{1+i} + \rho \cdot \frac{-z_\alpha \cdot \sigma_2}{(1+i)^2}, \rho \cdot \frac{-z_\alpha \cdot \sigma_1}{1+i} + \frac{-z_\alpha \cdot \sigma_2}{(1+i)^2}\right) \cdot \begin{pmatrix} \frac{-z_\alpha \cdot \sigma_1}{1+i} \\ \frac{-z_\alpha \cdot \sigma_2}{(1+i)^2} \end{pmatrix}}$$

$$= \sqrt{\left(\frac{-z_\alpha \cdot \sigma_1}{1+i} + \rho \cdot \frac{-z_\alpha \cdot \sigma_2}{(1+i)^2}\right) \cdot \frac{-z_\alpha \cdot \sigma_1}{1+i} + \left(\rho \cdot \frac{-z_\alpha \cdot \sigma_1}{1+i} + \frac{-z_\alpha \cdot \sigma_2}{(1+i)^2}\right) \cdot \frac{-z_\alpha \cdot \sigma_2}{(1+i)^2}}$$

$$= \sqrt{\frac{z_\alpha^2 \cdot \sigma_1^2}{(1+i)^2} + \rho \cdot \frac{z_\alpha^2 \cdot \sigma_1 \cdot \sigma_2}{(1+i)^3} + \rho \cdot \frac{z_\alpha^2 \cdot \sigma_1 \cdot \sigma_2}{(1+i)^3} + \frac{z_\alpha^2 \cdot \sigma_2^2}{(1+i)^4}}$$

$$= \sqrt{\frac{z_\alpha^2 \cdot \sigma_1^2}{(1+i)^2} + 2 \cdot \rho \cdot \frac{z_\alpha^2 \cdot \sigma_1 \cdot \sigma_2}{(1+i)^3} + \frac{z_\alpha^2 \cdot \sigma_2^2}{(1+i)^4}}.$$

Klammert man z_α^2 aus und betrachtet nur die negative Lösung bei Bildung der Wurzel und berücksichtigt weiterhin $z_\alpha < 0$, so erhält man:

$$DRV = -z_\alpha \cdot \sqrt{\frac{\sigma_1^2}{(1+i)^2} + 2 \cdot \rho \cdot \frac{\sigma_1 \cdot \sigma_2}{(1+i)^3} + \frac{\sigma_2^2}{(1+i)^4}}.$$

Der Ausdruck unter der Wurzel kann wie folgt vereinfacht werden, wobei VAR(.) die Varianz des Ausdrucks (.) und COV(.) die Kovarianz des Ausdrucks (.) darstellt:

$$DRV = -z_\alpha \cdot \sqrt{VAR\left(\frac{\widetilde{CF}_1}{1+i}\right) + 2 \cdot COV\left(\frac{\widetilde{CF}_1}{1+i}, \frac{\widetilde{CF}_2}{(1+i)^2}\right) + VAR\left(\frac{\widetilde{CF}_2}{(1+i)^2}\right)}$$

$$= -z_\alpha \cdot \sqrt{VAR\left(\frac{\widetilde{CF}_1}{1+i} + \frac{\widetilde{CF}_2}{(1+i)^2}\right)}.$$

Schließlich gelangt man zum gewünschten Ziel:

$$DRV = -z_\alpha \cdot STD\left(\frac{\widetilde{CF}_1}{1+i} + \frac{\widetilde{CF}_2}{(1+i)^2}\right).$$

Bei nicht normalverteilten Cash Flows kann Gleichung 55 nicht angewendet werden, da hier die Verteilungen nicht nur durch die beiden Momente Erwartungswert und Standardabweichung vollständig beschrieben werden. In diesen Fällen ist eine Simulation zur Ermittlung des DRV durchzuführen (vgl. Abschnitt 4.2.4.2 und 4.2.4.3).

Betragen die $CFaR^{rel}$ der 1. und 2. Periode bei einem Konfidenzniveau in Höhe von 95 % beispielsweise $CFaR_1^{rel} = 110$ und $CFaR_2^{rel} = 242$, so ergibt sich unter Anwendung von Gleichung 54 bei einem Diskontierungsfaktor i in Höhe von 10 %:

$DCFaR_1 = 110 \cdot (1+0{,}1)^{-1} = 100$ bzw. $DCFaR_2 = 242 \cdot (1+0{,}1)^{-2} = 200$.

Geht man weiterhin davon aus, dass diese Cash Flows normalverteilt und stochastisch unabhängig sind ($\rho = 0$), d.h. die Realisation des Cash Flows der 1. Periode keinen Einfluss auf die Realisation des Cash Flows der 2. Periode hat, so erhält man unter Nutzung von Gleichung 55:

$$DRV = \sqrt{(100 \quad 200) \cdot \begin{pmatrix} 1 & 0 \\ 0 & 1 \end{pmatrix} \cdot \begin{pmatrix} 100 \\ 200 \end{pmatrix}} = 223{,}61.$$

Die zum aktuellen Zeitpunkt bewertete Unsicherheit der zukünftigen Cash Flows mit einem Konfidenzniveau in Höhe von 95 % beträgt folglich 223,61. In der Literatur wird der DRV auch als maximal nicht realisierbarer Unternehmenswert bzw. Shareholder Value interpretiert.[599] Diese Interpretation ist allerdings problematisch, denn aus der Ermittlung des aktuellen Unternehmenswerts bzw. Shareholder Value als diskontierte Summe der erwarteten zukünftigen Cash Flows resultiert keineswegs eine unsichere Größe.[600] Der gemäß den in Kapitel 3 vorgestellten Methoden bestimmte Unternehmenswert stellt hingegen aus heutiger Sicht die (sichere) marktgerechte Bewertung zukünftiger unsicherer Zahlungen dar. Wird von einem maximal nicht realisierbaren Unternehmenswert gesprochen, impliziert dies eine nicht vorliegende Unsicherheit des Unternehmenswerts. Der DRV sollte somit nicht als maximal nicht realisierbarer Unternehmenswert ausgefasst werden, sondern als die zum aktuellen Zeitpunkt bewertete Unsicherheit der zukünftigen Cash Flows bei einem bestimmten Konfidenzniveau.

Der DRV auf Gesamtunternehmensebene kann genutzt werden, um die Gefahr einer Insolvenz zu erkennen.[601] Hohe $CFaR^{rel}$ in den einzelnen Perioden können auf eine (drohende) Zahlungsunfähigkeit hinweisen, die sich wiederum in einem hohen DRV widerspiegelt. Weitere Informationen können durch die Betrachtung der einzelnen $CFaR^{rel}$ erlangt werden, die durch die Verdichtung im DRV verloren gegangen sind. Ein hoher DRV deutet möglicherweise auch auf die Gefahr einer Überschuldung hin. Die Realisationen der Cash Flows können dann stark von ihren Erwartungswerten abweichen, was eine hohe Volatilität des Unternehmenswerts in zukünftigen Zeitpunkten signalisiert. Diese Volatilität des (gesamten) Unternehmenswerts wird insbesondere zu Schwankungen des Shareholder Value führen, da die Eigner im Gegen-

---

599 Zu der angesprochenen Definition des DRV als maximal nicht realisierbarer Unternehmenswert vgl. Mengele (1999), S. 113 f. und Schmidbauer (2000), S. 162. Mengele bezeichnet den DRV als Discounted Value at Risk (DVaR), vgl. Mengele (1999), S. 112.

600 Vgl. Homburg/Stephan (2004), S. 319.

601 Vgl. Homburg/Stephan (2004), S. 319.

satz zu den Fremdkapitalgebern ein höheres Risiko tragen. Dieses Risiko resultiert aus der Tatsache, dass die Eigner erst nach Erfüllung der Fremdkapitalgeberforderungen bedient werden. Durch eine hohe Volatilität des Eigenkapitalwerts steigt tendenziell die Gefahr der Überschuldung, da zumindest bei längerfristiger Betrachtungsweise davon auszugehen ist, dass ein Sinken des Marktwerts des Eigenkapitals mit einem Sinken des Buchwerts einhergeht. Zeichnen sich Liquiditätsengpässe bzw. die Gefahr der Überschuldung ab, so sind geeignete Gegenmaßnahmen der Risikosteuerung einzuleiten. Beispielsweise kann bei drohenden Liquiditätsengpässen ein Factoring von Forderungen oder der Verkauf von Gebäuden mit anschließender Rückmiete (sale and lease back) erfolgen. Zur Vermeidung der Überschuldung bietet sich z.B. die Auflösung stiller Reserven oder die Aufnahme zusätzlichen Eigenkapitals an.

Auf den DRV wird später in Abschnitt 5.2 im Rahmen eines risikoadjustierten Performancemaßes zum Einsatz in Industrie- und Handelsunternehmen zurückgegriffen. Allgemein stellt das nun folgende Kapitel 5 eine Verbindung zwischen wertorientierten Kennzahlen bzw. Erfolgskennzahlen (vgl. Kapitel 2 bzw. 3) und Risikokennzahlen (vgl. Kapitel 4) her.

5 Risikoadjustierte Performancemaße als Verbindung zwischen wert- und risikoorientierten Kennzahlen

In Kapitel 4 wurden u.a. Kennzahlen zur quantitativen Messung von Risiken vorgestellt. Unter Anwendung dieser Risikokennzahlen kann man zwar das Risiko eines Projekts messen, der (erwartete) Erfolg bzw. Wertbeitrag wird jedoch nicht explizit ausgewiesen. Dies ermöglichen gerade die in Kapitel 3 vorgestellten wertorientierten Kennzahlen, bei denen allerdings die Risikomessung nicht im Vordergrund steht. Die in diesem Kapitel zu diskutierenden risikoadjustierten Performancemaße, die auch als Risk Adjusted Performance Measures (RAPM) bezeichnet werden, stellen eine Verbindung zwischen (erwartetem) Erfolg und Risiko her.[602] Sie setzen den (erwarteten) Erfolg ins Verhältnis zum eingegangenen Risiko und werden genutzt, um die Vorteilhaftigkeit von Projekten – unter Beachtung von Risikogesichtspunkten – ex ante und ex post zu beurteilen. Im Weiteren werden verschiedene RAPM vorgestellt, und es wird analysiert, inwieweit sie dem Anspruch einer wertorientierten Unternehmensführung gerecht werden. Bei einem vollkommenen Kapitalmarkt im Gleichgewicht ist die Betrachtung von RAPM überflüssig, da Veränderungen des Risikos unmittelbare Marktreaktionen bewirken, die wiederum zu einer marktgerechten Neubewertung führen. Jedoch ist eine Neubewertung nur bei Veränderungen systematischer Risiken notwendig, da nur diese – im Gegensatz zu unsystematischen Risiken – entlohnt werden. Wie bereits zu Beginn von Kapitel 4 angemerkt, kann durch Gestaltung der Risikohöhe in dieser Modellwelt kein Wert geschaffen werden. Geht man jedoch von – in der Realität vorliegenden – unvollkommenen Kapitalmärkten aus, so sollen RAPM wichtige Signale in Bezug auf die Allozierung von – begrenzt zur Verfügung stehendem – Risikokapital auf verschiedene Projekte bzw. Geschäftsbereiche mit dem Ziel der Wertgenerierung liefern.

Zunächst wird als Ausgangspunkt in Abschnitt 5.1 kurz auf die im Bankensektor gebräuchlichen RAPM eingegangen. Diese sind auf die Beurteilung einperiodiger Projekte ausgelegt.[603] Weiterhin sind sie – wie sich noch zeigen wird – mit dem Nachteil des in Abschnitt 2.4.7.1 diskutierten bilanziellen Wertansatzes behaftet. Anschließend erfolgt in Abschnitt 5.2 eine Weiterentwicklung auf Industrie- und Handelsunternehmen, die in der Regel mehrperiodige Projekte durchführen. Somit sind für diesen Kontext die bei Finanzinstitutionen verwendeten RAPM prinzipiell nicht geeignet.

---

602 Vgl. z.B. Matten (2000), S. 146.

603 Für ein mehrperiodiges risikoadjustiertes Performancemaß zum Einsatz in Finanzinstitutionen, das Ähnlichkeit mit dem RAROC aufweist, vgl. Turnbull (2000). Die Entscheidung über die Durchführung von Projekten wird dort jedoch nicht anhand dieses Maßes getroffen. Vgl. Turnbull (2000), S. 350.

5.1 Risikoadjustierte Performancemaße im Einperioden-Kontext

5.1.1 Return On Risk Adjusted Capital

Der Return On Risk Adjusted Capital (RORAC) und der Risk Adjusted Return On Capital (RAROC[604]) bilden die gebräuchlichsten RAPM. Sowohl der RORAC als auch der RAROC knüpfen an das bekannte Renditekonzept als Verhältnis von Erfolg zu Kapitaleinsatz an. Sie stellen somit relative Kennzahlen in Form einer Beziehungszahl dar (vgl. Abschnitt 2.1.1).

Der RORAC ergibt sich als Quotient aus dem (erwarteten) Überschuss eines Projekts und dem eingesetzten Risikokapital.[605] Dabei wird der (erwartete) Überschuss im Allgemeinen unter Nutzung bilanzieller Größen ermittelt.[606] Somit unterliegt der RORAC dem in Abschnitt 2.4.7.1 geschilderten Nachteil des bilanziellen Wertansatzes. Als Risikokapital[607], das einem Projekt zugeordnet wird, wird üblicherweise der VaR angesetzt:

$$\text{RORAC} = \frac{\text{(erwarteteter) Überschuss}}{\text{Risikokapital}} = \frac{\text{(erwarteter) Überschuss}}{\text{VaR}}.$$

Gleichung 56: Return On Risk Adjusted Capital (RORAC)

Der RORAC gibt damit den (erwarteten) Überschuss pro Einheit Risikokapital an. Ein positiver RORAC impliziert dabei noch nicht, dass das betreffende Projekt auch durchgeführt werden soll. Hierfür muss erst ein unternehmensinterner Ziel-RORAC (Hurdle Rate) vorgegeben werden.[608] Dies wird anhand der Projekte A und B in Abbildung 28 veranschaulicht.

---

604 RAROC™ ist ein durch Bankers Trust geschützter Begriff. Auf die Kennzeichnung, dass es sich um einen geschützten Begriff handelt, wird im Folgenden verzichtet.

605 Vgl. Büschgen (1998), S. 772 f.; Hartmann-Wendels/Pfingsten/Weber (2004), S. 349 und Lister (1997), S. 209.

606 Vgl. bspw. Schierenbeck (2003b), S. 43 f., der als (erwarteten) Überschuss das Nettoergebnis ansetzt. Zur Berechnung des Nettoergebnisses vgl. Schierenbeck (2003a), S. 304 ff.

607 Das Risikokapital soll eventuell auftretende Verluste abfedern. Vgl. auch Schierenbeck (2003b), S. 21.

608 Vgl. Fröhling (2000), S. 9.

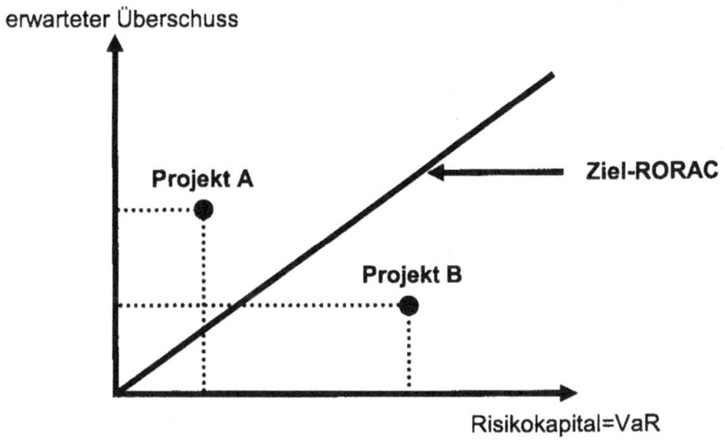

Abbildung 28: Projektbeurteilung anhand des RORAC

Es zeigt sich, dass alleine Projekt A durchgeführt werden sollte, da nur dieses Projekt einen RORAC aufweist, der größer ist als der Ziel-RORAC. Vergleichbarkeit zwischen dem Ziel-RORAC und dem RORAC eines Projekts ist allerdings nur dann gegeben, wenn für die einzelnen VaR ein einheitliches Konfidenzniveau und ein einheitlicher Zeitraum zu Grunde liegen.

Erfordern die Projekte, deren RORAC größer als der Ziel-RORAC ist, mehr Risikokapital als im Unternehmen bzw. in einem Bereich/Abteilung zur Verfügung steht, so kann zu Steuerungszwecken der Ziel-RORAC erhöht werden.[609] Durch eine solche Erhöhung des Ziel-RORAC sinkt die Anzahl der Projekte, deren RORAC größer als der Ziel-RORAC ist. Folglich wird weniger Risikokapital benötigt. Das zur Verfügung stehende Risikokapital ergibt sich in Abhängigkeit der Risikoneigung eines Unternehmens aus der Höhe des Eigenkapitals. Alternativ ist die Vorgabe von Risikolimiten (Grenzwerte) für einzugehende Risiken möglich. Um die Risikolimite einzuhalten, muss bei knappem Risikokapital die Zahl der durchzuführenden Projekte verringert oder durch Risikosteuerungsmaßnahmen die Höhe des Risikos gesenkt werden. Im Idealfall müsste ein Ziel-RORAC auf Basis einer optimalen Alternativverwendung von Risikokapital bestimmt werden.[610]

---

[609] Vgl. Homburg/Stephan (2004), S. 318.

[610] Dies stellt eine Analogie zum Dilemma der Bestimmung von Opportunitätskosten im Rahmen der Kostenrechnung dar. Für diese Bestimmung muss die optimale Verteilung der Engpassfaktoren bekannt sein. Diese Verteilung soll aber gerade mit Hilfe der Opportunitätskosten erfolgen. Vgl. hierzu Hax (1967), S. 752 ff.

5.1.2 *Risk Adjusted Return On Capital*

Anders als beim RORAC erfolgt beim Risk Adjusted Return On Capital (RAROC) die Risikoadjustierung nicht nur im Nenner, sondern auch im Zähler:[611]

$$\text{RAROC} = \frac{\text{(erwarteter) Überschuss} - \text{Risikoprämie}}{\text{Risikokapital}}.$$

Gleichung 57: Risk Adjusted Return On Capital (RAROC)

Der RAROC gibt den Übergewinn (erwarteter Überschuss nach Abzug der Risikoprämie) je Einheit Risikokapital an. Zur Ermittlung der Risikoprämie eines Projekts werden das Risikokapital und der Ziel-RORAC benötigt. Die Risikoprämie bestimmt sich gemäß:

$$\text{Risikoprämie} = \text{ZielRORAC} \cdot \text{Risikokapital}.$$

Wird analog zum RORAC das Risikokapital gleich dem VaR gesetzt, erhält man:

$$\text{RAROC} = \frac{\text{(erwarteter) Überschuss} - \text{ZielRORAC} \cdot \text{VaR}}{\text{VaR}}$$

$$= \frac{\text{(erwarteter) Überschuss}}{\text{VaR}} - \text{ZielRORAC}$$

$$= \text{RORAC} - \text{ZielRORAC}.$$

Ein positiver RAROC signalisiert damit im Gegensatz zum RORAC direkt die Vorteilhaftigkeit eines Projekts. Ansonsten ergibt sich durch den RAROC gegenüber dem RORAC keine neue Aussagekraft, da sich die beiden Größen ineinander überführen lassen.

5.2 Corporate Value On Discounted Risk Value als risikoadjustiertes Performancemaß für den Mehrperioden-Fall

Wie bereits in Abschnitt 4.2.2 erläutert, eignet sich der VaR im Allgemeinen nicht zur Risikomessung in Industrie- und Handelsunternehmen, da durch seine kurzfristige Betrachtungsweise bedeutende Risiken nicht adäquat erfasst werden können. Auch die auf einperiodige Projekte ausgelegten RORAC und RAROC basieren damit auf einer für Industrie- und Handelsunternehmen ungeeigneten Risikomessung. Außerdem wirken sich bilanzielle Wertansätze auf deren Höhe aus.

In Industrie- und Handelsunternehmen ist vielmehr eine mehrperiodige Betrachtung notwendig, da Projekte in der Regel langfristig ausgerichtet sind. Daher wird im Folgenden die Kennzahl Corporate Value On Discounted Risk Value (CVODRV) entwi-

[611] Vgl. z.B. Hartmann-Wendels/Pfingsten/Weber (2004), S. 349. Teilweise wird der RAROC auch als Risk Adjusted Return On Risk Adjusted Capital (RARORAC) bezeichnet. Vgl. hierzu Büschgen (1998), S. 773.

ckelt, die eine Risikokomponente enthält, die aus dem $CFaR^{rel}$ ermittelt wird und eine mehrperiodige Betrachtungsweise ermöglicht.[612]

5.2.1 Definition des Corporate Value On Discounted Risk Value

Der im Folgenden zu definierende CVODRV stellt ebenso wie RORAC und RAROC eine relative Kennzahl in Form einer Beziehungszahl dar (vgl. Abschnitt 2.1.1). Als Erfolgskomponente im Zähler des CVODRV wird der Beitrag von Geschäftsbereichen oder Projekten zum Unternehmenswert gewählt, wobei vereinfachend vom Unternehmenswert gesprochen wird. Hierzu kann auf die in Abschnitt 3.3 bis 3.5 vorgestellten Verfahren zurückgegriffen werden. Im Weiteren wird aus Vereinfachungsgründen von einer atmenden Finanzierung mit konstanter Zielkapitalstruktur ausgegangen, sodass konstante Diskontierungssätze angenommen werden können. Wie bereits in Abschnitt 3.3.4.1.1 ausgeführt, bietet sich die Nutzung der WACC-Methode an, da diese unter den genannten Rahmenbedingungen kein Zirkularitätsproblem beinhaltet. Dabei kann zur Bestimmung des WACC bei Ausschluss eines Insolvenzrisikos auf Gleichung 8 (vgl. S. 64), bei Sanierung im Fall der Insolvenz auf Gleichung 30 (vgl. S. 105) bzw. bei Liquidation im Fall der Insolvenz auf Gleichung 44 (vgl. S. 133) zurückgegriffen werden. Im Weiteren soll allerdings nicht zwischen den drei verschiedenen WACC-Gleichungen differenziert, sondern nur allgemein von WACC gesprochen werden. Der Unternehmenswert ergibt sich dann als Summe der mit dem WACC diskontierten erwarteten FCF.

Als Risikokomponente im Nenner wird der in Abschnitt 4.4 diskutierte DRV gewählt. Da im Zähler des CVODRV auf erwartete FCF zurückgegriffen wird, sind entsprechend bei der DRV-Berechnung $CFaR^{rel}$ in Form von Free Cash Flows at Risk heranzuziehen.

Der CVODRV hat unter Zugrundelegung der oben dargestellten Erfolgs- und Risikokomponente folgende Struktur:[613]

$$CVODRV = \frac{\text{Unternehmenswert}}{\text{Discounted Risk Value}}.$$

Gleichung 58: Corporate Value On Discounted Risk Value (CVODRV)

Für den Zähler des CVODRV kann auf Gleichung 9 (vgl. S. 64) zurückgegriffen werden. Jedoch wird abweichend zu dieser Gleichung auch der FCF des Betrachtungszeitpunkts (aus Vereinfachungsgründen ist dieser im Folgenden t=0) in die Bewertung einbezogen. Dies ist notwendig, da der CVODRV zur Beurteilung eventuell

---

612 Vgl. auch Homburg/Stephan (2004), S. 318 ff.

613 Vgl. Homburg/Stephan (2004), S. 319. Eine risikoadjustierte Performancekennzahl, in die der Unternehmenswert einfließt, wurde in ihrer Grundstruktur (Erfolg in Bezug zu Risiko) erstmals von Mengele vorgeschlagen. Mengele bezeichnet diese als Shareholder-Return on Shareholder-Risk (SROSR). Vgl. Mengele (1999), S. 154 ff.

durchzuführender Projekte dient. Dies sollte sinnvollerweise unter Einbeziehung der Anfangsauszahlung geschehen. Geht man zusätzlich von der (vereinfachenden) Annahme normalverteilter FCF aus, so ergibt sich der DRV im Nenner des CVODRV gemäß Gleichung 55. Es folgt somit:

$$\text{CVODRV} = \frac{\sum_{t=0}^{\infty} FCF_t \cdot (1+WACC)^{-t}}{\sqrt{\mathbf{DCFaR}' \cdot \boldsymbol{\rho} \cdot \mathbf{DCFaR}}}.$$

Gleichung 59: CVODRV bei normalverteilten Free Cash Flows

Der CVODRV kann als der Unternehmenswert bezogen auf das Cash Flow-Risiko interpretiert werden. Signale, die im Zusammenhang mit der Ermittlung des CVODRV auf Unternehmensebene erlangt werden, können als Indikatoren eines Frühwarnsystems im Sinne des KonTraG (vgl. auch Abschnitt 4.1.2.1) dienen. So kann die Bestimmung des CVODRV dazu beitragen, bestandsgefährdende Risiken nach § 91 Abs. 2 AktG, die eine Insolvenz verursachen können, frühzeitig zu erkennen. Zusätzlich findet die Einbeziehung der unternehmerischen Chancen in Form der Erfolgskomponente im Rahmen des CVODRV Berücksichtigung.[614]

Neben der rechtlichen Notwendigkeit zur Einrichtung eines Risikomanagements sind es die in Abschnitt 4.1.3 dargestellten ökonomischen Gründe, die auf unvollkommenen Märkten für die Implementierung eines Risikomanagements sprechen. Risikoadjustierte Performancemaße werden in diesem Kontext insbesondere dazu eingesetzt, über Projekte zu befinden. Dezentrale Einheiten sollen anhand des (relativ einfachen) Kriteriums eines risikoadjustierten Performancemaßes über die Projektdurchführung entscheiden können. Bei Verwendung des CVODRV sind somit projektspezifische Werte zu bestimmen und anschließend in eine Rangfolge zu bringen. Der projektspezifische CVODRV ergibt sich gemäß Gleichung 58 als Quotient aus dem Wertbeitrag eines Projekts zum Unternehmenswert und dem DRV des Projekts. Im Folgenden sollen die Auswirkungen dieser approximativen Vorgehensweise gegenüber der optimalen Projektauswahl aufgezeigt werden. Dabei wird anhand eines umfassenden Beispiels analysiert, unter welchen Bedingungen die Projektentscheidung anhand des CVODRV mit der unternehmenswertmaximierenden Lösung in Einklang steht.[615] Hierzu ist anzumerken, dass in der Praxis dezentrale Einheiten eventuell über bessere Informationen verfügen als die Zentrale. Durch diese Informationsa-

---

[614] Der CVODRV stellt keine at Risk-Kennzahl dar, jedoch geht der $CFaR^{rel}$ zur Bestimmung des DRV in den Nenner der Kennzahl ein. Im Zähler des CVODRV werden Chancen durch die erwarteten Free Cash Flows berücksichtigt. Der CVODRV eignet sich somit für ein Risikomanagement, das neben Verlustgefahren auch Chancen berücksichtigt (Risikomanagement im weiteren Sinn.) Dieses basiert auf der Risikodefinition im weiteren Sinn. Vgl. zur engen und weiten Risikodefinition Abschnitt 4.1.1.

[615] Vgl. Homburg/Stephan (2004), S. 320 ff. Willinsky (2001) prüft den Einfluss von Restriktionen auf das Ergebnis der RORAC-Optimierung des Gesamtportfolios von Banken.

symmetrien ist die Zentrale gar nicht in der Lage die unternehmenswertmaximale Lösung zu berechnen. In solchen Fällen kann die Zentrale die Entscheidungsbefugnis über die Projektdurchführung an die dezentralen Einheiten delegieren.[616] Jedoch bietet es sich an, die dezentralen Einheiten zur Anwendung des CVODRV-Kriteriums zu verpflichten. Die Begründung hierfür ist, dass wie sich noch zeigen wird, die Unternehmenswertsteigerung durch die Projektauswahl anhand des CVODRV nahe an der Steigerung bei optimaler Lösung mit vollständig informierter Zentrale liegt.

5.2.2 Überprüfung der Äquivalenz zur Shareholder Value-Maximierung

5.2.2.1 Projektauswahl unter einer Discounted Risk Value-Restriktion

Die oben angesprochenen Überlegungen zur Projektauswahl sollen anhand des folgenden numerischen Beispiels vorgenommen werden. Dabei wird davon ausgegangen, dass ein Unternehmen die vier Projekte A, B, C und D durchführen kann. Mit der Durchführung eines Projekts sind die in Tabelle 53 angegebenen sicheren Anfangsauszahlungen in t=0 verbunden.

Projekt	**(sichere) Zahlung in t=0 (in GE)**	**(erwarteter) FCF_1 (in GE)**	**(erwarteter) FCF_2 (in GE)**	**Unternehmenswertbeiträge (in GE)**
A	-100	55	108,9	40
B	-50	27,5	48,4	15
C	-69	-11	121	21
D	-100	46,2	84,7	12
			Summe:	88

Tabelle 53: Ausgangsdaten der Projekte

Die vier Projekte weisen eine identische Laufzeit von zwei Perioden auf. Am Ende der Perioden 1 und 2 fallen projektbezogene Zahlungen (Free Cash Flows) an, die einer Normalverteilung unterliegen. Die entsprechenden erwarteten Free Cash Flows in den Zeitpunkten t=1 und t=2 je Projekt sind ebenfalls in Tabelle 53 aufgeführt. Im Folgenden wird von einem periodenkonstanten WACC=10 % ausgegangen. Diskontiert man die projektspezifischen Zahlungsreihen mit diesem Kapitalkostensatz auf den Zeitpunkt t=0, so ergeben sich die in der letzten Spalte von Tabelle 53 angegebenen Unternehmenswertbeiträge.

[616] Dabei hat die Zentrale den dezentralen Einheiten u.a. einzuhaltende Risikolimite vorzugeben.

Da alle vier Projekte zu einem positiven Unternehmenswertbeitrag führen, bietet sich prinzipiell deren gemeinsame Durchführung an. Hierdurch lässt sich eine Steigerung des Unternehmenswerts von 88 GE erreichen. Da der Unternehmenswertbeitrag als Zähler des CVODRV positiv ist und der Nenner per Definition nicht negativ sein kann, ist auch der CVODRV der einzelnen Projekte positiv. Sieht man zunächst von Projektrestriktionen ab, so sollten Projekte mit positivem CVODRV durchgeführt und Projekte mit negativem CVODRV abgelehnt werden. In diesem einfachen Fall genügt die Kenntnis des Unternehmenswertbeitrags der einzelnen Projekte, um über die Durchführung der Projekte zu entscheiden. Weitere Informationen sind nicht erforderlich.

Nun soll ein Limit für die zum Zeitpunkt t=0 bewertete Cash Flow-Unsicherheit DRV eingeführt werden.[617] Die Motivation eines solchen Limits liegt in der Sicherung der Zahlungsfähigkeit[618] und der Vermeidung einer Überschuldung und somit insgesamt in der Reduzierung der Insolvenzgefahr (vgl. auch Abschnitt 4.1.3.6). Für das vorliegende Beispiel soll der DRV auf 50 GE begrenzt werden. Es wird dabei zunächst sowohl von Diversifikationseffekten zwischen den Projekten als auch von zeitlichen Diversifikationseffekten abgesehen. In Tabelle 54 sind die projektspezifischen Standardabweichungen der FCF in t=1 und t=2 angegeben.

Projekt	Standardabweichung FCF_1 (in GE)	Standardabweichung FCF_2 (in GE)
A	5	15
B	3	5
C	2	10
D	2	6

Tabelle 54: Standardabweichungen der FCF

Im Rahmen des Beispiels werden die periodenspezifischen FCF als normalverteilt angenommen, sodass die $CFaR^{rel}$ unter Anwendung des Varianz-Kovarianz-Ansatzes mittels Gleichung 52 berechnet werden können.[619] Da die Standardabweichungen als absolute Größe und nicht als Renditegröße angegeben sind, entfällt da-

---

[617] Vgl. Homburg/Stephan (2004), S. 320 f. Vgl. auch Ballwieser/Kuhner (2000), S. 370 ff., die im Einperioden-Kontext zur Maximierung des (Equity)-EVA unter einer Risikokapitalrestriktion in Form des VaR den RAROC nutzen.

[618] Vgl. auch Abschnitt 5.2.2.5, in dem zur Liquiditätssicherung periodenspezifische $CFaR^{rel}$-Limite genutzt werden.

[619] In der Praxis eignet sich die Varianz-Kovarianz-Methode typischerweise nicht zur Bestimmung des CFaR. Vgl. auch Abschnitt 4.2.4.1. Aus Anschaulichkeitszwecken wurde das Beispiel jedoch so gewählt, dass diese Methode angewendet werden kann und nicht auf eine Simulation zurückgegriffen werden muss.

bei die Multiplikation mit dem Risikovolumen (RV) (vgl. Abschnitt 4.2.4.1). Es ergeben sich die in Tabelle 55 aufgeführten projektspezifischen $CFaR^{rel}$ für die Periode 1 bzw. 2 bei einem Konfidenzniveau in Höhe von 95 %.[620]

Projekt	$CFaR^{rel}$ (t=1) (in GE)	$CFaR^{rel}$ (t=2) (in GE)	DRV (in GE)	CVODRV
A	8,25	24,75	27,95	1,43
B	4,95	8,25	11,32	1,33
C	3,3	16,5	16,64	1,26
D	3,3	9,9	11,18	1,07
		Summe:	67,09	

Tabelle 55: $CFaR^{rel}$, DRV und CVODRV der einzelnen Projekte

Die einzelnen mit dem WACC in Höhe von 10 % diskontierten periodenspezifischen $CFaR^{rel}$ können unter Anwendung von Gleichung 55 zum projektspezifischen DRV aggregiert werden. Dieser ergibt sich dabei aus der Summe der mit dem WACC diskontierten periodenspezifischen $CFaR^{rel}$. Die DRV (in GE) für die einzelnen Projekte im Zeitpunkt t=0 sind in Tabelle 55 dargestellt. Aus diesen DRV und den in Tabelle 53 angegebenen Unternehmenswertbeiträgen kann nun der in der letzten Spalte von Tabelle 55 angegebene CVODRV gemäß Gleichung 58 je Projekt bestimmt werden.
Da auf Grund der DRV-Restriktion nicht alle Projekte vollständig durchgeführt werden können, muss eine Auswahl getroffen werden. Wird die Reihenfolge der Projektdurchführung anhand des für die vier Projekte ermittelten CVODRV festgelegt, so ergibt sich die Reihung A, B, C, D. Das Ziel ist die Festlegung der Anzahl der Durchführung der vier Projekte.
Bezeichnet man mit x_A, x_B, x_C und x_D die Anzahl der jeweiligen Projektdurchführungen, so lautet bei Maximierung des Unternehmenswerts die
Zielfunktion (ZF): Max $40 \cdot x_A + 15 \cdot x_B + 21 \cdot x_C + 12 \cdot x_D$.
Zunächst wird angenommen, dass die Projekte vollständig positiv korreliert sind, womit Diversifikationseffekte ausbleiben. Es ergibt sich damit als Limit für den DRV:
Nebenbedingung 1 (NB 1): $27{,}9\overline{54} \cdot x_A + 11{,}3\overline{18} \cdot x_B + 16{,}\overline{63} \cdot x_C + 11{,}\overline{18} \cdot x_D \leq 50$.
Geht man weiterhin davon aus, dass die Projekte anteilig durchführbar sind, jedoch höchstens einmal, sowie ein Leerverkauf von Projekten unzulässig ist, ist zudem die Restriktion:
Nebenbedingung 2 (NB 2): $0 \leq x_A, x_B, x_C, x_D \leq 1$

[620] Für das α-Quantil gilt somit $z_\alpha = -1{,}65$.

zu beachten.[621]

Bei Durchführung aller vier Projekte beträgt der DRV $67,\overline{09}$ GE. Somit greift die Risikolimitierung in Höhe von 50 GE (NB 1) und die optimale Projektauswahl lautet $x_A^* = x_B^* = 1$, $x_C^* = 0{,}6448$ und $x_D^* = 0$. Dies ergibt eine Unternehmenswertsteigerung in Höhe von 68,54 GE, und das Ausmaß der Projektdurchführung entspricht der Reihung der Projekte durch den CVODRV.

Für den in diesem Abschnitt diskutierten einfachen Basisfall führt damit eine Projektauswahl anhand des CVODRV zu einer unternehmenswertbeitragsmaximalen Lösung. Wie die folgenden Abschnitte zeigen werden, gilt dies allerdings nicht mehr in komplexeren Auswahlsituationen.

5.2.2.2 Berücksichtigung der Unteilbarkeit von Investitionsprojekten

In diesem Abschnitt soll die beliebige Teilbarkeit von Investitionsprojekten aufgehoben werden.[622] Finanzinstitutionen können eine Vielzahl von Projekten realisieren, die teilbar sind. Man denke hier nur an die verschiedenen Stückelungen von Wertpapieren. Industrie- und Handelsunternehmen bietet sich jedoch diese anteilige Durchführung von Projekten oftmals nicht. Können Projekte entweder vollständig oder gar nicht durchgeführt werden, so ist NB 2 durch die

Nebenbedingung 2a (NB 2a): $x_A, x_B, x_C, x_D \in \{0,1\}$

zu ersetzen.

Wählt man die Projekte anhand der Höhe des CVODRV aus, so wird nur noch in Projekt A und B investiert. Dies führt zu einer Steigerung des Unternehmenswerts in Höhe von 55 GE und einem durch diese Investition induzierten DRV in Höhe von 39,27 GE. Projekt C oder D können auf Grund der Risikolimitierung (NB 1) nicht zusätzlich durchgeführt werden.

Die unternehmenswertmaximierende Projektauswahl ist jedoch die Durchführung der Projekte A und C.[623] Dieser Investitionsmix bewirkt eine Unternehmenswertsteigerung in Höhe von 61 GE bei einer Steigerung des DRV in Höhe von 44,59 GE. Diese optimale Projektauswahl lässt sich gegenüber der Lösung anhand der Höhe des CVODRV aus der besseren Ausnutzung des Risikolimits erklären. Die Orientierung anhand des CVODRV stellt damit bei nicht teilbaren Investitionsprojekten nur ein heuristisches Auswahlkriterium dar, das im Allgemeinen nicht zur Optimallösung führt. Diese Ganzzahligkeitsproblematik ist analog zur klassischen Investitionsrechnung zu sehen.[624] Auch hier ergibt sich das kapitalwertmaximale Investitionspro-

---

[621] Zur Aufhebung der Teilbarkeit von Projekten vgl. Abschnitt 5.2.2.2.
[622] Zu diesem Abschnitt vgl. auch Homburg/Stephan (2004), S. 321.
[623] Zu einer Übersicht über alle Projektkombinationen vgl. Anhang F.
[624] Vgl. z.B. Eisenführ (1998), S. 50 ff. und Kruschwitz (2005), S. 267 ff.

gramm bei Vorliegen einer Restriktion (z.B. einer Budgetbeschränkung) und Einhaltung der Ganzzahligkeitsbedingung nicht zwingend aus der Durchführung der Projekte mit den höchsten spezifischen Kapitalwertbeiträgen (Verhältnis von Kapitalwert zu Ressourcenbeanspruchung je Projekt), sondern es muss auch die Ausnutzung der Restriktion beachtet werden. In dem in diesem Abschnitt untersuchten Beispiel wurde entsprechend der Kapitalwert in Form des Unternehmenswerts maximiert, wobei die einzige Restriktion – neben der Unteilbarkeit der vier Projekte – die Einhaltung eines Risikolimits war.

5.2.2.3 Einführung einer Budgetrestriktion

Nunmehr wird der Basisfall in Abschnitt 5.2.2.1 um eine Budgetrestriktion erweitert.[625] Die Annahme der Unteilbarkeit von Investitionsprojekten aus Abschnitt 5.2.2.2 gelte hingegen nicht mehr. Exemplarisch wird in dem vorliegenden Beispiel von einer Beschränkung der Auszahlungen im Zeitpunkt t=0 in Höhe von 180 GE ausgegangen. Diese Restriktion ist vor dem Hintergrund der Limitierung der internen und externen Finanzierungsmöglichkeiten eines Unternehmens zu sehen:

Nebenbedingung 3 (NB 3): $100 \cdot x_A + 50 \cdot x_B + 69 \cdot x_C + 100 \cdot x_D \leq 180$.

Orientiert man sich an der Höhe des CVODRV, so ergibt sich die vollständige Durchführung von Projekt A und B. Projekt C kann hierbei 0,4348-mal durchgeführt werden, bevor die Budgetrestriktion (NB 3) greift. Die Durchführung dieser Projektauswahl führt zu einer Unternehmenswertsteigerung in Höhe von 64,13 GE.

Die Orientierung anhand des CVODRV als spezifischer Unternehmenswertbeitrag führt nur dann zur Optimallösung im Sinne der Unternehmenswertsteigerung, falls die spezifischen Unternehmenswertbeiträge anderer Nebenbedingungen (im Beispiel die Budgetrestriktion NB 3) dieselbe Rangfolge aufweisen.[626] Dies ist im vorliegenden Beispiel jedoch nicht der Fall, weshalb vor dem Hintergrund der über den Simplex-Algorithmus zu ermittelnden Optimallösung $x_A^* = x_C^* = 1$, $x_B^* = 0{,}22$ und $x_D^* = 0$ die Projektreihung A, B, C, D gemäß CVODRV ein Fehlsignal liefert.[627]

5.2.2.4 Einbeziehung von Diversifikationseffekten bei der Aggregation der Projekte

In der Realität ist in der Regel nicht von perfekt korrelierten Investitionsmöglichkeiten auszugehen.[628] Dies bewirkt erwünschte Diversifikationseffekte.[629] Unternehmen füh-

---

[625] Vgl. Homburg/Stephan (2004), S. 321.

[626] Dabei werden Projekte gemäß der Rangfolge des CVODRV nur solange durchgeführt, bis eine der Nebenbedingungen bindend ist.

[627] Die Optimallösung führt zu einer Unternehmenswertsteigerung in Höhe von 64,3 GE.

[628] Vgl. Homburg/Stephan (2004), S. 322.

ren oftmals Investitionen durch, um einen Gewinnausgleich zu erreichen, falls einige der Projekte nicht den beabsichtigten Erfolg erzielen. Es soll daher die Annahme der perfekten Korrelation zwischen den Projekten aus Abschnitt 5.2.2.1 aufgehoben werden und die Korrelationsmatrix in Tabelle 56 gelten. Auf den Einbezug der in Abschnitt 5.2.2.3 eingeführten Budgetrestriktion wird hier verzichtet.

	A	B	C	D
A	1	0,75	0,7	0,7
B	0,75	1	0,5	0,4
C	0,7	0,5	1	0,45
D	0,7	0,4	0,45	1

Tabelle 56: Korrelationsmatrix der Projekte

Anhand der obigen Korrelationsmatrix zeigt sich, dass alle Projekte miteinander positiv korreliert sind, d.h., die verschiedenen Projekte entwickeln sich tendenziell gleichgerichtet (Projekte laufen tendenziell gemeinsam gut bzw. schlecht). Dies kann auf einen gemeinsamen Einflussfaktor (z.B. Konjunkturentwicklung) oder auf komplementäre Beziehungen zwischen den Projekten hinweisen. In Tabelle 56 ist weiterhin zu erkennen, dass Projekt D die geringste Korrelation mit den anderen Projekten aufweist.

Unter Anwendung von Gleichung 55 ergibt sich auf Grund der nun einzubeziehenden Diversifikationseffekte folgende Änderung der Risikolimitierung (NB 1):

Nebenbedingung 1a (NB 1a): $\sqrt{\mathbf{DRV}' \cdot \boldsymbol{\rho} \cdot \mathbf{DRV}} \leq 50$, wobei **DRV** den Vektor der projektspezifischen DRV und $\boldsymbol{\rho}$ die Korrelationsmatrix in Tabelle 56 darstellt (vgl. auch Abschnitt 4.4). Wählt man die Projekte unter Beachtung der neuen Risikolimitierung anhand der CVODRV-Höhe aus, so können Projekt A und B vollständig durchgeführt werden. Projekt C kann nicht mehr vollständig realisiert werden, da sonst die zulässige maximale Höhe des DRV in Höhe von 50 GE überschritten wird. Bei einer 0,9998-maligen Durchführung[630] von Projekt C wird das Risikolimit genau ausgeschöpft. Diese Projektauswahl führt zu einer Steigerung des Unternehmenswerts in Höhe von 76 GE. Da bei der Auswahl der Reihenfolge der Durchführung der Projekte anhand des CVODRV Diversifikationseffekte zwischen den Projekten unberücksichtigt bleiben, führt dies im Allgemeinen nicht zum unternehmenswertmaximalen Projektmix.

---

[629] Fragen der Aufteilung der Diversifikationseffekte auf die einzelnen Projekte werden in dieser Arbeit nicht thematisiert. Es existieren verschiedene Verfahren, die allerdings zu unterschiedlichen Ergebnissen führen. Vgl. Schradin (2004), S. 914.

[630] Zur Problematik der beliebigen Teilbarkeit von Projekten vgl. Abschnitt 5.2.2.2.

Die optimale Projektauswahl ergibt sich aus den Kuhn-Tucker-Bedingungen des Optimierungsproblems ZF, NB 1a und NB 2.[631] Die Kuhn-Tucker-Bedingungen stellen notwendige Bedingungen für eine optimale Lösung eines beliebigen Optimierungsmodells dar.[632] Die Lagrangefunktion L des hier zu lösenden Optimierungsproblems lautet:[633]

$$L(x_A, x_B, x_C, x_D; u_1, u_2, u_3, u_4, u_5) =$$

$$40 \cdot x_A + 15 \cdot x_B + 21 \cdot x_C + 12 \cdot x_D - u_1 \cdot g_1 - u_2 \cdot g_2 - u_3 \cdot g_3 - u_4 \cdot g_4 - u_5 \cdot g_5,$$

wobei u_1, u_2, u_3, u_4 und u_5 Lagrangemultiplikatoren (Schattenpreis der jeweiligen Ressource) und g_1, g_2, g_3, g_4 und g_5 die im Folgenden umgestellten Nebenbedingungen 1a und 2 darstellen.

NB 1a kann wie folgt umgestellt werden:

$$g_1(x_A, x_B, x_C, x_D) = \mathbf{DRV'} \cdot \boldsymbol{\rho} \cdot \mathbf{DRV} - 2.500 \leq 0.$$

Man kann anstelle der Vektornotation für g_1 auch schreiben:

$$\begin{aligned}
&27{,}9\overline{54}^2 \cdot x_A^2 + 11{,}3\overline{18}^2 \cdot x_B^2 + 16{,}\overline{63}^2 \cdot x_C^2 + 11{,}\overline{18}^2 \cdot x_D^2 \\
&+2 \cdot (0{,}75 \cdot 27{,}9\overline{54} \cdot 11{,}3\overline{18} \cdot x_A \cdot x_B + 0{,}7 \cdot 27{,}9\overline{54} \cdot 16{,}\overline{63} \cdot x_A \cdot x_C \\
&+0{,}7 \cdot 27{,}9\overline{54} \cdot 11{,}\overline{18} \cdot x_A \cdot x_D + 0{,}5 \cdot 11{,}3\overline{18} \cdot 16{,}\overline{63} \cdot x_B \cdot x_C \\
&+0{,}4 \cdot 11{,}3\overline{18} \cdot 11{,}\overline{18} \cdot x_B \cdot x_D + 0{,}45 \cdot 16{,}\overline{63} \cdot 11{,}\overline{18} \cdot x_C \cdot x_D) - 2.500 \leq 0
\end{aligned}$$

$$\begin{aligned}
\Leftrightarrow\ &27{,}9\overline{54}^2 \cdot x_A^2 + 11{,}3\overline{18}^2 \cdot x_B^2 + 16{,}\overline{63}^2 \cdot x_C^2 + 11{,}\overline{18}^2 \cdot x_D^2 \\
&+474{,}591942 \cdot x_A \cdot x_B + 651{,}08677 \cdot x_A \cdot x_C + 437{,}6157025 \cdot x_A \cdot x_D \\
&+188{,}2933884 \cdot x_B \cdot x_C + 101{,}246281 \cdot x_B \cdot x_D + 167{,}422314 \cdot x_C \cdot x_D - 2.500 \leq 0.
\end{aligned}$$

Aus NB 2 folgt:

$$g_2(x_A, x_B, x_C, x_D) = x_A - 1 \leq 0,$$

$$g_3(x_A, x_B, x_C, x_D) = x_B - 1 \leq 0,$$

$$g_4(x_A, x_B, x_C, x_D) = x_C - 1 \leq 0,$$

$$g_5(x_A, x_B, x_C, x_D) = x_D - 1 \leq 0,$$

mit $x_A, x_B, x_C, x_D \geq 0$.

Nun werden die ZF und die neu aufgestellten Nebenbedingungen (g_1 bis g_5) partiell abgeleitet.

Die partiellen Ableitungen der ZF lauten:[634]

$$\frac{\partial ZF}{\partial x_A} = 40, \qquad \frac{\partial ZF}{\partial x_B} = 15, \qquad \frac{\partial ZF}{\partial x_C} = 21 \text{ und } \quad \frac{\partial ZF}{\partial x_D} = 12.$$

---

[631] Zu den Kuhn-Tucker-Bedingungen vgl. Kuhn/Tucker (1951) und Ellinger/Beuermann/Leisten (2003), S. 210 ff.

[632] Vgl. Ellinger/Beuermann/Leisten (2003), S. 211.

[633] Die Notation ist im Folgenden an Ellinger/Beuermann/Leisten (2003) angelehnt.

[634] Aus Übersichtlichkeitsgründen wird im Folgenden auf den Klammerausdruck (x_A, x_B, x_C, x_D) verzichtet.

Als partielle Ableitungen von g_1 ergeben sich:

$$\frac{\partial g_1}{\partial x_A} = 1.562{,}913223 \cdot x_A + 474{,}591942 \cdot x_B + 651{,}08677 \cdot x_C + 437{,}6157025 \cdot x_D,$$

$$\frac{\partial g_1}{\partial x_B} = 474{,}591942 \cdot x_A + 256{,}202479 \cdot x_B + 188{,}2933884 \cdot x_C + 101{,}246281 \cdot x_D,$$

$$\frac{\partial g_1}{\partial x_C} = 651{,}08677 \cdot x_A + 188{,}2933884 \cdot x_B + 553{,}53719 \cdot x_C + 167{,}422314 \cdot x_D \text{ und}$$

$$\frac{\partial g_1}{\partial x_D} = 437{,}6157025 \cdot x_A + 101{,}246281 \cdot x_B + 167{,}422314 \cdot x_C + 250{,}066116 \cdot x_D.$$

Schließlich werden noch g_2, g_3, g_4 und g_5 partiell abgeleitet:

$$\frac{\partial g_2}{\partial x_A} = 1, \quad \frac{\partial g_2}{\partial x_B} = 0, \quad \frac{\partial g_2}{\partial x_C} = 0, \quad \frac{\partial g_2}{\partial x_D} = 0,$$

$$\frac{\partial g_3}{\partial x_A} = 0, \quad \frac{\partial g_3}{\partial x_B} = 1, \quad \frac{\partial g_3}{\partial x_C} = 0, \quad \frac{\partial g_3}{\partial x_D} = 0,$$

$$\frac{\partial g_4}{\partial x_A} = 0, \quad \frac{\partial g_4}{\partial x_B} = 0, \quad \frac{\partial g_4}{\partial x_C} = 1, \quad \frac{\partial g_4}{\partial x_D} = 0,$$

$$\frac{\partial g_5}{\partial x_A} = 0, \quad \frac{\partial g_5}{\partial x_B} = 0, \quad \frac{\partial g_5}{\partial x_C} = 0, \quad \frac{\partial g_5}{\partial x_D} = 1.$$

Nun lassen sich die sechs Kuhn-Tucker-Bedingungen aufstellen:[635]

Kuhn-Tucker-Bedingung 1:

a)

$$40 - u_1 \cdot (1.562{,}913223 \cdot x_A + 474{,}591942 \cdot x_B + 651{,}08677 \cdot x_C + 437{,}6157025 \cdot x_D)$$
$$-u_2 \le 0$$

b)

$$15 - u_1 \cdot (474{,}591942 \cdot x_A + 256{,}202479 \cdot x_B + 188{,}2933884 \cdot x_C + 101{,}246281 \cdot x_D)$$
$$-u_3 \le 0$$

c)

$$21 - u_1 \cdot (651{,}08677 \cdot x_A + 188{,}2933884 \cdot x_B + 553{,}53719 \cdot x_C + 167{,}422314 \cdot x_D)$$
$$-u_4 \le 0$$

d)

$$12 - u_1 \cdot (437{,}6157025 \cdot x_A + 101{,}246281 \cdot x_B + 167{,}422314 \cdot x_C + 250{,}066116 \cdot x_D)$$
$$-u_5 \le 0$$

---

635 Zu den allgemein formulierten Kuhn-Tucker-Bedingungen vgl. Ellinger/Beuermann/Leisten (2003), S. 210 f.

Kuhn-Tucker-Bedingung 2:

a) $x_A \cdot (40 - u_1 \cdot (1.562,913223 \cdot x_A + 474,591942 \cdot x_B + 651,08677 \cdot x_C$
$+437,6157025 \cdot x_D) - u_2) = 0$

b) $x_B \cdot (15 - u_1 \cdot (474,591942 \cdot x_A + 256,202479 \cdot x_B + 188,2933884 \cdot x_C$
$+101,246281 \cdot x_D) - u_3) = 0$

c) $x_C \cdot (21 - u_1 \cdot (651,08677 \cdot x_A + 188,2933884 \cdot x_B + 553,53719 \cdot x_C$
$+167,422314 \cdot x_D) - u_4) = 0$

d) $x_D \cdot (12 - u_1 \cdot (437,6157025 \cdot x_A + 101,246281 \cdot x_B + 167,422314 \cdot x_C$
$+250,066116 \cdot x_D) - u_5) = 0$

Kuhn-Tucker-Bedingung 3:

a) $x_A \geq 0$

b) $x_B \geq 0$

c) $x_C \geq 0$

d) $x_D \geq 0$

Kuhn-Tucker-Bedingung 4:

a)

$$27,9\overline{54}^2 \cdot x_A^2 + 11,3\overline{18}^2 \cdot x_B^2 + 16,\overline{63}^2 \cdot x_C^2 + 11,\overline{18}^2 \cdot x_D^2$$
$$+474,591942 \cdot x_A \cdot x_B + 651,08677 \cdot x_A \cdot x_C + 437,6157025 \cdot x_A \cdot x_D$$
$$+188,2933884 \cdot x_B \cdot x_C + 101,246281 \cdot x_B \cdot x_D + 167,422314 \cdot x_C \cdot x_D - 2.500 \leq 0$$

b) $x_A - 1 \leq 0$

c) $x_B - 1 \leq 0$

d) $x_C - 1 \leq 0$

e) $x_D - 1 \leq 0$

Kuhn-Tucker-Bedingung 5:

a)

$$u_1 \cdot (27,9\overline{54}^2 \cdot x_A^2 + 11,3\overline{18}^2 \cdot x_B^2 + 16,\overline{63}^2 \cdot x_C^2 + 11,\overline{18}^2 \cdot x_D^2$$
$$+474,591942 \cdot x_A \cdot x_B + 651,08677 \cdot x_A \cdot x_C + 437,6157025 \cdot x_A \cdot x_D$$
$$+188,2933884 \cdot x_B \cdot x_C + 101,246281 \cdot x_B \cdot x_D + 167,422314 \cdot x_C \cdot x_D - 2.500) = 0$$

b) $u_2 \cdot (x_A - 1) = 0$

c) $u_3 \cdot (x_B - 1) = 0$

d) $u_4 \cdot (x_C - 1) = 0$

e) $u_5 \cdot (x_4 - 1) = 0$

Kuhn-Tucker-Bedingung 6:

a) $u_1 \geq 0$

b) $u_2 \geq 0$

c) $u_3 \geq 0$

d) $u_4 \geq 0$

e) $u_5 \geq 0$

Nachdem nun die sechs Kuhn-Tucker-Bedingungen aufgestellt wurden, kann auf deren Basis der optimale Projektmix bestimmt werden. Hierzu sind alle potenziellen Optimallösungen zu ermitteln.[636] Anschließend ergibt sich die tatsächliche Optimallösung durch einen Vergleich der Zielfunktionswerte. Im Folgenden wird die Berechnung einer potenziellen Optimallösung, die gleichzeitig die tatsächliche Optimallösung darstellt, vorgenommen.[637]

Eine potenzielle Optimallösung liegt vor, wenn man die Projekte B und C maximal oft (d.h. in dem hier vorliegenden Fall einmal) durchführt. Ferner wird angenommen, dass $0 < x_A < 1$ und $0 < x_D < 1$ gilt. Da Projekt A und D nicht vollständig durchgeführt werden, folgt $u_2 = 0$ und $u_5 = 0$. Die exakte Anzahl der Projektdurchführungen der Projekte A und D kann nun über die Kuhn-Tucker-Bedingungen bestimmt werden. Unter Nutzung von $x_A \neq 0$, $x_B = 1$, $x_C = 1$ und $u_2 = 0$ folgt aus Kuhn-Tucker-Bedingung 2 a):

$$40 - u_1 \cdot (1.562{,}913223 \cdot x_A + 474{,}591942 + 651{,}08677 + 437{,}6157025 \cdot x_D) = 0$$

$$\Leftrightarrow u_1 = \frac{40}{1.562{,}913223 \cdot x_A + 1125{,}678712 + 437{,}6157025 \cdot x_D}.$$

Weiterhin resultiert aus $x_B = 1$, $x_C = 1$, $x_D \neq 0$ und $u_5 = 0$ in Verbindung mit Kuhn-Tucker-Bedingung 2 d):

$$12 - u_1 \cdot (437{,}6157025 \cdot x_A + 101{,}246281 \cdot x_B + 167{,}422314 \cdot x_C + 250{,}066116 \cdot x_D) = 0$$

$$\Leftrightarrow u_1 = \frac{12}{437{,}6157025 \cdot x_A + 268{,}668595 + 250{,}066116 \cdot x_D}.$$

Setzt man nun die beiden Ergebnisse zur Bestimmung von u_1 gleich, so erhält man:

---

[636] Vgl. Homburg/Uhrig-Homburg (2004), S. 330, bei denen ein ähnliches Optimierungsproblem vorliegt.

[637] Auf die Berechnung aller potenziellen Optimallösungen wird im Rahmen dieser Arbeit somit verzichtet.

$$\frac{40}{1.562{,}913223 \cdot x_A + 1125{,}678712 + 437{,}6157025 \cdot x_D}$$
$$= \frac{12}{437{,}6157025 \cdot x_A + 268{,}668595 + 250{,}066116 \cdot x_D}$$

$$\Leftrightarrow 40 \cdot (437{,}6157025 \cdot x_A + 268{,}668595 + 250{,}066116 \cdot x_D)$$
$$= 12 \cdot (1.562{,}913223 \cdot x_A + 1125{,}678712 + 437{,}6157025 \cdot x_D)$$

$$\Leftrightarrow -1250{,}330576 \cdot x_A = -4751{,}25621 \cdot x_D + 2761{,}400744$$

$$\Leftrightarrow x_A = 3{,}8 \cdot x_D - 2{,}208536585 .$$

Da es nicht möglich ist, alle vier Projekte ohne Verletzung der Risikolimitrestriktion (NB 1a) durchzuführen, ist diese Nebenbedingung folglich bindend. Somit gilt $u_1 > 0$.

Nutzt man nun $x_A = 3{,}8 \cdot x_D - 2{,}208536585$, $x_B = 1$, $x_C = 1$ sowie $u_1 > 0$, so resultiert in Verbindung mit Kuhn-Tucker-Bedingung 5 a):

$$27{,}9\overline{54}^2 \cdot (3{,}8 \cdot x_D - 2{,}208536585)^2 + 11{,}3\overline{18}^2 + 16{,}\overline{63}^2 + 11{,}\overline{18}^2 \cdot x_D^2$$
$$+474{,}591942 \cdot (3{,}8 \cdot x_D - 2{,}208536585) + 651{,}08677 \cdot (3{,}8 \cdot x_D - 2{,}208536585)$$
$$+437{,}6157025 \cdot (3{,}8 \cdot x_D - 2{,}208536585) \cdot x_D + 188{,}2933884 + 101{,}246281 \cdot x_D$$
$$+167{,}422314 \cdot x_D - 2.500 = 0$$

$$\Leftrightarrow 11.284{,}23347 \cdot x_D^2 - 13.116{,}65393 \cdot x_D + 3.811{,}65922 + 11{,}3\overline{18}^2 + 16{,}\overline{63}^2$$
$$+11{,}\overline{18}^2 \cdot x_D^2 + 1.803{,}44938 \cdot x_D - 1.048{,}153667 + 2.474{,}129752 \cdot x_D$$
$$-1.437{,}948967 + 1.662{,}93669 \cdot x_D^2 - 966{,}4902893 \cdot x_D + 188{,}2933884$$
$$+101{,}246281 \cdot x_D + 167{,}422314 \cdot x_D - 2.500 = 0$$

$$\Leftrightarrow 13.072{,}2062 \cdot x_D^2 - 9.536{,}896488 \cdot x_D = 581{,}2801911$$

$$\Leftrightarrow x_D^2 - 0{,}729555237 \cdot x_D = 0{,}044466877 .$$

Unter Nutzung der quadratischen Ergänzung ergibt sich:

$$(x_D - 0{,}364777618)^2 = 0{,}177529588 .$$

Da eine negative Projektdurchführung ausgeschlossen ist, verbleibt als Lösung:

$$x_D^* = 0{,}78612022 .$$

Setzt man dieses Ergebnis in die Beziehung $x_A = 3{,}8 \cdot x_D - 2{,}208536585$ ein, so resultiert: $x_A^* = 0{,}77872025$.

Die 0,7787-malige Durchführung von Projekt A, die einmalige Durchführung von Projekt B und C und die 0,7861-malige Durchführung von Projekt D führt zu einer Unternehmenswertsteigerung in Höhe von 76,58 GE. Diese potenzielle Optimallösung ist gleichzeitig die tatsächliche Optimallösung, da alle anderen potenziellen Optimallösungen keine höhere Unternehmenswertsteigerung im Vergleich zu dieser Lösung mit sich bringen.[638] Man erkennt, dass gegenüber der Lösung anhand der CVODRV die Projektauswahl tendenziell zu Projekten führt, die mit den anderen Projekten eine weniger starke Korrelation aufweisen (in dem vorliegenden Beispiel also Projekt D).[639] Dies führt zur Ausnutzung von Diversifikationseffekten, sodass c.p. ein größeres Investitionsvolumen durchgeführt werden kann. Diese Erhöhung wirkt sich wiederum positiv auf die Zielgröße des Unternehmenswerts aus. Es sind sogar Fälle denkbar, in denen Projekte getätigt werden, die isoliert betrachtet negativ auf den Unternehmenswert wirken, jedoch insgesamt durch ihre diversifizierende Wirkung zu einer vermehrten Projektdurchführung und damit einer Steigerung des Unternehmenswerts führen. Anhand dieses Beispiels wurde veranschaulicht, dass bei der Berücksichtigung von Diversifikationseffekten, die durch eine nicht perfekte Korrelation verschiedener Projekte entstehen, die Projektauswahl anhand des CVODRV bei einer Risikolimitierung selbst ohne Budgetrestriktion im Allgemeinen nicht zur maximal möglichen Unternehmenswertsteigerung führt.

Zum Abschluss dieses Unterabschnitts soll auf die (in diesem Beispiel bisher vernachlässigten) Auswirkungen von zeitlichen Diversifikationseffekten eingegangen werden. Analog zu den vorherigen Ausführungen erfolgt tendenziell eine Verschiebung der Projektinvestitionen im Sinne der Unternehmenswertsteigerung hin zu Projekten, deren periodenspezifische FCF zu Diversifikationseffekten führen, sodass der maximal einzugehende DRV besser ausgenutzt wird. Bei der Berechnung des CVODRV eines Projekts anhand Gleichung 59 werden zeitliche Diversifikationseffekte, im Gegensatz zu den in diesem Abschnitt hauptsächlich diskutierten Diversifikationseffekten zwischen verschiedenen Projekten, jedoch bereits berücksichtigt. Folglich können zeitliche Diversifikationseffekte hier nicht zu einer Diskrepanz zwischen der Projektauswahl anhand des CVODRV und der Auswahl anhand des Kriteriums der maximalen Unternehmenswertsteigerung führen.

5.2.2.5 *Projektauswahl bei periodenspezifischen Risikolimits*

Im Rahmen dieses Abschnitts wird analysiert, inwiefern die Einführung periodenspezifischer Risikoobergrenzen Einfluss auf die Qualität des CVODRV als Entscheidungskriterium hat. Anstelle des DRV-Risikolimits treten nun periodenspezifische $CFaR^{rel}$-Grenzen. Solche Restriktionen eignen sich zur Berücksichtigung von Liquiditätsrestriktionen in jeder Periode. Im Gegensatz dazu werden beim DRV die periodenspezifischen $CFaR^{rel}$ verdichtet, sodass periodenspezifische Informationen verloren gehen. So kann ein Projekt in der ersten Periode einen sehr niedrigen $CFaR^{rel}$

---

638 Wie bereits erläutert wird auf die analoge Berechnung weiterer potenzieller Optimallösungen verzichtet.

639 Vgl. Homburg/Stephan (2004), S. 322.

besitzen, in der zweiten Periode dagegen einen sehr hohen $CFaR^{rel}$. Derartige Ausprägungen können im Rahmen der Sicherung der Zahlungsfähigkeit und damit der Vermeidung der Insolvenz von entscheidender Bedeutung sein.
Zur Sicherung der Liquidität werden in dem betrachteten Beispiel nun periodenspezifische $CFaR^{rel}$-Restriktionen (anstatt eines DRV-Limits) eingeführt. Vereinfachend wird hierbei wieder von vollständig positiv korrelierten Projekten ausgegangen. Als periodenspezifische $CFaR^{rel}$-Obergrenzen gelten im Rahmen des Beispiels Nebenbedingung 4 und 5 (NB 4 und 5):[640]

Nebenbedingung 4 (NB 4): $8{,}25 \cdot x_A + 4{,}95 \cdot x_B + 3{,}3 \cdot x_C + 3{,}3 \cdot x_D \leq 11$,

Nebenbedingung 5 (NB 5): $24{,}75 \cdot x_A + 8{,}25 \cdot x_B + 16{,}5 \cdot x_C + 9{,}9 \cdot x_D \leq 48{,}4$.

Die periodenspezifischen $CFaR^{rel}$-Limite wurden dabei so gewählt, dass sich, wenn man sie bezogen auf t=0 zum DRV aggregiert, genau die in den vorherigen Abschnitten angesetzte DRV-Obergrenze ergibt: $DRV = \frac{11}{1{,}1} + \frac{48{,}4}{1{,}1^2} = 50$. Alle Projektkombinationen, die NB 4 und 5 einhalten, weisen gleichzeitig auch einen $DRV \leq 50$ auf. Im Allgemeinen gilt die Umkehrung der Aussage jedoch nicht, was nochmals verdeutlicht, dass im DRV periodenspezifische Informationen verloren gehen können. Das zu lösende Optimierungsproblem besteht nun in der Maximierung der ZF unter Beachtung von NB 2, NB 4 und NB 5.
Orientiert man sich am CVODRV als Entscheidungskriterium, so wird Projekt A einmal und Projekt B $0{,}\overline{5}$-mal durchgeführt. Bei dieser Projektkombination ist NB 4 bindend, sodass weitere Projekte nicht durchgeführt werden können. Es ergibt sich ein Wert der ZF in Höhe von $48{,}\overline{3}$ GE.
Bestimmt man die Lösung obigen Optimierungsproblems über den Simplex-Algorithmus, so ergibt sich folgendes Ergebnis: $x_A^* = 0{,}9\overline{3}$, $x_C^* = 1$ und $x_B^* = x_D^* = 0$. Diese Lösung führt auf einen Maximalwert der Zielfunktion in Höhe von $58{,}\overline{3}$ GE, wobei NB 4 bindend ist.
Das Beispiel verdeutlicht, dass im Allgemeinen die Orientierung anhand des CVODRV nicht zwingend zum optimalen Projektportfolio führt, falls periodenspezifische Risikoobergrenzen zu berücksichtigen sind. Die optimale Lösung anhand des CVODRV ergibt sich analog zu Abschnitt 5.2.2.3 nur, falls die spezifischen Unternehmenswertbeiträge der periodenspezifischen $CFaR^{rel}$-Nebenbedingungen dieselbe Rangfolge wie die CVODRV der einzelnen Projekte aufweisen.

---

[640] Dabei können die periodenspezifischen $CFaR^{rel}$ der einzelnen Projekte Tabelle 55 entnommen werden.

Das nächste Kapitel fasst abschließend die wesentlichen Ergebnisse dieser Arbeit zusammen und gibt einen Ausblick auf weitere Forschungsfragen. Dabei wird insbesondere auf die Einsatzmöglichkeiten und Grenzen des CVODRV eingegangen.

6 Schlussbetrachtung

Kennzahlen stellen auf Grund ihrer Eigenschaft der verdichteten und vereinfachten Abbildung quantitativ erfassbarer Informationen ein wesentliches Instrument des Controlling dar. Auf Grund dieser Vorzüge wurden sie im Rahmen dieser Arbeit genutzt, um Verbindungen zwischen wertorientiertem Controlling und Risikocontrolling herzustellen. Insbesondere finanzielle Kennzahlen werden als (Spitzen)-Kennzahlen zur Planung, Steuerung und Kontrolle im Rahmen des Führungssystems eines Unternehmens genutzt. Dabei ergeben sich bei den hier betrachteten Industrie- und Handelsunternehmen andere Anforderungen an Kennzahlen als bei Banken und Versicherungen.

In Kapitel 2 wurden neben einigen notwendigen Grundlagen drei internationale Kennzahlensysteme (Du Pont, Pyramid Structure of Ratios, Ratios au Tableau de Bord) und zwei Kennzahlensysteme aus Deutschland (ZVEI- und RL-Kennzahlensystem) erläutert. Bei der Darstellung der Spitzenkennzahlen dieser Kennzahlensysteme – die in die Gruppe der traditionellen Kennzahlen einzuordnen sind – konnte deren Defizite aufgezeigt werden. Hierbei handelte es sich um den Einfluss der bilanziellen Wertansätze sowie Mängel bei der Berücksichtigung des Zeitwerts des Geldes, des Risikos und des Restwerts nach dem Planungszeitraum. Der Fokus der Kapitel 3, 4 und 5 lag daher auf wert- und risikoorientierten Kennzahlen, die diese Defizite nicht aufweisen.

Den Ausgangspunkt von Kapitel 3 bildete die Darstellung des Ziels wertorientierter Kennzahlen, das in der Steigerung des Shareholder Value bzw. Marktwert des Eigenkapitals liegt. Im Weiteren wurde auf die DCF-Verfahren sowie das EVA-Konzept zur Quantifizierung des Shareholder Value fokussiert. Die Nutzung dieser Methoden geschah in Theorie und Praxis bisher primär unter der Prämisse des nicht ausfallgefährdeten Fremdkapitals. Diese Annahme stellt jedoch eine starke Einschränkung dar, da nahezu jedes Unternehmen einem mehr oder weniger großen Insolvenzrisiko ausgesetzt ist. Im Folgenden wurden daher die DCF-Verfahren und das EVA-Konzept unter Einbeziehung des Risikos der Insolvenz erweitert. Dabei zeigte sich, dass dies insbesondere Auswirkungen auf den Fremdkapitalkostensatz und die Tax Shields hat. Durch ein Insolvenzrisiko können Unternehmen nur zu einer gegenüber dem sicheren Zinssatz erhöhten vertraglich vereinbarten Verzinsung Fremdkapital aufnehmen. Wegen des Ausfallrisikos existieren jedoch Zustände, in denen die Rendite der Fremdkapitalgeber unterhalb der vertraglichen Verzinsung liegt. Der Fremdkapitalkostensatz (erwartete Rendite der Fremdkapitalgeber) liegt folglich zwischen dem sicheren und dem vertraglich vereinbarten Zinssatz. Aus der Unsicherheit über die Fremdkapitalzinszahlungen resultiert eine Unsicherheit über die Höhe der Tax Shields. Bezüglich der Tax Shields ist zwischen Sanierung und Liquidation im Insolvenzfall zu unterscheiden, da im Fall der Liquidation im Gegensatz zur Sanierung ein auftretender steuerlicher Gewinn auf Grund des Verzichts von Verbindlichkeiten zu Steuerzahlungen führt. Die Verallgemeinerung bezüglich des Insolvenzrisikos erfolgte unter der Prämisse einer atmenden Finanzierung mit einer konstanten Zielkapitalstruktur. Zur Bestimmung des Shareholder Value bzw. Unternehmenswerts bei atmender Finanzierung mit wechselnden Fremdkapitalquoten bzw. bei autonomer Finanzierung wäre zu analysieren, wie sich in Abhängigkeit der Fremdkapitalquote die erwartete Fremdkapitalrendite verändert. Hierzu wäre die Auswirkung der Veränderung der Fremdkapitalquote auf die Höhe des Insolvenzrisikos zu modellieren.

Auch wenn das Ziel eines Unternehmens in der Maximierung des Shareholder Value liegt, so ist aus gesetzlichen (KonTraG, TransPuG, Basel II) wie auch aus ökonomischen Gründen die zusätzliche Ermittlung von (reinen) Risikokennzahlen zweckmäßig. Der Schwerpunkt des Kapitels 4 bestand deswegen in der Untersuchung von Risikokennzahlen für den Einsatz in Industrie- und Handelsunternehmen, wobei sich gezeigt hat, dass insbesondere der CFaR hierzu geeignet erscheint. Weiterhin wurde ein von Verteilungsannahmen freies Verfahren vorgestellt, durch das unkorrelierte Zufallszahlen in korrelierte Zufallszahlen umgewandelt werden können. Diese korrelierten Zufallszahlen werden im Rahmen einer Monte-Carlo-Simulation zur Bestimmung des CFaR benötigt. Zur Aggregation periodenspezifischer CFaR wurde der DRV eingeführt. Sowohl für den CFaR als auch den DRV können unternehmensspezifische Obergrenzen vorgegeben werden, um die Gefahr einer Insolvenz zu reduzieren. Die Einhaltung dieser Limite gilt es dann bei der Maximierung des Shareholder Value zu beachten.

Den Kern des Kapitels 5 stellte die Entwicklung des CVODRV als risikoadjustiertes Performancemaß dar. Er ist eine Verbindung zwischen wert- und risikoorientierten Kennzahlen zur Nutzung in Industrie- und Handelsunternehmen. Anhand eines umfassenden Beispiels wurde veranschaulicht, in welchen Situationen unter Vernachlässigung von Informationsasymmetrien der CVODRV die optimale und wann er nur eine approximative Lösung liefert. Im Einzelfall ist abzuwägen, ob die Projektentscheidung anhand des CVODRV oder durch eine exakte Lösung erfolgen soll. Der zusätzliche Ermittlungs- und Koordinationsaufwand einer exakten Lösung ist mit dem hierdurch gewonnenen Shareholder Value zu vergleichen. Dies kann jedoch nur unter Kenntnis der exakten Lösung erfolgen, sodass vor dem Hintergrund der Bedeutung wirtschaftlicher Controllingsysteme eine Orientierung an dem heuristischen Auswahlkriterium des CVODRV durchaus rational sein kann. Weiterhin erscheint die Anwendung des CVODRV bei Informationsasymmetrien zwischen Zentrale und dezentralen Einheiten sinnvoll. Die Zentrale ist dann gar nicht in der Lage eine exakte Lösung zu berechnen. In diesen Fällen bietet es sich an, dass die Zentrale die Entscheidungsbefugnis über die Projektauswahl an die besser informierten dezentralen

Einheiten delegiert. Diese sollten jedoch nicht nach eigenem Ermessen entscheiden können, sondern zur Anwendung des CVODRV-Kriteriums verpflichtet werden, sodass eine möglichst unternehmenswertmaximale Projektdurchführung sichergestellt ist.

Die vorliegende Arbeit hat zentrale wert- und risikoorientierte Spitzenkennzahlen unter Berücksichtigung eines Insolvenzrisikos konsistent zueinander in Beziehung gesetzt. Weitere Erkenntnisse könnten aus einer exakten Quantifizierung der Zusammenhänge zwischen einer Risikoreduktion, der damit verbundenen Verminderung des Insolvenzrisikos und der Auswirkung auf den Unternehmenswert geschlossen werden. Es erscheint daher sinnvoll, diese Verknüpfungen näher zu analysieren, und damit Informationen zur Verbesserung der Unternehmenssteuerung zu generieren.

Anhang

A Analytische Lösung des Zirkularitätsproblems im Rentenfall bei der TCF-Methode bei atmender Finanzierung

$$V_t^L = \frac{\overline{TCF}}{WACC^{TCF}}$$

Auf einen Periodenindex der Zählergröße kann verzichtet werden, da im Rentenfall die erwarteten Total Cash Flows ad infinitum als konstant unterstellt werden.

$$\Leftrightarrow V_t^L = \frac{\overline{FCF} + s \cdot r \cdot FQ \cdot V_t^L}{WACC^{TCF}}$$

$$\Leftrightarrow V_t^L \cdot WACC^{TCF} = \overline{FCF} + s \cdot r \cdot FQ \cdot V_t^L$$

$$\Leftrightarrow V_t^L \cdot WACC^{TCF} - s \cdot r \cdot FQ \cdot V_t^L = \overline{FCF}$$

$$\Leftrightarrow V_t^L \cdot (WACC^{TCF} - s \cdot r \cdot FQ) = \overline{FCF}$$

$$\Leftrightarrow V_t^L \cdot \left(k_E \cdot \frac{V^E}{V^L} + r \cdot \frac{V^F}{V^L} - s \cdot r \cdot \frac{V^F}{V^L} \right) = \overline{FCF}$$

$$\Leftrightarrow V_t^L \cdot \left(k_E \cdot \frac{V^E}{V^L} + (1-s) \cdot r \cdot \frac{V^F}{V^L} \right) = \overline{FCF}$$

$$\Leftrightarrow V_t^L \cdot WACC = \overline{FCF}$$

$$\Leftrightarrow V_t^L = \frac{\overline{FCF}}{WACC}$$

B Analytische Lösung des Zirkularitätsproblems im Rentenfall bei der FTE-Methode bei atmender Finanzierung

$$V_t^E = \frac{\overline{FTE}}{k_E}$$

$$\Leftrightarrow V_t^E + V_t^F = \frac{\overline{FTE}}{k_E} + V_t^F$$

$$\Leftrightarrow V_t^L = \frac{\overline{FCF} - \overbrace{r \cdot FQ \cdot V_t^L}^{\text{FK-Zinsen}} + \overbrace{s \cdot r \cdot FQ \cdot V_t^L}^{\text{Tax Shield}}}{k_E} + FQ \cdot V_t^L$$

$$\Leftrightarrow k_E \cdot (1-FQ) \cdot V_t^L = \overline{FCF} - r \cdot FQ \cdot V_t^L + s \cdot r \cdot FQ \cdot V_t^L$$

$$\Leftrightarrow k_E \cdot (1-FQ) \cdot V_t^L + (1-s) \cdot r \cdot FQ \cdot V_t^L = \overline{FCF}$$

$$\Leftrightarrow \left(k_E \cdot \frac{V^E}{V^L} + (1-s) \cdot r \cdot \frac{V^F}{V^L} \right) \cdot V_t^L = \overline{FCF}$$

$$\Leftrightarrow WACC \cdot V_t^L = \overline{FCF}$$

$$\Leftrightarrow V_t^L = \frac{\overline{FCF}}{WACC}$$

C Überführung der Inselbag/Kaufold-Gleichung in die Modigliani/Miller-Gleichung

$$k = \frac{k_{E,t} + r \cdot \dfrac{V_{t-1}^F - \sum\limits_{u=t}^{\infty} \dfrac{s \cdot r \cdot V_{u-1}^F}{(1+r)^{u-t+1}}}{V_{t-1}^E}}{1 + \dfrac{V_{t-1}^F - \sum\limits_{u=t}^{\infty} \dfrac{s \cdot r \cdot V_{u-1}^F}{(1+r)^{u-t+1}}}{V_{t-1}^E}} \Leftrightarrow k_{E,t} = k + (k-r) \cdot \frac{V_{t-1}^F - \sum\limits_{u=t}^{\infty} \dfrac{s \cdot r \cdot V_{u-1}^F}{(1+r)^{u-t+1}}}{V_{t-1}^E}$$

(Inselbag/Kaufold-Gleichung)

Im Rentenfall vereinfacht sich der Barwert der Tax Shields zum Zeitpunkt t–1 $\sum\limits_{u=t}^{\infty} \frac{s \cdot r \cdot V_{u-1}^F}{(1+r)^{u-t+1}}$ zu $\frac{s \cdot \not{r} \cdot V^F}{\not{r}}$. Eingesetzt in die Inselbag/Kaufold-Gleichung ergibt sich (auf Grund des Rentenfalls kann auf den Periodenindex verzichtet werden):

$$k = \frac{k_E + r \cdot \dfrac{V^F - s \cdot V^F}{V^E}}{1 + \dfrac{V^F - s \cdot V^F}{V^E}} \Leftrightarrow k_E = k + (k-r) \cdot \frac{V^F - s \cdot V^F}{V^E}.$$

Durch Ausklammern gelangt man zur Gleichung von Modigliani/Miller:

$$k = \frac{k_E + r \cdot (1-s) \cdot \dfrac{V^F}{V^E}}{1 + (1-s) \cdot \dfrac{V^F}{V^E}} \Leftrightarrow k_E = k + (k-r) \cdot (1-s) \cdot \frac{V^F}{V^E}.$$

D Modifizierte Miles/Ezzell-Gleichung bei Insolvenzrisiko für den Fall der Sanierung

$$WACC^{I,S} = k - s \cdot k_F^V \cdot \frac{1+k}{1+k_F^V} \cdot FQ$$

$$\Leftrightarrow WACC^{I,S} = k - \frac{s \cdot k_F^V \cdot FQ + k \cdot s \cdot k_F^V \cdot FQ}{1+k_F^V}$$

$$\Leftrightarrow WACC^{I,S} + \frac{s \cdot k_F^V \cdot FQ}{1+k_F^V} = k - \frac{k \cdot s \cdot k_F^V \cdot FQ}{1+k_F^V}$$

$$\Leftrightarrow WACC^{I,S} + \frac{s \cdot k_F^V \cdot FQ}{1+k_F^V} = k \cdot \left(1 - \frac{s \cdot k_F^V \cdot FQ}{1+k_F^V}\right)$$

$$\Leftrightarrow k = \frac{WACC^{I,S} + \frac{s \cdot k_F^V \cdot FQ}{1+k_F^V}}{1 - \frac{s \cdot k_F^V \cdot FQ}{1+k_F^V}}$$

$$\Leftrightarrow k = \frac{k_E \cdot (1-FQ) + \left(k_F - s \cdot k_F^V \cdot \frac{1+k_F}{1+k_F^V}\right) \cdot FQ + \frac{s \cdot k_F^V \cdot FQ}{1+k_F^V}}{1 - \frac{s \cdot k_F^V \cdot FQ}{1+k_F^V}}$$

$$\Leftrightarrow k = \frac{k_E \cdot (1-FQ) + \left(k_F - \frac{s \cdot k_F^V}{1+k_F^V} - \frac{s \cdot k_F^V \cdot k_F}{1+k_F^V} + \frac{s \cdot k_F^V}{1+k_F^V}\right) \cdot FQ}{1 - \frac{s \cdot k_F^V \cdot FQ}{1+k_F^V}}$$

$$\Leftrightarrow k = \frac{k_E \cdot (1-FQ) + \left(k_F - \frac{s \cdot k_F^V \cdot k_F}{1+k_F^V}\right) \cdot FQ}{1 - \frac{s \cdot k_F^V \cdot FQ}{1+k_F^V}}$$

Formt man nun nach k_E um, so ergibt sich:

$$k - k \cdot \frac{s \cdot k_F^V \cdot FQ}{1+k_F^V} = k_E \cdot (1-FQ) + \left(k_F - \frac{s \cdot k_F^V \cdot k_F}{1+k_F^V}\right) \cdot FQ$$

$$\Leftrightarrow k_E \cdot (1-FQ) = k - k \cdot \frac{s \cdot k_F^V \cdot FQ}{1+k_F^V} - \left(k_F - \frac{s \cdot k_F^V \cdot k_F}{1+k_F^V}\right) \cdot FQ$$

$$\Leftrightarrow k_E \cdot (1-FQ) = k - \left(k_F - \frac{s \cdot k_F^V \cdot k_F}{1+k_F^V} + k \cdot \frac{s \cdot k_F^V}{1+k_F^V}\right) \cdot FQ$$

$$\Leftrightarrow k_E \cdot (1-FQ) = k - \left(k_F + \frac{k \cdot s \cdot k_F^V - s \cdot k_F^V \cdot k_F}{1+k_F^V}\right) \cdot FQ$$

$$\Leftrightarrow k_E \cdot (1-FQ) = k - \left(k_F + \frac{s \cdot k_F^V \cdot (k - k_F)}{1+k_F^V}\right) \cdot FQ$$

$$\Leftrightarrow k_E = \frac{k - \left(k_F + \frac{s \cdot k_F^V \cdot (k - k_F)}{1+k_F^V}\right) \cdot FQ}{1-FQ}$$

E Modifizierte Miles/Ezzell-Gleichung bei Insolvenzrisiko für den Fall der Liquidation

$$WACC^{I,L} = k - s \cdot (1+k) \cdot \frac{k_F + \sigma^2_{\tilde{k}_F} + k_F{}^2}{(1+k_F^V)\cdot(1+k_{TS})} \cdot FQ$$

$$\Leftrightarrow WACC^{I,L} = k - s \cdot \frac{k_F + \sigma^2_{\tilde{k}_F} + k_F{}^2}{(1+k_F^V)\cdot(1+k_{TS})} \cdot FQ - s \cdot k \cdot \frac{k_F + \sigma^2_{\tilde{k}_F} + k_F{}^2}{(1+k_F^V)\cdot(1+k_{TS})} \cdot FQ$$

$$\Leftrightarrow WACC^{I,L} + s \cdot \frac{k_F + \sigma^2_{\tilde{k}_F} + k_F{}^2}{(1+k_F^V)\cdot(1+k_{TS})} \cdot FQ = k - s \cdot k \cdot \frac{k_F + \sigma^2_{\tilde{k}_F} + k_F{}^2}{(1+k_F^V)\cdot(1+k_{TS})} \cdot FQ$$

$$\Leftrightarrow WACC^{I,L} + s \cdot \frac{k_F + \sigma^2_{\tilde{k}_F} + k_F{}^2}{(1+k_F^V)\cdot(1+k_{TS})} \cdot FQ = k \cdot \left(1 - s \cdot \frac{k_F + \sigma^2_{\tilde{k}_F} + k_F{}^2}{(1+k_F^V)\cdot(1+k_{TS})} \cdot FQ\right)$$

$$\Leftrightarrow k = \frac{WACC^{I,L} + s \cdot \frac{k_F + \sigma^2_{\tilde{k}_F} + k_F{}^2}{(1+k_F^V)\cdot(1+k_{TS})} \cdot FQ}{1 - s \cdot \frac{k_F + \sigma^2_{\tilde{k}_F} + k_F{}^2}{(1+k_F^V)\cdot(1+k_{TS})} \cdot FQ}$$

$$\Leftrightarrow k = \frac{k_E \cdot (1-FQ) + \left(k_F - s \cdot \frac{k_F + \sigma^2_{\tilde{k}_F} + k_F{}^2}{1+k_F^V}\right) \cdot FQ + s \cdot \frac{k_F + \sigma^2_{\tilde{k}_F} + k_F{}^2}{(1+k_F^V)\cdot(1+k_{TS})} \cdot FQ}{1 - s \cdot \frac{k_F + \sigma^2_{\tilde{k}_F} + k_F{}^2}{(1+k_F^V)\cdot(1+k_{TS})} \cdot FQ}$$

$$\Leftrightarrow k = \frac{k_E \cdot (1-FQ) + \left(k_F - s \cdot \left(\frac{k_F + \sigma^2_{\tilde{k}_F} + k_F{}^2}{1+k_F^V} - \frac{k_F + \sigma^2_{\tilde{k}_F} + k_F{}^2}{(1+k_F^V)\cdot(1+k_{TS})}\right)\right) \cdot FQ}{1 - s \cdot \frac{k_F + \sigma^2_{\tilde{k}_F} + k_F{}^2}{(1+k_F^V)\cdot(1+k_{TS})} \cdot FQ}$$

$$\Leftrightarrow k = \frac{k_E \cdot (1-FQ) + \left(k_F - s \cdot \frac{k_F + \sigma^2_{\tilde{k}_F} + k_F{}^2}{1+k_F^V} \cdot \left(1 - \frac{1}{1+k_{TS}}\right)\right) \cdot FQ}{1 - s \cdot \frac{k_F + \sigma^2_{\tilde{k}_F} + k_F{}^2}{(1+k_F^V)\cdot(1+k_{TS})} \cdot FQ}$$

Löst man nun nach k_E auf, so erhält man:

$$k_E = \frac{k \cdot \left(1 - s \cdot \frac{k_F + \sigma^2_{\tilde{k}_F} + k_F{}^2}{(1+k_F^V)\cdot(1+k_{TS})} \cdot FQ\right) - \left(k_F - s \cdot \frac{k_F + \sigma^2_{\tilde{k}_F} + k_F{}^2}{1+k_F^V} \cdot \left(1 - \frac{1}{1+k_{TS}}\right)\right) \cdot FQ}{1-FQ}$$

$$\Leftrightarrow k_E = \frac{k - s \cdot \frac{k_F + \sigma^2_{\tilde{k}_F} + k_F{}^2}{(1+k_F^V)\cdot(1+k_{TS})} \cdot k \cdot FQ - \left(k_F - s \cdot \frac{k_F + \sigma^2_{\tilde{k}_F} + k_F{}^2}{1+k_F^V} \cdot \left(1 - \frac{1}{1+k_{TS}}\right)\right) \cdot FQ}{1-FQ}$$

$$\Leftrightarrow k_E = \frac{k + FQ \cdot \left(s \cdot \frac{k_F + \sigma^2_{\tilde{k}_F} + k_F^{\,2}}{1 + k_F^V} \cdot \left(1 - \frac{1}{1 + k_{TS}}\right) - s \cdot \frac{k_F + \sigma^2_{\tilde{k}_F} + k_F^{\,2}}{(1 + k_F^V) \cdot (1 + k_{TS})} \cdot k - k_F \right)}{1 - FQ}$$

$$\Leftrightarrow k_E = \frac{k + FQ \cdot \left(s \cdot \frac{k_F + \sigma^2_{\tilde{k}_F} + k_F^{\,2}}{1 + k_F^V} \cdot \left(1 - \frac{1}{1 + k_{TS}} - \frac{k}{1 + k_{TS}}\right) - k_F \right)}{1 - FQ}$$

$$\Leftrightarrow k_E = \frac{k + FQ \cdot \left(s \cdot \frac{k_F + \sigma^2_{\tilde{k}_F} + k_F^{\,2}}{1 + k_F^V} \cdot \left(\frac{1 + k_{TS}}{1 + k_{TS}} - \frac{1}{1 + k_{TS}} - \frac{k}{1 + k_{TS}}\right) - k_F \right)}{1 - FQ}$$

$$\Leftrightarrow k_E = \frac{k + FQ \cdot \left(s \cdot \frac{k_F + \sigma^2_{\tilde{k}_F} + k_F^{\,2}}{1 + k_F^V} \cdot \frac{1 + k_{TS} - 1 - k}{1 + k_{TS}} - k_F \right)}{1 - FQ}$$

$$\Leftrightarrow k_E = \frac{k + FQ \cdot \left(s \cdot \frac{k_F + \sigma^2_{\tilde{k}_F} + k_F^{\,2}}{1 + k_F^V} \cdot \frac{k_{TS} - k}{1 + k_{TS}} - k_F \right)}{1 - FQ}.$$

F Projektkombinationen bei Unteilbarkeit der Investitionsprojekte

Tabelle 57 zeigt den Unternehmenswertbeitrag aller Projektkombinationen. Dabei ist zu beachten, dass einige Kombinationen das DRV-Limit überschreiten (NB 1) und folglich nicht zulässig sind. Somit stellt die vollständige Durchführung der Projekte A und C die optimale Lösung dar.

x_A	x_B	x_C	x_D	Unternehmenswertbeitrag der Projektauswahl in GE	DRV der Projektauswahl in GE	Lösung zulässig (NB 1 erfüllt)
0	0	0	0	0	0	ja
1	0	0	0	40	27,95	ja
0	1	0	0	15	11,32	ja
0	0	1	0	21	16,64	ja
0	0	0	1	12	11,18	ja
1	1	0	0	55	39,27	ja
1	0	1	0	61	44,59	ja
1	0	0	1	52	39,14	ja
0	1	1	0	36	27,95	ja
0	1	0	1	27	22,5	ja
0	0	1	1	33	27,82	ja
1	1	1	0	76	55,91	nein
1	0	1	1	73	55,77	nein
1	1	0	1	67	50,45	nein
0	1	1	1	48	39,14	ja
1	1	1	1	88	67,09	nein

Tabelle 57: Ergebnisse der Projektkombinationen

Gesetzes- und Richtlinienverzeichnis

AktG:

Aktiengesetz (AktG) vom 6.9.1965, zuletzt geändert am 15.12.2004, URL: http://bundesrecht.juris.de/bundesrecht/aktg/index.html (Zugriff am 26.7.2005).

Basel I:

Basel Committee on Banking Supervision (1998): International Convergence of Capital Measurement and Capital Standards (July 1988, updated to April 1998), July 1988, URL: http://www.bis.org/publ/bcbsc111.pdf (Zugriff am 6.6.2005).

Basel II:

Basel Committee on Banking Supervision (2004): International Convergence of Capital Measurement and Capital Standards: A Revised Framework, June 2004, URL: http://www.bis.org/publ/bcbs107.pdf (Zugriff am 2.12.2004).

BilReG:

Gesetz zur Einführung internationaler Rechnungslegungstandards und zur Sicherung der Qualität der Abschlussprüfung (Bilanzreformgesetz – BilReG) vom 4.12.2004, URL: http://www.bundesgerichtshof.de/gesetzesmaterialien/BilanzrechtsreformG/bgbl104s3166.pdf (Zugriff am 7.4.2005).

BMF-Schreiben zu Sanierungsgewinnen:

Bundesministerium der Finanzen (2003): Ertragsteuerliche Behandlung von Sanierungsgewinnen – Steuerstundung und Steuererlass aus sachlichen Billigkeitsgründen (§§ 163, 222, 227 AO) – BMF-Schreiben vom 27.3.2003 – IV A 6 – S 2140 – 8/03, 2003, URL: http://www.bundesfinanzministerium.de/Anlage18029/BMF-Schreiben-vom-27.-Maerz-2003-IV-A-6-S-2140-8/03.pdf (Zugriff am 1.10.2004).

Deutscher Corporate Governance Kodex:

Deutscher Corporate Governance Kodex (2003), (Stand 21.5.2003), URL: http://www.corporate-governance-code.de/ger/download/DCG_K_D200305.pdf (Zugriff am 6.12.2004).

DRS 5:

Deutsches Rechnungslegungs Standards Commitee (2004): Deutscher Rechnungslegungs Standard Nr. 5 (DRS 5) vom 29.5.2001, zuletzt geändert am 2.7.2004.

EStG:

Einkommensteuergesetz (EStG) vom 16.10.1934, zuletzt geändert am 21.6.2005, URL: http://bundesrecht.juris.de/bundesrecht/estg/index.html (Zugriff am 26.7.2005).

GmbHG:

Gesetz betreffend die Gesellschaften mit beschränkter Haftung (GmbHG) vom 20.4.1892, zuletzt geändert am 22.3.2005, URL: http://bundesrecht.juris.de/bundesrecht/gmbhg/index.html (Zugriff am 26.7.2005).

GS I:

Grundsatz I über die Eigenmittel der Institute (GS I) vom 29.10.1997, zuletzt geändert am 20. 7. 2000, URL: http://www.bundesbank.de/download/bankenaufsicht/pdf/grundsatzi.pdf (Zugriff am 14.1.2005).

HGB:

Handelsgesetzbuch (HGB) vom 10.5.1897, zuletzt geändert am 15.12.2004, URL: http://bundesrecht.juris.de/bundesrecht/hgb/index.html (Zugriff am 26.7.2005).

IDW PS 340:

Institut der Wirtschaftsprüfer in Deutschland (1999): IDW Prüfungsstandard: Die Prüfung des Risikofrüherkennungssystems nach § 317 Abs. 4 HGB (IDW PS 340) (Stand: 25.6.1999), in: Die Wirtschaftsprüfung, 52. Jg., 1999, S. 658-662.

IDW ES 1 n.F.:

Institut der Wirtschaftsprüfer in Deutschland (2004): Entwurf einer Neufassung des IDW Standards: Grundsätze zur Durchführung von Unternehmensbewertungen (IDW ES 1 n.F.) (Stand: 9.12.2004), URL: http://www.idw.de/idw/generator/property=Inhalt/id=301224.pdf (Zugriff am 10.5.2005).

IDW RS HFA 1:

Institut der Wirtschaftsprüfer in Deutschland (1998): Hauptfachausschuss: IDW Rechnungslegungsstandard: Aufstellung des Lageberichts (IDW RS HFA 1) (Stand: 26.6.1998), in: Die Wirtschaftsprüfung, 51. Jg., 1998, S. 653-662.

IDW S 1:

Institut der Wirtschaftsprüfer in Deutschland (2000): IDW Standard: Grundsätze zur Durchführung von Unternehmensbewertungen (IDW S 1) (Stand: 28.6.2000), in: Die Wirtschaftsprüfung, 53. Jg., 2000, S. 825-842.

InsO:

Insolvenzordnung (InsO) vom 5.10.1994, zuletzt geändert am 22.3.2005, URL: http://bundesrecht.juris.de/bundesrecht/inso/index.html (Zugriff am 26.7.2005).

KO:

Konkursordnung (KO) vom 10.2.1877, zuletzt geändert am 17.12.1997, abgelöst am 1.1.1999 durch die InsO, URL: http://www.raklaas.de/KO.11.0.html (Zugriff am 26.7.2005).

KonTraG:

Gesetz zur Kontrolle und Transparenz im Unternehmensbereich (KonTraG) vom 27.4.1998, URL: http://217.160.60.235/BGBL/bgbl1f/b198024f.pdf (Zugriff am 2.12.2004).

KonTraG-Begründung:
Entwurf eines Gesetzes zur Kontrolle und Transparenz im Unternehmensbereich (KonTraG), BT-Drucksache 13/9712, 28.1.1998, URL: http://dip.bundestag.de/btd/13/097/1309712.pdf (Zugriff am 2.12.2004).

KStG:
Körperschaftsteuergesetz (KStG) vom 31.8.1976, zuletzt geändert am 15.12.2004, URL: http://bundesrecht.juris.de/bundesrecht/kstg_1977/inhalt.html (Zugriff am 26.7.2005).

KWG:
Gesetz über das Kreditwesen (KWG), in der Neufassung der Bekanntmachung vom 9. September 1998, zuletzt geändert am 22. Mai 2005, URL: http://www.bafin.de/gesetze/kwg.htm (Zugriff am 26.7.2005).

SOX:
The Sarbanes-Oxley Act of 2002 (SOX), Bill Number H.R. 3763, 107th congress, URL: http://frwebgate.access.gpo.gov/cgi-bin/getdoc.cgi?dbname=107_cong_public_laws&docid=f:publ204.107.pdf (Zugriff am 9.5.2005).

TransPuG:
Transparenz- und Publizitätsgesetz: Gesetz zur weiteren Reform des Aktien- und Bilanzrechts, zu Transparenz und Publizität (TransPuG), Stand 11.7.2002, URL: http://www.bmj.bund.de/media/archive/303.pdf (Zugriff am 2.12.2004).

TransPuG-Begründung:
Entwurf eines Gesetzes zur weiteren Reform des Aktien- und Bilanzrechts, zu Transparenz und Publizität (Transparenz- und Publizitätsgesetz), 6.2.2004, URL: http://www.bmj.bund.de/media/archive/301.pdf (Zugriff am 7.12.2004).

Literaturverzeichnis

Achleitner, Ann-Kristin/Nathusius, Eva (2004): Unternehmensbewertung bei Venture-Capital-Finanzierungen, in: WiSt, 33. Jg., 2004, S. 134-139.

Achleitner, Paul (1985): Sozio-politische Strategien multinationaler Unternehmungen, Bern: Haupt, 1985.

Aders, Christian/Schröder, Jakob (2004): Konsistente Ermittlung des Fortführungswertes bei nominellem Wachstum, in: Richter, Frank/Timmereck, Christian (Hrsg.): Unternehmensbewertung: Moderne Instrumente und Lösungsansätze, Stuttgart: Schäffer-Poeschel, 2004, S. 99-116.

Administrative Office of the U.S. Courts (2005): News Release (1.3.2005), 2005, URL: http://www.uscourts.gov/Press_Releases/BKCY04.pdf (Zugriff am 23.3.2005).

Albach, Horst (2001): Shareholder Value und Unternehmenswert: Theoretische Anmerkungen zu einem aktuellen Thema, in: ZfB, 71. Jg., 2001, S. 643-674.

Albrecht, Peter (2003): Zur Messung von Finanzrisiken, Arbeitspapier, 2003, URL:xhttp://bibserv7.bib.uni-mannheim.de/madoc/volltexte/2004/210/pdf/MAMA03.pdf (Zugriff am 24.3.2005).

Anthony, Robert N./Govindarajan, Vijay (2003): Management Control Systems, 11th edition, Boston u.a.: McGraw-Hill, 2003.

Antoine, Herbert (1958): Kennzahlen, Richtzahlen, Planungszahlen, 2. Auflage, Wiesbaden: Gabler, 1958.

Arbeitskreis „Externe und Interne Überwachung der Unternehmung“ der Schmalenbach-Gesellschaft für Betriebswirtschaft e.V. (2000): Auswirkungen des KonTraG auf die Unternehmensüberwachung, in: DB, 53. Jg., 2000, Beilage Nr. 11/2000 zu Heft 37.

Arbeitskreis „Finanzierung“ der Schmalenbach-Gesellschaft für Betriebswirtschaft e.V. (1996): Wertorientierte Unternehmenssteuerung mit differenzierten Kapitalkosten, in: ZfbF, 48. Jg., 1996, S. 543-578.

Arbeitskreis „Finanzierungsrechnung“ der Schmalenbach-Gesellschaft für Betriebswirtschaft e.V. (2001): Risikomanagement und Risikocontrolling in Industrie- und Handelsunternehmen, in: Gebhardt, Günther/Mansch, Helmut (Hrsg.), ZfbF, Sonderheft 46, Düsseldorf/Frankfurt am Main: Verlagsgruppe Handelsblatt, 2001.

Artzner, Philippe/Delbaen, Freddy/Eber, Jean-Marc/Heath, David (1997): Thinking coherently, in: Risk, Vol. 10, 1997, S. 68-71.

Artzner, Philippe/Delbaen, Freddy/Eber, Jean-Marc/Heath, David (1999): Coherent measures of risk, in: Mathematical Finance, Vol. 9, 1999, S. 203-228.

Atkinson, Anthony A./Kaplan, Robert S./Young S. Mark (2004): Management Accounting, 4th edition, Upper Saddle River: Prentice-Hall, 2004.

Aubert-Krier, Jane (1981): Gestion de l'entreprise: 1 – Structure et organisation, 5e édition, Paris: Presses Universitaires de France, 1981.

Baetge, Jörg/Jerschensky, Andreas (1999): Frühwarnsysteme als Instrumente eines effizienten Risikomanagement und -Controlling, in: Controlling, 11. Jg., 1999, S. 171-176.

Baetge, Jörg/Kirsch, Hans-Jürgen/Thiele, Stefan (2004): Bilanzanalyse, 2. Auflage, Düsseldorf: IDW-Verlag, 2004.

Baetge, Jörg/Krause, Clemens (1994): Die Berücksichtigung des Risikos bei der Unternehmensbewertung: Eine empirisch gestützte Betrachtung des Kalkulationszinses, in: BFuP, 46. Jg., 1994, S. 433-456.

Ballwieser, Wolfgang (2004): Unternehmensbewertung: Prozeß, Methoden und Probleme, Stuttgart: Schäffer-Poeschel, 2004.

Ballwieser, Wolfgang/Coenenberg Adolf G./Schultze, Wolfgang (2002): Erfolgsorientierte Unternehmensbewertung, in: Ballwieser, Wolfgang/Coenenberg, Adolf G./von Wysocki, Klaus (Hrsg.): Handwörterbuch der Rechnungslegung und Prüfung, 3. Auflage, Stuttgart: Schäffer-Poeschel, 2002, Sp. 2412-2432.

Ballwieser, Wolfgang/Küting, Karlheinz/Schildbach, Thomas (2004): Fair value: Erstrebenswerter Wertansatz im Rahmen einer Reform der handelsrechtlichen Rechnungslegung?, in: BFuP, 56. Jg., 2004, S. 529-549.

Ballwieser, Wolfgang/Kuhner, Christoph (2000): Risk Adjusted Return On Capital: Ein geeignetes Instrument zur Steuerung, Kontrolle und Kapitalmarktkommunikation?, in: Stenke, Karin/Riekeberg, Markus (Hrsg.): Banking 2000: Hermann Meyer zu Selhausen zum 60. Geburtstag, Wiesbaden: Gabler, 2000, S. 367-381.

Bamberg, Günter/Coenenberg, Adolf G. (2004): Betriebswirtschaftliche Entscheidungslehre, 12. Auflage, München: Vahlen, 2004.

Bartram, Söhnke M. (1999): Corporate Risk Management: Eine empirische Analyse der finanzwirtschaftlichen Exposures deutscher Industrie- und Handelsunternehmen, Bad Soden: Uhlenbruch, 1999.

Bar-Yosef, Sasson/Callen, Jeffrey L./Livnat, Joshua (1996): Modelling Dividends, Earnings, and Book Value of Equity: An Empirical Investigation of the Ohlson Valuation Dynamics, in: Review of Accounting Studies, Vol. 1, 1996, S. 207-224.

Beck, Ralf (2003): Erfolg durch wertorientiertes Controlling: Entscheidungen unterstützende Konzepte, Berlin: Erich Schmidt Verlag, 2003.

Benoit (1924): Note sur une méthode de résolution des équations normales provenant de l'application de la méthode des moindres carrés a un système d'équations linéaires en nombre inférieur a celui des inconnues: Application de la méthode a la résolution d'un système defini d'équations linéaires (Procédé du Commandant Cholesky), in: Bulletin géodésique, 2. Jg., 1924, S. 67-77.

Besley, Scott/Brigham, Eugene F. (2000): Essentials of Managerial Finance, 12th edition, Fort Worth u.a.: The Dryden Press, 2000.

Betriebswirtschaftlicher Ausschuss des Zentralverbandes Elektrotechnik- und Elektronikindustrie (ZVEI) e.V. (Hrsg.) (1989): ZVEI-Kennzahlensystem: Ein Instrument zur Unternehmenssteuerung, 4. Auflage, Frankfurt/Main: W. Sachon Verlag, 1989.

Bielefeld, Frank/Maifarth, Michael (2005): Traditionelle und moderne Kennzahlen der Gesamtbanksteuerung, in: ZfbF Sonderheft 52, Düsseldorf/Frankfurt: Handelsblatt, 2005, S. 145-181.

Bischoff, Jörg (1994): Das Shareholder-Value-Konzept: Darstellung - Probleme - Handhabungsmöglichkeiten, Wiesbaden: Gabler, 1994.

Black, Fischer (1972): Capital Market Equilibrium with Restricted Borrowing, in: Journal of Business, Vol. 45, 1972, S. 444-455.

Black, Fischer/Scholes, Myron (1973): The Pricing of Options and Corporate Liabilities, in: Journal of Political Economy, Vol. 81, 1973, S. 637-654.

Bodie, Zvi/Kane, Alex/Marcus, Alan J. (2005): Investments, 6th edition, Boston u.a.: McGraw-Hill, 2005.

Bomsdorf, Eckart (2002a): Deskriptive Statistik, 11. Auflage, Lohmar/Köln: Eul, 2002.

Bomsdorf, Eckart (2002b): Wahrscheinlichkeitsrechnung und Statistische Inferenz, 8. Auflage, Lohmar/Köln: Eul, 2002.

Bourguignon, Annick/Malleret, Véronique/Nørreklit, Hanne (2004): The American balanced scorecard versus the French tableau de bord: the ideological dimension, in: Management Accounting Research, Vol. 15, 2004, S. 107-134.

Bradshaw, Thornton F. (1950): Developing Men for Controllership, Boston: Division of Research, Graduate School of Business Administration Harvard University, 1950.

Brady, Brooks/Vazza, Diane (2004): Special Report Ratings Performance 2003: Corporate Defaults in 2003 Recede From Recent Highs, 2004, URL: http://www2.standardandpoors.com/spf/pdf/fixedincome/2003defaultstudy.pdf (Zugriff am 4.10.2004).

Breeden, Douglas/Viswanathan, S. (1998): Why do firms hedge? An asymmetric information model, Working Paper, February 1998.

Breuer, Wolfgang (2001): Investition II: Entscheidungen bei Risiko, Wiesbaden: Gabler, 2001.

Buchner, Robert (1985): Finanzwirtschaftliche Statistik und Kennzahlenrechnung, München: Vahlen, 1985.

Bühler, Wolfgang (1998): Risikocontrolling in Industrieunternehmen, in: Börsig, Clemens/Coenenberg, Adolf G. (Hrsg.): Controlling und Rechnungswesen im internationalen Wettbewerb, Stuttgart: Schäffer-Poeschel, 1998, S. 205-233.

Bühlmann, Beat (1998): Corporate Hedging: Über die Wertsteigerungsmöglichkeiten durch finanzwirtschaftliches Risikomanagement, Zürich: Versus, 1998.

Bühner, Rolf (1990): Das Management-Wert-Konzept: Strategien zur Schaffung von mehr Wert im Unternehmen, Stuttgart: Schäffer, 1990.

Bühner, Rolf (1992): Shareholder Value-Ansatz, in: DBW, 52. Jg., 1992, S. 418-419.
Büschgen, Hans (1998): Bankbetriebslehre: Bankgeschäfte und Bankmanagement, 5. Auflage, Wiesbaden: Gabler, 1998.
Burger, Anton/Buchhart, Anton (2002): Risiko-Controlling, München/Wien: Oldenbourg, 2002.
Busse von Colbe, Walther (1995): Das Rechnungswesen im Dienste einer kapitalmarktorientierten Unternehmensführung, in: Die Wirtschaftsprüfung, 48. Jg., 1995, S. 713-720.
Campbell, Tim S./Kracaw, William A. (1990): Corporate Risk Management and the Incentive Effects of Debt, in: Journal of Finance, Vol. 45, 1990, S. 1673-1686.
Casey, Christopher (2004): Neue Aspekte des Roll Back-Verfahrens in der Unternehmensbewertung, in: ZfB, 74. Jg., 2004, S. 139-163.
Coenen, Markus (2004): Risikomanagement und Risiko-Controlling im RWE-Konzern, in: Controlling, 16. Jg., 2004, S. 97-102.
Coenenberg, Adolf G. (2005): Jahresabschluss und Jahresabschlussanalyse: Betriebswirtschaftliche, handelsrechtliche, steuerrechtliche und internationale Grundsätze - HGB, IFRS und US-GAAP, 20. Auflage, Stuttgart: Schäffer-Poeschel, 2005.
Coenenberg, Adolf G./Salfeld, Rainer (2003): Wertorientierte Unternehmensführung: Vom Strategieentwurf zur Implementierung, Stuttgart: Schäffer-Poeschel, 2003.
Coenenberg, Adolf G./Schultze, Wolfgang (2002): Unternehmensbewertung: Konzeptionen und Perspektiven, in: DBW, 62. Jg., 2002, S. 597-621.
Copeland, Thomas E./Antikarov, Vladimir (2003): Real Options: A Practitioner´s Guide, New York u.a.: Texere, 2003.
Copeland, Thomas E./Koller, Tim/Murrin, Jack (1990): Valuation: Measuring and managing the value of companies, New York u.a.: John Wiley, 1990.
Copeland, Thomas E./Koller, Tim/Murrin, Jack (2002): Unternehmenswert: Methoden und Strategien für eine wertorientierte Unternehmensführung, 3. Auflage, Frankfurt/New York: Campus, 2002.
Copeland, Thomas E./Weston, J. Fred/Shastri, Kuldeep (2005): Financial Theory and Corporate Policy, 4th edition, Boston u.a.: Pearson Addison-Wesley, 2005.
Cox, John C./Ross, Stephen A./Rubinstein, Mark (1979): Option Pricing: A simplified Approach, in: Journal of Financial Economics, Vol. 7, 1979, S. 229-263.
Creditreform (2005): Insolvenzen in Europa: Jahr 2004/05, 2004, URL: http://www.creditreform.de/angebot/Downloads_Analysen/Wirtschaftsanalysen/Insolvenzen_in_Europa_2004.pdf (Zugriff am 23.3.2005).
Cyert, Richard M./March, James G. (1992): A behavioral Theory of the Firm, 2nd edition, Cambridge: Blackwell, 1992.
DaimlerChrysler (2004): Geschäftsbericht 2004.
DeMarzo, Peter M./Duffie, Darrell (1991): Corporate Financial Hedging with Proprietary Information, in: Journal of Economic Theory, Vol. 53, 1991, S. 261-286.

Denault, Michel (2001): Coherent allocation of risk capital, in: Journal of Risk, Vol. 4, 2001, S. 1-34.

Deutsch, Hans-Peter (2004): Derivate und interne Modelle: Modernes Risikomanagement, 3. Auflage, Stuttgart: Schäffer-Poeschel, 2004.

Dierkes, Stefan (2000): Marktwerte, Kapitalkosten und Betafaktoren bei wertabhängiger Finanzierung, Diskussionsbeiträge Universität Leipzig, Wirtschaftswissenschaftliche Fakultät, Nr. 21, 2000.

Dimson, Elroy/Marsh, Paul/Staunton, Mike (2003): Global Evidence on the Equity Risk Premium, in: Journal of Applied Corporate Finance, Vol. 15, 2003, S. 27-38.

Dönges, Norbert/Koeder, Kurt (1978): Kennzahlen und Kennzahlensysteme (II), in: DSWR, 7. Jg., 1978, S. 103-109.

Dowd, Kevin (1998): Beyond Value at Risk: The new science of risk management, Chichester u.a.: John Wiley, 1998.

Drukarczyk, Jochen (2003): Unternehmensbewertung, 4. Auflage, München: Vahlen, 2003.

Dufey, Gunter/Srinivasulu, S.L. (1983): The Case for Corporate Management of Foreign Exchange Risk, in: Financial Management, Vol. 12, 1983, S. 54-62.

Ehlers, Harald/Drieling, Ilka (2000): Unternehmenssanierung nach der Insolvenzordnung: Ein Wegweiser anhand eines Modellfalls, 2. Auflage, München: Beck, 2000.

Ehrbar, Al (1998): EVA: The real key to creating wealth, New York u.a.: John Wiley, 1998.

Eisenführ, Franz (1998): Investitionsrechnung, 12. Auflage, Aachen: Mainz, 1998.

Eisenführ, Franz/Weber, Martin (2003): Rationales Entscheiden, 4. Auflage, Berlin u.a.: Springer, 2003.

Ellinger, Theodor/Beuermann, Günter/Leisten, Rainer (2003): Operations Research: Eine Einführung, 6. Auflage, Berlin u.a.: Springer, 2003.

Emmerich, Gerhard (1999): Risikomanagement in Industrieunternehmen - gesetzliche Anforderungen und Umsetzung nach dem KonTraG, in: ZfbF, 51. Jg., 1999, S. 1075-1089.

Epstein, Marc J./Manzoni, Jean-François (1997): The Balanced Scorecard and Tableau de Bord: Translating Strategy into Action, in: Management Accounting, Vol. 79, 1997, S. 28-36.

Ewert, Ralf/Wagenhofer, Alfred (2005): Interne Unternehmensrechnung, 6. Auflage, Berlin u.a.: Springer, 2005.

Färber, Nikolaus/Wagner, Thomas M. (2005): Adaption des internen Kontrollsystems an die Anforderungen des Sarbanes-Oxley Act, in: Controlling, 17. Jg., 2005, S. 155-161.

Fama, Eugene F./French, Kenneth R. (1992): The Cross-Section of Expected Stock Returns, in: Journal of Finance, Vol. 47, 1992, S. 427-465.

Feltham, Gerald A./Ohlson, James A. (1995): Valuation and Clean Surplus Accounting for Operating and Financial Activities, in: Contemporary Accounting Research, Vol. 11, 1995, S. 689-731.

Feltham, Gerald A./Ohlson, James A. (1996): Uncertainty Resolution and the Theory of Depreciation Measurement, in: Journal of Accounting Research, Vol. 34, 1996, S. 209-234.

Finegan, Patrick T. (1991): Maximizing Shareholder Value at the private Company, in: Journal of Applied Corporate Finance, Vol. 4, 1991, S. 30-45.

Fischer, Gerd (2003): Lineare Algebra, 14. Auflage, Wiesbaden: Vieweg, 2003.

Fisher, Irving (1896): Appreciation and Interest, in: Publications of the American Economic Association, Vol. 11, 1896.

Fite, David/Pfleiderer, Paul (1995): Should Firms use Derivatives to manage Risk?, in: Beaver, William H./Parker, George (Hrsg.): Risk Management: Problems & Solutions, New York u.a.: McGraw-Hill, 1995, S. 139-170.

Franke, Günter/Hax, Herbert (2004): Finanzwirtschaft des Unternehmens und Kapitalmarkt, 5. Auflage, Berlin u.a.: Springer, 2004.

Freeman, R. Edward (1984): Strategic Management: A Stakeholder Approach, Boston u.a.: Pitman, 1984.

Fritz, Wolfgang/Förster, Friedrich/Raffée, Hans/Silberer, Günter (1985): Unternehmensziele in Industrie und Handel: Eine empirische Untersuchung zu Inhalten, Bedingungen und Wirkungen von Unternehmenszielen, in: DBW, 45. Jg., 1985, S. 375-394.

Fröhling, Oliver (2000): Reward and Risk-Controlling, in: Controlling, 12. Jg., 2000, S. 5-13.

Froot, Kenneth A./Scharfstein, David, S./Stein Jeremy C. (1993): Risk Management: Coordinating Corporate Investment an Financing Policies, in: Journal of Finance, Vol. 48, 1993, S. 1629-1658.

Froot, Kenneth A./Scharfstein, David, S./Stein Jeremy C. (1994): A Framework for Risk Management, in: Harvard Business Review, 1994, S. 91-102.

Fruhan, William E. JR. (1979): Financial Strategy: Studies in the creation, transfer, and destruction of shareholder value, Homewood: Irwin, 1979.

Gladen, Werner (2003): Kennzahlen- und Berichtssysteme: Grundlagen zum Performance Measurement, 2. Auflage, Wiesbaden: Gabler, 2003.

Gleich, Ronald (1997): Performance Measurement, in: DBW, 57. Jg., 1997, S. 114-117.

Gleißner, Werner (2000): Aufbau einer Balanced Scorecard in der Unternehmenspraxis, in: Bilanzbuchhalter und Controller, 24. Jg., 2000, S. 129-134.

Götze, Uwe/Glaser, Katja (2001): Economic Value Added als Instrument einer wertorientierten Unternehmensführung: Methodik und anwendungsspezifische Beurteilung, in: Kostenrechnungspraxis, 2001, Sonderheft 1, S. 31-38.

Gordon, Myron J. (1959): Dividends, Earnings, and Stock Prices, in: The Review of Economics & Statistics, Vol. 41, 1959, S. 99-105.

Gordon, Myron J. (1962): The Investment, Financing and Valuation of the Corporation, Homewood: Irwin, 1962.

Grinblatt, Mark/Titman, Sheridan (2002): Financial Markets and Corporate Strategy, 2nd edition, Boston u.a.: McGraw-Hill Irwin, 2002.

Groll, Karl-Heinz (2004): Das Kennzahlensystem zur Bilanzanalyse: Ergebniskennzahlen – Aktienkennzahlen – Risikokennzahlen, 2. Auflage, München/Wien: Carl Hanser Verlag, 2004.

Günther, Thomas (1997): Unternehmenswertorientiertes Controlling, München: Vahlen, 1997.

Guthoff, Anja/Pfingsten, Andreas/Wolf, Juliane (1998): Der Einfluß einer Begrenzung des Value at Risk oder des Lower Partial Moment One auf die Risikoübernahme, in: Oehler, Andreas (Hrsg.): Credit Risk und Value-at-Risk-Alternativen, Stuttgart: Schäffer-Poeschel, 1998, S. 111-153.

Hachmeister, Dirk (2000): Der Discounted Cash Flow als Maß der Unternehmenswertsteigerung, 4. Auflage, Frankfurt/Main u.a.: Lang, 2000.

Hadar, Josef/Russel, William R. (1969): Rules for Ordering Uncertain Prospects, in: American Economic Review, Vol. 59, 1969, S. 25-34.

Hadar, Josef/Russel, William R. (1971): Stochastic Dominance and Diversification, in: Journal of Economic Theory, Vol. 3, 1971, S. 288-305.

Happel, Markus (2002): Shareholder-Value-Ansatz: Implementierungslücke im Controlling deutscher Unternehmen? Ergebnisse einer empirischen Untersuchung, in: Controlling, 14. Jg., 2002, S. 275-282.

Hartmann-Wendels, Thomas/Pfingsten, Andreas/Weber, Martin (2004): Bankbetriebslehre, 3. Auflage, Berlin u.a.: Springer, 2004.

Hartung, Joachim (2002): Statistik: Lehr- und Handbuch der angewandten Statistik, 13. Auflage, München/Wien: Oldenbourg, 2002.

Hartung, Joachim/Elpelt, Bärbel (1999): Multivariate Statistik: Lehr- und Handbuch der angewandten Statistik, 6. Auflage, München/Wien: Oldenbourg, 1999.

Hax, Herbert (1967): Bewertungsprobleme bei der Formulierung von Zielfunktionen für Entscheidungsmodelle, in: ZfbF, 19. Jg., 1967, S. 749-761.

Heckert, J. Brooks/Willson, James D. (1963): Controllership, 2nd edition, New York: Ronald Press, 1963.

Hess, Dieter/Lehmann, Erik/Lüders, Erik (2002): Bewertungsrelevante Kennzahlen zur Analyse von Unternehmen am Neuen Markt, in: Kapitalmarktorientierte Rechnungslegung, 2. Jg., 2002, S. 142-146.

Hillebrand, Walter (1991): Die Cash-flow-Strategen, in: Manager Magazin, 21. Jg., 1991, S. 128-135.

Hoffmann, Olaf (2002): Performance Management: Systeme und Implementierungsansätze, 3. Auflage, Bern/Stuttgart/Wien: Haupt, 2002.

Hoitsch, Hans-Jörg/Winter, Peter (2004a): Ansätze zur ökonomischen Begründung der Vorteilhaftigkeit eines unternehmensgetragenen Risikomanagements in Industrieunternehmen, in: Zeitschrift für Planung, 15. Jg., 2004, S. 115-139.

Hoitsch, Hans-Jörg/Winter, Peter (2004b): Die Cash Flow at Risk-Methode als Instrument eines integrierten Risikomanagements, in: ZfCM, 48. Jg., 2004, S. 235-246.

Homburg, Carsten (2001): Hierarchische Controllingkonzeption: Theoretische Fundierung eines koordinationsorientierten Controlling, Heidelberg: Physica-Verlag, 2001.

Homburg, Carsten/Stephan, Jörg (2004): Kennzahlenbasiertes Risikocontrolling in Industrie- und Handelsunternehmen, in: ZfCM, 48. Jg., 2004, S. 313-325.

Homburg, Carsten/Stephan, Jörg/Haupt, Michael (2005a): Risikomanagement unter Nutzung der Balanced Scorecard, Diskussionsbeiträge zum Controlling Nr. 5, Seminar für ABWL und Controlling, Universität zu Köln, 2005.

Homburg, Carsten/Stephan, Jörg/Haupt, Michael (2005b): Risikomanagement unter Nutzung der Balanced Scorecard, in: DB, 58. Jg., 2005, S. 1069-1075.

Homburg, Carsten/Stephan, Jörg/Weiß, Matthias (2004): Unternehmensbewertung bei atmender Finanzierung und Insolvenzrisiko, in: DBW, 64. Jg., 2004, S. 276-295.

Homburg, Carsten/Stephan, Jörg/Weiß, Matthias (2005): Zur Bedeutung des Insolvenzrisikos im Rahmen von DCF-Bewertungen: Replik auf die Stellungnahme von Thomas Hering zum Beitrag "Unternehmensbewertung bei atmender Finanzierung und Insolvenzrisiko", in: DBW, 65. Jg., 2005, S. 199-203.

Homburg, Carsten/Toksal, Asli/Gödde, Dominika (2004): Corporate Governance und Value Based Management: Eine empirische Untersuchung der DAX-, MDAX- und TecDAX-Unternehmen, 2004, URL: http://www.wiso.uni-koeln.de/controlling/CGToksal.pdf (Zugriff am 19.10.2004).

Homburg, Carsten/Uhrig-Homburg, Marliese (2004): Zentrales und dezentrales Risikocontrolling in Industrieunternehmen, in: ZfbF, 56. Jg., 2004, S. 311-332.

Horngren, Charles T./Datar, Srikant M./Foster, George (2005): Cost Accounting: A Managerial Emphasis, 12th edition, Upper Saddle River: Prentice-Hall, 2005.

Hornung, Karlheinz/Reichmann, Thomas/Diederichs, Marc (1999): Risikomanagement Teil I: Konzeptionelle Ansätze zur pragmatischen Realisierung gesetzlicher Anforderungen, in: Controlling, 11. Jg., 1999, S. 317-325.

Horváth & Partner (Hrsg.) (2004): Balanced Scorecard umsetzen, 3. Auflage, Stuttgart: Schäffer-Poeschel, 2004.

Horváth, Péter (1983): Der Einsatz von Kennzahlen im Rahmen des Controlling, in: WiSt, 12. Jg., 1983, S. 349-356.

Horváth, Péter (2003): Controlling, 9. Auflage, München: Vahlen, 2003.

Horváth, Péter/Minning, Frank (2001): Wertorientiertes Management in Deutschland, Großbritannien, Italien und Frankreich: Eine empirische Analyse, in: Controlling, 13. Jg., 2001, S. 273-282.

Hostettler, Stephan (2002): Economic Value Added (EVA): Darstellung und Anwendung auf Schweizer Aktiengesellschaften, 5. Auflage, Bern/Stuttgart/Wien: Haupt, 2002.

Huch, Burkhard/Behme, Wolfgang/Ohlendorf, Thomas (2004): Rechnungswesenorientiertes Controlling: Ein Leitfaden für Studium und Praxis, 4. Auflage, Heidelberg: Physica-Verlag, 2004.

Hull, John (2003): Options, Futures, & other Derivatives, 5th edition, Upper Saddle River: Prentice-Hall, 2003.

Huschens, Stefan/Locarek-Junge, Hermann (2002): Konzeptionelle und statistische Grundlagen der portfolioorientierten Kreditrisikomessung, in: Oehler, Andreas (Hrsg.): Kreditrisikomanagement: Kernbereiche, Aufsicht und Entwicklungstendenzen, 2. Auflage, Stuttgart: Schäffer-Poeschel, 2002, S. 89-114.

Husmann, Sven/Kruschwitz, Lutz/Löffler, Andreas (2002): Unternehmensbewertung unter deutschen Steuern, in: DBW, 62. Jg., 2002, S. 24-42.

Iman, Ronald L./Conover, W.J. (1982): A Distribution-Free Approach to Introducing Rank Correlation among Input Variables, in: Communications in Statistics, Vol. B 11, 1982, S. 311-334.

Ingham, Herbert/Harrington, Leslie T. (1956): Pyramid Structure: a pattern for comparative measurements, in: The Manager, Vol. 24, 1956, S. 657-660.

Ingham, Herbert/Harrington, Leslie T. (1980): Interfirm Comparison, London: Heinemann, 1980.

Inselbag, Isik/Kaufold, Howard (1997): Two DCF Approaches for Valuing Companies under Alternative Financing Strategies (and how to choose between them), in: Journal of Applied Corporate Finance, Vol. 10, 1997, S. 114-122.

Jackson, J. Hugh (1949): The Comptroller: His Funtions and Organization, Cambridge: Harvard University Press, 1949.

James, Christopher (1996): RAROC Based Capital Budgeting and Performance Evaluation: A Case Study of Bank Capital Allocation, 1996 (Stand: 22. September 1996), URL: http://papers.ssrn.com/sol3/delivery.cfm/9701067.pdf?abstractid=1000 (Zugriff am 2.10.2003).

Jensen, Michael C. (1991): Corporate Control and the Politics of Finance, in: Journal of Applied Corporate Finance, Vol. 4, 1991, S. 13-33.

Jensen, Michael C./Meckling, William H. (1976): Theory of the Firm: Managerial Behavior, Agency Costs and Ownership Structure, in: Journal of Financial Economics, Vol. 3, 1976, S. 305-360.

Jorion, Philippe (2001): Value at risk: the new benchmark for controlling market risk, 2nd edition, New York u.a.: McGraw-Hill, 2001.

JP Morgan (1996): RiskMetrics™ – Technical Document, 4. Auflage, 1996 (December 1996), URL: http://www.riskmetrics.com/pdf/TD4e.pdf (Zugriff am 9.3.2004) (Registrierung erforderlich).

JP Morgan (1999): CorporateMetrics™: Technical Document, 1999 (April 1999), URL: http://www.riskmetrics.com/pdf/CorporateMetricsTechDoc.pdf (Zugriff am 9.3.2004) (Registrierung erforderlich).

Kaiser, Karin (2005): Erweiterung der zukunftsorientierten Lageberichterstattung: Folgen des Bilanzreformgesetzes für Unternehmen, in: DB, 58. Jg., 2005, S. 345-353.

Kaplan, Robert S./Atkinson, Anthony A. (1998): Advanced Management Accounting, 3rd edition, Upper Saddle River: Prentice-Hall, 1998.

Kaplan, Robert S./Norton, David P. (1992): The Balanced Scorecard: Measures that drive Performance, in: Harvard Business Review, Vol. 70, 1992, S. 71-79.

Kaplan, Robert S./Norton, David P. (1996a): Using the Balanced Scorecard as a Strategic Management System, in: Harvard Business Review, Vol. 74, 1996, S. 75-85.

Kaplan, Robert S./Norton, David P. (1996b): The Balanced Scorecard: Translating Strategy into Action, Boston: Harvard Business School Press, 1996.

Kern, Werner (1971): Kennzahlensysteme als Niederschlag interdependenter Unternehmungsplanung, in: ZfbF, 23. Jg., 1971, S. 701-718.

Keynes, John M. (1921): A Treatise on Probability, London: MacMillan, 1921.

Kilka, Michael (1995): Realoptionen: Optionspreistheoretische Ansätze bei Investitionsentscheidungen unter Unsicherheit, Frankfurt/Main: Fritz Knapp Verlag, 1995.

Klingebiel, Norbert (2001): Impulsgeber des Performance Measurement, in: Klingebiel, Norbert (Hrsg.): Performance Measurement & Balanced Scorecard, München: Vahlen, 2001, S. 3-23.

Kloock, Josef (1981): Mehrperiodige Investitionsrechnungen auf der Basis kalkulatorischer und handelsrechtlicher Erfolgsrechnungen, in: ZfbF, 33. Jg., 1981, S. 873-890.

Kloock, Josef (1997): Betriebliches Rechnungswesen, 2. Auflage, Lohmar/Köln: Eul, 1997.

Knight, Frank H. (1921): Risk, Uncertainty and Profit, Boston: Houghton Mifflin, 1921.

Koller, Tim/Goedhart, Marc/Wessels, David (2005): Valuation: Measuring and managing the value of companies, 4th edition, Hoboken: Wiley, 2005.

Kromschröder, Bernhard/Lück, Wolfgang (1998): Grundsätze risikoorientierter Unternehmensüberwachung, in: DB, 51.Jg., 1998, S. 1573-1576.

Kruschwitz, Lutz (2005): Investitionsrechnung, 10. Auflage, München/Wien: Oldenbourg, 2005.

Kruschwitz, Lutz/Lodowicks, Arnd/Löffler, Andreas (2005): Zur Bewertung insolvenzbedrohter Unternehmen, in: DBW, 65. Jg., 2005, S. 221-236.

Kruschwitz, Lutz/Löffler, Andreas (1999): Sichere und unsichere Steuervorteile bei der Unternehmensbewertung I: Kritische Anmerkungen (nicht nur) zum WP-Handbuch 1998, Arbeitspapier, 1999, URL: http://www.wiwiss.fu-berlin.de/kruschwitz/Forschung/Dokumente/WP-Handbuch.pdf (Zugriff am 12.07.2004).

Küpper, Hans-Ulrich (2005): Controlling: Konzeption, Aufgaben und Instrumente, 4. Auflage, Stuttgart: Schäffer-Poeschel, 2005.

Küpper, Hans-Ulrich/Weber, Jürgen/Zünd, André (1990): Zum Verständnis und Selbstverständnis des Controlling: Thesen zur Konsensbildung, in: ZfB, 60. Jg., 1990, S. 281-293.

Küting, Karlheinz (1983a): Grundsatzfragen von Kennzahlen als Instrumente der Unternehmensführung, in: WiSt, 12. Jg., 1983, S. 237-241.

Küting, Karlheinz (1983b): Kennzahlensysteme in der betrieblichen Praxis, in: WiSt, 12. Jg., 1983, S. 291-296.

Kuhn, H.W./Tucker, A.W. (1951): Nonlinear Programming, in: Neyman, Jerzy (Hrsg.): Proceedings of the Second Berkeley Symposium On Mathematical Statistics And Probability, Berkeley/Los Angeles: University of California Press, 1951, S. 481-492.

Kuhner, Christoph (2000): Zum Sinn und Zweck von Unternehmenszusammenschlüssen aus gesamtwirtschaftlicher Sicht, in: BFuP, 52. Jg., 2000, S. 233-244.

Kuhner, Christoph (2004): Unternehmensinteresse vs. Shareholder Value als Leitmaxime kapitalmarktorientierter Aktiengesellschaften, in: Zeitschrift für Unternehmens- und Gesellschaftsrecht, 33. Jg., 2004, S. 244-279.

Lachnit, Laurenz (1976): Zur Weiterentwicklung betriebswirtschaftlicher Kennzahlensysteme, in: ZfbF, 28. Jg., 1976, S. 216-230.

Lachnit, Laurenz (1979): Systemorientierte Jahresabschlußanalyse: Weiterentwicklung der externen Jahresabschlußanalyse mit Kennzahlensystemen, EDV und mathematisch-statistischen Methoden, Wiesbaden: Gabler, 1979.

Laitenberger, Jörg (2003): Kapitalkosten, Finanzierungsprämissen und Einkommensteuer, in: ZfB, 73. Jg., 2003, S. 1221-1239.

Laitenberger, Jörg/Löffler, Andreas (2002): Capital Budgeting in Arbitrage-free Markets, Working Paper, 2002, URL: http://papers.ssrn.com/sol3/Delivery.cfm/SSRN_ID318159_code020723500.pdf?abstractid=318159&mirid=1 (Zugriff am 16.7.2004).

Laux, Helmut (1995): Erfolgssteuerung und Organisation. Band 1: Anreizkompatible Erfolgsrechnung, Erfolgsbeteiligung und Erfolgskontrolle, Berlin u.a.: Springer, 1995.

Laux, Helmut/Liermann, Felix (2005): Grundlagen der Organisation: Die Steuerung von Entscheidungen als Grundproblem der Betriebswirtschaftslehre, 6. Auflage, Berlin u.a.: Springer, 2005.

Lauzel, Peirre/Cibert, André (1959): Des Ratios au Tableau de Bord, Paris: Éditions de l'Entreprise Moderne, 1959.

Lebas, Michel (1994): Managerial accounting in France: Overview of past tradition and current practice, in: European Accounting Review, Vol. 3, 1994, S. 471-487.

Levi, Maurice D./Serçu, Piet (1991): Erroneous and Valid Reasons for Hedging Foreign Exchange Rate Exposure, in: Journal of Multinational Financial Management, Vol. 1, 1991, S. 25-37.

Lewis, Thomas G./Lehmann, Steffen (1992): Überlegene Investitionsentscheidungen durch CFROI, in: BFuP, 44. Jg., 1992, S. 1-13.

Lewis, Thomas G./Stelter, Daniel (1993): Mehrwert schaffen mit finanziellen Ressourcen, in: Harvard Business Manager, 15. Jg., 1993, S. 107-114.

Leydold, Josef (2003): Mathematik für Ökonomen: Formale Grundlagen der Wirtschaftswissenschaften, 3. Auflage, München/Wien: Oldenbourg, 2003.

Lingle, John H./Schiemann, William A. (1996): From Balanced Scorecard to Strategic Gauges: Is Measurement Worth It?, in: Management Review, Vol. 85, 1996, S. 56-61.

Linsmeier, Thomas J./Pearson, Neil D. (1996): Risk Management: An Introduction to Value at Risk, Working Paper, July 1996 (revised January 1999), URL: http://www.casact.org/CONEDUC/Specsem/99frmgt/pearson2.pdf (Zugriff am 14.1.2005).

Lintner, John (1965): The Valuation of Risk Assets and the Selection of Risky Investments in Stock Portfolios and Capital Budgets, in: Review of Economics & Statistics, Vol. 47, 1965, S. 13-37.

Lintner, John (1969): The Aggregation of Investor´s diverse Judgments and Preferences in purely competetitive Security Markets, in: Journal of Financial and Quantitative Analysis, Vol. 4, 1969, S. 347-400.

Lister, Michael (1997): Risikoadjustierte Ergebnismessung und Risikokapitalallokation, Frankfurt am Main: Fritz Knapp Verlag, 1997.

Löffler, Andreas (1998): WACC approach and Nonconstant Leverage Ratio, Working Paper, 1998, URL: http://www.wiwiss.fu-berlin.de/kruschwitz/ Forschung/Dokumente/ertrag.pdf (Zugriff am 24.9.2002).

Löffler, Andreas (2002): Gewichtete Kapitalkosten (WACC) in der Unternehmensbewertung - Replik zu Schwetzler/Rapp, FB 2002 S. 502-505 -, in: Finanz Betrieb, 4. Jg., 2002, S. 505-509.

Löffler, Andreas (2004): Zwei Anmerkungen zu WACC, in: ZfB, 74. Jg., 2004, S. 933-942.

Löhnert, Peter G./Böckmann, Ulrich J. (2005): Multiplikatorverfahren in der Unternehmensbewertung, in: Peemöller, Volker H. (Hrsg.): Praxishandbuch der Unternehmensbewertung, 3. Auflage, Herne/Berlin: Verlag Neue Wirtschafts-Briefe, 2005, S. 403-428.

Lorson, Peter (2004): Auswirkungen von Shareholder-Value-Konzepten auf die Bewertung und Steuerung ganzer Unternehmen, Herne/Berlin: Verlag Neue Wirtschafts-Briefe, 2004.

Lück, Wolfgang (1998): Elemente eines Risiko-Managementsystems: Die Notwendigkeit eines Risiko-Managementsystems durch den Entwurf eines Gesetzes zur Kontrolle und Transparenz im Unternehmensbereich (KonTraG), in: DB, 51. Jg., 1998, S. 8-14.

Lücke, Wolfgang (1955): Investitionsrechnungen auf der Grundlage von Ausgaben oder Kosten?, in: ZfbF, 7. Jg., 1955, S. 310-324.

Lücke, Wolfgang (1965): Die kalkulatorischen Zinsen im betrieblichen Rechnungswesen, in: ZfB, 35. Jg., 1965, Ergänzungsheft, S. 3-28.

Lynch, Richard L./Cross, Kelvin F. (1995): Measure Up! Yardsticks for continous Improvement, 2nd edition, Cambridge u.a.: Blackwell, 1995.

MacMinn, Richard D. (1987): Forward Markets, Stock Markets, and the Theory of the Firm, in: Journal of Finance, Vol. 42, 1987, S. 1167-1185.

Maier, Friedrich (1992): Schlaue Formeln für den Erfolg, in: Top Business, 26. Jg., 1992, S. 76-84.

Mandl, Gerwald/Rabel, Klaus (1997): Unternehmensbewertung: Eine praxisorientierte Einführung, Wien: Ueberreuter, 1997.

Markowitz, Harry (1952): Portfolio Selection, in: Journal of Finance, Vol. 7, 1952, S. 77-91.

Mason, Scott P./Merton, Robert C. (1985): The Role of Contingent Claims Analysis in Corporate Finance, in: Altman, Edward I./Subrahmanyam, Marti G. (Hrsg.): Recent Advances in Corporate Finance, 1985, S. 7-54.

Matten, Chris (2000): Managing Bank Capital: Capital Allocation and Performance Measurement, 2nd edition, Chichester u.a.: Wiley, 2000.

Mayers, David/Smith, Clifford W. (1987): Corporate Insurance and the Underinvestment Problem, in: Journal of Risk and Insurance, Vol. 54, 1987, S. 45-54.

Mengele, Andreas (1999): Shareholder-Return und Shareholder-Risk als unternehmensinterne Steuerungsgröße: Wertsteigerungs- und risikoorientierte Unternehmensführung auf Basis des Shareholder Value-Konzepts, Stuttgart: Schäffer-Poeschel, 1999.

Mensch, Gerhard (1991): Risiko und Unternehmensführung: Eine systemorientierte Konzeption zum Risikomanagement, Frankfurt u.a.: Lang, 1991.

Merton, Robert C. (1973): An Intertemporal Capital Asset Pricing Model, in: Econometrica, Vol. 41, 1973, S. 867-887.

Meyer, Claus (1994): Betriebswirtschaftliche Kennzahlen und Kennzahlen-Systeme, 2. Auflage, Stuttgart: Schäffer-Poeschel, 1994.

Meyer, Claus (2000): Kunden-Bilanz-Analyse der Kreditinstitute: Eine Einführung in die Jahresabschluß-Analyse und die Analyse-Praxis der Kreditinstitute, 2. Auflage, Stuttgart: Schäffer-Poeschel, 2000.

Miles, James A./Ezzell, John R. (1980): The weighted average cost of capital, perfect markets, and project life: a clarification, in: Journal of Financial and Quantitative Analysis, Vol. 15, 1980, S. 719-730.

Modigliani, Franco/Miller, Merton H. (1958): The Cost of Capital, Corporation Finance and the Theory of Investment, in: American Economic Review, Vol. 48, 1958, S. 261-297.

Modigliani, Franco/Miller, Merton H. (1963): Corporate Income Taxes and the Cost of Capital: A Correction, in: American Economic Review, Vol. 53, 1963, S. 433-443.

Moody´s (2004): Ratingdefinitionen, 2004, URL: http://www.moodyseurope.com/mdcsPage.aspx?section=ltr&template=ratingdefinitions&mdcsId=4 (Zugriff am 30.9.2004).

Moody´s (2005): Basis-Ratings, 2005, URL: http://www.moodyseurope.com/mdcsRatingWatchListsPage.aspx?mdcsId=4&template=ratinglists-f (Zugriff am 25.7.2005).

Mossin, Jan (1966): Equilibrium in a Capital Asset Market, in: Econometrica, Vol. 34, 1966, S. 768-783.

Moxter, Adolf (1983): Grundsätze ordnungsmäßiger Unternehmensbewertung, 2. Auflage, Wiesbaden: Gabler, 1983.

Müller, Armin (2002): Controlling-Konzepte: Kompetenz zur Bewältigung komplexer Problemstellungen, Stuttgart/Berlin/Köln: Kohlhammer, 2002.

Müller, Rüdiger (1990): Computerunterstützte Planungs- und Kontrollrechnung auf der Basis des ZVEI-Kennzahlensystems, Gießen: ohne Verlagsangabe, 1990.

Myers, James N. (1999): Implementing Residual Income Valuation with Linear Information Dynamics, in: The Accounting Review, Vol. 74, 1999, S. 1-28.

Myers, Stewart C. (1974): Interactions of Corporate Financing and Investment Decisions: Implications for Capital Budgeting, Journal of Finance, Vol. 29, 1974, S. 1-25.

Myers, Stewart C. (1977): Determinants of Corporate Borrowing, in: Journal of Financial Economics, Vol. 5, 1977, S. 147-175.

Neely, Andy/Gregory, Mike/Platts, Ken (1995): Performance Measurement System Design: A Literature Review and Research Agenda, in: International Journal of Operations and Production Management, Vol. 15, 1995, S. 80-116.

Neumann, John von/Morgenstern, Oskar (1947): Theory of games and economic behavior, 2nd edition, Princeton: Princeton University Press, 1947.

o.V. (2002): Berichte vom 56. Deutschen Betriebswirtschafter-Tag, in: Frankfurter Allgemeine Zeitung, Nr. 227 (30.9.2002), S. 23.

Oehler, Andreas/Unser, Matthias (2002): Finanzwirtschaftliches Risikomanagement, 2. Auflage, Berlin u.a.: Springer, 2002.

Ohlson, James A. (1995): Earnings, Book Values, and Dividends in Equity Valuation, in: Contemporary Accounting Research, Vol. 11, 1995, S. 661-687.

Peemöller, Volker H. (2005): Controlling: Grundlagen und Einsatzgebiete, 5. Auflage, Herne/Berlin: Verlag Neue Wirtschaftsbriefe, 2005.

Peemöller, Volker H. (Hrsg.) (2005): Praxishandbuch der Unternehmensbewertung, 3. Auflage, Herne/Berlin: Verlag Neue Wirtschafts-Briefe, 2005.

Pellens, Bernhard/Rockholtz, Carsten/Stienemann, Marc (1997): Marktwertorientiertes Konzerncontrolling in Deutschland: Eine empirische Untersuchung, in: DB, 50. Jg., 1997, S. 1933-1939.

Perridon, Louis/Steiner, Manfred (2004): Finanzwirtschaft der Unternehmung, 13. Auflage, München: Vahlen, 2004.

Pfaff, Dieter/Kühn, Jochen (2005): Gesamtbanksteuerung und Performancemessung: Ausgewählte Probleme einer kennzahlenbasierten Banksteuerung, in: ZfbF Sonderheft 52, Düsseldorf/Frankfurt: Handelsblatt, 2005, S. 183-212.

Piontek, Jochem (2005): Controlling, 3. Auflage, München/Wien: Oldenbourg, 2005.

Preinreich, Gabriel A.D. (1937): Valuation and Amortization, in: The Accounting Review, Vol. 12, 1937, S. 209-226.

Preinreich, Gabriel A.D. (1938): Annual Survey of Economic Theory: The Theory of Depreciation, in: Econometrica, Vol. 6, 1938, S. 219-241.

Pritsch, Gunnar (2000): Realoptionen als Controlling-Instrument: Das Beispiel pharmazeutischer Forschung und Entwicklung, Wiesbaden: Gabler/Deutscher Universitätsverlag, 2000.

Pritsch, Gunnar/Hommel, Ulrich (1997): Hedging im Sinne des Aktionärs: Ökonomische Erklärungsansätze für das unternehmerische Risikomanagement, in: DBW, 57. Jg., 1997, S. 672-693.

Quirk, James P./Saposnik, Rubin (1962): Admissibility and Measurable Utility Functions, in: Review of Economic Studies, Vol. 29, 1962, S. 140-146.

Rappaport, Alfred (1981): Selecting strategies that create shareholder value, in: Harvard Business Review, Vol. 59, 1981, S. 139-149.

Rappaport, Alfred (1986): Creating shareholder value: the new standard for business performance, New York: The Free Press, 1986.

Rappaport, Alfred (1998): Creating shareholder value: a guide for managers and investors, 2nd edition, New York: The Free Press, 1998.

Reichling, Peter (2003): Aufbau und Elemente eines betrieblichen Risikomanagementsystems, in: Reichling, Peter (Hrsg.): Risikomanagement und Rating: Grundlagen, Konzepte, Fallstudie, Wiesbaden: Gabler, 2003, S. 109-124.

Reichmann, Thomas (2001): Controlling mit Kennzahlen und Managementberichten: Grundlagen einer systemgestützten Controlling-Konzeption, 6. Auflage, München: Vahlen, 2001.

Reichmann, Thomas/Lachnit, Laurenz (1976): Planung, Steuerung und Kontrolle mit Hilfe von Kennzahlen, in: ZfbF, 28. Jg., 1976, S. 705-723.

Richter, Frank (1996): Konzeption eines marktwertorientierten Steuerungs- und Monitoringsystems, Frankfurt/Main u.a.: Lang, 1996.

Richter, Frank (1999): Konzeption eines marktwertorientierten Steuerungs- und Monitoringsystems, 2. Auflage, Frankfurt/Main u.a.: Lang, 1999.

Riegler, Christian (2000): Anreizsysteme und wertorientiertes Management, in: Wagenhofer, Alfred/Hrebicek, Gerhard (Hrsg.): Wertorientiertes Management: Konzepte und Umsetzungen zur Unternehmenswertsteigerung, Stuttgart: Schäffer-Poeschel, 2000, S. 145-176.

Rogler, Silvia (2002): Risikomanagement im Industriebetrieb: Analyse von Beschaffungs-, Produktions- und Absatzrisiken, Wiesbaden: Deutscher Universitäts-Verlag, 2002.

Roll, Richard (1977): A Critique of the Asset Pricing Theory's Tests: Part I: On Past and Potential Testability of the Theory, in: Journal of Financial Economics, Vol. 4, 1977, S. 129-176.

Roso, Marcus/Vormweg, Rainer/Wall, Friederike (2003): Controlling-nahe Begriffe in Deutschland und USA: Eine vergleichende Lehrbuchanalyse, in: ZfCM, 47. Jg., 2003, S. 56-61.

Ross, Stephen A. (1976): The Arbitrage Theory of Capital Asset Pricing, in: Journal of Economic Theory, Vol. 13, 1976, S. 341-360.

Ross, Stephen A. (1977): Return, Risk, and Arbitrage, in: Friend, Irwin/Bicksler, James L. (Hrsg.): Risk and Return in Finance: Volume I, Cambridge: Ballinger, 1977, S. 189-218.

Ross, Stephen A./Westerfield, Randolph W./Jaffe, Jeffrey F. (2005): Corporate Finance, 7th edition, Boston u.a.: McGraw-Hill, 2005.

Rothschild, Michael/Stiglitz, Joseph E. (1970): Increasing Risk: I. A Definition, in: Journal of Economic Theory, Vol. 2, 1970, S. 225-243.

Schierenbeck, Henner (2003a): Ertragsorientiertes Bankmanagement, Band 1: Grundlagen, Marktzinsmethode und Rentabilitäts-Controlling, 8. Auflage, Wiesbaden: Gabler, 2003.

Schierenbeck, Henner (2003b): Ertragsorientiertes Bankmanagement, Band 2: Risiko-Controlling und integrierte Rendite-/Risikosteuerung, 8. Auflage, Wiesbaden: Gabler, 2003.

Schildbach, Thomas (1999): Externe Rechnungslegung und Kongruenz: Ursache für die Unterlegenheit deutscher verglichen mit angelsächsischer Bilanzierung?, in: DB, 52. Jg., 1999. S. 1813-1820.

Schmidbauer, Rainer (2000): Risikomanagement im Kontext wertorientierter Unternehmensführung, in: DB, 53. Jg., 2000, S. 153-162.

Schmidt, Reinhard H./Terberger, Eva (1997): Grundzüge der Investitions- und Finanzierungstheorie, 4. Auflage, Wiesbaden: Gabler, 1997.

Schneider, Dieter (1992): Investition, Finanzierung und Besteuerung, 7. Auflage, Wiesbaden: Gabler, 1992.

Schneider, Dieter (1997): Betriebswirtschaftslehre, Band 2: Rechnungswesen, 2. Auflage, München: Oldenbourg, 1997.

Schradin, Heinrich R. (2003): Entwicklung der Versicherungsaufsicht, in: Zeitschrift für die gesamte Versicherungswissenschaft, 92. Jg., 2003, S. 611-664.

Schradin, Heinrich R. (2004): Versicherungsmanagement unter dem Einfluß von Solvency II und internationaler Rechnungslegung, in: Österreichisches Bank-Archiv, 52. Jg., 2004, S. 906-916.

Schrand, Catherine/Unal, Haluk (1998): Hedging and Coordinated Risk Management: Evidence from Thrift Conversions, in: Journal of Finance, Vol. 53, 1998, S. 979-1013.

Schroeter, Bernhard (2002): Operatives Controlling: Aufgaben, Objekte, Instrumente, Wiesbaden: Gabler, 2002.

Schultze, Wolfgang (2003): Methoden der Unternehmensbewertung: Gemeinsamkeiten, Unterschiede, Perspektiven, 2. Auflage, Düsseldorf: IDW-Verlag, 2003.

Shapiro, Alan C./Titman, Sheridan (1986): An Integrated Approach to Corporate Risk Management, in: Stern, Joel M./Chew, Donald H. (Hrsg.): The Revolution in Corporate Finance, Oxford/New York: Blackwell, 1986, S. 215-229.

Sharpe, William F. (1964): Capital Asset Prices: A Theory of Market Equilibrium under Conditions of Risk, in: Journal of Finance, Vol. 19, 1964, S. 425-442.

Siegert, Theo (1995): Shareholder-Value als Lenkungsinstrument, in: ZfbF, 47. Jg., 1995, S. 580-607.

Sintot, William (1960): Comment concevoir et exploiter le tableau de bord de l'entreprise, Band 1, Paris: Éditions de l´Entreprise Moderne, 1960.

Smith, Clifford W. (1995): Corporate Risk Management: Theory and Practice, in: Journal of Dervatives, Vol. 2, 1995, S. 21-30.

Smith, Clifford W./Stulz, René M. (1985): The Determinants of Firms´ Hedging Policies, in: Journal of Financial and Quantitative Analysis, Vol. 20, 1985, S. 391-405.

Smith, Clifford W./Warner, Jerold B. (1979): On Financial Contracting: An Analysis of Bond Covenants, in: Journal of Financial Economics, Vol. 7, 1979, S. 117-161.

Smithson, Charles W. (1998): Managing Financial Risk: A Guide to Derivative Products, Financial Engineering, and Value Maximization, 3rd edition, New York u.a.: McGraw-Hill, 1998.

Spremann, Klaus (2002): Finanzanalyse und Unternehmensbewertung, München/Wien: Oldenbourg, 2002.

Staehle, Wolfgang (1969): Kennzahlen und Kennzahlensysteme als Mittel der Organisation und Führung von Unternehmen, Wiesbaden: Gabler, 1969.

Standard & Poor´s (2001): Ratingsdefinitionen für Emissions- und Emittentenratings, 2001, URL: http://www2.standardandpoors.com/spf/pdf/fixedincome/030402RatingsdefinitionenfurEmissionsundEmittentenratings.pdf (Zugriff am 30.9.2004).

Standard & Poor´s (2004): Ratingliste: Standard & Poor´s AAA - Unternehmensratings weltweit, 2004, URL: http://www2.standardandpoors.com/spf/pdf/products/aaaunternehmen.pdf (Zugriff am 25.7.2005).

Standard & Poor's (2005): Ratingliste: Unternehmen in Deutschland mit einem Rating von Standard & Poor's, 2005, URL: http://www2.standardandpoors.com/spf/pdf/products/unternehmen.pdf (Zugriff am 25.7.2005).

Statistisches Bundesamt (2004): Insolvenzen in Deutschland 2003: Strukturen und Entwicklungen, 2004, URL: http://www.destatis.de/presse/deutsch/pk/2004/insolvenzen_2003_i.pdf (Zugriff am 27.9.2004).

Statistisches Bundesamt (2005): Unternehmen, Gewerbe- und Insolvenzmeldungen, 2005, URL: http://www.destatis.de/basis/d/insol/insoltab1.php (Zugriff am 23.3.2005).

Stein, Jeremy C./Usher, Stephen E./LaGattuta, Daniel/Youngen, Jeff (2001): A Comparables Approach to Measuring Cashflow-At-Risk for Non-Financial Firms, in: Jounal of Applied Corporate Finance, Vol. 13, 2001, S. 8-17.

Stern, Joel M. (1994): EVA Roundtable, in: Journal of Applied Corporate Finance, Vol. 7, 1994, S. 46-70.

Stewart, G. Bennett III (1991): The Quest for Value: The EVA management guide, New York: Harper Business, 1991.

Stewart, G. Bennett III (1999): The Quest for Value: A Guide for Senior Managers, New York: Harper Business, 1999.

Stiglitz, Joseph E. (1969): A Re-Examination of the Modigliani-Miller Theorem, in: American Economic Review, Vol. 59, 1969, S. 784-793.

Straßberger, Mario (2002): Risikokapitalallokation und Marktpreisrisikosteuerung mit Value-at-Risk-Limiten, Lohmar/Köln: Eul, 2002.

Stulz, René M. (1990): Managerial discretion and optimal financing policies, in: Journal of Financial Economics, Vol. 26, 1990, S. 3-27.

Stulz, René M. (1996): Rethinking Risk Management, in: Journal of Applied Corporate Finance, Vol. 9, 1996, S. 8-24.

Swoboda, Peter (1994): Betriebliche Finanzierung, 3. Auflage, Heidelberg: Physica-Verlag, 1994.

Tobin, James (1957): Liquidity Preference as Behavior Towards Risk, in: Review of Economic Studies, Vol. 25, 1957, S. 65-86.

Treasurer's Department E.I. Du Pont de Nemours and Company (Hrsg.) (1959): Executive Control Charts, 4. Auflage, Wilmington, 1959, deutsche Übersetzung von Volkmar Botta, 1985.

Trigeorgis, Lenos (1996): Real Options: Managerial Flexibility and Strategy in Ressource Allocation, Cambridge/London: The MIT Press, 1996.

Tucker, Spencer A. (1961): Successful Managerial Control by Ratio-Analysis, New York/Toronto/London: McGraw-Hill, 1961.

Tufano, Peter (1998): Agency Costs of Corporate Risk Management, in: Financial Management, Vol. 27, 1998, S. 67-77.

Turnbull, Stuart M. (2000): Capital Allocation and Risk Performance Measurement in a Financial Institution, in: Financial Markets, Institutions and Instruments, Vol. 9, 2000, S. 325-357.

Viertelhausen, Andreas (2002): Das Finanzamt als Gläubiger im Insolvenzverfahren, in: Insolvenz und Vollstreckung, 7. Jg., 2002, S. 45-52.

Wagenhofer, Alfred (1999): Anreizkompatible Gestaltung des Rechnungswesens, in: Bühler, Wolfgang/Siegert, Theo (Hrsg.): Unternehmenssteuerung und Anreizsysteme: Kongress-Dokumentation 52. Deutscher Betriebswirtschafter-Tag 1998, Stuttgart: Schäffer-Poeschel, 1999, S. 183-205.

Wallmeier, Martin (1999): Kapitalkosten und Finanzierungsprämissen, in: ZfB, 69. Jg., 1999, S. 1473-1490.

Warner, Jerold B. (1977): Bankruptcy Costs: Some Evidence, in: Journal of Finance, Vol. 32, 1977, S. 337-347.

Weber, Jürgen (2004): Einführung in das Controlling, 10. Auflage, Stuttgart: Schäffer-Poeschel, 2004.

Weber, Jürgen/Hirsch, Bernhard (Hrsg.) (2002): Controlling als akademische Diziplin: Eine Bestandsaufnahme, Wiesbaden: Deutscher Universitätsverlag, 2002.

Weber, Jürgen/Sandt, Joachim (2001): Erfolg durch Kennzahlen: Neue empirische Erkenntnisse, Reihe: Advanced Controlling, Band 21, Valendar: WHU, 2001.

Weber, Jürgen/Schäffer, Utz (2000): Balanced Scorecard & Controlling: Implementierung – Nutzen für Manager und Controller – Erfahrungen in deutschen Unternehmen, 3. Auflage, Wiesbaden: Gabler, 2000.

Weston, J. Fred/Copeland, Thomas E. (1992): Managerial Finance, 9th edition, Fort Worth u.a.: The Dryden Press, 1992.

Westwick, Christopher A. (1967): The Use of Ratios in Measuring Asset Utilization, in: The Accountant, Vol. 157, 1967, S. 813-817.

Westwick, Christopher A. (1987): How to use management ratios, 2nd edition, Aldershot: Gower Publishing, 1987.

Williams, John B. (1938): The Theory of Investment Value, Amsterdam: North-Holland Publishing Company, 1938.

Willinsky, Christian (2001): Portfoliooptimierung mit RORAC-Kennzahlen in Kreditinstituten, in: Österreichisches Bank-Archiv, 49. Jg., 2001, S. 141-153.

Witt, Frank-Jürgen (2000): Controlling, Stuttgart/Berlin/Köln: Kohlhammer, 2000.

Wöhe, Günter (2002): Einführung in die Allgemeine Betriebswirtschaftslehre, 21. Auflage, München: Vahlen, 2002.

Wurl, Hans-Jürgen/Mayer, Jörg H. (2001): Balanced Scorecards und industrielles Risikomanagement: Möglichkeiten der Integration, in: Klingebiel, Norbert (Hrsg.): Performance Measurement & Balanced Scorecard, München: Vahlen, 2001, S. 179-213.

Yoshimori, Masaru (1995): Whose Company Is It? The Concept of the Corporation in Japan and the West, in: Long Range Planning, Vol. 28, 1995, S. 33-44.

Kolibri 360 GmbH
Ferdinand-Jühlke-Straße 7
99095 Erfurt, Deutschland
produktsicherheit@kolibri360.de